Phylos der Tibeter

Ich nenne Euch meine Freunde,
denn alle Dinge, die ich vom Vater kenne,
werde ich Euch weitergeben.

Hesper

„Äußere niemals diese Worte:
Ich kenne es nicht, also ist es falsch!"

Gottheit aus Narada

„Es gibt Dinge zwischen Himmel und Erde, Horatio, die du dir nicht einmal in deinen Träumen vorstellen kannst."

Hamlet

1905 wurde das Buch erstmals von Mary E. Manley-Oliver, der Mutter von Frederik S. Oliver veröffentlicht und 1974 auch von Rudolf Steiner Books (Rudolf Steiner, Gründer der Waldorf-Schulen) vertrieben.

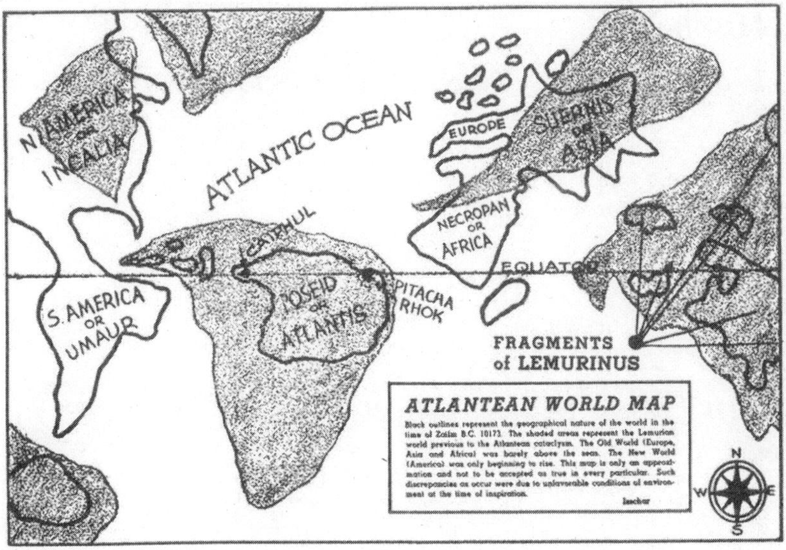

Covergestaltung: Kasper Roestenburg
Lektorin: Anya Stössel

Kontakt: www.Phylos.de
Vertrieb: www.Merin-Versand.com

Erste Auflage 2007

Originaltitel: "A Dweller on two Planets" by Phylos
Borden Publishing, Los Angeles
Übersetzung: Sabine Glocker
Druck: Ebner & Spiegel, Ulm

ISBN Nr.: 978-3-00-021706-7

Buch I
Das geheime Wissen der Atlanter

Buch II
Ein Reisender zwischen zwei Welten

Buch III
Die Wege des Himmels

Inhalt

Das Vorwort des Schreibgehilfen von Phylos

Mit Erlaubnis des Autors benutze ich dessen an mich gesandten Briefe als Vorwort. Hier treffen ungezwungene, überzeugende Fragen auf meine persönlichen Stellungnahmen. Doch ich werde mich mit ehrlicher, forschender Absicht auf die wesentlichen Fakten beschränken, welche die Schreiben beinhalten, zum Besten dieses auch für mich sehr bemerkenswerten Buches.

Ich bin das einzige Kind von Dr. und Mrs. Oliver, die vor vielen Jahren im Staat Kalifornien gelebt haben.
Ich wurde 1866 in Washington D.C. geboren und bin mit meinen Eltern erst zwei Jahre später nach Kalifornien gezogen.
Mein Vater, ein bekannter Arzt, starb vor einigen Jahren, und meine Mutter überlebte ihn.
Beide waren Zeugen der meisten Fakten und Umstände, die mit der Entstehung dieses Buches zu tun hatten. Ich habe sie allerdings nicht vollkommen mit der Materie vertraut gemacht, nur insoweit, dass ich meine Arbeit als Schreibgehilfe des Gelehrten Phylos vor ihnen vertreten konnte.
Ich spüre, dass ich gedanklich und geistig nur eine Figur bin neben dem Autor dieser großen, tiefgründigen, weitreichenden und transzendenten Themen, die auf den nächsten Seiten behandelt werden. Ich lese und studiere sie mit dem größten Interesse und ziehe Nutzen daraus, wie es ein jeder anderer Leser tun würde. Gleichzeitig fühle ich nicht den natürlichen Stolz des Autors eines solchen Buches, das ein Werk selbstloser Liebe ist und bei der Verbesserung einer sich aufwärts kämpfenden Welt auf der Suche nach mehr Licht helfen will. Der Hunger nach Wissen über die großen Geheimnisse des Lebens soll gestillt werden sowie der Hunger nach Wissen über die sich ewig entwickelnde Seele durch IHN, der sagt: „ICH BIN DER WEG: FOLGE MIR!“

In den Tagen des Zweifels, des Materialismus und sogar des Atheismus braucht es allen Mut, den ich aufbringen kann, um mich in klaren, unzweifelhaften Worten auszudrücken, wie es das folgende Buch „Phylos der Tibeter", tut, das eine wahre Offenbarung ist. Ich weiß, dass ich nicht der Autor bin, sondern dass eine mysteriöse Person – wenn Sie, lieber Leser, sie so nennen möchten –, ein Eingeweihter des Okkulten dieses Universums, der Autor ist. Dies wird für Sie besser verständlich, sobald Sie dieses Buch gelesen haben. Das ist eine Tatsache. Das Buch wurde mir, einem einfachen Jungen, offenbart. Ein Junge, dessen Eltern in solchen Maßen nachsichtig mit ihm waren, dass es ihm erlaubt war, sich in fast allen Dingen frei entscheiden zu können. Es mangelte mir nicht am Interesse zu lernen, jedoch an Selbstvertrauen, Zielstrebigkeit und Energie, so dass ich nur kleine Erfolge in der Schule hatte und so von meinen Lehrern als „dumm und faul" eingestuft wurde. Kurz nach meinem siebzehnten Lebensjahr, nahm „Phylos" sich meiner an, um aus mir sein Instrument für die Welt zu machen und mir Einblicke in tiefe Lehren zu gewähren, was mich mit großem Stolz erfüllte.

Ich verfügte nicht über eine solide Bildung, was allgemein erwartet wird, noch interessierte ich mich für religiöse Trends. Was Phylos an mir schätzte, war meine Bereitwilligkeit, meine außerordentliche Liebesfähigkeit und mein reiner Geist.
Im ersten Jahr lehrte mich mein okkulter Meister die Telepathie, und da mein Geist erfüllt war von den vielen neuen Eindrücken, die er mir bescherte, schenkte ich meiner Umwelt keine Beachtung mehr. Ich arbeitete und lernte automatisch und blendete dabei alle äußeren Eindrücke aus. Mein Vater war fest entschlossen meinen „nahenden Wahnsinn", wie er es nannte, zu stoppen. Ich hatte es vermieden, ihm von meinen Gesprächen mit meinem mystischen Lehrer zu erzählen, den ich selbst nur einige Male gesehen hatte. Doch ich ergab mich dem elterlichen Druck und erzählte von meinem himmlischen Geheimnis. Zu meiner großen Überraschung machten sie sich nicht lustig über mich, und nach einer langen Unterhaltung mit meinen Eltern, äußerten sie den Wunsch, den mysteriösen Fremden auch

hören zu wollen. Dazu war er nicht bereit, aber er erlaubte mir, seine Worte und Reden an sie zu übermitteln, und mit der Zeit wurde ich so perfekt in der Telepathie, dass ich fast gleichzeitig mit ihm die Worte aussprach, die er zu mir sagte.
Der Kreis zuhause wurde geschlossen, zuerst mit meinen Eltern, W. S. Mallory (nun in Cleveland, Ohio), mir selbst als Vermittler und Phylos als Lehrer. Später kamen Mrs. S. M. Pritschard und Mrs. Julia P. Churchill hinzu. All dies fand in Yreka, Sisiyou County, Kalifornien, in den frühen Achtzigern, als das Channeling begann, statt. Und es wurde 1886 in Santa Barbara County, Kalifornien, beendet.
Viele, die Kalifornien lieben und einen Blick auf den Mount Shasta geworfen haben, wird es interessieren, dass in seinen erhabenen Gipfeln dieses Buch seinen Anfang nahm und auch fast vollendet wurde, mit der Hilfe des Geistes der Natur, der zu dem spricht, der hört und versteht.
Der Autor unterscheidet sich von uns normalen Sterblichen durch seine okkulten Methoden. Durch sie besitzt er die Kraft, die Offenbarungen zu diktieren – wie er es tat und immer noch tut –, die in diesem Buch aufgezeichnet wurden und die seine eigene Geschichte sind.

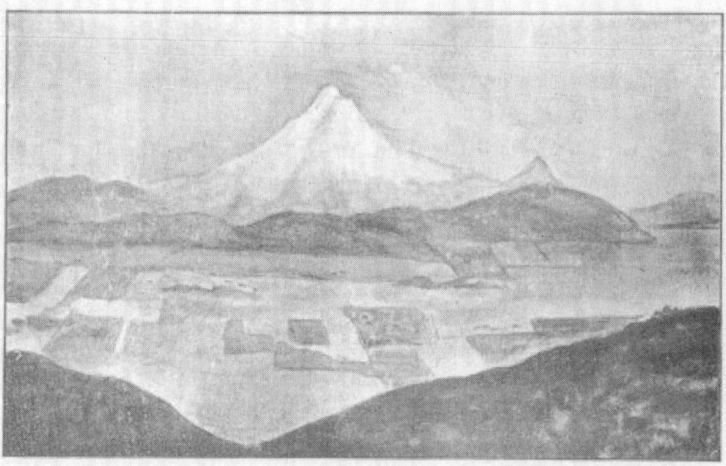

1883 – auf den inspirierenden Gipfeln des Mount Shasta - begann der Autor mit der Botschaft. Merkwürdigerweise fing er mit dem ersten Kapitel des zweiten Buches an. Andere Kapitel, frühere oder spätere, folgten. Manchmal wurden mir in Intervallen von wenigen Wochen oder sogar Monaten nur ein oder zwei Blätter übermittelt und ein anderes Mal 80 Seiten auf einmal in wenigen Stunden. Ich wurde von meinem Mentor mitten in der Nacht geweckt und schrieb im Lampenschein, manchmal auch ganz ohne Licht in der Dunkelheit. Wie ich mich erinnere, war 1886 die Hauptarbeit getan. Dann ließ er mich alles unter seiner Kontrolle verbessern, und auch hier war das Arbeiten mit ihm so unberechenbar wie zuvor. Tatsächlich war es so, als hätte ich mich auf das Channeling bereits vorbereitet, als er mir zum erstenmal diktierte, und es war egal, was zuerst geschrieben wurde, Hauptsache es wurde alles geschrieben. Wäre ich ein Medium im ursprünglichen Sinn derjenigen gewesen, die an die Spiritualität glauben, wäre das Schreiben automatisch vor sich gegangen, und ich wäre nicht gezwungen gewesen, es in meine eigene Sprache zu übertragen, und auch eine Verbesserung wäre nicht nötig gewesen. Aber ich war mir der Anwesenheit meines Gelehrten immer bewusst, ähnlich wie bei einem Stenographen, und doch spürte ich den großen Unterschied zwischen einem solchen und einem Schreibgehilfen eines Gelehrten, so dass ich mich nicht als einfacher Stenograph fühlte. Mir wurde bewusst, wie sehr ich diese Kunst beherrschte und wie nützlich mir diese Lehren waren. Zweimal wurde dieses Werk verbessert, zweimal ließ er mich, ohne dass ich damit rechnete, das Channeling überarbeiten, und das von hinten nach vorne. Es wurde so durcheinander übermittelt, dass ich teilweise noch nicht einmal wusste, um was es sich handelte. Einmal geschah es sogar, dass er mich nach über zweihundert Seiten bat, das Ganze zu verbrennen. Ich tat es. Heute, nachdem das Buch fertig ist, habe ich eine leise Ahnung, warum er mich die Seiten zerstören ließ, doch gesagt hat er es mir nie. Das Buch wurde 1886 beendet, jedoch noch von literarischen Experten redigiert.

Im Jahre 1894 wurde das Manuskript in doppelter Ausführung von Mrs. M. E. Moore aus Louisville, Kentucky, getippt, und sie hatte eine dieser Kopien bis zum Mittsommer 1899 in ihrem Besitz. In der Moore-Kopie wurde niemals auch nur ein einziger Buchstabe verändert. Das besagte Manuskript wurde von mir im Jahre 1894 urheberrechtlich geschützt und, nach Hinzufügen des Titels, 1899 fertiggestellt.

Während dieser ganzen Zeit bekam ich nicht die Erlaubnis, noch war ich dazu fähig, es zu veröffentlichen, da die Angaben in diesem Buch von der Wissenschaft überprüft wurden. Die hohen Errungenschaften der Atlanter, verloren vor Tausenden von Jahren in den unendlichen Tiefen des Meeres, sollten nicht ans Licht der Öffentlichkeit gelangen. Genauso wie 1886 noch niemand an die Entdeckung der Röntgenstrahlen glaubte, so wäre es auch für die Menschen unvorstellbar gewesen, an Energien, die von der „Nachtseite der Natur“ kommen, zu glauben.

Wesentlicher Bestandteil dieses Buches ist die Tatsache, dass es nur eine Ur-Energie und nur eine Ur-Materie gibt. Zwei Jahre nach Erscheinen des Buches schenkte die wissenschaftliche Zeitschrift „Hapers“ meiner Geschichte ernsthaften Glauben.

Das ist nur ein Beispiel von vielen, die in diesem Buch erklärt werden – zusammen mit vielen weiteren Vorhersagen, die sehr bald eintreffen werden und welche der Autor, nach dem Untergang von Atlantis, wieder ans Tageslicht bringt. Es ist ein Versprechen, dass wir einst als Atlanter zurückkehren, jedoch in langsamen Schritten, und wir werden sogar die wundervollen Errungenschaften jener noch übertreffen, da der Mensch in seiner Entwicklung aufgestiegen ist.

Trotzdem wird es skeptische Menschen geben, die nachforschen, aber ich sage Ihnen, der Beweis wurde mit der Fertigstellung des Buches 1886 erbracht, und bevor der Jüngste Tag kommt, werden sie alle es wissen. Diese Fülle an Errungenschaften existiert und wird wieder entdeckt werden. Von Spinnweben befreit, werden sie Einlass in Ihren Verstand finden, und das Buch wird als das akzeptiert werden, was es ist – nämlich die Wahrheit!

Ob der kritische Leser dieses Buch als wahre Geschichte und nicht als Fiktion sieht, hängt davon ab, ob er eine erleuchtete Seele besitzt.

Ich, meinerseits, bin in Erwartung neuer Arbeit, aber ob ich sie bekommen werde oder jemand anderes die Arbeit des Schreibers übernimmt, weiß ich nicht. Wenn es so kommt wie versprochen, geschieht es durch das innere Auge desjenigen, der aus diesem Buch lernte, noch mehr wissen möchte, es noch mehr Menschen zugänglich machen will und der seine Füße auf den „schmalen Weg des Erfolges" setzen wird.
Als Schreibgehilfe war ich mir immer der Anwesenheit von Phylos bewusst. Er kam zu mir, wann er wollte, und manchmal sah ich ihn genauso gut, wie ich ihn hörte, was aber selten vorkam. Man muss für solche Dinge hellsichtig sein. Was ich hörte, sagte oder schrieb, wurde mir diktiert. Oft wurden mir geistige Bilder gezeigt, und ich musste sie mit meinen eigenen Worten beschreiben. In solchen Momenten war ich mir der Anwesenheit von Phylos mehr bewusst als sonst, und ich war stolz, sein Schreibgehilfe sein zu dürfen. Die guten Ratschläge und die liebevolle Obhut machten es mir leicht, ihm zu folgen. Ich habe mich in der Öffentlichkeit nie als geistiges Medium von etwas Höherem ausgegeben noch mich für Liebe oder Geld verkauft. Was immer mein Talent in dieser Sache war, ich habe es als heiliges Geschenk angesehen. Mit diesem Einfluss, der mich während meiner Arbeit umgab, kann ich dankend und wahrheitsgemäß sagen, dass ich niemals etwas anderes tat als das, was ich konnte. Ich habe sehr viel mehr bekommen als ich gab.
Nun die Frage – glaube ich an dieses Buch? Ohne jeden Zweifel: Ja! Es gibt mit Sicherheit Punkte, die ich nur durch meinen Glauben erfassen kann, wie manch anderer Leser auch, aber ich fühle, dass, wenn ich treu bleibe, der Tag kommt, an dem der Heilige Geist mich anweisen wird. Die Art und Weise, wie dieses Buch entstanden ist, nämlich durch Channeling, wird viel Kritik hervorrufen, vor allem hinsichtlich der Wahrheit meiner Aussagen. Schon oft kam Kritik von jenen, die glauben, dass alle solche Bücher nur Fiktion sind.
Ich habe oft, selbst als Christ, den Weg des Pilgers verloren. Aber der Weg war trotzdem existent. Hört die Sonne auf zu scheinen, nur weil der Nebel sie verdeckt? Ist sie nicht da, um den Weg zu beleuchten, damit wir dadurch die Möglichkeit

bekommen, zum Geist aufzusehen, wie wir es im Buch des Phylos lesen werden?

F. S. OLIVER

BRIEF VON PHYLOS; DEM AUTOR DIESER GESCHICHTE
Januar 1886

Heute, meine Brüder und Schwestern, sind die meisten Menschen dieses Planeten erwacht und erkennen, dass ihr Wissen über das Leben, dieses große Mysterium, für die Bedürfnisse ihrer Seele nicht ausreichend ist. Folglich entstand eine Schule des fortschrittlichen Denkens, deren Mitglieder, welche die geheimnisvolle Wahrheit nicht kennen, ihre Unwissenheit erkennen und um Erleuchtung bitten. Ich mache Dir nichts vor, wenn ich sage, dass ich, ein Studierender des Christentums und Eingeweihter des Okkulten, zu jener Klasse Mensch gehöre, die das Wissen besitzt und alle Mysterien auch erklären kann. Ich und andere christliche Eingeweihte beeinflussen mediale Schreiber und Sprecher, indem wir ihnen kontrolliert Einfluss geben und sie dadurch stärker werden. Unsere Gedanken erheben sich über die ihrigen, die sehr klein sind. Folglich werden wir den Menschen Brot geben, die darum bitten. Aber welche sind diese unsere Vermittler? Es sind alles Männer und Frauen, kirchlich oder nicht, die Zeuge sind von der Vaterschaft Gottes, Jesus als Sohn Gottes, und von der Bruderschaft Jesu mit allen Seelen, ungeachtet des Glaubensbekenntnisses und der kirchlichen Formen. Weil diese Schreiber und Sprecher für das Wohl der Menschheit gearbeitet haben, so ist schon das Gute auf sie zurückgefallen. Es ist klar, dass auch die geistigen Führer großzügig belohnt werden sollten – und sie werden es. Aber ab hier betreten wir ein anderes Gebiet. Wenn man den Schrei nach Erleuchtung und Wahrheit genau beobachtet, wird man sehen, dass die Belohnung sehr groß ist – nicht aber für den Nachahmer, der nicht das Licht der Erkenntnis in sich trägt, weder empfänglich ist für die wirkliche Wahrheit noch von den

Gesetzen der Ewigkeit weiß. Was geschieht mit jenem? Schau es Dir an! Jener schreibt mit einem Stift, dessen Griff eine Imitation ist und dessen Feder nicht aus dem Gold der Tatsache besteht, sondern aus einem verderblichen Metall der egoistischen Habsucht. Er taucht seine Feder in die Tinte der spannenden Sensationslust ein, die morastisch ist vom Schmutz der Unmoral und der Abscheulichkeit. Er zeichnet ein Bild, das von Sinneslust und Korruption erhellt ist. Und es gibt in seiner Arbeit kein erhabenes Ziel, um seine Leser anzuspornen. Er beschäftigt sich mit den niedrigen Aspekten des Lebens, und unwissend hinsichtlich der unerbittlichen Strafe für seine Sünde, zeigt er auch keine Reue, um seinen Charakter zu verändern. Während der Leser zum Ende kommt, verlockt durch brillante Wortgemälde, wird ihm bewusst, dass der Schrei seiner Seele nach dem Brot der Unendlichkeit nicht zufriedenstellend beantwortet wurde. Die Lehren kamen nicht von einem Stein, sondern nur von einer Hand voll Morast. Es wurde nichts gelehrt von den wahren Gesetzen oder Philosophien des Lebens, da keine gute Absicht vorausging. Dies zieht uns runter und wird uns niemals erheben. Wie dem auch sei, es wird über jene Vergeltung kommen, es wird über sie gerichtet werden, der Scharfrichter wird kommen, hinein in die offene See der Seele, in der ihr eigener Geist keine Gnade kennt für die Missetat der eigenen Seele.

Andere Nachahmer können solche sein, die entflammt sind von dem Willen, Gutes zu tun. Solange die Absicht, Gutes tun zu wollen, im Vordergrund steht, doch Schlechtes dabei herauskommt, wird das höchste Gericht Gnade walten lassen. Doch hütet Euch vor der Verlockung von Geld und Profit, und entscheidet, ob Ihr Steine oder Morast weitergeben wollt.

Und nun, meine Brüder und Schwestern, gibt es noch ein anderes Thema, über das ich gerne sprechen würde. Die Leser meines Buches „Phylos der Tibeter“ werden eine Weile über die Abschnitte nachdenken, welche die Sünde zwischen Lolix und Zailm, dem legalen Neffen des Herrschers Gwauxln, behandeln. Sie können behaupten, dass die Erwähnung dieser Geschichte zwar notwendig ist, um die mannigfaltigen Erfahrungen des Lebens darzustellen, allerdings völlig

unpassend ist in einem Buch, dessen Ziel die Darstellung der höchsten Moral ist. Aber ich frage die Kenner meiner Arbeit: Ist sie es wirklich? Ist es unentschuldbar, von solchen schlimmen, aber gewöhnlichen Verbrechen zu sprechen, wenn der Autor sie als Beispiel für Gesetzesbrüche benutzen kann, um eine unwissende Welt darzustellen, die zeigt, dass die darin lebenden Männer und Frauen Angst davor haben, diese Gesetze zu brechen; Angst haben vor der Strafe, der man auf keinen Fall entgehen kann? Ich glaube, dass es unverantwortlich ist, unter diesen Umständen Stillschweigen zu bewahren. Ich habe bei der Darstellung der Strafe für dieses Verbrechen bis jetzt noch nicht die vollständige Sühne verbildlicht. Ich weiß, wovon ich spreche, da dies meine eigene Lebensgeschichte ist und Worte nicht die Macht haben, die Seelenqualen zu beschreiben, welche die Annahme der Bestrafung für mich bedeutete. Wenn nur eine Seele vor diesem Elend bewahrt wird und durch meine Geschichte nicht die gleiche Sünde begeht, bin ich zufrieden. Ich habe versucht, das große Geheimnis des Lebens zu erklären mit Hilfe von Teilen meiner eigenen Lebensgeschichte, Auszüge, die viele Jahrtausende umfassen, und das größte aller Bücher (die Bibel) war meine Textgrundlage.
Bei meiner Erklärung füge ich weder etwas hinzu noch lasse ich etwas weg.
FRIEDE SEI MIT EUCH!

PHYLOS

Ich fühle mich ein wenig schuldig gegenüber zahlreichen, guten Schreibern und Autoren, derer Zitate ich mich bedient habe, ohne ihnen dafür zu danken. Es ist unmöglich, jeden einzelnen namentlich zu erwähnen und jedem Anerkennung zu zollen. Ich möchte folgendes klarstellen:
Die Welt fühlt sich gestärkt, ihre gesamte Dankbarkeit auszudrücken, jedoch nicht durch Worte des Lobes, sondern

durch die Anpassung des Lebens an die vornehmen Regeln aus Poesie und Prosa, um die Menschlichkeit als Vermächtnis aller Zeiten zu hinterlassen. Wenn der Welt geholfen wird, so ist mein Werk gelungen. Ich hoffe, dass ich die Hilfe weitergeben konnte, die ich erhalten habe.

EINE ERSTAUNLICHE VOHERSAGE

Das Vorwort ist dazu da, um zu sagen, was mir am besten gefallen hat. So wurde es mir vom Autor eingegeben.
Ein Thema, das zwar von Phylos in seinem Buch nicht spezifisch behandelt wurde, das er mir aber auch nicht verboten hat zu erwähnen, muss hier meiner Meinung nach an die Öffentlichkeit getragen werden, und zwar so, wie er es mir in Reno, Nevada, 1886 erzählt hat. Ich schrieb es zu dieser Zeit in Form einer Kurzgeschichte auf und las diese einer jungen Freundin, Miss S., vor. Sie kann diese Tatsache bezeugen, da ich teilweise in ihrem Beisein schrieb, von ihr, ihrer Schwester und ihrer Mutter kritisiert, und letztendlich schrieb ich auf dem Papier, das ich auf ihren Vorschlag hin in der Drogerie ihres Vaters gekauft hatte.

Phylos sagte zu mir, dass innerhalb von fünfzig Jahren weltliche Wissenschaftler elektrische Kräfte entdecken und sie unter anderem am astronomischen Teleskop zur Anwendung bringen würden. Wie genau, wollte er mir nicht sagen, allerdings gab er genug Details preis, so dass es jemandem, mit solchen Dingen Vertrauten, möglich wäre, alles genau zu erfassen und die Idee zu einem erfolgreichen Ergebnis zu bringen. Er sagte, dass dieser elektrische Strom nicht beeinflusst sein würde von Schwingungen, wie solche, die Musik, Hitze und Licht produzieren, er würde sogar dagegen resistent sein. Er würde die Lichtschwingung verstärken und so das Bild, das durch das Teleskop erblickt wird, entstehen lassen. Dies würde vervollständigt werden mit Hilfe der weithin bekannten sogenannten chemischen Elemente, deren unbekannte, höhere Energien noch entdeckt werden müssen.

Das Ergebnis wurde mir beschrieben als beeindruckend, inspirierend und erstaunlichster aller Erdenträume. So sagte er mir, dass Sonnen und stellare Körper die so weit weg sind, dass Hunderte von ihnen (sogar 1899) selbst durch die modernsten und stärksten Teleskope dieser Zeit nur als schwacher Fleck zu erkennen waren. Mit Hilfe des Elektronenteleskops würde es durch extreme Verstärkung der elektrischen Lichtschwingung möglich werden, dass Objekte, die für uns auf der Erde unsichtbar waren, wie der am weitesten entfernte Himmelskörper, auf einmal vom weltlichen Betrachter gesehen werden können.
Weiter sagte Phylos, dass er dieses Thema in seinem Buch nicht behandelt hatte, da Atlantis davon nichts wusste, trotz seiner erstaunlichen, wissenschaftlichen Errungenschaften. Folglich ist dies keine Wiederentdeckung, sondern ein enormer Fortschritt, größer als alles, was auf der Erde bislang bekannt war – Solomon wurde zuletzt übertroffen, zumindest soweit seine altehrwürdige Rede unseren Planeten betrifft.

Hochachtungsvoll,
DER SCHREIBGEHILFE, FREDERICK S. OLIVER

Los Angeles, 11. Oktober 1899

Einige Worte zu diesem Buch von der Übersetzerin

Als mir dieses Buch vor über zehn Jahren in Paris in die Hände fiel, wusste ich noch nicht, welchen Einfluss es auf mein Leben haben würde. Mehr als drei Jahre arbeitete ich an der Übersetzung, um es auch dem deutschen Leser zugänglich zu machen.
Ich habe viele Bücher aus diesem Bereich gelesen, und wie bei allen, ließ ich mein Gefühl entscheiden, ob die Botschaften gut für die Seele sind.
„Phylos der Tibeter" ist eine Lektüre der besonderen Art. Es besitzt die Gabe, in eine Geschichte verpackt, dem Leser die Angst vor dem Tod zu nehmen, die uns die Kirche im Mittelalter eingepflanzt hat.

Mögen noch viele Bücher dieser Art aus der Bibliothek des Universums ihren Weg zu uns finden!

Sabine Glocker

P.S.: Ich hatte oft das Gefühl, dass Phylos neben mir saß und mir dabei half, dieses Buch zu übersetzen. Danke!

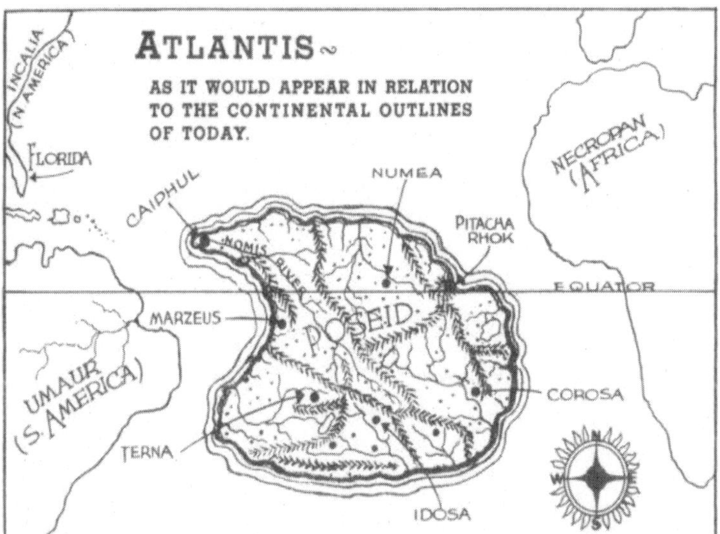

Wir stehen hier vor dem Erscheinen eines neuen Himmels und einer neuen Welt, in welcher der Prinz des Friedens in aller Ewigkeit regieren wird, und in der es das Altwerden nicht mehr gibt. Auf Erden gibt es nichts Großartigeres als den Menschen, und im Menschen ist nur der Geist von Größe...Phylos

ERSTES BUCH

Das geheime Wissen der Altanter

Atlantis war ein mystisches Inselreich, das Platon, der Schüler von Sokrates, in Timaios und Kritias als erster erwähnte und beschrieb. Ihm zufolge wurde die Kunde von Atlantis aus Ägypten mitgebracht, wo er sie in Sais von einem Priester der Göttin Neith erfahren habe. Der Priester habe ihm die Mitteilungen aus jahrtausendalten Schriften übersetzt. An mehreren Stellen lässt Platon Kritias betonen, dass seine Geschichte nicht erfunden sei, sondern sich tatsachlich so zugetragen habe. Die Insel lag laut Platon zwischen Südamerika und Afrika. Auch die Aussagen des weltberühmten Sehers Edgar Cayce über Atlantis decken sich auf verblüffende Weise mit archäologischen Funden und dem Inhalt verschiedener Sagen.
Interessant ist es auch zu erwähnen, dass die Übersetzung dieses Buches ins Deutsche von Hitler untersagt wurde, um die archäologischen und technischen Angaben, die der junge Frederick S. Oliver in diesem Buch macht, zu überprüfen und sie für sich selbst zu nutzen.

KAPITEL 1

Atlantis, Königin des Meeres und der Welt

„Warum nicht?“, fragte ich mich, während ich mitten im Schnee auf dem Berg rastete, so hoch über dem Meeresspiegel, dass der Herr der Stürme hier ewig herrschte, selbst wenn es Sommer im Tal war. „Bin ich nicht ein Atlanter, ein Poseider, und repräsentiert dieser Name nicht Freiheit, Ehre und Macht? Ist mein Heimatland nicht das glorreichste unter der Sonne, unter der Führung des Incals, des allmächtigen Gottes?“ Und aufs neue fragte ich mich: „Warum, ja warum strenge ich mich nicht an, einer der führenden Menschen meiner stolzen Heimat zu werden?
Wertvoll wie die Königin der Meere ist unser Land, denn alle Nationen zahlen uns Tribut an Lob und Handel, und alle versuchen, es uns gleichzumachen. Bedeutet in Poseid zu regieren nicht auch, die ganze Welt zu regieren? Darum werde ich mich also anstrengen, meinen Weg zu gehen, und ich werde es schaffen! Und du, blasser, kalter Mond, wirst Zeuge meiner Entschlossenheit sein“, rief ich laut, die Hände erhebend, „und auch ihr, funkelnde Diamanten des Himmels!“

Es war genau hier, wo ich meine Wünsche formulierte: hoch oben über dem Meer und dem Tal, welches sich 3.500 Kilometer nach Westen bis zur Königsstadt Caiphul erstreckte. Um mich herum und unter mir erhoben sich Gipfel und Bergketten. Doch so allumfassend sie auch schienen, wirkten sie doch winzig neben dem Gipfel, auf dem ich mich befand.
Um mich herum erstreckte sich ewiger Schnee -- aber was kümmerte mich das? Meine Gedanken waren so erfüllt von dem Wunsch, einer der führenden Menschen meines Heimatlandes zu werden, dass ich nicht einmal merkte, wie kalt es eigentlich war. Um die Wahrheit zu sagen, merkte ich nicht einmal, dass die Luft so eisig war wie die der weit entfernten Arktis.

Sicherlich gab es einige große Hindernisse zu bewältigen, denn ich war nur ein armer Junge vom Land, der keinen Vater mehr hatte. Ich begann, an meine Mutter zu denken, die Tausende von Meilen entfernt von hier zu Hause war, dort, wo die gigantischen Regenwälder waren und es fast nie schneite. Während ich mich mitten in der stürmischen Nacht und allein mit meinen Gedanken auf dem Gipfel aufhielt, kamen mir Tränen in die Augen, denn es machte mich traurig, wenn ich an das harte Los meiner Mutter dachte. Aber es waren genau diese Gefühle, die mich anspornten, endlich zu handeln und jemand zu werden.

Und wieder dachte ich über die Schwierigkeiten nach, die ich auf meinem Weg zur Macht zu bewältigen hatte. Atlantis, das auch Poseid genannt wurde, war ein Reich, in dem die Untertanen nur durch wenige Gesetze in ihrer Freiheit eingeschränkt wurden. Das oberste Gesetz besagte, dass jeder männliche Untertan seine Chance bekam, eine Arbeit auszuüben. Der Kaiser wurde gewählt, wie auch seine Minister beziehungsweise die Prinzen des Reiches, die zusammen den Rat der Neunzig bildeten. Ihre Posten sind vergleichbar mit den ministeriellen Geschäftsbereichen der Amerikanischen Republik, Atlantis' wahrem Nachfolgestaat. Verstarb der Kaiser oder einer seiner Ratgeber, dann wurde neu gewählt. Doch wenn es zu einem Widerruf wegen Unwürdigkeit kam, war sogar der Kaiser selbst vor einer solchen Maßnahme nicht gefeit.
Das Wahlrecht besaßen die zwei großen Gesellschaftsschichten, die alle Klassen des Volkes beider Geschlechter umfassten. Der Grundsatz, auf dem das ganze politische System Poseids beruhte, war der folgende: Es gab zwar eine Regelung, nach welcher der Bildungsstand eines jeden Wahlberechtigten überprüft wurde, das Geschlecht der Wahlberechtigten ging aber niemanden etwas an.

Die zwei höchsten sozialen Schichten waren die Incals, das heißt die Priester, und die sogenannten Xioquas, die Gelehrten. Sicherlich kann man sich fragen, wie eigentlich jeder seine Chance bekam in einem System, in dem

Handwerker, Händler und Mitglieder des Militärs nicht den Klassen angehörten, die wählen durften. Nun gut, jedermann hatte die Möglichkeit, ein Studium der Wissenschaften oder das der Incals aufzunehmen, oder man absolvierte gar beide Studiengänge. Rasse, Hautfarbe oder Geschlecht spielten keine Rolle; einzige Voraussetzung war, mindestens 16 Jahre alt zu sein und einen guten Schulabschluss zu haben. Diesen Bildungsstand konnte man sich in normalen Schulen oder in den unteren Klassen höherer Schulen, wie zum Beispiel an den Universitäten, aneignen, die in den Hauptstädten verschiedener Poseid-Staaten ansässig waren. Man konnte dieses Basiswissen sogar in den unteren Klassen der Akademie von Mazeus, dem Hauptzentrum für Kunsthandwerk, erwerben. An der großen Xioquithlon-Universität dauerte das Studium sieben Jahre. Ein Studienjahr umfasste zwei Semester mit jeweils fünf Monaten, dazwischen gab es einen Monat Ferien. Jeder Student konnte an den Prüfungen teilnehmen, die entweder zum Jahresende oder kurz vor der Frühjahrs-Tagundnachtgleiche stattfanden.

Wir kannten die uns von Natur aus gegebenen geistigen Kräfte, und deswegen entsprachen die von den Studenten belegten Fächer auch ihren Fähigkeiten. So angenehm das Studium auch war, gab es einige Punkte zu beachten: Nur ein Abschluss der ersten Klasse befähigte einen Absolventen zu einem offiziellen Amt. Ein solches Diplom sagte aus, dass sein Inhaber über eine ganze Reihe speziellen Wissens verfügte – ein Wissen, das zu umfangreich war, als dass es an dieser Stelle genauer und detailliert beschrieben werden könnte.

Ein Abschluss der zweiten Klasse brachte dem Inhaber kein politisches Ansehen, sondern verlieh ihm nur das Privileg des Wahlrechts.

Wenn sich aber jemand dazu entschloss, auf sein Wahlrecht zu verzichten und auch kein politisches Amt innehaben zu wollen, hatte er doch das Recht, sich in allen Fächern unentgeltlich zu bilden und fortzubilden. Manche wollten hingegen nur so viel erlernen, um ein bestimmtes Handwerk – wie zum Beispiel das eines Landwirtes oder Botanikers – ausüben zu können. Diese weniger ehrgeizigen Menschen hatten nicht das Recht der politischen Mitbestimmung.

Obwohl die Zahl dieser Nicht-Ehrgeizigen nicht gerade klein war, war der Anreiz, politisches Prestige zu erlangen, so groß, dass mehr als eine Person von zwölf wenigstens ein Diplom der zweiten Klasse besaß, während ein Drittel der Bevölkerung ein Diplom der ersten Klasse besaß. Folglich gab es für die Wähler keinen Mangel an Kandidaten, um alle Regierungsposten zu besetzen.

Vielleicht ist dem Leser der Unterschied zwischen Priestern und Wissenschaftlern noch unklar. Das Studium an der Priesterschule beinhaltete alle höheren Kurse der Universität. Der Hauptunterschied bestand allerdings darin, dass das Studium an der Priesterschule auch das weite Gebiet der übersinnlichen Phänomene, der anthropologischen und soziologischen Themen beinhaltete. Die Absolventen des wissenschaftlichen Zweiges hatten die Möglichkeit, ihre Dienste weniger gebildeten Menschen anzubieten.
Die Priesterschule, die sogenannte Incalithlon, war die höchste und vollkommenste Lehranstalt, welche die Welt je gesehen hatte. Ich würde sogar soweit gehen und sagen – das soll aber nicht heißen, wir Atlanter seien eingebildet –, dass die Lehre von so hohem Niveau war, wie es nie vorher da war und in den kommenden Jahrhunderten nie mehr da sein würde.
Innerhalb dieser großen Institution mussten die Studenten einen regelrecht übernatürlichen Eifer und Willen besitzen, um ihr Studium abzuschließen und ein Diplom von der Prüfungskommission zu erhalten. Um die Wahrheit zu sagen, lebten viele nicht lange genug, um dieses Diplom zu erhalten, es war nur einer von 500, der mit dieser Ehre die Universität verließ, die vergleichbar ist mit der renommierten modernen Cornell-Universität.

Während ich inmitten des Gletscherschnees meditierte, beschloss ich, nicht länger zu grübeln und stattdessen mit ein wenig Glück ein Xioqua, ein Schüler, zu werden. Da ich nicht auf den Titel des sogenannten Incala zu hoffen wagte, gelobte ich jedoch, nach dem anderen Titel zu streben. Um diesen stolzen Titel zu erhalten, genügte es nicht, hart für das Studium zu arbeiten. Man musste eine Einnahmequelle zur

Finanzierung des Studiums sowie eine unbeirrbare Willenskraft und Energie besitzen. Wie konnte ich nur hoffen, das alles zu erreichen? Man glaubte, dass Gott den Bedürftigen helfen würde.
Wenn ich keiner war, wer dann? Ich war noch keine 17 Jahre alt, meine Mutter hoffte auf meine Hilfe und außer meiner angeborenen Energie und Willenskraft besaß ich nichts, was mich in meiner Sache unterstützen könnte. Meiner Meinung nach reichte das als Beweis für meine verzweifelte Lage, und es war vorbestimmt, dass die Götter mir helfen mussten. Von solchen Gedanken erfüllt, stieg ich noch höher dem Gipfel entgegen, der den Himmel zu durchbohren schien. Der Sonnenaufgang war nah, ich brauchte mich nur über den höchsten Fels zu beugen, um Incal, den Sonnengott, zu begrüßen, der über die Nacht triumphierte. Er, der Meister aller Erscheinungsformen des großen und einzigen Gottes, dessen Namen er trug und dessen Schutzschild er war, würde mein Gebet sonst nicht erhören. Nein, er musste den jungen Mann, der ihn anbetete, sehen, mich, der ich keine Mühen scheute, ihn zu ehren. Dies war der einzige Grund, weshalb ich unter den zahlreichen Sternen des Himmels hier den jungfräulichen Schneehang hinaufgestiegen war. Ich stellte mir die Frage: „Gibt es einen glorreicheren Glauben als den meines Volkes? Verehrten die Atlanter nicht alle den größten Gott, die einzig wahre Gottheit, welche die feurige Sonne repräsentiert? Es kann nichts Geweihteres und Heiligeres geben." So sprach der Junge, dessen reifender Geist den wahren Glauben erfasst hatte und der weder eine tiefergehende und erhabenere Religion kannte, noch von einer solchen in den Tagen von Atlantis erfahren würde.
Als der erste Sonnenstrahl die Dunkelheit durchbrach, warf ich mich dem schneebedeckten Gipfel entgegen und wartete, bis der Gott der Sonne endgültig über die Nacht siegte. Ich erhob mich, machte eine letzte Verbeugung und stieg langsam hinab von dem gefährlichen Gletscher, der aus Eis, Schnee und wegversperrenden Felsen bestand, die schwarz und grausam scharf durch den Eismantel drangen und das Gerippe des Felsmassivs sichtbar machten, das sich 4,3 Kilometer über dem Meeresspiegel erhob.

Zwei Tage lang hatte ich all meine Kräfte verbraucht in der Hoffnung, hier oben von meinem Gott erhört zu werden. Hatte er mich erhört oder wenigstens bemerkt? Wenn ja, was dachte er? War er bereit, mir zu helfen? Ohne zu wissen warum, wandte ich mich meinem Gott zu, und mit einer Art blindem Stolz hoffte ich, er würde mir irgendeinen Schatz zeigen oder… Aber was war das für ein metallisches Glitzern in dem Felsen, dessen Inneres mein eisenbeschlagener Wanderstock in den Strahlen der Morgensonne entblößt hatte? Gold! Oh, mein Gott. Ist es wahr? Es war Gold, gelblich schimmernd und wertvoll. „Oh, Incal!" Ich rief mehrmals laut seinen Namen: „Dank sei Dir, dass Du Deinem unterwürfigen Bittsteller so schnell geantwortet hast." In meiner Dankbarkeit für den Gott allen Seins, auf den die Sonne, sein Schutzschild, ihre Strahlen warf, kniete ich im Schnee und schaute erneut auf meinen Schatz: Was für ein gewaltiger Reichtum da vor mir lag!

Während der Quarz unter meinen euphorischen Schlägen zersplitterte, kam eine dicke Goldader zum Vorschein. Die spitzen Kanten zerschnitten meine Hände, das Blut floss aus zahlreichen Schnittwunden. Als ich den gefrorenen Quarz anfasste, froren meine Hände an ihm fest – eine Einheit von Blut und Schatz. Egal! In meiner Begeisterung riss ich meine Hände los, ohne auf meine Schmerzen zu achten. „Oh, Incal ", rief ich, „Du bist so gut zu Deinem Sohn, dass Du ihn so großzügig mit dem Schatz beschenkt hast, der es ihm ermöglichen wird, seine Sehnsüchte zu erfüllen, bevor es ihm aufgrund zurückgestellter Hoffnungen schwer ums Herz werden konnte."
Nachdem ich die wertvollsten Klumpen des Goldquarzes herausgesucht hatte, lud ich alles, was ich unterbringen konnte, in meine geräumigen Taschen.
Wie konnte ich die Stelle markieren, um sie wiederzufinden? Diese Aufgabe war besonders einfach für einen Jungen, der in den Bergen aufgewachsen war, und somit auch schnell erledigt. Ich machte mich mit meiner schweren Last und leichtem Herzen fröhlich auf den Weg nach Hause. Nach etwa drei Kilometern von der Stelle aus, wo sich mein Schatz

befand, wand sich der kaiserliche Weg zum großen Ozean, Hunderte von Kilometern in der Ebene von Caiphul. Hatte man einmal diesen Weg erreicht, war der ermüdendste Teil der Strecke vorüber, obwohl noch ein Fünftel der Route zurückzulegen war.

Um meinen Lesern eine Vorstellung von der Schwierigkeit des Abstiegs von diesem riesigen Berg geben zu können, muss ich unterstreichen, dass die letzten 500 Meter nur über einen einzigen gewundenen Weg zu meistern waren. Es gab nur eine schmale Schlucht, ein vulkanischer Riss, der einen vagen Halt für die Füße bot, alle anderen Stellen des Berges waren unüberwindliche Klippen. Diesen spärlichen Halt gab es aber nur während der ersten 300 Meter. Jenseits dieses Punktes gab es keine Hilfe mehr. Am oberen Ende befand sich eine kleine Grotte, ein bisschen höher als Kopfhöhe, die vielleicht 20 Menschen aufnehmen konnte. Auf der anderen Seite der Grotte war eine Öffnung, die breiter war als hoch. Wie eine Schlange hineinkriechend, musste der wagemutige Entdecker für einige hundert Schritte einen steilen Abstieg überwinden, wobei sich der Spalt während der ersten zwölf Schritte so nach oben erweiterte, dass man sich eine einigermaßen aufrechte Körperhaltung leisten konnte. Am Ende der Abstiegsroute kam wieder eine Biegung, und sie vergrößerte sich wieder, so dass sie einen Tunnel bildete, der in Windungen aufstieg, wo man jedoch noch genug Halt fand, um nicht in Gefahr zu geraten. Der Tunnel hatte eine Steigung von 40 Grad und an einigen anderen Stellen war er noch steiler. So stieg man einige hundert Meter auf, wobei sich die Windungen gegenüber dem geradlinigen Aufstieg vergrößerten. Liebe Leser, dies war der einzige Weg, den höchsten Gipfel von Atlantis zu erklimmen. Obwohl der Weg beschwerlich war, war immer noch genügend Raum in diesem alten trockenen Vulkanschlot oder Wasserlauf – was auch immer es gewesen sein mag. Ein Schlot war es ursprünglich mit Sicherheit gewesen, doch mit der Zeit wurde er durch das Wasser so ausgespült, dass man seinen vulkanischen Ursprung nur noch vermuten konnte. An einer Stelle seines Verlaufes weitete sich der Tunnel zu einer geräumigen Höhle aus. Diese führte im rechten Winkel vom Vulkanschlot weg und hinab bis in das Innere des Berges, Hunderte von Metern hinein in die drohende Dunkelheit. Wer sich so weit vorwagte, befand sich nun am Rande eines Abgrundes, der keine sichtbaren Begrenzungen hatte bis auf den Punkt, wo er sich befand. Jenseits dieses Punktes war jedes Weitergehen unmöglich, ausgenommen für geflügelte Tiere wie zum Beispiel Fledermäuse, aber Fledermäuse gab es nicht in dieser furchtbaren Tiefe.

Nicht ein Laut war aus dieser riesigen Leere zu vernehmen. Kein Fackelschein hatte jemals das andere Ufer der Schlucht zum Vorschein gebracht; nichts war da außer einem Meer ewiger schwarzer Tiefe.
Trotzdem verspürte ich keine Angst vor diesem Abgrund – im Gegenteil, er faszinierte mich eher noch. Bis jetzt hatte ich noch keinen Begleiter gefunden, der mit mir diesen Aufstieg gewagt hätte. Es war das dritte Mal im Laufe eines Jahres, dass ich von meiner Neugierde hinaufgetrieben wurde. Das letzte Mal hatte ich mich über den Fels gebeugt, um nachzusehen, ob es noch einen anderen Weg nach unten gab. Doch der riesige Felsblock, auf dem ich stand, löste sich und stürzte hinab in den Abgrund. Es war reines Glück, dass ich noch rechtzeitig nach hinten springen konnte und am Leben blieb. Einige Minuten später konnte man den Fall des Felsblockes noch hören. Meine Fackel begleitete ihn, und jedes Mal, wenn sie auf einen Felsen schlug, sprühten Funken, bis sie schließlich gänzlich nicht mehr zu sehen war.

Ich war in der Dunkelheit zurückgeblieben, noch ganz zittrig von dem Geschehenen, und musste den Weg zurück zum Vulkanschlot finden, sonst hätte ich den Tod gefunden. Seitdem verspürte ich kein Verlangen mehr, den Abgrund zu erkunden. Ich bin dennoch oft in den Schlot gestiegen, der an der schrecklichen Höhle zwischen dem oberen Ende der Felsspalte und dem Gipfelhang vorbeiführte. Ich war schon einige Male an dieser Stelle vorbeigelaufen, bevor der „zufällig“ ausgeführte Schlag mit meinem Stock den Schatz freigelegt hatte. Aber ich hätte diesen Schatz wohl niemals

gefunden, wenn ich Incal nicht gebeten hätte, mir in meiner verzweifelten Lage zu helfen. Wen wundert es also noch, dass ich von dem Glauben meines Volkes so überzeugt war? Beim Verlassen des schneebedeckten Gipfels ließ ich das Tageslicht und die frische Luft hinter mir und tauchte ein in eine dichte Dunkelheit und eine leicht schweflige Atmosphäre; aber als ich das Morgenlicht verließ, verließ ich auch die Angst erweckende Kälte der Außenluft, denn im Tunnel war es trotz Dunkelheit angenehm warm.
Endlich kam ich zu der Höhle oben am 300 Meter langen Felsriss, den ich hindurchging zu den leichteren Abhängen des mittleren und unteren Drittel des Berges. In diesem Raum legte ich eine Pause ein. Sollte ich zurückkehren, um eine zweite Ladung Gold mitzunehmen? Oder sollte ich mich direkt auf den Nachhauseweg machen? Ich entschied mich dafür, noch einmal hinaufzusteigen. Die Taschen erneut gefüllt, stieg ich hinunter und machte eine Rast in der großen Höhle, denn die nächsten 120 Meter, die ich zu der äußeren Höhle hinabsteigen musste, waren sehr gefährlich.

Nach einer kurzen Pause nahm ich den kurzen, aber scharfen Aufstieg wieder auf und stand wieder in dem kleinen Raum, höchstens vier Meter zwischen mir und der freien Luft. Obwohl der lange Tunnel – als Ganzes gesehen – gewunden war, hatte er einige Strecken, die kerzengerade waren, gerade so als ob sie mit Hilfe von Maschinen entlang einer Richtschnur entstanden wären. Die 120 Meter im Tunnel, welche die Höhle von dem Eingang des Schlundes trennten, waren so gerade und deswegen so schwer zu überwinden wie der ganze Rest des Weges. Er wäre tatsächlich unüberwindbar gewesen, wenn nicht seine rauen Seiten einen leichten Fußhalt geboten hätten. Wenn der Tunnel nicht so finster gewesen wäre, hätte ich schon von der Höhle aus den Eingang in den Schlot sehen können. Trotz der Dunkelheit legte ich eine kleine Pause ein, denn die Luft war angenehm warm. Ich setzte mich, aß eine Handvoll Datteln und trank einen Schluck Wasser aus meinem Wassersack. Danach legte ich mich hin und schlief ein.

Ich weiß nicht, wie lange ich geschlafen hatte, aber das Aufwachen war schrecklich! Heiße Luft, so heiß, dass sie mich fast versengte, fegte über mich hinweg, beladen mit erstickenden Dämpfen, die auf dem Weg zum Gipfel ein dumpfes Grollen verursachten.
Der Rachen des Vulkanschlots stieß grollende und würgende Geräusche aus, danach erfolgte eine von einem Beben begleitete Explosion. Was mir noch mehr Angst bereitete, war ein rotes Licht, das aus dem Schlot kam. Tief in ihm konnte man bunt leuchtende Gasexplosionen sehen. Ich war wie gelähmt vor Angst. Ich wusste, dass die Farben und die Hitze in dieser Kombination gefolgt von Donnern und Beben nur eins bedeuten konnten: ein Vulkanausbruch! Meine mich paralysierende Angst war wie verflogen, als die sprühende Lava einige Meter weit in die Galerie schoss. So schnell ich konnte, erhob ich mich und flüchtete – getrieben von einer wahnsinnigen Energie – durch den waagerechten Eingang, der mir noch nie so niedrig erschien wie in diesem Moment!
Ich hatte vergessen, dass ich Gold in meinen Taschen trug, es kam mir gerade in dem Moment wieder in den Sinn, als ich das Gewicht des wertvollen Metalls fühlte. Auf halbem Wege erlangte ich während meiner Flucht eine gewisse Ruhe zurück, und mein erneut wacher Verstand hinderte mich daran, meinen Schatz wegzuwerfen.
Mein Verstand überzeugte mich davon, dass die drohende Gefahr nicht unmittelbar bevorstand. Also kletterte ich zurück in die Höhle, nahm den Sack, den ich zurückgelassen hatte, und füllte ihn mit allem Gold, das ich tragen konnte. Ich legte mir anschließend einen Ledergürtel um meine Hüfte, nahm ein zwölf Meter langes Seil, befestigte an dessen Ende den Sack und legte das andere Ende um einen Felsen. Ich ließ den Sack hinab und kletterte hinterher. Durch einen Ruck löste ich das Seil vom Felsen und wiederholte dieses Manöver bis nach unten.
Von hier aus war der Weg sehr felsig, aber doch gerade genug, um leicht hindurchzukommen. Nachdem ich diesen Weg hinter mir gelassen hatte, warf ich einen Blick zurück auf die Strecke, die ich gegangen war. In diesem Augenblick gab es ein weiteres Beben, das mich fast zu Boden geworfen hätte,

und aus der kleinen Höhle, in der ich geschlafen hatte, stiegen Rauchwolken und rote Lava. Sie rollte majestätisch den Berg hinab und bot in der untergehenden Sonne einen atemberaubenden Anblick. Ich flüchtete den Weg entlang weiter, nachdem ich den größten Teil meines Schatzes an einem sicheren Ort versteckt hatte. Als ich eine Weile gelaufen war und mich nun in sicherer Distanz befand, warf ich einen Blick zurück auf den feuerspuckenden Berg. Zumindest hatte ich gerade so viel Gold in meinen Taschen, dass ich es auch ohne die aus der Erregung geborene Kraft, die jetzt natürlich verflogen war, tragen konnte. Mein Reichtum war schon so recht groß, auch wenn ich das Zurückgelassene nicht mehr bekäme. Incal sei gepriesen! In meiner Unwissenheit konnte ich mir nicht vorstellen, inwiefern meine zehn Kilogramm Goldquarz unausreichend waren, um sieben Jahre Studium zu finanzieren. Und mehr noch: Es handelte sich um die Universität in der Hauptstadt, wo die Studiengebühren höher waren als anderswo. Doch es war der größte Schatz, den ich je besessen hatte, und deswegen war ich mehr als zufrieden.
Tatsächlich ist der Glaube an eine göttliche Fügung für viele notwendig. Der einzige Unterschied besteht darin, dass die Menschen mit dem größten Wissen eine fast unendliche göttliche Kraft erwarten im Gegensatz zu denjenigen mit weniger Erfahrung. Diejenigen, die verstanden haben, dass das Leben grenzenlos ist, erkennen einen Gott an, der für sie allmächtig ist, verglichen mit der Auffassung der einfachen Leute. Ob die angebetete Gottheit aus Holz oder Stein war, ob sie eine unbelebte Form oder ein zweigeschlechtlicher höherer Geist war, war unwichtig. Die großen Wesenheiten, die den Lauf der Dinge bestimmen und das karmische Gesetz des ewigen Gottes anwenden, sehen den Glauben in den sterblichen Herzen und leiden nicht darunter, dass diese Gesetze ewig in Härte enden müssen und keine Gnade kennen. Wenn der Glaube an das Höhere oder den wahren Gott oder an den höheren Geist Gottes vergehen würde wegen der verzehrenden Kräfte der Sorgen und Verzweiflung, dann würde die menschliche Güte um ihre Sicherheit und ihr Überleben zittern. Eine solche Katastrophe kann mit Gott nicht

harmonisieren. Das Gesetz würde nicht zulassen, dass sich dies ereignete.
So war auch mein Glaube, den ich mit meinem Volk teilte. Incal war reiner Geist und existierte nur in den Gedanken seiner Anbeter. Zu dem Glauben hinzu kam die Unendlichkeit, die keine Intelligenz zu keiner Zeit anzweifeln konnte. Dieser Glaube war edel, durchdrungen von einer hohen Moral, und er nährte Körper, Geist und Seele. Ohne Zweifel repräsentierte Incal den Beschützer der strahlenden Sonne. Unser atlantisches Konzept ersetzte für uns den Geist des Lebens, den Ursprung von allem. Das genügte, um die Befolgung derjenigen Prinzipien zu gewährleisten, die Ihm am besten gefielen.
Zu allen Zeiten schauten die Engel des allmächtigen Gottes auf den Glauben der Kinder Gottes. Sie schauten auf meinen Glauben, der tief in meinem Herzen verankert war, und sagten folgendes: „Es geschehe nach deinem Glauben!"
Mein Glaube an mich selbst wurde erschüttert, als ich vor dem brennenden Berg floh, aber es geschah kein Unheil. Ich floh – so schnell es mir der Weg erlaubte –, und während ich rannte, dankte ich Incal, denn ich war noch am Leben und besaß sehr viel Gold. Der Geist des Lebens war barmherzig, doch ich wusste nicht, wie unausreichend mein Schatz doch für meine Bedürfnisse war, bis der Stachel der Enttäuschung entfernt wurde, weil ich einen ergiebigeren Vorrat gefunden hatte. Über mehrere Kilometer folgte mein Weg scharfkantigen Bergkuppen. An vielen Stellen gähnten steile Abgründe neben dem Weg, so nah, dass ich meinen Füßen mit den Händen helfen musste. Manchmal umgaben diese Felsspitzen beide Seiten des Pfades, so dass sie eine schmale Brüstung bildeten. Ich war Incal sehr dankbar für die kleinen Hilfen und zudem dafür, dass der Gott des Berges sich ruhig verhielt, als ich mich in dieser gefährlichen Situation befand. Ungefähr fünf Kilometer von meinem Ausgangspunkt entfernt kam ich an den Rand eines Angst einflößenden Abgrundes, wo sich eine senkrechte Wand über mir aufrichtete.
Das einzige, das mir den Weg erleuchtete, war der brennende Berg. Während ich vorsichtig den Abhang hinunterstieg, wurde ich von einem erneuten Beben in die Knie gezwungen

und musste fast in den Abgrund springen. Einen Augenblick später ertönte ein dumpfes Grollen, gefolgt von einem Luftwirbel von gleich bleibender Stärke. Erfüllt von Angst schaute ich zurück. Eine riesige Feuerflamme und Rauch schossen in den Himmel, und sie waren begleitet von Steinen, die so groß waren, dass man sie mit bloßem Auge erkennen konnte. Unterhalb des Hanges, an dem ich mich festhielt, vernahm ich ein krachendes und rollendes Geräusch. Die Erde bebte auf unerträgliche Weise, und durch die wiederholten Erdstöße hielt ich mich noch fester am Felsen fest, um nicht hinuntergeschleudert zu werden. Gestern waren diese Bergketten und Gipfel noch da gewesen, heute waren sie wie vom Erdboden verschluckt. Ich sah eine Landschaft, die von tobenden Wirbelstürmen verwüstet war, und alles war durch den Vulkanausbruch ausreichend beleuchtet, um das ganze Ausmaß sehen zu können. Die einst soliden Steilhänge und Felsen erschienen nun brüchig und unpassierbar. Sie erhoben und senkten sich unter den gewaltigen Erdstößen, es erschien wie ein Zermahlen und Zerdrücken in einem regelrechten Chaos. Über all das legte sich eine dichte Schicht Asche, während der Staub und die vulkanischen Dämpfe die Luft erfüllten und sich wie eine riesige Staubwolke über einer Welt ausbreiteten, die anscheinend dabei war zu sterben. Letztendlich verstummte das verrückte Brüllen und entsetzliche Beben. Diese plutonische Geschichte wurde nur durch das Fließen der Lava und die aufgerissene Landschaft erzählt. Ich aber blieb auf dem Felsvorsprung sitzen, krank und fast ohnmächtig. Nach und nach erstarrte der Lavafluss, und der glühende Schein erlosch. Totenstille breitete sich aus, und die Asche rieselte langsam auf die übel zugerichtete Erde. Finsternis herrschte; ich glaube, dass ich für einige Zeit ohnmächtig gewesen sein musste, denn als ich wieder zu mir kam, spürte ich einen heftigen Schmerz an meinem Kopf. Als ich ihn mit der Hand berührte, fühlte ich, wie noch warmes Blut aus der Wunde trat, die beim Berühren sehr schmerzte. Ich tastete um mich herum und fand den Stein, der aus der Felswand auf meinen Kopf gefallen war. Ich bewegte meinen Kopf und stellte fest, dass die Verletzung nicht sehr schlimm

war. Die Sonne ging unter. Verletzt, hungrig und halb erfroren legte ich mich wieder hin, um auf das Tageslicht zu warten.
Als Incal die Erde bestrahlte, bot sich mir ein anderes Bild als am Tag zuvor. Ich schaute zum Gipfel hinauf, und die rote Sonne zeigte mir nur noch einen halben Berg. Ein Dichter sagte einmal sinngemäß: „Die Berge richten ihren nackten und schwarzen Fels gen Himmel und neigen ihre hohen Köpfe zum Tal."
Direkt neben meinen Füßen, dort wo die Felsgewölbe existiert hatten und der fürchterliche Wirbelsturm gewütet hatte, waren spitze Felsen, Felswände und Bergspitzen auf immer verschwunden. An ihrer Stelle lag nun ein brodelnder See, dessen weit entferntes Ufer mit Asche bedeckt war. Der Wasserdampf war erfüllt von kalter Luft und feinem Nieselregen, als ob die Erde, brutal geschüttelt, ihre Tränen auf den kürzlich überstandenen Todeskampf ergoss. Alle Geräusche waren erstickt, die Erde bebte nur noch leicht, und der Lavastrom erstarrte. Das Felsgewölbe, auf dem ich mich befand, war fast völlig unversehrt. Als ich mich auf den Rückweg begeben wollte, war dieser verschwunden. Ein riesiger Steinblock, der einige tausend Tonnen wog, war in den Abgrund hinein geglitten und hatte dabei jedes Weiterkommen verhindert. Also suchte ich nach einem anderen Weg und begann, in der aufgehenden Sonne an der Felswand hochzuklettern. Ich erreichte einen von der Sonne abgewandten Bergrücken und sah zwei gefährlich enge Felsvorsprünge, einen brodelnden See und unüberwindbare Felsen über mir. Plötzlich sah ich einen schwachen goldenen Schimmer, der sich über meinen Weg legte. Ich machte mich auf die Suche nach der Ursache des Schimmers und entdeckte einen Felsriss in der Wand, die sich über mir erstreckte. Der untere Teil des Risses befand sich direkt unter mit.
Sie wurde verschlossen von einer Steinplatte, die genau so breit war wie die Öffnung, ohne sich jedoch nach außen zu verengen. So als ob der Fels durch großen Druck nach einer Seite verrutscht oder gefaltet worden war. Dies schien zweifellos die richtige Erklärung zu sein. Ich stieg zu diesem Boden hinunter und trat hinein, da ich die Spalte ausreichend breit fand.

Ich kletterte in die Öffnung, ohne der Tatsache Rechnung zu tragen, dass in jedem Moment ein neuer Ausbruch des Vulkans die Spalte schließen konnte und mich zerquetschen würde wie ein Schraubstock. Ich dachte an diese Möglichkeit, aber ganz im Sinne dessen, was einen guten Atlanter ausmachte, schob ich meine Angst zur Seite und vertraute auf Incal, der mich beschützen würde. In der gespaltenen Wand erschienen hier und da zerrüttete Quarzadern, die aus der langen Granitwand herausragten. Der Riss zog sich bis zum Bergrücken und war einen Meter breit. Ich hielt an, denn ich war so glücklich, als ich daran dachte, dass um mich herum jungfräuliche Felsen standen, die noch nie ein anderer Mensch seit der Entstehung der Erde vor mir gesehen hatte. Das Blut pulsierte in meinen Adern, und ich war von einer wilden Freude erfasst. Ganz in der Nähe, ein Stück weiter vorne, befand sich eine gelbe Ader, in der sich mehrere Steine befanden. Es waren Quarzstücke, die durch das Beben aus dem Felsen herausgebrochen waren. Sie waren von ursprünglichem Gold und Silber durchzogen.
Aufs neue war ich von dieser Entdeckung so fasziniert, dass ich meinen Hunger und meine Schmerzen vergaß und eine Hymne zu Ehren meines Gottes sang. Verschwunden der majestätische Gipfel, zerstört der einzige Weg nach oben. Aber hier, nach dem Ende des unterirdischen Krieges, gab es einen viel größeren Schatz, viel näher bei meinem Zuhause und wesentlich einfacher zu erreichen als der erste. Meine überragende Freude war zu groß für meinen angeschlagenen Zustand und zu viel für meine Nerven. Ich fiel in Ohnmacht. Bald darauf kam ich wieder zu mir und hatte nur noch einen Wunsch, nämlich den, auf direktem Wege nach Hause zu gehen, ohne weitere Energie zu verschwenden. Mein angeborener Instinkt, den ich als Junge, der in den Bergen aufgewachsen war, hatte, würde mich wieder zu der Stelle bringen, an dem sich mein Schatz befand. Ich fragte meine Mutter um Rat. Sie war der Meinung, dass ich die Goldmine nicht alleine ausschürfen sollte, und ich wusste, dass sie recht hatte. Aber wem sollte ich trauen, der mir helfen würde und dem ich einen angemessenen Teil des Reichtums als Belohnung überlassen sollte?

Ich bekam die benötigte Hilfe. Sogenannte gute Freunde wurden meine Partner. Sie bekamen einen Teil des Gewinns, ohne dass ich dafür mitarbeiten musste, und sie akzeptierten auch, dass die Mine auf meinen Namen eingetragen wurde. Ich ließ jeden ein Papier unterschreiben, sie mussten den heiligsten aller Schwüre leisten, den es auf Atlantis gab, und ihn mit ihrem Blut besiegeln. Ich bestand auf diesen formellen Luxus, denn die Vorstellung, ein anderer würde sich als Entdecker der Mine ausgeben, war unerträglich. Heute weiß ich, dass alle meine Zweifel einen Grund hatten. Der Vertrag besagte, dass die ganze Mine, die sie während der ganzen Jahre ausschürften, alleiniger Besitz von Zailm Numinos war. Nur die Existenz dieser Klausel hielt sie davon ab, mich meines Besitzes zu berauben. Die Klausel erwähnte zwar nicht die Entdecker, sagte aber aus, dass die alleinigen Rechte beim Namensinhaber der Mine lagen. Ich hatte die Mine entdeckt. Das bedeutete für mich alle Vorzüge und absoluter Schutz durch das Recht. Zumindest glaubte ich dies in meiner Unwissenheit. Meine Partner jedoch waren weniger unwissend. Sie wussten, dass der Vertrag ungültig war, also ohne Gegenstand. Der Tag kam, an dem ich alles erfahren sollte. Das Atlantische Recht besagte, dass jede entdeckte Mine Staatseigentum war und dass jeder bestraft würde, wenn er den Besitz verheimlichte. Ihre Habgier jedoch hielt sie davon ab, ihren Schwur zu brechen, denn sie hatten sich mitschuldig gemacht, indem sie mir halfen, die Mine auszuschürfen. Was sie jedoch nicht wussten, war folgendes: Wenn sie mich verraten hätten, wären sie laut Gesetz alleinige Eigentümer der Mine geworden. Aber zu diesem Zeitpunkt kannte ich das Gesetz nicht, und meine beiden Partner hielten es für besser zu schweigen. So wurde das Geheimnis bewahrt und erst später gelüftet.

Im Moment jedoch besaß ich eine enorme Einnahmequelle. Der nächste Schritt war nun der, vom Lande in die Königsstadt umzusiedeln. Ich verabschiedete mich in aller Stille von Zuhause und begab mich nach Caiphul.

KAPITEL 2

Caiphul

Die Atlanter wurden von einer Art Monarchie regiert. In ihrem System gab es einen gewählten Kaiser, wobei dieser Titel nicht vererbt werden konnte, und es gab Minister beziehungsweise Prinzen, die unter dem Namen „Rat der Neunzig“ bekannt waren. Alle diese Amtspersonen wurden auf Lebenszeit gewählt, außer es gab einen Widerruf wegen Missachtung der Gesetze. Wenn es zu einem solchen Missbrauch kam, gab es genaue Vorschriften, die auch ausgeführt wurden. Wie hoch der Posten auch war, man konnte sich den Vorschriften nicht entziehen. Es gab keinen Ministerposten außer dem des Geistlichen, der nicht einer Wahl unterworfen war. Die zweitrangigen Posten, das heißt die der allgemeinen Dienstleistung, wurden durch Ernennung besetzt. Der Kaiser und seine Ratgeber waren durch ihre Führungsmacht dem Volke gegenüber in ihren Entscheidungen und Ernennungen verantwortlich. Dieses Kapitel soll meinen Lesern keinen Kurs in atlantischer Politik geben, sondern die amtlichen Paläste beschreiben, die das Volk ihren Auserwählten zur Verfügung stellte: einen für jeden Prinzen und drei für den Kaiser. Um Euch einen Gesamteindruck zu geben, werde ich einen dieser Paläste von innen und außen beschreiben. Ein Regierungsgebäude erkannte man an seiner außergewöhnlichen Architektur. Die Beschreibung von Agacoe, dem Hauptsitz des Kaisers, zeigt Euch, wie das bekannteste Gebäude Poseids aussah und wie außergewöhnlich die Architektur zu dieser Zeit gewesen ist. Ich bitte den Leser, sich einen Sockel von fünf Metern Höhe, 50 Metern Breite und 250 Metern Länge vorzustellen. Die obere Plattform war aus Sandstein. An allen vier Seiten stiegen Treppen hinunter auf einen Rasen. Am Haupteingang befand sich in der Mitte der Treppe eine riesige Schlange, die eine solch perfekte Skulptur war, dass man sie für echt halten konnte. Der Kopf der Schlange ruhte am unteren Ende der Treppe auf dem Rasen. Ihr Körper war wie ein eingravierter

Abdruck auf den Stufen zu sehen und schlang sich am oberen Ende um die riesigen Stützsäulen der Veranda. Der Palast war auf einer Plattform aus Sandstein erbaut, und die Säulen standen imposant zwischen der Veranda und der Treppe in einer Reihe. Der darauf folgende Teil war ein Viereck, dann kam wieder eine Schlange und so weiter.

Ich hoffe, dass meine Beschreibung deutlich genug war, um Euch eine Vorstellung von diesem immensen Parallelogramm zu geben, das von Treppen und riesigen Schlangen umgeben war. Diese religiösen Sinnbilder symbolisierten nicht nur die Weisheit. Sie erinnerten uns auch an das Erscheinen einer Feuerschlange am Himmel in genau dem grausamen Moment, als der Mensch von Gott getrennt wurde.

Abwechselnd zu diesen Formen gab es die zurückliegenden Teile, welche die Architektur auflockerten, die sonst nur gerade und langweilige Linien gehabt hätte. Über all dem erhob sich der erste Stock des Palastes. Seinen von Schlangen umwundenen Säulengang stützten die großen Verandadächer, auf denen sich große Vasen befanden, die mit Erde gefüllt waren und zahlreiche Variationen von tropischen Pflanzen und Büschen enthielten. Dieser luxuriöse Garten parfümierte die Luft, die schon von den zahlreichen Brunnen abgekühlt war, die sich zwischen den Pflanzen befanden.

Über der ersten Etage mit ihrer blumenüberfüllten Halle erhob sich eine weitere Etage mit Appartements, die von offenen

Galerien umgeben waren. Die dritte und letzte Etage hatte keine Veranda, doch sie war von einer Promenade umgeben, wobei die Decke der unteren Etage als Boden diente. Auch hier standen zahlreiche Blumen und Sträucher, die alles sehr schön aussehen ließen. Vögel mit schönem Gefieder und Gesang waren herzlich willkommen. Sie flogen frei umher, denn sie hatten niemandem jemals etwas getan. Die Wachen waren mit Pfeil und Bogen bewaffnet. Ohne jedes Geräusch schossen sie die räuberischen Vögel ab oder solche, die aus unterschiedlichen Gründen nicht gern gesehen und nutzlos waren.

Türme und Spitzen standen graziös auf dem Hauptgebäude. Folgende Architekturdetails nahmen der Gestaltung die Schwere: Winkel und Kreuzbögen, fliegende Strebepfeiler, Kranzleisten und vielfältige architektonische Effekte.

Der höchste Turm wurde bis nach oben von einer spiralförmigen Treppe umkreist, die auf eine Plattform führte, die oben geschlossen war und sich 30 Meter über dem Dach aus Aluminium befand. Der Agacoe-Palast war der einzige, der einen solchen Turm besaß und der sich so von allen anderen öffentlichen Gebäuden unterschied. Dieser war einige Jahrhunderte vor meiner Zeit zum Andenken an eine schöne Prinzessin erbaut worden, die aus der Obhut ihres geliebten Mannes in das Navazzamin, also ins Jenseits, eingetreten war. So war der Palast entstanden.

Die obere Etage war ein öffentliches Museum, und in der mittleren Etage befand sich das Bürgermeisteramt. Die erste Etage hingegen war wunderschön eingerichtet und möbliert und wurde privat vom Kaiser bewohnt. Bemerkenswert ist, dass die gähnenden Mäuler der Steinschlangen als Türanlagen dienten, die zu bestimmten Appartements im Untergeschoss führten, was dem Leser einen Eindruck des enormen Ausmaßes dieser steinernen Saurier geben mag. Die Monster waren in einer künstlerischen Größe dargestellt; ihre Körper waren aus behauenem rotem oder gelbem Sandstein. Ihre Augen waren aus grünem Onyx, Karneol, Jade und anderen bunten Quarzsteinen. Die spitzen Giftzähne ihrer gähnenden Mäuler waren aus weißem, glänzendem Quarz. Es stand je eine auf jeder Seite des Eingangs.

Das Vorhandensein dieser aufs Feinste geschliffenen Steine lässt in Deinem Verstand die Frage aufkommen, ob die Atlanter ihre Produkte durch Sklavenarbeit herstellen ließen oder wir etwa im Besitz von speziellen Stein schneidenden Maschinen waren? Im ersten Fall wären wir nur ein barbarisches Volk gewesen, dessen politische Autonomie ewig durch aufrührerische Kräfte eines sozialen Vulkans bedroht gewesen wäre, den die Sklaverei immer hervorruft. Die zweite Annahme ist die richtige, weil die hierfür geschaffenen Maschinen, ähnlich wie eine Unzahl anderer Geräte für jede Art von Arbeitserleichterung, den Stolz unserer Nation ausmachten. Unsere Technik war so vollkommen, dass sie alle Art von Arbeit verrichten konnte, doch es wäre sinnlos, sie hier detailliert zu beschreiben. Erlaube mir, hier eine Behauptung aufzustellen, aber nicht etwa, um eine Diskussion auszulösen, sondern um das nächste Kapitel etwas ins rechte Licht zu rücken: Wenn wir Atlanter nicht über einen gewissen Grad an Technologie und Erfindungsreichtum verfügt hätten, die uns einen solchen Triumph schenkten, dann wärt auch Ihr in der heutigen Zeit weder im Besitz einer schöpferischen Fähigkeit noch im Besitz der Ergebnisse.
Wenn Du meine Aussage näher studierst, wirst Du die Zusammenhänge der beiden Epochen und unserer beider Rassen vermutlich noch nicht verstehen. Wenn Du Dich aber dem Ende der Geschichte näherst, werden sich Deine Gedanken an meine Worte erinnern und sie hinterfragen.
Nachdem ich Dir einen Einblick in das atlantische System gegeben habe, versuche ich nun, Dir eine Vorstellung über die caiphulischen Vorgebirge zu geben, über denen Caiphul thronte. Diese königliche Stadt war die größte, die zu jener Zeit existierte. Sie beherbergte zwei Millionen Seelen und war nicht von einer Schutzmauer umgeben. Um die Wahrheit zu sagen: Keine einzige Stadt dieser Epoche war von einer Mauer umgeben – im Unterschied zu späteren Zeiten, als fast alle Städte eine Schutzmauer hatten. Wenn ich mich an die Zeit von Poseid zurückerinnere, geht diese Erinnerung nicht über die Tatsachen hinaus, da die ganze Geschichte aus dem Astralarchiv stammt. Nichtsdestotrotz liegt die Zeit Poseids lange vor der Zeit, in der man die Geschichte auf Papyrus

schrieb oder als die Menschen ihr Vermächtnis auf Steintafeln hinterließen, wie man sie in den ägyptischen Tempeln findet. Als die ersten Geschichtsschreiber Dinge auf Papyrus festhielten, war Atlantis auf Erden nicht mehr bekannt. Und auch nicht vor dieser Zeit, als man mit Hieroglyphen auf Obelisken und Tempelsteinen bildliche Geschichten in ewigen Granit meißelte.
Atlantis war zu jener Zeit nicht mehr bekannt, denn es sind fast 9.000 Jahre vergangen, seit das Meer unser Land verschluckte, ohne eine Spur davon zu hinterlassen – nicht einmal soviel wie das, was übrigblieb von den beiden Städten Herculaneum und Pompeji, die unter Lava und Asche begraben wurden und von deren Existenz Christen über 16 Jahrhunderte keine Ahnung hatten. Die Archäologen fanden jedoch eine Spur von Pompeji, aber Caiphul wurde auf immer von dieser Welt verbannt. Wenn jedes Jahrhundert ein Tag wäre, wären mittlerweile drei Monate vergangen seit dem Tag, an dem Gottes Fluch den Wassern befahl: „Bedecke dieses Land, so dass die allgegenwärtige Sonne in ihrem gesamten Lauf dieses Land nie mehr zu Gesicht bekommt.“ So geschah es.

Auf den vorhergehenden Seiten beschrieb ich Dir die riesigen Vorgebirge von Caiphul, die aus der caiphulischen Ebene in den Ozean hineinragten und auch in der Nacht durch den Lichtschein der Hauptstadt sichtbar waren. 500 Kilometer westlich von Noumea erstreckte sich die Halbinsel, die bis zu ihrem äußeren Kap eine Breite von 35 Kilometern hatte, vom Ozean direkt aufsteigend – wie die Kalkfelsen von England – in einer Höhe von beinahe 30 Metern, um auf einer ebenen Plattform zu enden. An der Spitze dieser Halbinsel erhob sich die Hauptstadt Caiphul oder auch Atlan, die Königin der Meere, wunderschön friedfertig, mit tropischer Lieblichkeit.

Wo das Blatt nie verwelkt
in dem stillen blumigen Schatten,
und die Biene festlich speist
den Nektar das ganze Jahr.

Die künstlichen Hügel, auf deren höchsten Stellen sich die königlichen Paläste befanden, waren von breiten Straßen durchbohrt, die durch die Hügel führten. Die Straßen führten vom Zentrum aus sternförmig nach außen und zogen sich in einer geraden Linie über 80 Kilometer hinweg. Kürzere Straßen kreuzten das Innere der Halbinsel über eine Länge von 60 Kilometern. Caiphul war die stolzeste Stadt in jener Zeit.

An keiner Stelle von Caiphul war der Ozean mehr als 8 Kilometer entfernt. Die Stadt hatte zwar keine Schutzmauern, war dafür aber von einem immensen Graben umgeben, der einen Kilometer breit und 20 Meter tief war und von den Wassern des Ozeans durchspült wurde. Im Norden traf ein breiter Kanal auf den großen Fluss Nomis, dessen Verlauf einen starken Schwall im Graben verursachte. Die Wasser des Ozeans kamen vom Süden und durchfluteten den Graben um die ganze Stadt herum. Auf diese Weise war der Rückfluss sämtlicher Kanäle der Stadt zum Meer hin gesichert. Enorme Motorpumpen trieben frisches Wasser aus dem Ozean durch zahlreiche Rohre und Steinkanäle netzförmig über die ganze

Stadt, durchspülten die Abwasserrohre und stellten die treibende Kraft für alle erforderlichen Zwecke zur Verfügung, so zum Beispiel für den elektrischen Strom, für Licht und sonstige Leistungen. Du wirst Dich fragen: Elektrizität? Elektrische Kraft? In der Tat besaßen wir ein tiefgründiges Wissen über universelle Kräfte. Wir nutzten diese auf unzählige Arten, von denen viele aber in der modernen Zeit wiederzuentdecken sind und mehr und mehr in dem Maße zurück in Erinnerung kommen, wie Frauen und Männer aus dieser alten Zeit wiedergeboren werden.

Lieber Freund, es ist nicht verwunderlich, dass Du ungläubig bleibst, wenn ich von Erfindungen spreche, die Du einzig und allein der modernen Zeit zuordnest. Aber ich spreche von einem Wissen, dass aus Erfahrung geboren ist, da ich nicht nur damals vor 12.000 Jahren auf Atlantis lebte, sondern auch in Amerika vor, während und nach dem Sezessionskrieg.

Einen Teil unserer Stromerzeugung gewannen wir aus dem Wellengang am Ufer des Meeres, einen noch größeren Teil aus der Ebbe und der Flut, aus Wasserfällen in den Bergen und aus chemischen Produkten. Aber die Hauptquelle kam von dem, was wir „Nachtseite der Natur“ nannten.
Wie Ihr kannten auch wir die Kraft der Explosion, aber wir wendeten sie vielseitiger an.
Glaubst Du wirklich, dass Eure Maschinen so lange Zeit von plumpen Dampf- oder Elektromotoren angetrieben worden wären, wenn Ihr es verstanden hättet, diese ungeheuren, in den chemischen Substanzen eingeschlossenen Energien ohne Angst vor Explosionen allmählich zur Entfaltung zu bringen?
Wenn ein großes Schiff statt seiner kohlenbetriebenen Maschine eine konzentrierte Energie benutzen würde, die in eine Handtasche passt, gerade ausreichend, um ein Schiff von England nach Amerika oder einen Zug 10.000 Kilometer weit zu befördern, welche Chance hätte da die Dampfenergie?
Nehmen wir einmal an, eine solche Energie war bekannt auf Atlantis; dann war sie aber doch nicht die am meisten Geschätzte. Ihr werdet sie mit Sicherheit wieder kennenlernen, denn unser Volk ist gerade dabei, auf die Erde

zurückzukehren. Ich erwähnte schon, dass diese Energie nicht die einzige war, die uns zur Verfügung stand. Nehmen wir die Wasserdampfmaschinen zum Vergleich, dann war die Energie der Nachtseite der Natur mit einem leichten Explosionsmotor zu vergleichen.

Aber was sind denn eigentlich diese Kräfte der Nachtseite der Natur? Ich beantworte diese Frage mit einer Gegenfrage. Woher kommen die Kräfte für die Gravitation der Sonne und des Lichtes? Wenn Du mir antwortest, sie kommen von Gott, so werde ich Dir folgendes antworten: Der Mensch ist das Erbe Gottes. Alles, was Gott besitzt, besitzt auch der Mensch. Wenn Incal seine Antriebskraft von Gott erhält, so wird auch der Sohn erkennen, wie es der Vater tut, und wird es ihm gleichtun, wie wir Atlanter es taten. Aber Ihr könnt noch viel größere Dinge erreichen, denn Ihr lebt jetzt, Ihr lebt. Ihr seid zurückgekehrte Atlanter auf einer höheren Ebene.

Die großen Gräben, welche die Hauptstadt umflossen, dienten einem gewissen Zweck, wurden jedoch einige Jahrzehnte später nicht mehr genutzt. Dieser Zweck diente allein der Seefahrt, denn bevor alles durch die Luftfahrzeuge abgelöst wurde, musste man Schiffe zum Transport benutzen. Die Schiffahrtstransporte waren so erfolgreich, dass Atlantis den Spitznamen „Herrscherin der Meere“ erhielt. Diesen Namen behielt Atlantis auch dann noch bei, nachdem die Nutzung der Wassergräben aus der Geschichte verbannt wurde.
Als man die neue Art des Transportes einsetzte, wurden fast alle Schiffe verschrottet, aber einige blieben erhalten, denn über zehn Jahrhunderte waren sie der Stolz der Meere auf der ganzen Welt gewesen.
Der Ozean trug noch vereinzelt Vergnügungssegler, die allen Leuten gehörten, die das Neue liebten und so ihre Sportgelüste befriedigten.
Dieser radikale Wechsel war jedoch kein Grund dafür, Missfallen an der 220 Kilometer langen gefliesten Uferstraße zu finden. Die ungebändigten Wasser hätten die Anlage zerstört, was ein großer Verlust für die Stadt und das sanitäre System gewesen wäre und die Zerstörung der Kanäle, welche

die Stadt umflossen, zur Folge gehabt hätte. Während der letzten vergangenen 700 Jahre, seit der Verbannung des Schiffstransportes, achteten wir darauf, dass kein Riss das wertvolle Kachelufer zerstörte.

Eine auffallende Besonderheit von Caiphul war der Reichtum an wunderschönen Bäumen und tropischen Pflanzen. An den Straßen entlang, auf den Berghängen und den Palastdächern standen überall 60-100 Meter hohe Bäume, dazwischen wunderschöne Sträucher, rankende Blumen; überall, wo man hinsah, grünte und blühte es. Sicherlich fragst Du Dich, wo denn die Menschen lebten. Die Frage kommt genau richtig, und ich hoffe, dass meine Antwort Dich zufriedenstellt.
Die Oberfläche des großen Vorgebirges war – einfach ausgedrückt – eine Ebene. Wir verwandelten diese Ebene in ihrem Äußeren so, dass sie viel schöner aussah – wie Berge oder Hügellandschaften. Um den Wandel sicher und stabil zu vollziehen, wurden auch riesige Felsblöcke und eine terrassenförmige Anlage errichtet. Gegrabene Tunnel, deren Wände sorgfältig mit Lehm, Zement und Steinen verputzt waren, dienten als Verbindungsstraßen. Das Äußere der Tunnel wurde mit Erde aufgeschüttet, die als Untergrund für viele Arten von Pflanzen diente. Die künstlichen Hügel bedeckten über Hunderte von Kilometern die Ebene und,

abgesehen von einigen Ausnahmen, war zwischen den Terrassen sehr wenig Flachland zu sehen. Viele der Straßen führten den Hügel hinauf bis auf die oberste Ebene, wo sie in den Tunneln endeten. Kristallrohre, in denen man ein Vakuum hatte entstehen lassen, beleuchteten das Innere der Tunnel.
Das Innere der Hügel war ausgehöhlt zu großen Räumen. Die Fenster und Türen waren zurückgesetzt. Wilder Wein rankte über die Felswände und verdeckte die dahinterliegenden Fenster und Türen. Diese Wohnungen beherbergten unsere Familien und waren außen mit Metallplatten verkleidet, um vor Feuchtigkeit zu schützen und in jeder Jahreszeit eine gleich bleibende Wärme zu erzeugen. Die Pläne für diese Anlage wurden von der Regierung gemacht. Sie ließ erbauen und achtete auf die Erhaltung. Die Bürger mieteten die Wohnungen beim Bauministerium. Die Miete war gering, denn sie bestand nur aus Nebenkosten wie zum Beispiel der Pflege, Heizung, Wasser, Strom und Hausmeisterkosten. Sie betrug nur ein Zehntel vom Gehalt eines Mechanikers. Entschuldige bitte meine ausführliche Schilderung, doch ich wollte Dir lediglich einen kleinen Einblick in die damalige Zeit geben. Der Charme, den diese Anlage ausmachte, war Ihr isoliertes Wohnen. Man wurde nicht erdrückt von den aneinander stehenden Häusern Eurer Zeit. Von oben betrachtet sah man einen Hügel, dann noch einen Hügel und noch einen Hügel. Ingesamt waren es 190 Anlagen. Man sah Seen, Wasserfälle und große Parkanlagen. Verehrter Leser, genau das hättest Du gesehen, wenn Du mit mir auf Caiphul hinuntergeschaut hättest. Aber vielleicht hast Du es ja gesehen?
Natürlich gab es auch in Caiphul, wenn auch sehr selten, modernere Bauten, doch sie mussten zum Gesamtbild der Stadt passen. In diesen Häusern befand sich eine Anzahl von Museen und Vorführräumen aller Art.

Beim Spazierengehen durch die Stadt sah man Straßen, die scheinbar plötzlich in einer Art Tropfsteinhöhle endeten. Das Innere der Höhle wurde von zylindrischen Vakuumlampen

angenehm beleuchtet, so dass man, wenn man von draußen kam, eine angenehme Atmosphäre vorfand.
Die Regierung stellte dem Volk ein voll elektrisches Transportsystem zur Verfügung. Pferde dienten nicht zur Fortbewegung; wir bestiegen sie, um eine bessere Haltung und Grazie zu erlangen. Die meisten Atlanter waren vollkommene Kavaliere.
Die Christen aus dem 19. Jahrhundert wären in ihrem Traumland gewesen, denn dem väterlichen Prinzip der Regierung gehörte alles Land, alle Fabriken, alle kommunikativen Einrichtungen und Transporte, ihm gehörte also alles, es war Eigentümer von allem. Dieses System war Quelle allen Wohlbefindens, und kein Atlanter hatte das Bedürfnis, daran etwas zu ändern oder dies durch ein anderes System zu ersetzen.
Wenn ein Bürger sich ein Vailx, das heißt eine Flugmaschine, wünschte, stellte er einen Antrag bei der Flugbehörde. Wenn er Land bestellen wollte, wandte er sich an das Ministerium der Bodenkultur. Wollte man etwas herstellen, bekam man das benötigte Werkzeug ausgeliehen.
In unserer jetzigen Zeit existiert nirgendwo eine solche Harmonie in der Politik, die aufgrund ihrer Väterlichkeit der von uns Gewählten funktionierte. Die modernen Republikaner würden unser System mit ein wenig Eifersucht und Vorsicht betrachten. Aber die Qualität von damals war nicht mit der heutigen zu vergleichen. Unsere Gemeinschaft wurde aufs Strengste kontrolliert und von den Wählern überwacht. Sie repräsentierte den wahren Sozialismus.

Trotz der Details, die ich Dir dargestellt habe, konnte ich keine speziellen Vereinbarungen beschreiben, die es zwischen den politischen Eltern und ihren Kindern oder zwischen der Arbeit und dem Kapital gab. Ich kann es nicht auf eine angemessene Art beschreiben, weil diese Seiten kein Plädoyer dafür sind, die Methoden der alten Zeit an die jetzige Zeit anzupassen.
Es ist auch wichtig zu erwähnen, dass Atlantis nicht unter Streiks zu leiden hatte. Diese blockieren die Stadt und die Unternehmen, lassen Bauern verarmen und arme Menschen

Not leiden. Das Geheimnis unserer Zufriedenheit war nicht schwer zu verstehen, denn unsere Nation, also die Regierung repräsentierte das Volk, das gelehrt genug war, um wählen zu dürfen. In einer solchen Nation und unter einer solchen Regierung wäre es wirklich seltsam gewesen, wenn industrielle Probleme das soziale System behindert hätten. Atlantis hatte ein allgemeines Gesetz für Arbeitnehmer und Arbeitgeber. Egal um welche Art Dienstleistung es sich handelte, gab es nur eine Frage zu beantworten: Welche Person hat welcher anderen welche Dienstleistung erbracht? Die Tatsache, dass die Leistung durch körperliche Arbeit erbracht wurde, zählte nicht. Es war unerheblich, ob es mehrere Arbeitgeber oder Arbeitnehmer waren.
Unsere Gesetze zur industriellen Gerechtigkeit waren vollständig und umfassend. Ich habe nicht vor, die einzelnen Arbeitsgesetze im Detail wiederzugeben, ein paar Auszüge genügen. Es ist angebracht, sie durch eine kurze Geschichte zur Einführung zu erklären. Wir werden sehen, wie es die Menschen in der alten Zeit geschafft haben, auf eine gerechte Weise die Arbeiteraufstände zu regeln, die vergleichbar sind mit denen Eurer heutigen Industrie, weil sie sonst die Ordnung und den Frieden bedroht hätten.
Auf dem Maxin-Stein, auf den wir uns berufen, fand man die wichtige Regel für diese Bedrohung zwischen Kapital und Arbeiter, die folgendes aussagte: „Wenn die Arbeitnehmer glauben, sie werden unterdrückt, und sich überlegen, sich in ihrer Wut an dem Unterdrücker zu rächen, soll sich ihre Hand zurückhalten und sie sollen mir gehorchen. Ich sage Dir: Verletze keine Person oder das Eigentum eines Menschen, auch dann nicht, wenn er Dich unterdrückt. Seid Ihr nicht alle Brüder und Schwestern, sind wir nicht alle Kinder eines Vaters, der selbst der namenlose Schöpfer ist? Aber dies befehle ich Dir: Zerstöre die Unterdrückung! Sollten die Dinge, die geringer sind als Menschen, über ihre Herren regieren und sie unterdrücken? Suche sorgfältig nach dem Sinn meiner Worte." Der Student der Ethik legte das Gebot so aus, dass die unterdrückte industrielle Klasse weder die Kapitalisten noch ihr Eigentum angreifen sollte. Die reiche Klasse war genauso Opfer der Umstände, vielleicht genauso

wie die Armen. Das Heilmittel fand man nicht in blinder Anarchie. Man musste die dazu führenden Umstände ausrotten, was ein Leichtes war, wenn man das Problem richtig anging. Die Unterdrückten waren in tausendfacher Überzahl, von denen die Mehrzahl über das Wahlrecht verfügte. Da die Regierung Diener des Volkes war, hatte man beschlossen, dass die beste Methode darin bestand, das Problem durch eine Volksabstimmung zu lösen und nicht mit Gewalt gegen die Reichen vorzugehen. Die Bevölkerung wurde dazu aufgerufen, ein Werk von industriellen Gesetzen zu wählen und es dem Kaiser zur Unterschrift vorzulegen. Von den zahlreichen Artikeln und Kapiteln will ich nur jene wiedergeben, die sich auf die heutige Zeit übertragen lassen. Du wirst also verstehen, warum diese Artikel und Kapitel nicht in der richtigen Reihenfolge aufgeführt werden.

AUSZÜGE AUS DEM ARBEITSCODE VON ATLANTIS

Kein Arbeitgeber soll von seinem Angestellten verlangen, außerhalb der Arbeitszeit unentgeltlich zu arbeiten.

Abschnitt 4
...Diese Arbeitszeit soll für körperliche Arbeit nicht mehr oder weniger als neun Stunden pro Tag betragen und acht Stunden für die Tätigkeit im Sitzen, an die hauptsächlich intellektuelle Ansprüche gestellt werden.

Diese Vereinbarung erlaubte den beiden Parteien eines Arbeitsvertrages, sich zu einigen, wann die Arbeitszeit anzufangen oder zu enden hatte, sowohl in bezug auf den Arbeitsbeginn als auch hinsichtlich der Mittagspause. Was den Lohn betraf, war das Gesetz sehr klar.
Die niedrige Natur des Menschen ist egoistisch, und ein Arbeitgeber neigt dazu, seine Macht zu missbrauchen. Dieser Missbrauch ist der moderne Grundsatz des „Geschehenlassens". Wenn ein Arbeitgeber beim Umgang mit dem Nächsten – von seinem Pflichtbewusstsein geleitet wird, so muss ihm dieses Gesetz mindestens eingeben, was fair ist.
Darin ist begründet, dass die angelsächsische Welt, die ja nur eine Wiedergeburt von Atlantis ist, ein Merkmal dieser langsamen aber sicheren Aufwärtsentwicklung ist. Der Mensch befindet sich, wie alle bewegten und unbewegten Geschöpfe, in einem Kreislauf und schreitet wie auf einer Spirale von Mal zu Mal höher.
Poseid war angetrieben von seinen besten Köpfen, als es zu entscheiden hatte, was Fairness gegenüber den Schwachen war. Amerika und Europa haben eines gemeinsam. Sie wollen gerecht und fair sein, weil dies ein Teil der Pflicht ist. Aus diesem Prinzip heraus tun moderne Arbeitgeber aus freien Stücken, was die Atlanter taten, weil das Gesetz es gebot:
Sie teilten die Gewinne mit ihren Angestellten.
Die endgültige Beurkundung der Gesetze wurde dem Gesetzgeber anvertraut. Die Wähler bestimmten, dass die

Regierung einen Verwaltungsminister einsetzen musste, dessen Aufgabe es war, eine Statistik zu erstellen in bezug auf Nahrung, Kleidung und andere lebensnotwendige Dinge. Diese Statistik erlaubte eine genaue Berechnung der lebensnotwendigen Produkte, zu denen auch Bücher zählten, als Nahrung des Geistes. Man berechnete die Kosten jener Dinge für ein Jahr und teilte sie durch die Arbeitstage. Dadurch wurde der genaue Lohn berechnet, den man alle neunzig Tage den schwankenden Preisen der Hauptwaren anpasste.

Abschnitt 7, Artikel 5
Die Arbeitgeber teilen den Bruttogewinn ihres Unternehmens folgendermaßen:
Die Löhne, Gehälter oder Bezüge der Mitarbeiter sollen in einer Summe, direkt nach Offenlegung der Quartalsschätzungen der Lebensunterhaltskosten, wie sie von dem Verwaltungsminister festgelegt wurden, ausgezahlt werden. Dann sollen 6% von dem investierten Kapital abgezogen werden. Dieser Teil repräsentiert den Nettoprofit des Arbeitgebers. Dann sollen die laufenden Kosten abgezogen werden, und von der Summe, die dann übrigbleibt, werden zwei Hälften gebildet. Eine Hälfte wird einem Fond für Kranke und Arbeitsunfähige zugeführt beziehungsweise einer Versicherung für die Hinterbliebenen. Die andere Hälfte soll einmal im Jahr an die Mitarbeiter ausgeschüttet werden auf der Basis ihrer verschiedenen Tätigkeiten.

Abschnitt 8, Artikel 5
Alle Angestellten einer Abteilung sind gleich dem Leiter derselben. Der Leiter ist gleich der Summe der Angestellten. Wenn der Arbeitgeber nicht persönlich den Ablauf des Betriebes garantiert, muss er dem Manager ein Gehalt bezahlen, das der Summe der Gehälter aller entspricht.

Sicherlich, dieser Arbeitscode hat einen modernen Klang. Allerdings drückt sich die Zivilisation in allen Zeitaltern und allen Nationen ähnlich aus. So wurde zum Beispiel sowohl in Atlantis als auch im heutigen Amerika das Wort Streik im Sinne einer Arbeitsrevolte benutzt; dasselbe Prinzip betrifft auch alle anderen Phasen: Von Zeit zu Zeit macht die Welt nur

einen kleinen Fortschritt und ist heute nicht weit entfernt von dem Zyklus im alten Poseid. Das mag für Dich hart erscheinen, aber man wird es bald verstehen.
Im folgenden beschreibe ich grob die Hauptmerkmale der Industriewelt in Poseid. Die damaligen Streiks und Aufstände, die diese Gesetze verursachten, verschwanden und Friede erhielt Einzug. Dieser Wechsel war wirklich wohltuend, allerdings suchten die Mächtigen immer einen Weg, wie sie dem Gesetz entkommen konnten, und obwohl das kein bedrohliches Ausmaß erreichte, wurde das Karma dadurch beeinflusst. Als die moderne Welt des Christentums später in das 18. und 19. Jahrhundert eintrat, besonders im letzteren, begann die Wiedergeburt dieser Poseidischen Ära, und eine Zeitlang bekam die Tendenz der Unterdrückung wieder die Oberhand. Aber ein neu aufkeimendes Gefühl für Gerechtigkeit – der Gerechtigkeit wegen – veränderte diese Entwicklung. Dies lässt sich auch auf die industriellen Belange übertragen, die sich in den allerletzten Jahren manifestiert haben:

„Ein Zeichen des Abendleuchtens des letzten Tages,
der jetzt schon seine letzte Stunde einläutet
und von einem vergangenen Zeitalter spricht."

Ich beziehe mich hauptsächlich auf den großen Wunsch des Menschen, seinen Nächsten gerecht zu behandeln, ohne vom Gesetz dazu gezwungen zu werden. Sicher, viele tun es nur, weil es sich lohnt. Aber man hätte es niemals als lohnend empfunden, wenn die Manifestation des richtigen Handelns nicht Versuche der Profitteilung geboten hätte, in der Hoffnung, die Ungerechtigkeit des Streiks auszurotten und mit der Idee der harmonierenden Gesellschaft, aktiv zu sein durch Tun, wie es eigentlich sein soll. Wenn es auch seltsam und paradox erscheinen mag, ist diese Besserung das direkte Kind der alten Rechte, welche die Macht der Atlanter hervorgebracht hat und die heute wiedergeboren werden aus der Unterdrückung wie auf Atlantis. Die Unterdrückung erwuchs aus dem Grab früherer Zeiten, Zeiten vor dem Denkmal von Gizeh. Mehr als dies hier nur zu erwähnen, würde bedeuten, dass man in die Arbeit eines anderen, nämlich des Messias, eingreifen würde. Deswegen kann ich hier nur einen Hinweis geben, aber später mehr. Behalte nur im Sinn, dass dies Zeiten waren, in denen der Mensch mit kaum wahrnehmbarem Erfolg kämpfte, um aus dem Grab herauszusteigen, in das seine Ahnen gefallen waren. Ehre sei unserem Vater, dass seine Kinder sicher, wenn auch langsam, seine Höhen erreichen werden. Viele sind gefallen, aber sie werden wieder aufsteigen und sich nicht fürchten, den Feind zu besiegen.

KAPITEL 3

Glaube ist auch ein Wissen und kann Berge versetzen

Ein altes Sprichwort, dessen Herkunft sich in der Nacht der Gezeiten verliert, besagt: WISSEN IST MACHT.
Bis zu einem gewissen Punkt entspricht dies auch der Wahrheit. Aber zu diesem Wissen braucht man die nötige Energie, um Nutzen daraus zu ziehen. Also ist das Sprichwort nur teilweise richtig.
Um Befehlsmacht über die Natur und deren Kräfte zu besitzen, muss der Befehlende genaues Wissen über die natürlichen Kräfte der Natur haben. Es ist sein Wissensgrad, den er erreicht hat, der seine Größe ausmacht. Diejenigen, die einen hohen Wissensstand erreicht haben, sind die Meister, deren Macht so wunderbar ist, dass sie magisch erscheint. Die Unwissenden sind verängstigt aufgrund dieser für sie unerklärlichen Erscheinungen.
Als ich mein Haus in den Bergen verließ, um in die Stadt zu ziehen, nahm ich um mich herum, entlang des ganzen Weges, unerklärliche Wunder wahr. Doch meine natürliche Bescheidenheit verhinderte, dass ich unwissend erschien.
Nach und nach gewöhnte ich mich an meine Umgebung und begann, diese Dinge zu verstehen. Bevor ich behaupten konnte, eine angemessene Autorität über die Natur zu haben, hatte ich bestimmte Studien machen müssen, die ich nicht planen konnte, bevor ich in der Stadt wohnte. Ich hielt es für angebracht, meine Energie auf ein spezielles Studium zu konzentrieren, ohne unnötig Kräfte mit allgemeinen Studien zu verschwenden.
Ich entschied mich, noch eine Weile zu warten, ehe ich mich an der Universität einschrieb, und die Zwischenzeit dem Beobachten zu widmen.
Ich hatte enorm viele Bücher gelesen, die ich mir in der städtischen Bibliothek unserer Region ausgeliehen hatte. Ich hatte mir ein beachtliches politisches Wissen angeeignet.
Es gab nur 91 Wahlämter, für die sich 300 Millionen Atlanter und Kolonisten einschreiben konnten. Eine neuere Statistik,

von der ich gehört hatte, besagte, dass ungefähr 38 Millionen Wähler ein Diplom der ersten Klasse besaßen, die dadurch befugt waren, ihre Kandidatur für eines dieser Wahlämter einzureichen. Es erschien mir unwahrscheinlich, dass auch mir ein solch privilegiertes Schicksal zufallen würde. Trotzdem hatte ich das Gefühl, dass, wenn ich erst einmal ein Diplom der ersten Klasse besaß, ich ein hohes politisches Niveau und eine Spitzenposition erreichen könnte.
Auf welche speziellen Wissensgebiete sollte ich mich aber konzentrieren?
Die Geologie interessierte mich sehr, denn dieses breit gefächerte Gebiet bot interessante Themen. Die Philologie war auch sehr interessant, denn ich hatte ein natürliches Talent für Fremdsprachen. Dies war mir aufgefallen, als ich einen kleinen Band las, der eine fremdländische Erzählung über die Suernis enthielt. Es gab viele Sprachbeispiele aus diesem Land, und ich hatte sie schon beim ersten Lesen mühelos verstanden.
Nach einigen Monaten in der Hauptstadt hatte ich mich entschlossen, alles über Geologie, Minenbau und Mineralogie zu lernen. Ich hatte in der Tat das Gefühl, dass Incal mir diese Studien befahl. Als Nebenfächer hatte ich mich für analytische und synthetische Literatur entschieden, und ich bezog nicht nur die meiner Heimat Atlantis mit ein, sondern auch die Literatur und Sprachen von Suernis und Necropan. Zu Noahs Zeit waren dies die drei größten Nationen. Eine von ihnen wurde von der Erde ausgelöscht. Die beiden anderen haben bis heute diesen grausamen Wechsel überlebt, von dem ich Dir später erzählen werde.
Aus folgenden Gründen war ich gezwungen, diesen Werdegang zu wählen:
Als Geologe, der die Zusammenhänge der Wissenschaft kennt, hoffte ich, wichtige Entdeckungen zu machen, sie in Büchern zu veröffentlichen und sie auf dem ganzen Kontinent, oder zumindest auf Atlantis, das die Weltherrschaft besaß, bekanntzumachen.
Es war schwer, dieses Ziel anders zu erreichen als durch das Studium. Der Einfluss, den ich durch meine Veröffentlichungen bekommen würde, könnte mir vielleicht

den politischen Posten des Superintendenten der Minen einbringen, ein Posten, der den besten Spitzenpositionen unseres Reiches ebenbürtig war. Wenn ich erst einmal begonnen hatte, ein Diplom der ersten Klasse anzustreben, würde man von mir bestimmt weitere Studien verlangen.
Doch die von mir ausgewählten Fächer würden mir am besten meinen Weg bereiten.
In Gänsefüßchen würde ich anmerken, dass diese Studien, in denen ich mich später profilieren würde, meiner Natur eine gewisse Orientierung gaben. Es ergab sich daraus, dass ich einige Jahre später mit großem Erfolg die Minen in dem Staat von Kalifornien ausbeuten konnte.
Diese Studien festigten auch meine Sprachkenntnisse, da ich während meines Daseins als amerikanischer Staatsbürger nicht nur meine Muttersprache beherrschte, sondern auch 13 andere Sprachen, darunter die französische, die deutsche, die spanische und verschiedene Dialekte von Hindustan, zu denen sich das Sanskrit als eine Art geistige Erholung gesellte.
Ich bitte Dich, diese Berufung nicht als eine Art Wissenschaft auszulegen.
Es ist keine solche. Ich habe sie so dargestellt, mein lieber Leser, denn Deine eigenen Kräfte, sind nicht nur vererbt. Sie sind die Ernte Deiner Erfahrungen, die Du in einem oder vielleicht in allen Deinen vorangegangenen Leben gemacht hast. Ich wünsche mir, Dir etwas Gewinnbringendes mitzugeben: **Das, was Du heute lernst – und sei es auch nahe vor Deinem Lebensabend –, trägt sicherlich Früchte. Nicht nur in dem jetzigen Leben auf Erden, sondern auch bei Deiner nächsten Wiedergeburt.**
Wir sehen mit Hilfe von allem, was wir gesehen haben, wir tun alles, was wir gemacht haben, und wir denken alles, was wir gedacht haben. Verbum sat sapienti.

Im folgenden Kapitel werde ich mir erlauben, einige Seiten der Physik zu widmen, wie wir Atlanter sie sahen. Ich werde Dir die erste Grundbasis aufzeigen; weil Du sie nicht kennst, musst Du sie als gegeben akzeptieren, Du wirst sie aber aufgrund der darauf folgenden Erklärungen verstehen.

KAPITEL 4

Axte Incal, Axtuce Mun

Unter Einbeziehung der Naturgesetze waren die atlantischen Philosophen zu dem Ergebnis gekommen, dass das materielle Universum keine komplizierte Einheit war, sondern in seiner Ursprünglichkeit sehr einfach. Die glorreiche Wahrheit, dass Gott in der ganzen Natur zu finden ist, war für sie ganz klar: „AXTE INCAL, AXTUCE MUN", das hieß soviel wie „GOTT ZU KENNEN BEDEUTET, DAS GANZE UNIVERSUM ZU KENNEN".

Jahrhundertelang haben die Wissenschaftler experimentiert, Naturerscheinungen gezählt, sie machten ausführliche Darlegungen, erstellten Analysen und Synthesen. Ohne sich ihres wunderbaren Wissens über Astronomie bewusst zu sein, waren sie zu dem Schluss gelangt, dass die Welt und alle Phänomene unterschiedlichster Art von den immerwährenden Bewegungen zweier primärer Kräfte kreiert und am Laufen gehalten werden, nämlich von der Ur-Substanz und der dynamischen Energie.

Beide zusammen ergaben die äußere Erscheinung Incals und konnten vereinfachend auch für alle anderen Dinge stehen. Diese Vorstellung bedeutet, dass nur eine Substanz und nur eine Energie existierte, wobei die erste die äußere Erscheinungsform und die zweite sein Leben ist[1], das in seinem Körper geborgen und aktiv ist.

Anmerkung: Wenn sich das Geschöpf bei der Abnabelung vom Schöpfer entfernt, schaut es zurück zu seinem Ursprung und nimmt die Meilensteine wahr, das heißt die zahlreichen Etappen der sich steigernden Trennung von seiner Quelle, und je größer der Abstand wird, desto größer wird auch das Feld, in dem diese Abschnittspunkte erscheinen. Denn das Unterbewusstsein des Geschöpfes hat mehr Dinge oder – mit anderen Worten – mehr materielle Objekte registriert, als zwischen ihm und seiner Quelle lagen. Nur wenn wir auf diese Dinge, die wir gefühlt haben, zurückschauen, auf diese Vorstellungen von Gott, empfinden wir Materie, denn wenn wir nach vorne schauen auf die Vereinigung mit Ihm, verschwindet die Materie und macht Platz frei für den Geist.

Die Ur-Substanz nahm viele Formen an, dem unterschiedlichen Grad der dynamischen Energie entsprechend. Das war für Atlantis das Grundprinzip aller natürlichen und physischen Phänomene, aber nicht der spirituellen Phänomene. Erlaube mir, eine These aufzustellen, mit der viele meiner Freunde zumindest teilweise – wenn auch nicht völlig – vertraut sind: Beginnen wir mit der dynamischen Energie, wo die erste spürbare Wahrnehmung ein leichtes Vibrieren ist, oder wie die atlantischen Wissenschaftler sagen würden: Eine Vibration mit niedriger Frequenz kann gespürt werden, eine Vibration mir höherer Frequenz kann man hören. So spüren wir zum Beispiel beim Berühren der Saite einer Harfe ein Pulsieren, und dann – wenn die Frequenz erhöht wird – hören wir einen Ton. Aber andere Substanzen, die größere Vibrationen aushalten, erzeugen bei größerer Dosierung von Schwingungen nach dem Ton zuerst Hitze und dann Licht, das seine Farbe aber verändert. Die zuerst erzeugte Farbe ist Rot, um sich dann bei zunehmender Vibrationsenergie in Orange, Gelb, Grün, Blau, Indigo und Violett zu ändern, wobei jedes Teilspektrum einer genau definierten Dosis von Vibrationen entspricht. Auf Violett folgt bei Vergrößerung der Intensität reines Weiß, dann Grau, dann erlöscht das Licht und wird durch Elektrizität ersetzt, bis durch eine immer größer werdende Voltzahl eine energetische oder psychische Kraft erreicht ist.
Man mag dies als eine Reise in das Innere der äußeren Erscheinungen der Natur, von Incal oder Gott oder des Schöpfers ansehen, ganz so, als ob man vom Äußeren zum Inneren vordringt. Schon eine Kurzstudie wird Dir beweisen, dass die Gesetze der materiellen Welt sich nach Innen zu der spirituellen Welt fortpflanzen und dass sie nur gegenseitige Weiterführungen sind.

Aber bevor wir in das Reich der Schwingungen eintreten, dessen Schwelle die hörbaren Schwingungen sind, stellen wir fest, dass die sogenannte „Ur-Substanz“ zwar in verschiedenen, aber genau definierten Graden von Dynamik schwingt und sich daraus die verschiedenen Formen der Materie ergeben; kurzum: Zwischen zwei Substanzen wie

Gold und Silber, Eisen und Blei, Sand und Zucker ist der Unterschied nicht die Materie, sondern der Grad ihrer Schwingungen.
Ermüde ich Dich, mein lieber Leser? Bitte ertrage es noch etwas länger, denn es lohnt sich, auf dieses Thema näher einzugehen.
Die Grenzen dieser Schwingungen sind genau definiert. Wenn man die Frequenz nach oben oder nach unten verändert, erscheint eine neue chemische Substanz, die sich von der Ausgangsmaterie unterscheidet. Nehmen wir einmal an, wir fügen einer stark schwingenden Frequenz eine Substanz zu, und das Resultat ist ein rotes Licht (Licht ist übrigens auch eine Substanz). Wenn wir danach dann die Frequenz um 1/8 erhöhen, so ergibt sich nun ein Rot-Orange. Wenn wir nun die Frequenz nach oben oder nach unten variieren, ergibt sich daraus ein Orange, das entweder mehr zum Gelblichen oder mehr zum Rötlichen tendiert. Es scheint so, dass bestimmte definierte Frequenzen so deutlich sind wie Meilensteine und dass diese bedeutenden Grade absolut sind. Anders ausgedrückt: Es ist leichter, die Ur-Substanz in großen unterschiedlichen Spaltungen zu halten als in ihren Intervallen.
Dies ist eine Tatsache, die auch die Neigung von Verbindungen oder Zwischenverbindungen erklärt, sich in zusammengesetzte oder einfache Elemente zu zersetzen. Chemische Zusammensetzungen sind weniger stabil als chemische Grundsubstanzen. Die moderne Wellentheorie, wonach Wärme, Licht und so weiter nur Energieformen sind, ist nicht ganz korrekt. Sie sind zwar Energieformen, aber sie sind noch mehr. Kurzum sind das die Zustände der Ur-Substanz bei spezifischen Graden von Ur-Energie, und abgesehen davon, dass die Anzahl der Zustände sehr viel größer ist im Falle von Elektrizität als bei Blei und Gold, gibt es keine Unterschiede zwischen diesen vielfältigen Erscheinungsformen der Dinge.
Das ist die Energie, die man Rosenkreuzfeuer nennt, die Energie nämlich, welche den Eingang zum Reich der Mysterien öffnet, zu dem nur geweihte Priester und Magier Zutritt haben. Du kannst sie, die Schüler, die mit ihrer

gebändigten Willenskraft die Naturgesetze beherrschen, mit einem Namen benennen, der Dir gefällt; denke aber immer daran, dass der wahre Magier nie über sich selbst oder über seine Arbeit spricht. Keiner seiner Freunde kennt ihn als Magier, wenn nicht ein dummer „Zufall“ sein Geheimnis aufdeckt. Zu dieser Ordnung gehören auch diejenigen, die den Wind und die Wellen auf dem Gallischen Meer bändigen. Ich werde später auf dieses Thema zurückkommen.

Die verschiedenen Erscheinungsformen der Energie sind nichts anderes als odische Kräfte: das Rosenkreuzfeuer. Nehmen wir als Beispiel den Stromfluss; geben wir ihm einen Widerstand, der ihn schmälert, und leiten ihn auf eine entgegengesetzte Energie um, erzeugen wir Licht. Geben wir jetzt zu diesem Licht einen brennbaren Widerstand, so erzeugen wir eine Flamme.

Ihr werdet eine Entdeckung machen, welche die wissenschaftliche Welt auch bald machen wird, nämlich das Wissen, dass das Licht – egal welche Art von Licht, ob von der Sonne oder einer anderen Quelle – dazu verwendet werden kann, Geräusche zu erzeugen. An diese Entdeckung sind einige der erstaunlichsten Entdeckungen geknüpft, von denen Deine Zeit nur in Visionen geträumt hat. Aber die Hauptentdeckung in dieser wunderbaren Verknüpfung wird das erste Glied der Kette sein, das Größte, und es wird viel gepriesen.

Die Tatsache, dass diese Erfindung aus Atlantis kommt, mindert weder seine Wichtigkeit für die Menschheit noch den Verdienst seines Wiederentdeckers. Die Wahrheiten aus dem Reich Gottes sind unendlich, haben immer existiert und werden immer existieren. Sie erscheinen dem Erfinder, der sie entdeckt, neu. Die Entdeckung ist nicht neu und auch nicht von ihm.

Atlantis wusste, dass Licht Klang erzeugt, wenn man den passenden Widerstand hinzufügt. Atlantis wusste, dass ein Magnet auf die gleiche Weise Strom erzeugt. Auf diese Weise entwickelt der Magnetstein Magnetismus. Dreht man ihn in einem dynamischen Feld und unterbricht die Stromzufuhr und stapelt sie übereinander, wird Elektrizität erzeugt.

Wenn man ihm einen bestimmten Widerstand gibt, erzeugt man Licht. Mit einem anderen Widerstand entsteht Wärme und mit einem dritten Klang, und die nächste Energie erscheint als Vibration. Aber diese unterschiedlichen Prozesse sind nur eine Kurzfassung, und alle Zwischenphänomene habe ich weggelassen.

Meine Erklärungen erscheinen lang für den Leser, doch die Entschädigung folgt.

Die Atlanter entdeckten jedoch neben der Magnetkraft eine noch größere Kraft, nämlich die der Gedanken. Denn unsere Gedanken kommen von Gott und beinhalten die erschaffende Quelle aller Dinge. Wenn das Immerwährende der göttlichen Erschaffung nur für einen Moment unterbrochen würde, würde das Universum aufhören zu existieren. Nun kannst Du die traumhafte Schönheit der Aussage „Incal malixetho, Axte Incal, Axtuce Mun, (Gott wohnt allem inne, Gott zu kennen bedeutet, das ganze Universum zu kennen) verstehen. Denn die göttliche Macht markiert ihre Etappen wie ein Fluss, der die Höhenunterschiede in seinem Lauf durch Wasserfälle ausgleicht. Diese Macht kommt von weit her, von sehr weit herab in einem Lauf von Kaskaden von Magnetismus, Elektrizität, Licht, Wärme, Ton und Bewegung. Und ganz weit entfernt, wo das Flussbett des göttlichen Stromes flach wird, sieht man diese kleinen gekräuselten Wellen von materieller Differenzierung, die als chemische Elemente bezeichnet werden, wobei Du darauf bestehen wirst, dass es 63 sind, während es in Wirklichkeit nur eins ist.

Alle wunderbaren Triumphe jener Zeit kommen durch dieses Wissen. Einer nach dem anderen wird wieder aus der Vergessenheit heraustreten. Bis dahin werden sie präsent sein, um wieder entdeckt zu werden von kleinen Gruppen oder auch durch „Zufall", bis das ganze Erbe von Atlantis wieder auf Erden ist. Oh, du wunderbare kommende Zeit! Und was für ein Glück ist dem beschieden, der die Augen richtet auf Ihn und seine Wunder.

Trotz allem wirst Du nur das entdecken, was Deinem Geist und Deiner seelischen Entwicklung entspricht. Verflucht sei der Tag, an dem der Mensch blind versucht, in die Geheimnisse des Allmächtigen vorzudringen. Wenn er

dadurch Weltmacht erreicht, was für einen Gewinn hätte er, wenn er seine Seele verlieren würde?
Da Du nun einen Einblick in ein ganz anderes Reich bekommen hast, falls es neu für Dich sein sollte, frage ich Dich: Wie erklärst Du Dir die beiden Phänomene Wärme und Licht? Antworte nicht sofort, denn die Frage ist nicht einfach, zumal Kälte und Finsternis mehr sind als nur die Abwesenheit von Licht und Wärme.
Nun, da Du eine gewisse Grundkenntnis hast, werde ich Dir eine neue Philosophie vorstellen: Ich sagte, die Atlanter sahen die Natur als Ganzes, als Ausdruck des Göttlichen. Ihrem Glauben zufolge waren die Kräfte nicht geradlinig, sondern kreisförmig immer zu sich zurückkehrend. Aber wenn die dynamische Kraft des Universums kreisförmig verläuft, ist es folgerichtig anzunehmen, dass ein unendliches Anwachsen der möglichen Vibrationen der Ur-Substanz ein unhaltbares Konzept wäre. Es ist nötig, dass die beiden Extreme sich an einem Punkt des Kreises berühren, um erneut zu kreisen. Diesen Punkt gibt es wirklich, und er befindet sich zwischen den Kathoden und magnetischen Kräften. So, wie die Vibration die Substanz in das Reich des Lichtes bringt, so muss sie diese auch wieder dort hinausführen. Die Substanz dringt also in das ein, was die Atlanter „Navaz" oder „Nachtseite der Natur" nennen, wo die Dualität sichtbar wird. Kalt ist das Gegenteil von heiß, Dunkelheit das Gegenteil von Licht, alle Dinge haben einen Gegensatz, ihren Gegenpol. Die Kälte ist zu gleichen Teilen ein Hauptbestandteil der Wärme, ebenso verhält sich die Dunkelheit zum Licht; in jedem weißen Lichtstrahl existiert ein Bündel von sieben Farben. So existiert auch in der Dunkelheit ein Prisma aus siebenfachen dunklen Einheiten. Die Nacht ist genauso reich wie der Tag.
Auf diese Weise haben atlantische Wissenschaftler Wissen über die wunderbaren Naturkräfte bekommen, die ihre Bestimmung im Dienst an der Menschheit fanden. Das Geheimnis wurde gelüftet durch die Entdeckung der Erdanziehungskraft, der Gravitation, wo die Anziehungskraft ihren Gegenpol hatte, nämlich in der magnetischen Abstoßung durch Schwerelosigkeit.

Erstere gehört zur Lichtseite der Natur, letztere zur Nachtseite der Natur, zum „Navaz“.
Die Vibrationen der Schwerelosigkeit bestimmen über Kälte und Dunkelheit. So erfuhr Atlantis – wie Job aus dem Alten Testament – den Weg zum Haus der Dunkelheit und zu den Schätzen der Kälte.
Mit diesem Wissen wurde es den Atlantern möglich, das Gewicht (d.h. die positive Kraft) der Gewichtslosigkeit (d.h. die negative Kraft) so genau auszugleichen, dass kein Austarieren nötig war.
Diese Errungenschaft hatte weitreichende Konsequenzen. Sie ermöglichte eine Luftfahrt ohne Flügel, ohne Tankreserve, die nur durch das Spiel mit den levitativen Kräften möglich war, durch eine der Erdanziehung überlegene Kraft durch Rückstöße.
Dass diese Vibrationen der Ur-Substanz alle Reiche bildeten und auch regierten, war eine Entdeckung, die das Problem der Übertragung von Lichtbildern – Bildern von Formen – und auch von Tönen und Hitze löste. Genauso wie das Dir wohlvertraute Telefon Bilder von Tönen überträgt, nur dass in Atlantis keine Kabel oder ähnliche anfällige Materialverbindungen nötig waren – egal bei welcher Entfernung, egal ob Telefon oder Bildtelefon oder Wärmeübertragung.

Verzeihe mir dieses kleine Abschweifen vom Thema. Es war die Anwendung dieser Kräfte und der übergeordneten Kräfte aus der Nachtseite der Natur, die diese magisch wirkenden Handlungen der Okkultisten – vom Mann aus Nazareth bis zum letzten Yogi – ermöglichten.
Nun, um dieses Kapitel zu beenden, sage ich voraus, dass die moderne Wissenschaft einen Weg finden wird, diese atlantische Wissenschaft wiederzuentdecken und anzunehmen.
Die physische Natur wird kein Versteck zum Verbergen der Geheimnisse mehr finden, in das der wissenschaftliche Forscher nicht eindringen kann. Keine Erde, keine Luft, keine Tiefen der Meere und auch nicht das Universum werden ein

Geheimnis vor den Menschen haben, die mit göttlicher Absicht kommen – so wie wir Atlanter.
Ich behaupte nicht, dass die Atlanter alles genau wussten. Sie wussten mehr als wir in der heutigen Zeit und doch nicht alles. Insofern ist es Euch gestattet, die Recherchen der Atlanter fortzuführen, denn die Vereinigten Staaten, mein Land, gehörte zu Atlantis. Was diese beiden Länder angeht, kann ich getrost singen: „Meine Heimat, sie kommt von Dir…“

KAPITEL 5

Das Leben in Caiphul

Für meine Mutter und mich, die wir aus den Bergen kamen, war das Stadtleben etwas Neues. Nachdem ich mich mit dem Leben in der Stadt vertraut gemacht hatte, gewöhnte ich mich schnell auch an ihre Anforderungen. Mit einer gewissen Zurückhaltung begann ich, mich wohlzufühlen, und nach und nach wuchs mein Selbstvertrauen. Ich schrieb mich an der Universität ein, aber das eingeengte Leben der Studenten zehrte an meinen Nerven, denn ich war an das freie Leben in den Bergen gewöhnt. Ich kam an einen Punkt, wo ich mich entschloss, etwas für meinen Körper zu tun, was ich auch absolut nötig hatte.

Nachdem ich eine Zeitlang überlegt hatte, erhielt ich durch „Zufall" Informationen und begab mich zum Minister für Bodenkultur. Ich fragte nach einem Stück Land, das ich bewirtschaften konnte, aber nicht um Gewinne zu erzielen, sondern um mein körperliches Gleichgewicht wiederherzustellen.

Ich eröffnete ihm, dass ich Student sei. Mit einer gewissen Gleichgültigkeit breitete er einen Plan vor mir aus, auf dem Mietgrundstücke aufgezeichnet waren, die an Caiphul angrenzten.

Um die Entfernung zu definieren, habe ich mich, um es meinen Lesern leichter zu machen, der Längenmaße Meter und Kilometer bedient. Unser Maßsystem beruhte auf einem Prinzip, ähnlich dem modernen Gallischen oder Metrischen System. Aber seine kleinste Einheit war nicht der 10-millionste Teil des Erdquadranten. Stattdessen wurde unser System vom großen Kaiser des Maxin-Gesetzes eingeführt. Wie ich bereits erläuterte, hatte dieser Kaiser alle denkbaren Reformen eingeführt. Unter anderem hat er die früher verwandten Methoden, obwohl sie nicht völlig unwissenschaftlich waren, durch ein einheitliches Maßsystem ersetzt.

In der alten Zeit waren es nicht die Meridiane, die als Basis dienten, sondern der Umkreis der Erde am Äquator, der von

den Astronomen berechnet wurde. Wir vertrauten diesen Messungen nicht so ganz und befürchteten, dass die Berechnungen fehlerhaft waren. Aber in diesem Fall war es der goldene Stab, der als Richtlinie galt, er erfüllte seine Rolle als Messeinheit und war unveränderlich. Nachdem der Mensch den Wunsch verspürte, sich so nah wie möglich der Perfektion zu nähern, wurde durch den leisesten Verdacht eines Fehlers das Vertrauen zerstört.
Der Kaiser des Maxin-Gesetzes brachte ein neues System ein, so bewundernswert, dass die ganze Welt es sofort annahm. Die Kompetenz dieses Systems wurde mit einer Selbstverständlichkeit akzeptiert, dass jeder davon überzeugt war, es käme von Incal selbst.

Der Kaiser ließ ein Behältnis aus dem Material erbauen, das sich unter Kälte oder Hitze am wenigsten veränderte. Das Innere des Gefäßes war ein perfekter Hohlraum in der exakten Größe des Maxin. Wir stellten aus der gleichen Materie ein Rohr her, das einen Durchmesser von zehn Zentimetern hatte. Um ein Gleichgewicht herzustellen, füllten wir den Hohlraum mit destilliertem Wasser, das eine Temperatur von vier Grad Celsius hatte – eine Temperatur, die nötig war, um eine Blasenbildung zu verhindern. Danach wurde das Wasser über einen Hahn in das Behältnis geleitet, und es wurde ganz genau darauf geachtet, dass die Temperatur gleich blieb. Der exakte Wasserstand wurde auf einem Stab eingraviert, der aus dem gleichen Material bestand, aus dem das Gefäße war.
Beim nächsten Schritt wurde das Wasser auf 99,5 Grad Celsius erhitzt, beide Prozesse wurden an einem Sommertag auf Meeresniveau ausgeführt. Durch die Hitze expandierte das Wasser in merklichem Umfang, und der Siedepunkt wurde ebenfalls markiert, genauso wie der Unterschied auf dem Stab zwischen den beiden Linien zu der Längeneinheit gemacht wurde, von der alle anderen Maße abgeleitet wurden. Das Maß des Gewichtes wurde festgelegt auf das Gewicht des mit vier Grad Celsius warmen Wasser gefüllten Hohlraumes.

Entschuldige bitte das Abschweifen vom Thema, doch dies gehörte auch zum Leben auf Atlantis. Kommen wir auf das

Büro des Ministers zurück: Ich erinnere Dich daran, dass das ganze Land der Regierung gehörte.
Nachdem ich den Plan vor mir ausgebreitet hatte, studierte ich ihn genau. Ich entdeckte ein Grundstück in der Größe von zwei Hektar, auf dem eine große Anzahl von Obstbäumen stand. Das Grundstück war etwa acht „Vene“ (ca. 13 Kilometer) entfernt. Der ehemalige Mieter besaß das Grundstück 50 Jahre lang, bevor er verstarb.
Die Regierung wusste, dass die finanzielle Lage der Studenten bescheiden war, was zur Folge hatte, dass sie ihnen die Grundstücke zu niedrigeren Preisen verpachtete.
Die Beschreibung des Grundstückes zog mich an: Ein ungefähr zwei Hektar großes Areal mit einem Vier-Zimmer-Haus und fließendem Quellwasser; ein Drittel des Grundstücks war mit Blumen bepflanzt und der Rest mit Obstbäumen. Voraussetzung für die Studenten war, die Hälfte der Früchte und die gesamten Parfümblumen abzugeben. Die Miete betrug zehn Dollar im Monat. Ich entschied mich, das Grundstück zu mieten, denn es war leicht erreichbar mit den Luftschiffen, die jedermann zur Verfügung standen.
Ihr werdet diese Kräfte eines Tages entdecken und sie benutzen wie die Atlanter jener Zeit, denn seid Ihr nicht auch reinkarnierte Atlanter? Ich habe es schon einmal gesagt: IHR LEBT, IHR LEBT JETZT! Ihr habt diese Kräfte schon einmal benutzt und werdet sie aufs neue entdecken.
Bevor ich den Vertrag unterschrieb, bat ich einen Beamten, mir beim Ausfüllen der Formulare zu helfen.
Ich unterschrieb für eine Dauer von acht Jahren, die meiner Studienzeit in Caiphul entsprach. Es war sehr wichtig für mich, zwischen dem Grundstück und der Stadt die Luftschiffahrt nutzen zu können. Genau wie die Taxis konnte man ein Vailx, also ein Luftschiff, telefonisch bestellen, und wenig später konnte man es ankommen sehen.

Es war ein Muss für alle Neuankömmlinge der Stadt, dem Palast und seinen Gärten einen Besuch abzustatten. Der Kaiser empfing in der großen Eingangshalle zwei Stunden pro Woche die Neuankömmlinge, die in einer langen zweireihigen Warteschlange vor dem Thron standen. War dieser Empfang beendet, konnte jeder in den Palastgärten spazierengehen, das Museum, den Zoo oder die kaiserliche Bibliothek aufsuchen. Vielen Menschen gefiel es, regelmäßig einen Tag im Agacoe zu verbringen. Sie brachten sich Essen mit und machten ein Picknick unter den großen Bäumen, an einem Brunnen, bei dem Wasserfall oder am See. Ich komme zu der Zeit zurück, wo meine Mutter und ich von all dem nichts wussten und lade Dich ein, mit uns all dies Neue zu entdecken.
Beginnen wir mit dem Agacoe Palast: Ein uns unbekannter Mann nahm uns in seinem Wagen mit zum Palast. Mir war diese Art Fahrzeug unbekannt. Ich nutzte die Gelegenheit, mich näher darüber zu erkundigen. Der Mann nahm eine kleine Münze aus seinem Geldbeutel und warf sie in die Öffnung einer Schachtel, die sich außen befand. Die Münze rutschte in ein gläsernes Behältnis, das kaum höher war als die Münze selbst. Am Boden dieses Behälters befanden sich zwei Metallpunkte. Die Münze fiel auf die beiden Punkte, der Kontakt war nun hergestellt und eine Klingel ertönte. Der

Mann löste nun die Bremse, woraufhin das Klingeln aufhörte und der Wagen entsperrt wurde.
Der Wagen rollte auf dem Hängedraht aus dem Stadion hinaus, lediglich das Äußere seiner Stützräder war sichtbar, denn sie waren ebenso wie die Achsen hinter langen Metallboxen verborgen, und nur ein leises Brummen des Motors war hörbar.
Wir verließen das Fahrzeug am Eingang der Garagen, die zu den Terrassen des Palastes führten. Der Mann stellte das Fahrzeug ab, der Klingelton ertönte aufs neue, die Münze fiel in einen Auffangbehälter. Nun stand der Wagen wieder neuen Passagieren zur Verfügung.
Vor dem großen Eingang verabschiedete sich der Mann von meiner Mutter und mir. Ich sah ein großes Schild, auf dem stand: „Aagak mnoiinc sus“, was übersetzt soviel heißt wie „Vordereingang zum Palast und dem großen Kanal“.
Ich wünschte eine Führung und wandte mich an einen Mann, der mit großem Interesse das Ankommen unserer Gruppe beobachtet hatte. Doch er sagte folgendes zu mir:
„Ein großer Prophet hat den Untergang dieses Kontinents vorausgesagt. Er lädt alle Menschen ein, ein Leben zu leben, das ihnen erlaubt, ohne Furcht und Sorge dem Sohn Gottes ins Antlitz zu sehen, dem Sohn Gottes, der in einer weit entfernten Zeit auf die Erde kommen würde.“ Gottes Sohn sei der Beschützer der Menschheit, aber viele würden es erst nach seinem Tode erkennen. Zwölf kennen ihn, und einer von jenen wird ihn verleugnen.“
Um die Wahrheit zu sagen, es ist ein Thema von außerordentlichem Interesse, obwohl ich es nicht so ganz verstand. Aber wenn der Kaiser (Incal sei ihm gnädig) dem Prediger seine Gunst zeigte und von ihm behauptete, er spräche die Wahrheit, musste er von jedermann mit Achtung empfangen werden.
Lieber Leser, Du siehst, dass selbst in dieser lang zurückliegenden Geschichte der Welt die Wahrheit am Horizont heraufdämmerte. An diesem Morgen war dies der erste Sonnenstrahl des Christusbewusstseins, ein Gestirn, das bis heute in seiner ganzen wahren Schönheit noch nicht aufgegangen ist. Ich bin an diesem Morgen in demselben

Wagen mit dem ersten Propheten gefahren, der die Ankunft Jesu Christi angekündigt hat, alle seine Zuhörer ermahnend, dass sich ihre Seelen als jungfräuliche Erde der aufgehenden Sonne der Wahrheit zuwandten und auf diese Weise vorbereitet würden, den Herrn zu empfangen, wenn sie – nach dem Tode ihres physischen Körpers – als wiedergeborene Seelen vom Devachan auf die Erde zurückkehrten. Dies alles bedeutet, den Samen am Wegesrand zu säen! Ich habe es erst verstanden, als ich den Propheten später zu den besonderen Studenten in einer leidenschaftlichen Art reden hörte. Wenn ich mein heutiges Leben mit dem damaligen vergleiche, weiß ich, dass die Rede auf unfruchtbaren Boden fiel; dennoch ruhte dieser Boden für lange Zeit, und währenddessen wuchsen die bitteren Erfahrungen von Sünde und Fehlern und nahmen Gestalt an. Sie warfen mein Leben auf eine Welle sengenden Feuers, und ich musste wiedergeboren werden, um die Wunden des Vergangenen zu heilen.

Als wir so dastanden am Tor zum großen Eingang nach Agacoe, sprach uns ein uniformierter Führer an. Wie konnten wir Bergbewohner, die wir waren, wissen, dass der Kaiser auf seinem 300 Meter entfernten Thron im selben Moment von unserem Erscheinen und auch von den Worten, die wir sprachen, wusste?
Der Soldat sagte zu mir: „Und Du? Woher kommst Du und wie ist Dein Name?“ „Ich heiße Zailm Numinos und komme aus Querdno Aru.“ „Ist dies Dein erster Besuch, oder warst Du schon einmal hier?“ „Noch nie, genau so wenig wie meine hier anwesende Mutter.“ „Gut, ich werde Euch eine Führung besorgen. Aber vorher habe ich noch eine Frage: Gefällt es Dir hier, und was ist Dein Anliegen?“ „Ich bin gekommen, um an der Inithlon zu studieren, und meine Mutter kümmert sich um das Haus.“ „Gut, Du kannst gehen.“
Diese Unterhaltung hatte am Eingangstor stattgefunden, das zu den oberen Terrassen führte. Der Wächter saß hinter einem reich mit Gold verzierten Bronzetor, das sehr leicht war, aber dennoch stabil genug, um Eindringlinge fernzuhalten.

Hätte ich dahinter schauen können, hätte ich ein Kabelsystem aus Metall gesehen, wie die Saiten eines Klaviers, die damals meinem ungebildeten Geist nichts sagten. Diese glänzenden Metallfäden erleuchteten die ganze innere Passage wie das ruhige Wasser eines Sees. Wie konnte ich ahnen, dass es sich um ein automatisches Nachrichtensystem handelte, bei dem die einzelnen Fäden Geräusche und Stimmen übermittelten? Wenn man sprach, wurden selbst die einfachsten Geräusche über diese Fäden geleitet, so dass der Kaiser auf seinem Thron sie hören konnte. Ich konnte mir nicht vorstellen, dass mit diesen verräterischen Stimmaufnahmen dem Kaiser auch unsere Bilder übertragen wurden. Aber genau so war es.
Einige Schritte weiter kamen wir zu einem inneren Zaun aus Eisen, der sich zwischen zwei Säulen befand. Wenn man einen Knopf drückte, erhob sich dieser und ermöglichte den Durchgang. Dort trafen wir auf den Führer, den der Wachmann uns besorgt hatte. Ich interpretierte sein Schweigen als ein Zeichen von Arroganz, wusste aber nicht, dass er Anweisung hatte, uns ohne Aufforderung zum Kaiser zu bringen. Mein wiederholtes Fragen veranlasste ihn, folgendes zu sagen: „Ich weiß Bescheid.", woraufhin ich schwieg. Seine Reserviertheit verletzte meinen Stolz, denn sie war so anders im Vergleich zur Freiheit meiner Freunde aus den Bergen. Und es gab so viele von diesen überheblichen Stadtmenschen! Ich beschloss, diesem Mann eine Lektion zu erteilen, und überlegte mir, wie ich ihm bestmöglich klarmachen konnte, dass er für einen Mann von seiner Stellung eine zu überhebliche Art an den Tag legte. Ich wusste jedoch nicht, dass er schon alle notwendigen Informationen über uns besaß. Die Entfernung von seinem Posten zu dem Wächter war zwar nicht groß, doch sie war offensichtlich zu weit, als dass unser leises Sprechen hätte verstanden werden können. Auch hier hatte das Übertragungssystem seine Aufgabe erfüllt, was wir aber nicht wussten.
„Komm", sagte dieser eingebildete Kerl, „ich werde Dich und Deine Mutter führen. „Meine Mutter", dachte ich. Wie konnte er wissen, dass eine so hübsche und jung aussehende Person meine Mutter war? Sie konnte ebenso meine Schwester oder Frau sein!

Die Aussage dieses Mannes ärgerte mich, denn ich war nicht nur auf die jugendliche Erscheinung meiner Mutter stolz, sondern auch auf mein eigenes, erwachsen wirkendes Erscheinungsbild. Man hatte mir oft gesagt, dass ich sieben bis acht Jahre älter aussah als ich wirklich war. Ich hätte über diese absurden Gedanken gelacht und sie als unwürdig gegenüber den großen Ambitionen empfunden, die mich beflügelten, wenn sie mir jemand vor Augen geführt hätte. Dies alles führte nur dazu, dass mein Verhalten als Vergeltung für die Arroganz des Führers relativ steif wurde, und ich verlor -- zu meinem eigenen Schaden – jeglichen Maßstab für alles, was mich umgab. Und das hätte mir zu jener Zeit besser nicht passieren sollen. Wegen meiner durch meine Unwissenheit beschränkten Sichtweise habe ich damals nicht gelacht. Aber ich lachte, als ich später die Vergangenheit Revue passieren ließ. Nach so vielen tausend Jahren mag es als verspätetes Lachen erscheinen, aber das Sprichwort „Besser spät als nie" trifft hier in vollen Maßen zu.
Wir setzten uns – wie von uns verlangt wurde – in ein Fahrzeug, das im Gegensatz zu den Fahrzeugen auf den Straßen von einfacherer Bauweise und anderer Form war. Erst als wir schon einige Zeit gefahren waren, bemerkte ich den Unterschied in der Konstruktion und in der Methode der Fortbewegung. Ich verspürte den starken Wunsch, mit diesen Dingen vertraut zu sein, und so machte ich eine Bemerkung zur Fortbewegung, als der Fahrer den Hebel berührte. Das Fahrzeug erhob sich wie eine Seifenblase in die Luft, stabilisierte sich und schoss bis zur oberen Plattform des Palastes in die Höhe. Dort verließen wir das zigarrenförmige Fahrzeug und stiegen in einen Wagen, der auf Schienen fuhr. Als wir uns erneut in Bewegung setzten, machten wir einen Halbkreis um das Gebäude herum und schossen quer über das Plateau direkt in das dunkle Maul einer der großen Steinschlangen. Aber anstatt parallel mit dem Reptilkörper aufzusteigen, glitten wir horizontal auf einer Ebene weiter. Als wir in die Ebene eintraten, ging ein Licht an und beleuchtete den zuvor noch dunklen Korridor. Nach dieser angenehmen Überraschung wurde meine Aufmerksamkeit von den glitzernden Wänden über uns angezogen, wo rote, grüne,

gelbe und andere Farben aufzuflammen schienen. Ich kann dieses Bild nicht besser beschreiben, als einen Vergleich zu dem sonnenbeschienenen Reif auf Spinnweben in der Morgensonne zu ziehen. Ich vergaß meine eigene Überheblichkeit und fragte nach der Ursache dieses Glimmereffektes. Man antwortete mir, dass die Maurer die Wände mit einem Mörtel überzogen hatten, in den farbige Glasstücke eingestreut waren.

Während wir das Glimmern noch bewunderten, hielten wir an, und ich sah, dass wir uns in einer Art Aufzug befanden, dessen Weg in Spiralen aufwärts führte. Als wir uns schnell den Weg hinaufwanden, konnten wir in unserem eigenen Lichtschein gerade noch erkennen, dass der Weg kurz unter einer Decke endete. Dort angekommen, läutete eine zart tönende Glocke zweimal, und unmittelbar danach glitt die ganze Decke geräuschlos zur Seite und machte uns den Weg frei. Der Aufzug schloss sich automatisch hinter uns, und wir befanden uns in einem wunderschönen Raum, dessen Ausmaß durch die herunterhängenden seidenen Königsfahnen nicht sichtbar war. Auch waren hier Pflanzen zu sehen, die wie ein kleines Silvesterfeuerwerk aussahen.

Es war sehr heiß draußen, und die kurze Fahrt in dem Aufzug reichte nicht aus, um uns abzukühlen. Die Blumen, die singenden Vögel, die Springbrunnen, die parfümierte Luft und der kühle Schatten ließen uns annehmen, im Paradies zu sein. Die Decke dieses großen Raumes war versteckt unter Weinranken. Diese Harmonie wurde durchdrungen von zarter Musik, die von der Decke, von den Wänden und vom Boden her erklang. Die Vögel sangen dazu, als wären sie von der Musik inspiriert. Mit diesem Schauspiel aus paradiesischen Farben, Düften und Tönen fuhr unser Fahrzeug leise und graziös an den Statuen vorbei. Seine Bewegungen waren so zart und regelmäßig, dass es uns so vorkam, als würden wir schweben.

Wir sahen andere Fahrzeuge kommen und gehen und auch solche, die an der Seite parkten. Die Fahrgäste waren festlich gekleidet, und ihre Turbane hatten genau die Farbe, die ihrem sozialen Rang entsprach. Wie alle anderen Nationen auch hatte Atlantis seine sozialen Schichten wie zum Beispiel

Staatsmänner, Menschen mit hohen Ämtern und von der Kirche, Künstler, Militärs und viele andere mehr.
Bei der Kleidung gab es keinen Unterschied. Die Männer trugen obligatorisch alle Turbane, nur in verschiedenen Farben. Karminrot war die Farbe des Kaisers, Bordeauxrot die seiner Ratgeber, und die Turbane der Amtspersonen waren blassrosa. Die Turbane der Soldaten waren orange, die der Priester waren weiß und die der Wissenschaftler, Schriftsteller und Künstler waren grau. Bauern, Mechaniker und Handwerker trugen blaue Turbane. Die Personen, die einen grünen Turban trugen, hatten kein Wahlrecht, aus welchen Gründen auch immer, sei es aus Mangel an Schulbildung oder aufgrund schlechten Verhaltens. Das Tragen dieser Turbane wurde aufs strengste überwacht, und das Resultat dieser Überwachung war erfolgreich. Unter all denen, die einen Turban trugen, der nicht grün war, gab es keine sozialen Vorurteile, denn alle waren mit der Arbeit, die sie verrichteten, vollauf zufrieden. Bleiben noch die, die gezwungen waren, einen grünen Turban zu tragen. Bei diesen Menschen war die Mehrzahl bestrebt, im Laufe der Jahre gesellschaftlich aufzusteigen und dadurch die Farbe zu wechseln.
Während ich noch über die unterschiedlichsten Dinge nachdachte, verhinderte unser Fahrer einen Zusammenstoß mit einem anderen Fahrzeug, das viel zu schnell fuhr. Der Insassin war der Turban leicht verrutscht, und als sie ihn zurechtrückte, sah ich einen Rubin leuchten, ein Stein, den nur Mitglieder der königlichen Familie tragen durften.
Der Wagen fuhr durch regen Verkehr in einen zweiten Raum, aber meine Gedanken waren bei dem jungen königlichen Mädchen mit dem grauen Turban. Was für eine Schönheit! Das war meine erste Begegnung mit der jungen Prinzessin Anzimee. Aber ich will meinen Lesern nichts vorwegnehmen.
Der Raum, in dem wir uns jetzt befanden, war groß, doch nicht so groß wie der andere. Alles war in einem glänzenden Karminrot gehalten, außer der Mitte des Raumes, denn dort befand sich eine Erhöhung aus schwarzem Marmor in Form kleiner Terrassen. Die oberste Terrasse hatte einen

Durchmesser von vier Metern, und auf ihr stand ein Thron, der mit schwarzem Velours überzogen war.
Es ist wichtig zu wissen, dass Schwarz eine Farbe ist, die alle anderen Farben beinhaltet. Wurde sie für den Thron verwendet, bedeutete dies, dass der Kaiser alle sozialen Klassen repräsentierte, was ja auch der Fall war. Kaiser Gwauxln war nicht nur das Oberhaupt schlechthin, der Chef der Armee, ein großer Priester, ein Künstler, ein Literat, ein Wissenschaftler und ein Musiker, nein, er war auch ein Handwerker und ein Mechaniker.
Auf ein Zeichen des Kaisers fuhr unser Fahrzeug auf den Thron zu und hielt an. Unser Führer bat uns auszusteigen, öffnete die Tür und befahl uns, die Marmorstufen hinaufzugehen bis zu den Füßen des Kaisers. Während ich dem Befehl folgte, pochte mein Herz wild, und ich wurde ganz blass, und ohne Grund begann ich zu zittern. Trotz alldem hatte ich mich so weit unter Kontrolle, dass ich meine Mutter mit meinem Arm stützen konnte. Ich glaube, dass ich nie zuvor so aufrecht und stolz gegangen bin wie in diesem Augenblick. Auf der oberen Stufe warteten wir kniend auf den Befehl, uns zu erheben, was auch bald geschah.
Der Kaiser sagte in ruhigem Ton zu mir: „Zailm, Du bist der junge Student, dessen Ehrgeiz mir bekannt ist.“ „Wenn Du mich als solchen akzeptierst, wäre ich sehr glücklich“, antwortete ich. „Hast Du die Primärschule wie alle anderen besucht? Das ist unabdingbar für die Aufnahme an der Universität.“ „Das habe ich, mein Kaiser.“ „Wäre es möglich, Zailm, mir von Deinen bevorzugten Studien zu erzählen?“ „Mein Kaiser, ich betrachte es als eine große Ehre, darüber sprechen zu dürfen. Ich habe die Studienfächer nicht aus mir selbst heraus gewählt. Ich bin überzeugt davon, dass Incal selbst die Geologie aus allen anderen Fächern für mich ausgewählt hat. Er hat mir auch eine natürliche Gabe für das Studium der Sprachen und der Literatur mitgegeben. Ich bin noch nicht völlig entschlossen, doch ich neige zu diesen Studien. Incal hat mich durch ein wildes Abenteuer zum Studium der Geologie gebracht.“ Der Kaiser sprach: „Du interessierst mich, junger Mann. Aber es ist nun an der Zeit, meinen Staatspflichten nachzukommen, denn ich darf mein

Volk nicht vernachlässigen, das zu mir kommt, um seinem Kaiser Ehre zu erweisen. Nimm diesen Pass und komm zur vierten Stunde wieder zum Eingangsportal, und ich werde Dich empfangen." Ich nahm das Geschenk an, und als ich die Marmortreppen hinabstieg, fiel mein Blick auf die Inschrift: „Geschenk des Kaisers, Durchlass dem Besitzer".
Wir hatten ein Paket mit Datteln und Gebäck bei uns und brauchten deswegen die Gärten für das Mittagessen nicht zu verlassen. Unser Führer nahm sich uns wieder an, doch wir teilten ihm mit, dass wir gerne auf dem Palastgelände bleiben würden. Er führte uns wieder durch das Labyrinth des Gebäudes und ließ uns am Säulengang aussteigen. Von da aus machte ich mir ein Bild meiner Umgebung, um später den Haupteingang wiederzufinden, und stellte fest, dass dieser östlich lag. Ich begleitete meine Mutter zu einem Stuhl, der im Schatten einer riesigen *Deodar* stand. Dieser Baum wurde in den folgenden Jahrhunderten Libanonzeder genannt. Über unseren Köpfen saß eine Spottdrossel, ein *Nossuri,* der auch den Namen Mondscheinsänger trug. Dieser liebliche, grau gefiederte Vogel hatte die Gewohnheit, die stille mondbeschienene Nachtluft mit seinen wunderbaren Gesängen zu erfüllen. Diese Vögel sangen auch bei Tag, wie der Unsrige es gerade tat.
Zu der besprochenen Zeit gingen wir zu dem angegebenen Platz, zeigten den Passierschein und wurden aufs neue in einen Wagen gesetzt, der uns wieder zum Kaiser brachte. Der Führer geleitete uns in einen kleinen Raum, der luxuriös eingerichtet war. An einem Tisch, der völlig mit Büchern bedeckt war, saß der Kaiser und lauschte einer melodischen Stimme, die ihm die Neuigkeiten des Tages berichtete. Als der Türsteher uns ankündigte, drehte sich der Kaiser um, entließ den Bediensteten und wünschte uns einen schönen Abend. Dann drehte er sich in Richtung eines Kastens, der aussah wie eine Musikbox, und drehte mit einem leichten Klicken einen Schlüssel um. Augenblicklich verstummte die Stimme des unsichtbaren Sprechers mitten im Wort. Während er dies tat, forderte er uns auf, uns hinzusetzen. Mir war bewusst, dass ich zum erstenmal einer sprachlichen

Nachrichtenaufzeichnung zuhörte, von denen ich schon so oft gelesen hatte.
In der folgenden Stunde erzählte ich dem Kaiser meine Lebensgeschichte, meine Hoffnungen, Sorgen, Erfolge und Ziele, und beantwortete damit die Fragen dieses genialen, nicht alt wirkenden Mannes. Diesem Mann konnte jede lebende Person ihre Ehre erweisen, ohne ihre Würde zu verlieren, weil seine kaiserliche Höflichkeit ein Beispiel dafür war, wie menschlich ein König und wie königlich ein Mensch sein kann.
Ich eröffnete ihm, wie jedes neue Ereignis meinen Wissensdurst noch verstärkte. Dann erzählte ich ihm von meinem Aufstieg zum Gipfel des Pitach-Rhok. Als ich den Namen des Berges erwähnte, unterbrach mich der Kaiser und rief erstaunt: „Rhok! Willst Du etwa behaupten, auf diesen fürchterlichen Gipfel bei Nacht und ganz alleine hinaufgestiegen zu sein? Auf den Gipfel, den doch alle unsere Landkarten als unbezwingbar und nur durch ein Vailx erreichbar bezeichnen?" „Es war reiner Zufall, mein Kaiser, der Weg war nur ein paar von uns Bergbewohnern bekannt. Ich habe gelesen, dass er als unbezwingbar galt, aber..."
Weil ich einen Moment zögerte, sagte der Kaiser schnell: „Ja, erzähle weiter. Ich höre Dir zu, um mir eine Meinung von Dir zu bilden, denn von allem, was Du mir erzählt hast, wusste ich bereits und könnte Dir auch den Schluss erzählen. Ich wollte Dir zuhören, um Dich beurteilen zu können." Ich blieb stumm, weil mich der Gedanke, dass er schon alles wusste, beschämte. Er bemerkte das und sagte: „Erzähl weiter, mein Sohn, erzähl mir alles! Ich will es aus Deinem Mund hören, weil ich an Deiner Person interessiert bin."
Daraufhin setzte sich die unterbrochene Unterhaltung fort, und ich beschrieb, wie ich Incal huldigte und um seine Hilfe bat. Er hatte ohne zu zögern meine Gebete erhört; dann erzählte ich von dem Vulkanausbruch und der Gefahr, in die er mich gebracht hatte. An diesem Punkt bemerkte der Kaiser: „Du warst also Augenzeuge der Explosion der unterirdischen Kräfte? Man sagte mir, dass sie große örtliche Veränderungen hervorbrachte. Am Fuße des Rhok soll nun ein großer See sein, der 15 Kilometer breit ist." Ich war noch zu naiv, um den

Kaiser zu verstehen, als er sagte, er sei ein Sohn der Einsamkeit. Neugierig zu wissen, wie er dem Ausbruch zusehen konnte, fragte ich mich, woher sein unbestrittenes Wissen um all meine Abenteuer kam. Ich schrieb dies seiner Intuition zu. In meiner Naivität fragte ich den Kaiser, ob er es persönlich gesehen hatte. „Gelobt sei die Ehrlichkeit und Offenheit der Jugend!", rief der Kaiser und lächelte: „Man findet eine so offene Person nicht häufig! Du bist tatsächlich ein Sohn der Berge! Aber Du wirst es in dieser Deiner neuen Umgebung nicht lange bleiben, fürchte ich. Ich will Deine Frage beantworten: Du musst wissen, dass in der Natur keine größere Erschütterung passieren kann, von der nicht unmittelbar automatisch berichtet wird. Sowohl von seinem ungefähren Ausmaß als auch von seiner Örtlichkeit, das heißt von jedem Teil des betroffenen Ortes wird fortan in regelmäßigen Abständen bildlich Bericht erstattet. Alles, was ich zu tun hatte, um diese Ereignisse im Bild zu verfolgen, war, in das zuständige Büro zu gehen, das sich in diesem Gebäude befindet. Dort konnte ich das gesamte Geschehen ebenso real wie Du verfolgen. Ich konnte den Ausbruch mit Hilfe des Naim sehen und auch hören. Dem, was ich sah, fehlte lediglich ein Element, dass es für dich ohne Zweifel ein bisschen aufregender als für mich machte, nämlich die körperliche Gefahr; aber für mich war dieses Element nicht existent – eines Tages wirst Du wissen warum –, deswegen erlebte ich es, als ob ich dabei gewesen wäre."
Ich wünschte mir sehr, diese Instrumente kennenzulernen, von denen Kaiser Gwauxln mir erzählte, und genoss die Aussicht, dass ich sie eines Tages auch kennen und Zugang zu ihnen haben würde. Der Kaiser fasste zusammen: „Du hast gesagt, dass Du an zwei verschiedenen Orten Goldadern gefunden hast. Hast Du jemals daran gedacht, das Gold sicherzustellen, das Du vor dem Ausbruch gefunden hast. Nein? Das soll nichts heißen. Zailm, man sagt, dass die Unwissenheit hinsichtlich dieses Gesetzes nicht den Verstoß dagegen entschuldigt." Der Gesichtsausdruck des Kaisers wurde sehr ernst, und ich bekam eine unangenehme Vorahnung. „Ich bin trotzdem davon überzeugt, dass Du Dir der Gesetzesübertretung nicht bewusst warst, als Du den

Fund des Schatzes nicht gemeldet hast. Ich werde Dich deswegen auch nicht bestrafen.“ An dieser Stelle verstummte der Kaiser gedankenversunken, während ich, der mir erst in diesem Moment bewusst wurde, dass ich im Hinblick auf die Gesetze etwas falsch gemacht hatte, bei dieser Einsicht so sichtbar erblasste, dass Gwauxln leicht lächelte und sagte: „Aber jene, die jetzt die Mine betreiben und den Goldstaub und das Gold behalten, werden nicht so davonkommen. Sie begehen bewusst ein Verbrechen, weil sie das Gesetz nicht nur missachten, sondern es auch brechen. Von Dir verlange ich nur so viel Reue, dass Du mir ihre Namen nennst.“
Dieser Aufforderung kam ich sofort nach, obwohl mir die Frauen und Kinder der Schuldigen leid taten. Müssen diese Unschuldigen denn immer mit den wirklich Schuldigen leiden? Der Kaiser schien meine Gedanken zu erraten; wenn dem doch nicht so war, äußerte er sich wenigstens dementsprechend, als er fragte: „Haben diese Männer denn Frauen, Familien?“
„Ja, so ist es!“, antwortete ich so ernsthaft, dass der Monarch wieder lächelte, und durch sein Lächeln ermutigt, bat ich ihn, milde mit den Unschuldigen umzugehen.
„Kennst Du unser Strafsystem, Zailm?“, fragte mich der Kaiser. „Nur ein wenig, Zo Rai. Ich hörte, dass alle Übeltäter gebessert aus den Händen der Justiz entlassen werden, aber ich vermute, dass die Behandlung sehr streng sein muss.“
„Was die Strenge angeht, nein. Zu Deiner zweiten Bemerkung: Wenn die Menschen, die geirrt haben, sich dermaßen gebessert haben, dass sie nicht mehr in der Lage sind zu irren, würde das nicht den Familien der Kriminellen zum Vorteil gereichen? Siehe, ich werde diese Männer vor Gericht bringen, und Du sollst den Prozess ihrer Besserung verfolgen. Danach kann ich mir vorstellen, dass Du neben Deinen anderen Studienfächern auch Lust bekommen wirst, Anatomie und Wissenschaft zu studieren. Ich füge hinzu, dass keine Deiner Minen beschlagnahmt wird und Du der Besitzer sein wirst. Wenn Du Dich entschließen solltest, sie dem Staat zu schenken, wird es Dir während Deiner Studienzeit niemals an Geld fehlen. Später dann, wenn Du Dein Studium abgeschlossen hast, werde ich Dich zum Oberaufseher über

diese Mine ernennen. Wenn ich sehe, dass Du auch in kleinen Dingen treu bist, gebe ich Dir Befehlsmacht über größere Dinge. Ich habe gesprochen."

Kaiser Gwauxln drückte einen Klingelknopf, woraufhin die Wache eintrat, der er auftrug, uns zurück zu begleiten. Er verabschiedete sich mit den Worten: „Der Friede Incals sei mit Euch."

So endete unsere Audienz, die Einfluss auf mein Leben und meinen Weg haben sollte. Sie gab mir das stolze Gefühl, das Vertrauen eines hochgeschätzten Freundes gewonnen zu haben, was sehr wichtig ist in einer Welt voller Versuchungen und Prüfungen.

KAPITEL 6

Das Gute wird niemals untergehen

Ich ziehe Deine Aufmerksamkeit, lieber Leser, nun auf eine Zeit, die 4.340 Jahre vor der Regierung des Kaisers Gwauxln lag und alle großen Ereignisse der Geschichte von Atlantis mit einbezieht. Trotz der großen Zeitspanne war diese Epoche frei von mörderischen Kriegen, und obwohl sie nicht völlig frei von kriegerischen Ereignissen war, war die Zeit doch friedvoller als alle folgenden Epochen gleicher Länge, die sich in den 120 Jahrhunderten ereigneten, deren Verlauf die Vorkommnisse dieser Geschichte liefert.

Am Anfang dieser Periode waren die Atlanter ein zahlenmäßig großes und mächtiges Volk von Bergbewohnern, bestenfalls halb zivilisiert, aber von einem vollkommenen Körperbau. Wie ein Wolfsrudel stürzten sie sich in zahlreichen blutigen Angriffen auf das Hirtenvolk der Atlanter und besiegten sie. Es war ein langer und erbitterter Krieg, der viele Jahre andauerte. Der bewundernswerte Wagemut der Bergstämme fand einen gleichwertigen Gegner im verzweifelten Mut ihrer Feinde. Die eine Seite der Krieger kämpfte nicht nur für das Leben, sondern auch – wie bei den Sabinern –, um ihre Frauen vor Raub und Entführung zu schützen, während die andere Seite – wie die Römer – dafür kämpfte, um zu erobern und Frauen zu rauben. Die Sieger blieben letztlich wegen ihrer überlegenen Kriegsführung die Bergstämme. In der Folgezeit hat die Mischung der Rassen alle Unterschiede behoben, so dass eine uniforme Gesellschaft der Welt größte Nation hervorbrachte. Unbedeutende Bürgerkriege hatten eine Zeitlang einen Wandel in der politischen Gesinnung hervorgerufen. Das Ergebnis waren absolutistisch-autokratische Regierungen, Regierungen von oligarchischen und theokratischen Herren, Regierungen mit männlichen und weiblichen Regenten an der Spitze, und letztlich folgte ein republikanisch-monarchisches System, dessen Oberhaupt Kaiser Gwauxln war, und diese Regierung

war genau zu jener Zeit an der Macht, als ich als Zailm in Atlantis lebte.
Gwauxln gehörte zu einer langen Dynastie ehrbarer Vorfahren. Während der 700-jährigen Dauer des gegenwärtigen politischen Systems hatte sein Geschlecht einige Male erfolgreiche Kandidaten gestellt, die das Volk auf den Thron gehoben hatte.
Dies ist eine kurze Übersicht der Geschichte von Poseid, die ich aus einem Buch der Agacoe-Bibliothek zusammentrug. Ich könnte noch von weiteren Szenen oder Merkmalen dieser langen historischen Periode erzählen und aufzeigen, wie es dazu kam, dass Poseid große Kolonien in Nord- und Südamerika und auf den drei großen Überbleibseln von Lemuria gründete. Von dem Lemurischen Kontinent ließ das Erdbeben, dass Atlantis versenkte, nur Australien unversehrt. Atlantis hatte auch noch weitere Kolonien in Osteuropa, zu einer Zeit nämlich, als Westeuropa noch nicht existierte, und in Teilen von Asien und Afrika. Aber ich will hier nicht näher darauf eingehen, obwohl ich mich nach und nach auch auf unsere umauranischen (südamerikanischen) Besitztümer beziehen werde, wenn es erforderlich ist, um diese Geschichte zu verstehen.
Müde von dem langen Lesen dieser fesselnden Geschichte stand ich auf und ging hinaus in die stille Schlucht, in der unsere Hütte stand, und meine müden Augen ruhten auf einer Szene, die sich in dem wunderschönen Mondlicht in einer märchenhaften Schönheit darbot. Ganz in der Nähe war ein kleiner See in dem Schluchtbett, der aber tatsächlich nur so groß war wie ein größerer Teich – ein kleiner Strand, dann steile, mit Blumen bewachsene Seeufer. Das Lied des Nossuris und die Laute verschiedener anderer Federtiere und Pelzgeschöpfe der Nacht verschmolzen mit dem leisen Plätschern fallenden Wassers. Es war die Stimme des Wasserfalls, die diese Seeidylle nährte. Irgendwo aus der Nacht kam harmonischer Klang von Flöten, Harfen und Gamben hinzu, der zusammen mit der leichten Brise anschwoll und einschläfernd wirkte. Über allem leuchteten die silbernen Strahlen des Mondes, rund wie eine Kugel in seinem zarten Schein und traumhaft schön. Einige Menschen

machten trotz der späten Stunde, die 14. seit Tagesbeginn, um genau zu sein, einen Spaziergang. Hie und da drang weißer Lampenschein aus den Häusern und legte malerische Fenster und Türbögen frei. Aber mein Blick weilte nicht lange auf ihnen. Ich konnte nicht, weil der wunderschöne Maxt, der größte von Menschen gebaute Turm, in meinem Blickfeld auftauchte. Er schien förmlich aus dem kleinen Tal aufzutauchen, ohne dass mir irgendetwas den Blick verstellte. Er wirkte augenscheinlich nah, war aber in Wirklichkeit zwei Kilometer von meinem Haus entfernt.
Im Jahr 1886, in dem ich dieses Buch schrieb, hielten die Chemiker den Prozess der Herstellung von Aluminium für sehr kostspielig. Die aus der Nachtseite der Natur gewonnenen Kräfte verbilligten die Produktion aller Metalle, wie sie in der Natur gefunden wurden, sei es als pures Metall oder Mineral. In dieser Zeit wandelten wir Lehm um, in- dem wir seine atomare Schwingung erhöhten bis er weißtransparent wurde, und reduzierten ihn zu dem chemischen Stadium des Aluminiums, und dies alles zu Kosten, die nicht annähernd so hoch waren wie die bei der Eisengewinnung aus Erz.
Die Minen puren Metalls wie Gold, Silber oder Kupfer waren damals wie heute wertvoll, weil sie keinen Schmelzprozess erforderten. Aber ein Metall, das man aus irgendeiner Schicht von Schiefergestein oder einer Lage von Lehm gewinnen konnte, war so billig, dass es zum gebräuchlichsten Grundmetall wurde. Aus Aluminium war auch der Maxt-Turm gemacht, und von dort aus, wo ich stand, konnte ich seinen Sockel sehen, der ein gemauerter Würfel war; darüber befand sich der eigentliche runde Turm aus massivem Metall und die sich nach oben verjüngende mattweiße Säule, die von Mondschein beleuchtet war. Mein Blick wanderte vom Sockel aufwärts bis zum spitzen Endpunkt, der sich in 900 Metern Höhe befand. Hingerissen von diesem krönenden Spektakel, starrte ich diese Himmel durchbohrende Struktur an. Als Nachtwächter über der Gartenstadt hielt er die Blitze ab, wenn der Herr der Donner sich näherte. Ich konnte nur noch an seine majestätische Größe und Schönheit denken.

„Wie oft, oh wie oft,

in den dahingegangen Tagen. "

Ich stand da und starrte auf eine Szene von Erhabenheit und Lieblichkeit, auf ein Werk Gottes oder vielleicht der Menschen, eine Szene von Gott durch den Menschen gemacht, und als ich so schaute, erklang meine Seele, und mein Atem war der Atem der Inspiration. Im Laufe einer solchen Erfahrung ist die Seele immer einen Schritt voraus, ob sie nun einem Menschen oder Tier gehört. Wie tief die Seele auch in der Sünde oder Not (das sind gleichbedeutende Worte) steckt, eine Inspiration überkommt sie und nimmt ein bisschen von der Sündhaftigkeit, von dem Schmerz und Fieber fort.

Deswegen waren der Ruhm und die Wunder von Atlantis nicht vergebens. Du und ich, lieber Leser, wir lebten damals und auch zuvor. Der Ruhm dieser lang verblichenen Zeit wohnte eingekerkert in unseren Seelen und machte uns zu dem, was wir heute sind, diese Zeit beeinflusste unsere Handlungen und beruhigte uns durch ihre Schönheit. Die Gestalten der Dunkelheit und der geheimnisvollen Vergangenheit wurden auf immer ausgelöscht, nur die Jahrbücher aus dem großen Buch der Seele nicht. Was ist aus ihnen geworden? Ihr Einfluss ist da und das auf ewig. Sind wir nicht dazu angehalten, die Welt durch unsere Arbeit zu veredeln und sie lebendig zu machen für den Geist und die Seele, eben so, dass wir selbst und andere später zurückkehren und sie vervollständigen, so wie ich jetzt die Geschichte meiner toten Vergangenheit vervollständige? Es ist mir eine große Freude, dass mein Geist eine so hohe Stufe erreicht hat, was es mir ermöglicht, über das Grab hinaus diese meine vollendeten Lebensgeschichten zu senden. Diese Leben, die ich jetzt durch die Augen eines anderen sehe, aneinandergereiht wie die Perlen einer Kette, haben mich folgendes gelehrt: ICH BIN ICH!

Einige dieser Perlen sind matt, andere sind schwarz, weiß oder rosa oder sogar rot. Wenn die Tränen ihre Anzahl erhöhen könnten, hätte ich einen Vorteil, denn die weißen Perlen sind selten und die matten, schwarzen und roten zahlreich.

Aber die wertvollste Perle ist mein letztes Leben. Sie ist weiß, und mein Meister hat sie in Form eines Kreuzes geschliffen.

Als er sie mir gab, sagte er: „Es ist vollbracht.“ Und das war die Wahrheit. Diese Perle kennzeichnet die Verbindung vom Ende und der Unendlichkeit.
So war diese Zeit ausschlaggebend für das Ende meiner Erdenzeit, falls ich mich nicht noch anders entschließen sollte.

KAPITEL 7

Beherrsche Dich selbst

Meine Ankunft in Caiphul fiel auf die gleiche Zeit wie die Semesterferien der Universität und der Priesterschule. Die meisten Studenten verbrachten diese Zeit bei ihren Familien in der Provinz, doch hatten es viele eilig, wieder in die Hauptstadt zurückzukehren und sich an den speziell für die Ferien vorgesehenen Veranstaltungen zu erfreuen. Manche von ihnen überquerten den Ozean, um nach Incalie oder Umaur (Nord- und Südamerika) zu reisen. Bis zum jetzigen Zeitpunkt fragt sich der Leser sicherlich, um welche Art von Religion es sich bei unserer Verehrung für Incal handelte.
Nach meiner Anspielung über verschiedene Götter, die unterschiedliche Titel, Klassen oder Grade hatten, könnte man annehmen, dass Atlantis polytheistisch war. In Wahrheit sagte ich Euch, dass wir an Incal glaubten und wir Ihn in Form einer Sonne verehrten. Aber die Sonne war nur ein Symbol. Es wäre genauso absurd zu behaupten, dass die Christen das Kreuz als solches verehren, oder zu behaupten, dass ein erleuchtetes Volk das Tageslicht als solches verehrte. In diesen beiden Fällen ist es der Sinn, der dem Symbol Ausdruck verleiht.
Die Atlanter gaben den Naturgesetzen, den irdischen Dingen, dem Meer und dem Himmel eine Persönlichkeit. Das kam vor allem aus ihrer Liebe zur Poesie. Diese Liebe kam von der Vorstellungskraft des Volkes, von den Geschichten über Atlantis und seine Helden. Die Naturkräfte wie Wind, Regen, Gewitter, Hitze, Kälte und alle anderen Phänomene wurden durch verschiedene kleinere Götter verehrt, während das keimende Prinzip allen Lebens, das zerstörende Prinzip des Todes sowie andere große Mysterien des Lebens durch mächtigere Götter dargestellt wurden. Aber alle Götter waren nur Sprösslinge des allmächtigen Incals.
Diese Heldensagen waren in metrischer Form niedergeschrieben, in Reimen, und formten einen Vers, wobei jede Zeile die Meisterhaftigkeit seines Genies wiedergab. Die Herkunft der Werke ging in der Dunkelheit der Zeit verloren.

Es war wahrscheinlich das Werk eines Sohnes der Einsamkeit. Ein Nachtrag gab Auskunft über spätere Ereignisse und Epochen, aber es war ein deutlich geringeres Werk und wurde nicht so hoch geachtet wie das Hauptwerk.
Es galt, dass Incal einzig und allein den Geist Gottes in sich trug. Die zweitrangigen Götter hatten keinen Anteil an den religiösen Veranstaltungen, die an jedem Sonntag der Woche abgehalten wurden. Wichtig ist hier zu erwähnen, dass die Woche in Atlantis elf Tage hatte, wobei der erste und der letzte Tag ein Sonntag war. Ein Monat bestand aus drei Wochen und ein Jahr hatte elf Monate, dazu kamen ein paar Schalttage am Ende des Jahres, je nach Bedarf des astronomischen Kalenders. An diesen letzten Tagen hatte man frei, wie es auch heute am Neujahrstag ist.
Dass so viele Götter und Göttinnen verehrt wurden, war dem nationalen Einfluss der bereits erwähnten Geschichten zu verdanken, und man sprach gewohnheitsmäßig über sie.
Unser Monotheismus unterschied sich nur wenig vom hebräischen Glauben. Wir erkannten keine Heilige Trinität an, keinen Christusgeist und auch keinen Erlöser. Wir handelten nach unserem Wissen unter den wachenden Augen Incals. Wir sahen alle Menschen als Kinder Gottes an und glaubten nicht, dass ein geheimnisvoller Mensch einzig und allein der Sohn Gottes ist. Wunder gab es nicht, denn wir hielten daran fest, dass alles verbunden war mit den unvergänglichen Gesetzen der Natur. Indessen glaubten die Atlanter, dass Incal schon einmal als Mensch auf Erden gelebt hatte, aber dann den plumpen Körper dieser Welt ablegte und sich mit unverderblichem Geist kleidete. In dieser Zeit hat er die Menschheit erschaffen, und da die Atlanter Evolutionstheoretiker waren, umfasste der Begriff „Menschheit“ auch alle niederen Geschöpfe und Tiere.
Im Laufe der Zeit erschien der Homo sapiens in Form eines Mannes und einer Frau. Incal hatte die Frau geistig über dem Mann angesiedelt, aber sie verlor ihre Stellung, als sie im Garten Eden eine Frucht vom Baum des Lebens genießen wollte. Als sie dies tat, war sie der Legende zufolge ungehorsam gegenüber Incal, der gesagt hatte, dass seine hochstehenden Kinder nicht von dieser Frucht essen sollten.

Wer es trotzdem tat, sollte unweigerlich sterben, denn kein sterbliches Wesen konnte unsterbliches Leben atmen und zur gleichen Zeit sterbliche Nachfahren zeugen. Der Legende nach sprach Incal: „Ich habe meinen Geschöpfen gesagt, sie sollen stets versuchen, Perfektion zu erreichen, und ewig danach handeln, um das ewige Leben zu erhalten. Doch wer von diesem Baum kostet, hat keine Beherrschung über sich selbst."
Die Form der Bestrafung erfolgte auf sehr rationalistische Art, da die Frau versuchte, verbotene Freuden zu erlangen, sie in ihrer Unerfahrenheit aber nicht wusste wie. Beim Pflücken entglitt der Frau die Frucht, die dadurch an der Seite aufsprang, und der Samen der Frucht tropfte auf die Erde und wurde zu Feuersteinen. Die Frucht selbst blieb jedoch am Baum hängen und wurde zu einer großen, feuerspeienden Schlange, deren Atem die Hände der Missetäterin versengte. Vor Schmerzen ließ sie von dem Baum des Lebens ab, fiel auf den Bauch und erholte sich nie von den Verletzungen.
Da der Mann unter dem Druck stand, seine Gefährtin und sich selbst vor Kälte und weiteren äußeren Umständen zu schützen, die mit den Feuersteinen (die letzte Eiszeit) auf ihn zukamen, wurde nun er zu dem höheren Wesen durch die Entwicklung seiner Natur. Durch den Rückfall in diese menschlichen Bedingungen wurde die Reproduktion der Spezies wieder eine Notwendigkeit, und das von Incal auferlegte Gesetz der Selbstbeherrschung war durch den Rückfall in diese materiellen Zustände gebrochen. Die Menschen mussten den Tod wieder in ihre Überlegungen mit einbeziehen, und bis zur Befolgung des WORTES konnte kein Mensch mehr den unsterblichen Zustand erlangen.

„BEHERRSCHE DICH SELBST!" Hierauf beruht alles Wissen; kein okkultes Gesetz ist ähnlich wichtig. Nutze alle Dinge dieser Welt so, dass niemand darunter zu leiden hat.
Dies glaubte man seit der Erschaffung der Menschheit durch Incal. Die Hohepriester hatten eine Religion, die ähnlich jener der Essener war, obwohl die Bevölkerung dies aus offensichtlichen Gründen nicht wusste. Die Theologen vermuten, dass dieser sagenumwobene Vorfall schon

mindestens 1.000 Jahrhunderte zurücklag, doch einige Halbautoritäten datierten ihn sogar noch weiter zurück.
Von Incal, dem Vater allen Lebens, erwartete man nicht, dass er seine Kinder bestrafte, es sei denn, dass die Naturgesetze selbst, denen er innewohnte, eine Strafe ausübten. Bei einer Übertretung der Gesetze erfolgte eine unerbittliche Bestrafung durch die Natur, denn es ist nicht möglich, eine Sache zu bewegen, ohne dass eine Resonanz erfolgt. Wenn die Sache gut war, kam Gutes zurück. In dieser Hinsicht hatten die Atlanter absolut recht, denn kein Vermittler kann das Resultat unserer schlechten Taten verhindern.[2]
Die Atlanter glaubten an einen Himmel voller guter Taten für diejenigen, die Gutes taten, und an einen Ort schlechter Taten für die Bösen. Diese beiden Bereiche waren benachbart. Solche Menschen, die weder völlig gut noch völlig schlecht waren, befanden sich in einer Zwischenzone. Aber alle diese Nachtodbereiche befanden sich im Schattenreich, dem sogenannten Navazzamin, dessen wörtliche Übersetzung „Land der aufgestiegenen Seelen" lautet.
Die Religion Incals war auf das Prinzip von Ursache und Wirkung begründet. Es gab jedoch einen kleinen Widerspruch durch den mehr oder weniger verbreiteten Glauben, dass er die Besten belohnte.
Heute, lieber Leser, befindet Ihr Euch auf der Schwelle einer neuen Enthüllung: Die heutige Religion ist als Erbe einer Antiquität gefärbt von der Auffassung eines allgewaltigen, aber menschenähnlichen Schöpfers. Ihr aber lebt in den letzten Jahren eines alten, dem sechsten Menschenzyklus.
Ich bevorzuge es, Euch jetzt nicht zu erklären, was dies zu bedeuten hat, aber ich werde es tun, bevor ich mich verabschiede, um Euch Gottes Frieden zu wünschen. Trotzdem kann ich Euch sagen, dass die neue Auffassung des Ewigen erhabener, aufstrebender, reiner, umfassender und grenzenloser sein wird als die Menschen in lang verflossenen Äonen vergangener Zeiten jemals geträumt haben. In Wahrheit ist Christus auferstanden und zu den Seinen

[2] Verwechsle aber nicht „Wiedergutmachung" mit „Buße", denn Jesus hat gebüßt, wir müssen wiedergutmachen!

gegangen, die ihn anerkennen wie keinen anderen exoterischen Mann. Und wenn man Ihn kennt, kennt man den Vater, und man wird dem folgen, denn es steht geschrieben: „Ich kehre zurück zum Vater."

GLORIA IN EXCELSIS!

Der Glaube wird sich bald in Wissen verwandeln. Glaube und Wissen werden Zwillinge sein, und diese Worte werden glänzen wie die Sonne der glorreichen neuen Erkenntnis, denn wahre Religion bedeutet „miteinander verbinden".

RESURGAM CHRISTOS

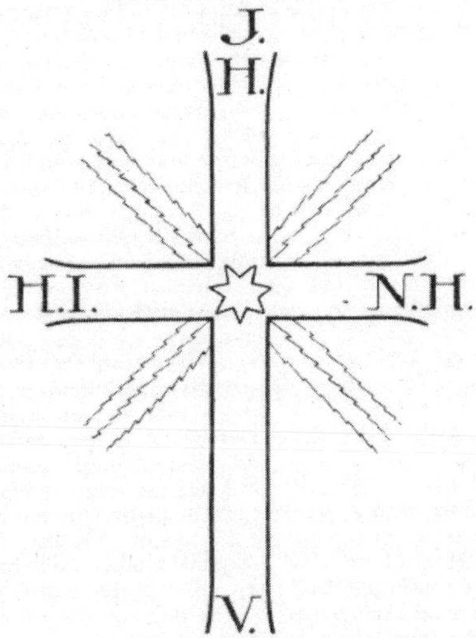

"Close Not The Ends of My Cross."

„Schließt die Enden meines Kreuzes nicht!"

Die exoterische Kirche hat die Enden Seines Kreuzes verschlossen. Das ist der Grund dafür, warum die Kirche exoterisch ist und auch nicht esoterisch wird bis zu dem Zeitpunkt, wenn sie die Enden dieses Vier-Wege-Symbols öffnen wird. Öffnet Eure Augen und Eure Ohren!

KAPITEL 8

Eine schlimme Prophezeiung

Es war ein Uhr des ersten Tages vom fünften Monat, seit ich mein Studium an der Universität begonnen hatte. Es war die Woche des Bazix, die 30. des Jahres 11.160 vor Christus, ein Jahr, das in drei Wochen zu Ende ging. Was den Leser sicherlich interessiert: Der Tag auf Atlantis begann am Mittag. Von zwölf bis eins war die erste Stunde des Tages. Von dieser Stunde des letzten Tages jeder Woche bis zum Ende der 24. Stunde des Folgetages (der erste Tag der nächsten Woche) fand keine Geschäftstätigkeit statt. Es war eine Sitte, dass diese Zeit dem religiösen Kult gewidmet war, und dieser Brauch war ein striktes Gesetz.

Heute, im Jahre 1886, gibt es viele, die sagen, dass sich ein Mensch sonntags in körperlicher Rekreation üben muss, wenn er während der ganzen Woche einer sitzenden Tätigkeit nachgegangen ist; dies kann er zum Beispiel durch athletischen Sport oder anstrengende Ausflüge tun. Aber bedenke, dass der Körper nur Ausdruck Deiner Seele ist. Jede Seele hat den dazu passenden Körper. Ergo: Wenn die Seele von Gott kommt, wird sie sich neu erschaffen, ausgeruht und erholt sein, wenn sie so oft wie möglich zum Vater zurückkehrt. Vielleicht nicht in einem geschlossenen Raum, sondern eher in der freien Natur, im inneren Herz seiner Schöpfung, indem man immer seine ersten natürlichen Gedanken vorrangig Ihm widmet.

Ich bin auf jeden Fall Anhänger des Sabbats, sei es nun der siebte Tag oder jeder andere der sieben Wochentage, wie heute festgelegt, oder auch der elfte und der erste Tag der atlantischen Woche. Ohne meine Vorliebe hervorzuheben, will ich nur das physiologische Gesetz betonen, dass ein immer wiederkehrender Tag der Ruhe für die Gesundheit, das Glück und die Spiritualität notwendig ist. In Atlantis stand es jedem frei, wie er seine Morgenstunden verbrachte, sei es durch Arbeit oder bei kreativen Spielen.

Doch zur ersten Stunde erklang ein mächtiges, aber zartes Glockengeläute mit einem intensiven Nachhall. Es waren zwei Schläge, dann folgte ein Moment der Pause, und danach kamen vier weitere Schläge. Anschließend wurden alle Beschäftigungen eingestellt, und der religiöse Kult begann. Am folgenden Tag erklang die große Glocke wieder und mit ihr weitere Glocken über das ganze Land verstreut bis hinüber zu den Kolonien in Umaur und Incalie. Der natürliche Zeitunterschied war mit einkalkuliert. Diese heilige Pflicht und Aufgabe oblag einem Mann in dem großen Tempel von Caiphul. Wenn die Zeit des Kultes vorüber war, wurde der Rest des ersten Tages der Erholung jeglicher Art gewidmet. Ihr müsst nicht daraus schließen, dass der Kult traurig und düster war. Auch zog er sich keinesfalls die ganze Nacht hin, er wurde aber durch ein spezielles Lichtritual verlängert. Alle Lichter, die angemacht wurden, leuchteten in einem schönen Karminrot. Sie wurden zu diesem Rot, indem man die atomare Geschwindigkeit und die odischen Kräfte verband, so wie das Element des Lichtes und des Strontiums in den odischen Werkstätten verbunden wurden.
Ungefähr drei Stunden nach diesem Sonntag ereignete sich ein sonderbares Ereignis. Ich traf einen würdevollen alten Mann, als ich unbeschwert durch die mit Musik erfüllten Gärten des Palastgartens nach Hause ging. Ich hatte ihn schon oft gesehen, und sein weinfarbener Turban verriet mir, dass es sich um einen Prinzen handelte. Dieses Treffen veränderte meine Absichten, und ich beschloss, nicht nach Hause zu gehen, sondern für eine Zeit in der Stadt zu bleiben, vielleicht die ganze Nacht. Genau in dem Moment, als ich diese Entscheidung traf, lächelte der alte Mann, setzte seinen Weg aber fort, ohne anzuhalten. Dann bemerkte ich, dass er – so sehr er auch dem Prinzen geähnelt haben mag – gar nicht diese Person war. Es muss eine Illusion gewesen sein, denn der Turban dieses Mannes hatte keine Farbe, sondern war reines Weiß. Ich hatte das Gefühl, dass er mit mir sprechen wollte, aber aus irgendeinem Grund tat er es nicht, aber wenn ich später wieder vorbeikommen sollte, hoffte ich, ihn wieder zu treffen und zu erfahren, was er mir zu sagen hätte.

In Gedanken vertieft, betrat ich ein Café in einer Straße des Grottentunnels, der durch das Durchbohren eines Berges geschaffen wurde. Ich bestellte ein Frühstück. Während ich auf meine Bestellung wartete, kam ein Student herein, mit dem ich befreundet war und der aus dem gleichen Grund hier war wie ich. Nach dem Essen gingen wir zum Burggraben und mieteten ein Segelboot bei einem armen Mann, dessen Beruf es war, Boote an Amateursegler zu vermieten, denn die Atlanter nutzten zur Fortbewegung nur noch das Vailx.
Mit einer frischen Brise im Rücken segelten wir hinaus auf den Ozean, indem wir die Strömung des Nomis nutzten. Der große Fluss umgab die Stadt wie ein Ring, überquerte den Burggraben und ergoss sich dann in den Ozean. Wegen dieses langen Ausfluges konnte ich erst nach Einbruch der Nacht wieder zurück sein. Als ich mich dem Punkt näherte, an dem ich den Fremden mit weißem Turban getroffen hatte, sah ich seine Befehl gebende Pose in voller Gestalt in dem hellen Licht des tropischen Mondes vor meinem zu schnell fahrenden Wagen. Ich hatte erwartet, ihn wieder zu sehen, und dieses Mal verneigte ich mein Haupt in höflicher Anerkennung. Der Fremde sagte zu mir: „Halt, junger Mann, ich will mit Dir reden, aber unter vier Augen." Seinem Befehl auszusteigen gehorchend, verlangsamte ich den Wagen auf Schrittempo und stieg aus. Ich wusste, dass der Wagen, wenn kein anderer die bezahlte Tour fortsetzte, schon bald eine Station erreichen und dort automatisch gestoppt würde. Als ich vor dem Alten stand, den ich für einen Priester hielt, sagte er: „Ist es richtig, dass Dein Name Zailm Numinos ist?" „So ist es." „Ich habe Dich oft gesehen und bin über Dich informiert. Du hast einen lobenswerten Willen, Dich auszuzeichnen und großen Ruhm zu erwerben. Du bist noch ein Junge, aber Du hast schon die Erfolge, die man normalerweise einem erwachsenen Mann zuschreibt. Ein gewissenhafter Junge, der von seinem Herrscher mit Gunst angesehen wird. Du wirst Erfolg haben und in Positionen von großer Ehre und Profit gelangen und in den Augen Deiner Mitbürger sehr angesehen sein. Du wirst nicht die den Erdenmenschen zugewiesene Lebenszeitspanne durchleben können, aber in dieser kürzeren Zeit wirst Du das Wissen über die Liebe erlangen. Du wirst die reinste Liebe

erfahren, die ein Mann für eine Frau empfinden kann. Aber dessen ungeachtet wird diese Liebe nicht während dieser Inkarnation gekrönt werden. Und Du wirst wieder lieben, weswegen Du viele Tränen vergießen wirst. Du wirst einiges Gute auf der Welt bewirken, aber Böses auch. Du wirst von einer Schicksalswolke überschattet sein und viele Sorgen haben. Durch Dich wird ein anderer große Nöte und Qualen erfahren, und Du wirst hieraus erst dann schuldfrei hervorgehen, wenn Du dafür gezahlt hast. Die Forderungen an Dich werden nicht in diesem Leben gestellt werden. Wenn du Dir am wenigsten der Sünde bewusst bist, wird Dein Fuß stolpern, und die Sünde, die Du dann begehst, wird Dich wie ein Schicksal unaufhaltsam verfolgen. Auch jetzt schon, in den Tagen der Unschuld, trittst Du schon in den Fußstapfen Deines Schicksals. Eines Tages wirst Du an den Rand Deines Todes gelangt sein – aber der Tod stellt nur die geringste Gefahr für Deine Existenz dar; Du bist aufgewacht und konntest aus der Höhle in dem brennenden Berg entkommen. Aber schließlich wirst Du in das Reich Navazzamin hinüberwechseln, das Reich der aufgestiegenen Seelen. Und siehe, ich sage Dir, dass Du in einer Höhle sterben wirst. Mich sollst Du in Erinnerung behalten als das letzte Lebewesen, auf dem Deine atlantischen Augen geruht haben. Aber ich erscheine Dir nicht in der jetzigen Form, und ich werde nicht derjenige sein, der die Übeltäter bestraft, die Dich in diese verhängnisvolle Situation gelockt haben. Ich habe gesprochen. Friede sei mit dir!"

Ich rätselte zuerst über das Gesagte und dachte, dass der Sprecher womöglich aus dem Reich des Nossilithlon, also aus dem Reich der Mondsüchtigen entflohen war, trotz der Umstände, unter denen wir uns kennengelernt hatten. Doch durch das, was er gesagt hatte, wusste ich, dass meine Annahme falsch war.

Verblüfft starrte ich zu Boden und wusste nicht, was ich denken sollte. Eine undefinierbare Furcht überkam mich. Am Ende seiner Rede schaute ich auf, um ihn anzusehen, doch zu meiner Verwunderung war keine Menschenseele zu sehen. Ich stand alleine auf dem Platz, der den Brunnen umgab, dessen Wasserstrahl wie geschmolzenes Silber im Mondlicht schimmerte. Sprachlos schaute ich nach allen Seiten. Hatte ich geträumt? Bestimmt nicht! Waren die Worte des mysteriösen Fremden wahr oder falsch? Die Zeit wird Deine Neugier befriedigen, lieber Leser, genau so wie meine eigene.

KAPITEL 9

Die Heilung der Kriminellen

In den folgenden vier Jahren nach dem seltsamen Zusammentreffen mit dem stolzen, großen, weißhaarigen, alten Mann hatten sich nach und nach alle seine Voraussagen in bezug auf mein Schicksal bewahrheitet. Wir haben uns nie wieder gesehen, nur einmal kurz vor meinem Tod.
Bevor ich fortfahre, möchte ich in diesem Kapitel mit meinen „Geschäftspartnern" bezüglich meiner Goldmine und mit jenem, der Gold von der Mine gekauft hatte und Bescheid wusste, dass es illegal war, abrechnen.
Es waren einige Monate vergangen seit meiner Begegnung mit Kaiser Gwauxln in dessen Privaträumen, als eines Tages ein junger Mann mit orangefarbenem Turban den Geologiesaal der Universität betrat. Vorne an seinem Turban war ein in Gold gefasster Granat zu sehen, was bedeutete, dass er dem Königshaus diente. Er ging auf den Lehrer zu und sprach leise mit ihm. Auf sein Pult schlagend, zog der Lehrer die Aufmerksamkeit der neunzig Mineralogiestudenten auf sich und fragte, ob sich ein Student Namens Zailm Numinos im Saal befand. Als Antwort auf die Frage erhob ich mich von meinem Platz. Er bat mich vorzutreten. Die anderen Schüler sahen mir zu, wie ich leicht zitternd nach vorne ging, denn ich kannte diese Art Nachrichtenüberbringer, und ich glaubte, am Stimmfall zu erkennen, dass es sich um eine unangenehme Sache handelte.
„Der Bote wünscht, dass Du ihn, wie befohlen, zum Kaiser begleitest. Er befindet sich im Strafgericht und benötigt Dich als Zeuge." Ich erinnerte mich an das, was der Kaiser zu mir gesagt hatte; der Befehl beunruhigte mich, aber ich folgte ihm. Im Gerichtsgebäude angekommen, sah ich meine Partner der Mine und jenen, der sich durch den Kauf des Goldes schuldig gemacht hatte. Der Richter saß auf einem erhöhten Pult, und neben ihm saß in einfacher Würde Kaiser Gwauxln, Herrscher der größten Nation der Welt. Obwohl er den höheren Rang hatte, legte er großen Wert darauf, dem Richter an diesem Ort

die Autorität zu überlassen. Auf den Plätzen, die für das Volk bestimmt waren, saßen einige Zuschauer.
Im vorliegenden Fall hatten die Angeklagten keine Chance, sich dem Urteil zu entziehen: schuldig im Sinne der Anklage. Dieser Spruch kam sehr schnell zustande und wurde auch von den Beschuldigten als gerecht akzeptiert. Sofort nach der Urteilsverkündung brachte ein Gerichtsdiener die Gefangenen in einen anderen Teil des Gebäudes in einen hell beleuchteten Raum, der mit verschiedenen fest installierten und tragbaren Geräten ausgestattet war. Alle im Saal Anwesenden begleiteten sie. In der Mitte des Saales befand sich ein Stuhl, wo das Kopfteil und andere Teile mit Schließbändern versehen waren. Eine Wache brachte einen Gefangenen zum Stuhl und befestigte ihn daran. Nach diesen Vorbereitungen näherte sich ein Wissenschaftler. Er trug an seiner Hand ein kleines Instrument, und ich glaubte zu wissen, dass es sich um einen Magneten handelte. Er befestigte die Pole an den Händen des Verurteilten. Nach einer kurzen Bearbeitung gab das Instrument ein leichtes Summen von sich. Augenblicklich schloss der Gefangene die Augen, und sein Verhalten zeigte, dass er ohne Bewusstsein war. Er war durch den Magneten betäubt. Der Wissenschaftler befühlte vorsichtig seinen Kopf und befahl seinem Assistenten, den Kopf des Mannes zu rasieren. Als dieser Befehl ausgeführt war, bekam der Bewusstlose eine erste blaue Markierung an der Stirn und hinter beiden Ohren. Danach tastete der Wissenschaftler vorsichtig weiter und schrieb eine 2 über die Markierung an der Stirn und hinter den Ohren. Als die Operation beendet war, wandte er sich den Zuschauern zu, machte aber eine lange Pause, als der Kaiser das Wort an ihn richtete, um mich an seine Seite zu rufen. Dann erst sprach er: „Ich finde, dass die herausragenden positiven Eigenschaften bei dem Gefangenen jene sind, die mit 1 und 2 markiert sind. Die erste Stelle entspricht dem dringenden Verlangen, etwas zu besitzen, und der Veranlagung, alles im geheimen tun zu wollen, was wir uns mit seiner stark ausgeprägten Dominanz der Organe des Verheimlichens erklären können. Weil der Schädel darüber hinaus nicht sehr hoch, aber am Punkt 2 zwischen den Ohren sehr breit ist, ist davon auszugehen, dass

wir es hier mit einem sehr besitzergreifenden Individuum zu tun haben, dem Pflichtbewusstsein und Spiritualität fehlen, weshalb eine moralische Natur beinahe völlig abwesend ist. Da er auch ein zerstörerisches Temperament hat, haben wir eine sehr gefährliche Persönlichkeit vor uns, und es wundert mich, dass er nicht schon früher vor dieser Besserungsanstalt in Erscheinung getreten ist. Es wundert mich sehr, dass man zögert, sich dieser Behandlung sogar auf freiwilliger Basis zu unterziehen. Man kann dies wahrscheinlich durch die Theorie erklären, dass ein Individuum auf der tiefen moralischen Ebene dieses Kerls zwar nicht in der Lage ist, die Vorteile zu sehen, die eine höhere Ebene mit sich bringt, aber durchaus die unmittelbaren Vorteile seiner schändlichen Methoden sehen kann. Es handelt sich hier kurzum um einen Mann, der nicht zögern würde, einen Mord zu begehen, wenn er darin einen unmittelbaren Nutzen sehen würde und sich der Folgen völlig unbewusst wäre. Ist das so richtig, Zo Rai?"

„Ja, das ist richtig", antwortete der Kaiser. „Da meine Diagnose von solch hoher Autorität bestätigt wurde, will ich jetzt mit der Heilung beginnen", fuhr der Wissenschaftler fort.

Er zitierte einen Assistenten herbei, der einen anderen magnetischen Apparat aus einem schweren Metallkoffer hervorholte. Nachdem er ihn in Bereitschaft versetzt hatte, brachte er den positiven Pol an der Stelle 1 des Schädels und den anderen Pol im Nacken an. Er nahm einen Chronometer und legte ihn auf den Metallkoffer, nahe bei einem Zifferblatt, dessen Zeiger er einstellte. In der kommenden halben Stunde herrschte vollkommene Stille, abgesehen von leise geführten Unterhaltungen an einigen Stellen des Raumes. Als die Zeit vorüber war, stand der Xioqua, der Wissenschaftler, auf und brachte den positiven Pol an der anderen Seite des Kopfes an. Die halbstündige Pause wurde nur vom Kommen und Gehen einiger Zuschauer gestört.

Nach einer weiteren halben Stunde befestigte der Wissenschaftler die Pole an die zweite Stelle. Dieses Mal genügte eine halbe Stunde für beide Seiten des Kopfes. Der Kaiser bat mich zu bleiben, während er kurze Zeit nach Beginn der Operation, die nicht neu für ihn war, den Saal verließ.

Nach Beenden der Arbeit an der ersten Person wurde diese aus der magnetischen Betäubung geweckt, indem man die Pole umkehrte. Während man den Patienten wegbrachte, referierte der Xioqua über den Fall. Zu dem inzwischen angewachsenen Auditorium sprach er folgende Worte: „Sie haben die Behandlung dieser mentalen Eigenschaften gesehen, die durch ihr Vorherrschen seine moralische Natur, die nur in geringem Umfang entwickelt war, verdarb. Der Prozess hat teilweise die Blutbahnen verengt, die für die Versorgung derjenigen Zonen des Gehirns zuständig waren, in denen sich die Gier und die Zerstörungswut befinden. Aber nach all dem, was gesagt wurde, merkte Dir folgendes:
Die Seele steht über dem Gehirn, und es ist die Seele, die Natur des Menschen, der diese kriminellen Tendenzen innewohnen. Das Gehirn und die anderen Organe sind nur der Sitz der äußeren Entfaltung, mit dem Büro eines Geschäftsmannes vergleichbar. Unser Ziel wäre nicht erreicht, wenn wir den Patienten nur mechanisch hypnotisiert hätten. Die Hypnose verursacht nur ein Zusammenziehen. Die Blutbahnen des Gehirnes verengen sich und werden teilweise blutlos.
Tatsächlich können sie sogar verhängnisvoll leer werden. Diese Kunst ist sehr gefährlich. Aber der gegenteilige Effekt ist die Faszination. Das Gehirn füllt sich mit Blut, und das Umkehren der Pole unterbricht den hypnotischen Effekt und leitet den Faszinations-Effekt ein. Genau in diesem Moment kontrollieren die Gedanken des Wissenschaftlers die des Patienten und suggerieren der irrenden Seele, diese Fehler für immer zu verbannen. Unser Patient wurde auf diese Weise behandelt, ja er wurde sogar doppelt behandelt. Auf der einen Seite habe ich die Blutzufuhr in den Zonen seiner Schwächen teilweise unterbunden, und durch meinen Willen habe ich seiner Seele befohlen, mit dem Sündigen aufzuhören. Ich habe ihm eine Arbeit zugewiesen, die nicht seinen Gewohnheiten entspricht. Der Patient kann jetzt für einige Tage krank sein, aber seine Neigungen zu sündhaftem Verhalten werden verschwunden sein.“
Um ein erfolgreicher Krimineller zu werden, muss man eine hohe Intelligenz besitzen, die sich aber in einigen Richtungen

verirrt hat. Man findet die Kriminellen genau dort, wo die niedrige Natur, hauptsächlich die pervertierte Sexualnatur, dominiert. Auf Atlantis gab es keine Verdorbenen, weil für den Fall, dass eine Person diese Veranlagung zeigte, der Staat dafür sorgte, dass die betroffenen Gehirnzonen behandelt wurden. Aber es ist nicht notwendig dieses Thema auszuweiten.

Nachdem der erste weggebracht war und eine aufbauende Behandlung erfahren hatte, wurde der zweite meiner ehemaligen Gefährten auf dem Stuhl befestigt. Die Untersuchung seines Gehirns ergab, dass er mehr schwach als böse war, ein gewohnheitsmäßiger Hasardeur mit freigeistiger Tendenz, dessen Schädel mehr hinter als über den Ohren war. Es ist unnötig, die Behandlung zu beschreiben, denn sie war ähnlich wie die andere. Die Suggestion der Faszination war die Hauptbehandlung.

Beim Nachhausegehen beschloss ich, die Wissenschaft der prophylaktischen Schädellehre zu meinem Studium hinzuzufügen. Ich hielt Wort, und durch die Anwendung des so erworbenen Wissens über die Menschen korrespondierte ich mit dem Karma von einigen Individuen. Aber die Ergebnisse haben gezeigt, dass ich mich bis heute nicht wegen irgendwelchen Verletzungen zu verantworten habe und dass dieses Einwirken die Natur der Menschen keineswegs verletzte. Ich habe mir später einige Male gewünscht, ich hätte mich dieser staatlichen Behandlung auch unterzogen, denn es hätte mir einige Irrtümer und Unheil erspart, das sowohl mir selbst als auch anderen durch mich zugefügt wurde. Aber ich tat es nicht, nicht nur des Prinzips wegen, dass alles im Reich Gottes seinen Platz hat, sondern auch, weil man sich auf keine Weise seiner Verantwortung entziehen kann, die durch das Karma in die vorangegangen Leben eingebunden ist, welche unseren Charakter ausmachen.

Mich dieser Behandlung zu unterziehen, wäre eine Flucht vor der Feuerprobe gewesen, ein feiger Versuch ähnlich der Tat eines Selbstmörders, der irdischen Problemen durch Selbstmord entgeht, aber den Gottesgesetzen um keinen Deut entkommen kann. Stattdessen türmt er seine Berge von Nöten und Strafen immer höher auf und verlängert seine Qual durch das unaufhaltsame Karma und weitere irdische Inkarnationen. So geht es denen, die durch Selbstzerstörung sterben; aber jene, die durch unvermeidbare Ursachen unfreiwillig sterben, werden von solchen Strafen nicht heimgesucht. So profitierten die atlantischen Täter von der Behandlung, die sie nicht verhindern konnten. Für mich hingegen hätte die Unterwerfung unter die Behandlung Drachenzähne auf meinem Lebensweg dargestellt. Strafen treffen nicht die Wissenden; die Wissenden beugen sich Gottes Willen.

KAPITEL 10

Verwirklichung

Die Regierung hatte es sich zur Angewohnheit gemacht, systematisch alle Fortschritte ihrer besten Studenten zu verfolgen und diesen kostenlose Zusatzkurse anzubieten. Diese Kontrolle störte niemanden, und in Wahrheit bemerkten die Studenten diese väterliche Überwachung kaum. Sie waren nicht nur intelligent und gut vorbereitet, sondern sie befanden sich auch in ihrem letzten Studienjahr; man ließ sie auch an Sitzungen des Rates der Neunzig teilhaben, wenn es sich nicht um geheime Fragen handelte oder Vollstreckungen stattfanden.

Einige spezielle Studenten waren nicht einmal von solchen Sitzungen ausgeschlossen. Ohne jede Ausnahme waren die Tausenden von Studenten von sehr großem Wert, nicht weniger als die Privilegierten, denn die staatlichen Lehren waren nicht nur eine Ehre, sondern brachten auch viele Vorteile mit sich.

Während der zweiten Hälfte meines vierten Jahres wurde ich mit dem Prinzen Menax bekannt gemacht. Er wollte wissen, ob ich den Posten des Sekretärs der Archive annehmen wolle; damit hätte ich die Möglichkeit, mich mit den Einzelheiten der atlantischen Regierung vertraut zu machen. Er sagte zu mir: „Es ist ein sehr wichtiger Vertrauensposten, aber ich bin glücklich, ihn Dir anbieten zu dürfen, denn Du bist fähig, ihn zur Zufriedenheit des Rates auszuüben. Diese Stellung erlaubt Dir den direkten Kontakt mit dem Kaiser und allen Prinzen und verleiht Dir eine gewisse Autorität. Was denkst Du?"

„Prinz Menax, ich verstehe, dass es sich hier um eine sehr große Ehre handelt. Aber erlaubt mir, Euch zu fragen, warum Ihr eine solche Chance einem Studenten anbietet, der doch sehr fremd für Euch ist?" „Zailm Numinos, ich halte Dich für sehr fähig, und ich biete Dir jetzt die Gelegenheit, mir zu zeigen, dass ich recht habe. Ich bin vielleicht ein Fremder für Dich, aber Du bist keiner für mich. Du erweckst in mir

Vertrauen. Willst Du mir nicht beweisen, dass dieses Vertrauen fundiert ist?“
Ich nahm das Angebot an. „Erhebe Deine rechte Hand zum allmächtigen Incal, und schwöre im Angesicht Gottes, dass Du niemals irgendetwas über die geheimen Sitzungen und über die Geschehnisse in den Gerichtssälen weitergibst.“ Ich leistete diesen Schwur und war somit in den Augen aller Atlanter an den strengen, unmissverständlichen Eid gebunden. Ich wurde einer von sieben nicht offiziellen Sekretären ohne Wahlrecht, welche die Aufgabe hatten, besondere Berichte zu schreiben, und in deren Obhut sich viele wichtige Staatsunterlagen befanden.
Gewiss, es war keine Kleinigkeit, unter 9.000 Studenten für diesen Posten auserwählt worden zu sein, in einem Reich mit 300 Millionen Einwohnern, wo ich doch nicht einmal das Wahlrecht besaß. Wenn ich es nur meinen Verdiensten zugute halten konnte, war ich nicht würdiger als hundert andere meiner Studienkollegen. Aber ich verdankte es meiner persönlichen Popularität bei den höheren Instanzen. Wenn ich mich tatsächlich einer solchen Beliebtheit erfreute, war es nur der Beweis meines starken Willens, der über meine Taten herrschte, als ich mich einsam in der Nähe des Abgrundes am Pitach-Rhok befand.
Prinz Menax fuhr fort: „Ich möchte, dass Du heute Abend in meinen Palast kommst, wenn es Dir möglich ist, denn ich möchte mit Dir reden, um Dir zu beweisen, dass du Dich irrst, wenn Du glaubst, dass ich Dich nicht kenne, da Du nur einer aus einer Masse von wissensdurstigen Studenten. Ich war es, der die Einladung zum Rat der Neunzig ausgesprochen hat, und nicht, wie Du immer vermutet hast, der Xioqua, der Chef-Erzieher. Die Prinzen des Reiches, die sogenannten Astiki, interessieren sich immer für verdiente Studenten. Das ist der Grund für die Erfüllung vieler kleiner Missionen, die wir Dir aufgetragen haben. Aber ich sage jetzt nicht mehr, um Dein Studium nicht zu stören. Erinnere Dich an unsere Verabredung zur achten Stunde.“
Menax hatte den höchsten Rang unter den Prinzen, denn er war Premierminister und erster Ratgeber des Kaisers. Meine Selbstachtung stieg an, als ich fühlte, dass mir eine solche Ehre

zuteil wurde. Es erfüllte mich mit Dankbarkeit und Selbstachtung und nicht mit Selbstüberschätzung und Eitelkeit.
Obwohl es nicht mein erster Besuch im Palast dieses Prinzen war, konnte ich doch keine Vertrautheit mit dem Inneren seiner Astikithlon, seiner Privaträume, empfinden. Um meinen sozialen Rang zu zeigen, wickelte ich meinen schönsten Turban aus grüner Seide um meinen Kopf und befestigte ihn mit einer grauen Quarznadel, durch die Adern aus grünem Kupfer gezogen waren. Ich ging zum Naim, zum Bildtelefon, und bestellte mir ein Vailx, genausso wie man sich heute ein Taxi bestellt. Das Gefährt kam bald. Es war klein, doch es reichte aus, um zwei bis vier Personen zu befördern. Ich sagte meiner Mutter „Gute Nacht" und machte mich auf den Weg. Der Fahrer überließ mich mir selbst, und ich lauschte dem heftigen Prasseln des Regens in der Nacht.
Der Palast von Menax war nicht weit vom inneren Ufer des Burggrabens entfernt, wo der große Kanal meiner Stadtwohnung am nächsten kam, kaum 20 Kilometer entfernt. Deswegen brauchte das Luftschiff nur die gleiche Anzahl von Minuten, bevor sein Rumpf ein bisschen auf dem breiten Marmorflur der Luftschiffstation kratzte, was mir die Ankunft verriet. Ein Wachposten kam, und ich beantwortete seine Frage nach meiner Mission. Danach wurde ein Lotse herbeigerufen, um mich zu Menax zu begleiten.
Ein paar Minister des Prinzen befanden sich in Begleitung einiger Damen des Palastes im großen Salon. Prinz Menax lag auf einem Diwan, nahe bei einem Kamin, der geheizt wurde mit den universellen Kräften. Während der Bedienstete mich zum Prinzen führte und bevor ich angekündigt wurde, bemerkte ich eine Gruppe von Männern und Damen, die sich um eine Frau versammelten. Diese war von solch einer Schönheit und Grazie, dass weder die Entfernung von der Nische, in der sie saß, noch der Kummer und ihre Sorgen, sie verstecken konnten. Ihre Kleidung, ihre Züge und ihr Teint zeigten, dass sie kein Mädchen aus Atlantis war. Sie hatte keine schwarzen Augen, keine dunklen Haare und keinen hellen Teint.

Menax begrüßte mich mit folgenden Worten: „Du bist willkommen, setz Dich bitte. Die Nacht ist stürmisch, aber ich wusste, dass Du kommst, weil Du es versprochen hast.“ Er blieb für einige Momente stumm und starrte auf das glühende Kaminfeuer und sagte dann: „Zailm, wirst Du Dich zu der jährlichen Studentenprüfung, die neun Tage dauern wird, anmelden?“ „Das hatte ich vor, Prinz.“ „Du hast das Privileg, die Prüfungen bis zum letzten siebten Jahr auszulassen.“ „Ist es denn nicht so für jeden Studenten?“ „Deine Entscheidung gefällt mir sehr gut. Ich habe als Student das gleiche getan. Ich hoffe, dass Du es schaffst und Dich über Deinen Erfolg freuen wirst, obwohl es Deine Studienzeit nicht abkürzen wird. Aber nach dem Examen, was dann? Du wirst einen Monat zu Deiner freien Verfügung haben. Ich wünschte, ich hätte 33 Tage zu meiner freien Verfügung!“ Menax machte eine nachdenkliche Pause und fasste zusammen: „Zailm, hast Du schon einen Plan für diese Ferien ausgearbeitet?“ „Noch nicht, mein Prinz.“ „Noch nicht, das ist gut. Würde es Dir Spaß machen, mir in einem fernen Land einen Gefallen zu erweisen? Nach dem kleinen Job kannst Du solange dort bleiben, wie es Dir beliebt oder dort hingehen, wo es Dich am meisten hinzieht.“

Ich war nicht abgeneigt zu tun, was er von mir erwartete. Da diese Tätigkeit mich in ein Land führte, das bisher kaum erwähnt wurde, soll der Bericht meiner lange zurückliegenden Reise durch eine Beschreibung von Suernis, das heutige Hindustan, und Necropan beziehungsweise Ägypten eingeleitet werden, die zivilisiertesten Länder, die nicht unter der Herrschaft von Atlantis standen.

Wenn die Länder die Religion über ihre Geschäfte herrschen lassen, kann das Ergebnis nur gespickt sein mit Schwierigkeiten. Die theokratische Politik der Israeliten ist hierfür ein Beispiel, und Suernis und Necropan waren weitere Beispiele der frühen Geschichte der Welt. Religion ist nicht der Grund für das Versagen. Meine Memoiren werden den Umstand beweisen, dass es für mich nichts Besseres gibt als eine reine, unverdorbene Religion. Nein, der Grund, warum eine erfolgreiche Theokratie niemals auf Dauer gedeihen kann, ist folgender: Die Aufmerksamkeit der

Verantwortlichen muss den spirituellen Dingen zugewandt sein, um die Spirituellen erfolgreich zu machen, und die Dinge in Gottes Reich können niemals Dinge auf Erden werden, nicht bis der Mensch seinen sechsten, das heißt geistigen Sinn völlig entwickelt hat und durch das Feuer des Geistes von allen Spuren des Animalischen gereinigt ist.
Suernis und Necropan hatten eine Zivilisation, von der ich heute weiß, dass sie anders, aber doch der unseren ebenbürtig war. Da sie kaum einen wichtigen Punkt mit derjenigen der Atlanter gemeinsam hatte, redeten sie untereinander verächtlich darüber. Trotzdem hatten sie eine respektvolle Haltung diesen Völkern gegenüber aus Gründen, die hier offenkundig werden sollen.
Die Unterschiede in den beiden nebeneinander existierenden Zivilisationen waren in dem Umstand begründet, dass, während Atlantis dazu neigte, die mechanischen Künste und die Wissenschaften zu kultivieren, die mit mechanischen Dingen zu tun haben, und fraglos und zufrieden die ererbte Religion übernahm, die Suerni und Necropani allen Dingen so gut wie keine Beachtung schenkten, wenn sie nicht überwiegend okkult und von religiöser Bedeutung waren – ohne Zweifel praktische Prinzipien; okkulte Gesetze haben einen Bezug zum Materiellen, trotzdem waren sie an materiellen Objekten nicht interessiert, ausgenommen es ging um die Erhaltung des nackten Lebens. Ihre Lebensregel gipfelte in dem Prinzip, keine Notiz von dem Leben in der Gegenwart zu nehmen, das Heute zu vernachlässigen und sich stattdessen der Zukunft entgegenzurecken.
Die Atlanter hingegen machten die Beherrschung der natürlichen Dinge zu ihrem Lebensprinzip. Es gab auch welche, die über den Zeitgeist philosophierten – die Atlantis-Theoretiker – und eine Prognose über das Schicksal von Atlantis abgaben. Sie machten auf die Tatsache aufmerksam, dass unsere großartigen Erfolge und Fortschritte der Physik, der Künste und Wissenschaften unabdingbar von der Nutzung der okkulten Energie abhingen, die wir aus der Nachtseite der Natur gewannen. Dann wurde diese Tatsache dem Umstand gleichgestellt, dass die mystischen Kräfte der Suerni und Necropani ihre Existenz dem gleichen Okkult-

Reich verdankten. Das Ergebnis war, dass wir zur gegebenen Zeit ebenfalls den materiellen Fortschritt geringer einstufen und uns ganz in die okkulten Studien vertiefen würden.
Ihre Vorahnungen waren äußerst düster in ihrer Konsequenz. Während das Volk den Propheten respektvoll zuhörte, bestand das Versagen dieser Propheten darin, keinen Weg der Heilung aufzuzeigen, und sie wurden deswegen mit heimlicher Verachtung bestraft: Jeder, der an dem Bestehenden Kritik übt und nichts Besseres dagegenzusetzen hat, macht sich lächerlich.
Wir Atlanter wussten, dass die mystischen Nationen jenseits der Ozeane unsere Errungenschaften, unsere Vailx, welche die Atmosphäre und die Tiefen der Meere durchquerten, unsere schnellen Autos und unsere U-Boote, zwergenhaft erscheinen ließen. Sie prahlten nicht mit diesen Annehmlichkeiten. Da sie diese Dinge für ihren Lebensstil nicht brauchten, hatten sie auch nicht den Wunsch danach.
Vielleicht war unsere Verachtung mehr eingebildet als real, denn nüchtern betrachtet hatten wir Hochachtung vor ihnen.
Wie wäre es, wenn wir unsere Kommunikationspartner sehen, hören, mit ihnen sprechen und von ihnen gesehen werden könnten, ganz gleich in welcher Entfernung, drahtlos und nur über die magnetischen Ströme des Globus? Aber wofür ist das gut? Wir würden niemals Trennungsschmerz in bezug auf unsere Freunde empfinden. Wir könnten jeder Nachfrage im Handel sofort nachkommen und unsere Armeen in Kriegszeiten innerhalb von 24 Stunden rund um den Globus senden, solange unsere mechanischen und elektrischen Vorrichtungen zur Hand wären. Aber wozu dienten all diese wunderbaren Fähigkeiten?
Nehmen wir an, einer der besten Studenten würde eingekerkert werden. All sein Wissen könnte ihm nicht helfen. Ohne fremde Hilfe hätte er keine Chance, gesehen oder gehört zu werden oder nach draußen zu kommen. Seine wunderbaren Fähigkeiten wären abhängig von den Schöpfungen seines Intellektes.
Für die Suerni oder Necropani war es nicht so. Kein Atlanter konnte einen Angehörigen dieser Völker aufhalten. In ein Verließ eingesperrt, wäre er aufgestanden und

hinausgegangen, wie Saul von Tarsus, der auf jede Distanz sehen und hören konnte und sich unsichtbar inmitten seiner Feinde aufhielt.
Wozu dienten also unsere Errungenschaften im Vergleich mit denen von Suernis und Necropan? Und was nutzte unser Kriegsgerät gegenüber solch einem Volk, von dem ein einzelner Mann fähig war, unsere Armee auszutrocknen wie ein grünes Blatt vor einem brennenden Ofen, nur mit einem Blick und Augen, aus denen eine furchterregende Willenskraft heraussprühte? Und unsere Raketen? Wie konnten sie wirksam werden, wenn die Person, auf die sie gerichtet waren, fähig war, sie in ihrem Anflug zu stoppen, und sie vor seinen Füßen herunterfielen wie ein Stück Holzkohle? Welchen Wert konnten da noch unsere Bomben, stärker als Nitroglycerin, haben, die von einem Vailx in großer Höhe abgeworfen wurden? Überhaupt keinen, denn der Gegner hätte sie voraussehend mit den Kräften der Nachtseite der Natur, die wir nicht kannten, schon vor dem Aufschlag zerstört und das Vailx samt Besatzung in die Luft gejagt, ohne selbst dabei Schaden zu nehmen.
Ein gebranntes Kind scheut das Feuer. In der vergangenen Zeit haben wir versucht, diese Völker zu besiegen und sind schrecklich dabei gescheitert. Abwehr war ihre einzige Reaktion, und hatten sie dieses Ziel erreicht, ließen sie uns in Frieden abziehen.
Die Jahre und Jahrhunderte vergingen, und wir hatten gelernt, uns nur noch zu verteidigen und nicht mehr anzugreifen. Dank diesem Wechsel auf Atlantis entstanden freundliche Beziehungen zwischen den drei Nationen.
Die Atlanter hatten zumindest gelernt, die magnetischen Kräfte zur Vernichtung ihrer Feinde zu nutzen, und hatten es aufgegeben, sich mit Raketen und Bomben zu verteidigen. Aber das Wissen der Suerni war noch viel größer, denn unsere magnetischen Zerstörungswaffen waren auf einen bestimmten Radius beschränkt, während ihre Waffen jedes beliebige, auch weit entfernte Ziel trafen. Unsere haben in dem Todesdistrikt alles uneingeschränkt zerstört, ob belebt oder nicht belebt, alle Menschen - ob Freund oder Feind -, alle Tiere und Bäume. Ihre Waffen standen unter Kontrolle und zielten nur auf das

Herz des Gegners, nicht auf die kleinen Soldaten, sondern nur auf Offiziere und Generäle, die den Befehl des Angriffs gegeben hatten.
Von all diesen Geheimnissen der Suerni erfuhr ich vor langer Zeit. Prinz Menax bat mich um den Gefallen, eine Mission bei diesem Volk zu übernehmen. Da ich Indien nicht kannte, mir aber immer gewünscht hatte, das Land zu besuchen, war ich sehr erfreut, dass mein Wunsch erfüllt wurde. Ich sagte dem Prinzen: „Wenn mein Prinz seinem Sohn sagt, was von ihm erwartet wird, wäre seine Neugier befriedigt.“ „Das werde ich auch tun“, antwortete der Prinz. „Man wünscht, dem Herrscher von Suernis in Anerkennung seiner Geschenke an König Gwauxln ein Präsent zu überbringen. Es ist anzunehmen, dass die Geschenke von König Ernon von Suernis zum Ziel hatten, die 140 Kriegsgefangenen aufzunehmen, die König Ernon im Wege sind. Wir würden diesen gefangenen Frauen erlauben, auf Atlantis zu bleiben oder in einem anderen Land, das ihnen von den Suerni nicht verboten ist. Wir haben beschlossen, das Gold und die Edelsteine als Geschenk anzuerkennen und das alles entsprechend zu belohnen. Der Rat der Prinzen hatte so beschlossen. Es sieht so aus, als ob diese Frauen Mitglieder von mächtigen, aber verrückten Eindringlingen aus Ländern weit westlich von Suernis waren. Diese Völker lieferten den furchterregenden Suernis einen dummen Krieg; sie hatten niemals den Zorn erfahren, mit dem diese ihre Feinde niederstrecken - wie die Sense des Mähers das Gras. Weil Ernon ein fruchtbares Land besitzt, das diese unwissenden Wilden haben wollten, hatten sie ihm den Krieg erklärt. Ernon antwortete, dass er keinen Krieg wolle und dass alle, die mit Speeren und Bögen kämen, es bereuen würden, und dass Jehova – wie die Suerni den Gott Incal nennen – ihn und sein Volk ohne Kampf und Blutvergießen beschützen würde. Hierauf erklärten die Barbaren spöttisch, dass sie über sein Land kommen würden, um sein Volk mit dem Schwert zu vernichten. Sie stellten eine große Armee mit 200.000 Kriegern und viel Gefolge auf die Beine. Angeführt von einem unerschrockenen Fürsten schwärmten sie nach Osten und Süden aus, um das Reich Suernis zu zerstören. Aber es gibt

hier jemanden, der es besser und ausführlicher als ich erzählen kann." „Mailzis", sagte er zu seinem Leibdiener, bringe die fremde Blonde her."
Mailzis gehorchte, und die fremde Frau, die ich beim Betreten der Wohnung des Prinzen wahrgenommen hatte, erhob sich auf graziöse Weise, die meine Bewunderung herausforderte. Sie rangierte keineswegs hastig ihre Kleidung und ging zu Menax – und dies tat sie keineswegs wie jemand, der seinem Vorgesetzten gehorcht. Beim Aufstehen sagte der Prinz: „Lady, möchten Sie mir das wiedergeben, was Sie meinem Kaiser bereits erzählt haben? Ich weiß, dass Ihre Erzählung äußerst interessant ist."
Während dieser Äußerungen sah die Fremde nicht den Prinzen, sondern mich an. Ihre Augen waren an mein Gesicht geheftet, nicht unverschämt, sondern mit einer Intensität, dass man den Eindruck hatte, sie würde mich anstarren, ohne sich dessen bewusst zu sein. In ihrem Blick war eine solche magnetische Kraft zu spüren, dass ich wegschauen musste; auf seltsame Weise beschämt, spürte ich, obwohl ich nicht hinschaute, dass ihr Blick dem meinen folgte.
Die Dame antwortete in atlantischer Sprache, was ein Zeichen ihrer guten Erziehung war. Sie sagte:
„Mein Prinz, wenn es für Sie eine Freude ist, Ihre Frage zu beantworten, so ist es auch eine für mich. Ich tue es gerne, auch für Ihren jungen Freund. Ich wünsche jedoch, dass Ihre junge Tochter nicht anwesend ist, wenn ich meine Geschichte erzähle."
Die letzten Worte sagte sie in leisem Ton, mit einem Anflug von Feindseligkeit gegenüber Anzimee, die bei uns saß und scheinbar ein Buch durchstöberte. Menax hörte nicht den eifersüchtigen Unterton, aber Anzimee hörte ihn sehr wohl, stand auf und verließ sofort die Wohnung. Ich bedauerte ihr Fortgehen, und auch der Grund gefiel mir nicht. Die Saldeene hatte dies bemerkt und biss sich verlegen auf die Lippen.
„Es ist nicht sehr bequem zu stehen", sagte Menax, als er auf dem Diwan Platz nahm. Als wir alle saßen, waren wir bereit, den Erzählungen zu folgen. In diesem Moment näherte sich respektvoll Mailzis, und nach seinem Wunsch gefragt, antwortete er:

„Die Minister und Damen wollen ebenfalls der Erzählung zuhören." „Ihr Wunsch sei erfüllt. Bringe auch das Übertragungsgerät und stelle es hier vor uns, damit der Schriftführer es aufzeichnen kann."
Mit Genehmigung des Prinzen setzten sich alle um uns herum, einige auf niedrige Sitze, andere, die mit dem Prinz vertrauter waren, legten sich auf die dicken Samtteppiche, die auf dem Marmorfußboden lagen.

KAPITEL 11

Die Erzählung

„Mailzis", sagte der Prinz, „bringe uns den aromatisierten Wein." Während wir dem wirklich erfrischenden, weil unfermentierten Getränk zusprachen, hörten wir der folgenden, spannenden Erzählung zu:

„Ich denke, Ihr kennt alle mein Heimatland von Euren Handelsbeziehungen mit den Saldeenesen. Und alle hier Anwesenden kennen auch die Geschichte, wie unser

Herrscher eine große Armee gegen die schrecklichen Suerni entsandt hat. Ach, wie wenig wussten wir von diesem Volk!", rief sie aus und verkrampfte ihre kleinen Hände wie in Todesangst.
„Mein Vater, der Herrscher, hatte 160.000 Krieger unter seinem Kommando. Noch einmal halb so viele umfasste das Gefolge. Diese Kavallerie war unser ganzer Stolz. Sie bestand aus Veteranen, die treu, erfahren und – ach – wie blutrünstig waren. Unsere Bewaffnung war ausgezeichnet, wir besaßen glänzende Speere und Lanzen. Welch wunderschöner Anblick von tapferen Soldaten."
Bei dieser Lobrede auf primitive Waffen konnten sich die Zuhörer ein Lächeln nicht verkneifen. Für einen Moment schien dies die Prinzessin aus dem Konzept zu bringen, aber nicht für lange, denn sie fuhr fort: „Wir kamen in diesem wundervollen, kraftvollen Aufzug an, oh, wie ich diese Kraft liebe. Wir machten Kriegsbeute und näherten uns der Hauptstadt von Suernis. Als wir nach einigen Tagen fast da waren, konnten wir sie nicht sehen, da sie in einem Tal lag. Wir glaubten an einen leichten Sieg, denn Gefangene hatten uns erzählt, dass es dort keine Mauern oder Schutzwände gebe und dass gegen uns keine Armee aufgestellt worden sei. In ganz Suernis fanden wir tatsächlich keine bewaffneten Städte, noch trafen wir irgendwo auf Widerstand. Wir brauchten kein Blut zu vergießen, doch wir amüsierten uns damit, Gefangene zu schikanieren, bevor wir sie frei ließen."
„Schrecklich", murmelte Menax, „herzlose Barbaren." „Was sagten Sie, mein Herr?", fragte das Mädchen schnell. „Nichts, Lady, gar nichts. Ich dachte nur an den wunderschönen Aufmarsch der Saldeenesen." Obwohl sie nicht ganz an die Ehrlichkeit dieser Aussage glaubte, fuhr die Saldeene in ihrer Erzählung fort: „Nach unserer Ankunft marschierten wir am Rand eines flachen, weiten Tales, in dem der König ganz unkriegsmäßig und nicht gerade weise seine Hauptstadt errichtet hatte, und sandten einen Boten aus, um ihm unsere Kriegserklärung zu überbringen. Als Antwort kam ein alter, unbewaffneter, einzelner Mann zusammen mit unserem Fahnenträger. Ein älterer Mann ist eine bessere Ausdrucksweise: Er war groß, ging aufrecht wie ein Krieger

und hatte ein würdevolles Gebaren, das schön anzusehen war. Ja, er sah sogar wie die leibhaftige Kraft aus! Ich sollte ihn hassen, aber er ist kräftig, und ich kann nicht anders, als ihn zu lieben! Wenn er jünger wäre, würde ich ihn als meinen Mann auserwählen!"

Bei dieser unerwarteten Äußerung blickten wir alle mit anderen Gefühlen als Begeisterung zu der blonden Sprecherin, als Prinz Menax fragte:

„Astiku, höre ich recht: einen Mann auserwählen? Ergreifen in Ihrem Volk die Frauen die Initiative für die Liebe? Ich glaube, dass ich über die Sitten einer jeden Nation, alt oder modern, Bescheid weiß, hatte aber davon keine Ahnung. Scheinbar muss man aber seltsame Dinge von einer Rasse erwarten, die ihre Anerkennung in den Augen der Atlanter lediglich durch ihre große Zahl erhalten kann." „Warum nicht offen sein, Zo Astika? Warum sagen Sie uns nicht, was Sie darüber denken, dass eine zivilisierte Rasse wie die Ihre das Volk der Saldeenesen so weit unter sich stehen sieht, dass selbst ihre Gebräuche Euch völlig unbekannt sind?"

Prinz Menax errötete tief in beschämter Verwirrung, denn ihm waren Ausweichmanöver fremd, und er antwortete:

„Offenheit ist das Beste, ich erkenne es an. Aber ich wollte Ihre Gefühle nicht verletzen, Astiku." Amüsiert lachte die Astiku auf und sagte: „Mein Prinz, erlauben Sie mir, Ihnen zu sagen, dass in Saldan jedes der beiden Geschlechter sich seinen Partner auswählen kann. Warum auch nicht? Es scheint mir nur vernünftig. Ich werde unserer Sitte folgen, wenn sich die Gelegenheit bietet. Mein Auserwählter muss nett anzusehen sein und den Mut eines Löwen aus der Wüste haben. Ja, aus der Wüste, aus der er sich auf den Kontinent der Suerni stürzen wird. Ach ja, wenn diese Chance nur einmal käme!", sagte sie mit einem kleinen Seufzer.

Nach einer Weile, fasste sie traurig und müde zusammen: „Der Prinz, mein Vater, Befehlshaber unserer Armeen, sagte zu dem großen, alten Mann: `Was sagt Dein König?' – `Mein König sagt: Ersuche die Fremden zu gehen, bevor meine Wut erwacht, denn dann, wenn sie nicht gehorchen, werde ich sie zerstören in meinem schrecklichen Zorn.' `Wie denn, und wo ist seine Armee? Ich habe keine gesehen', sagte mein Vater mit

dem Lachen eines Veteranen, der sich unbesiegbar glaubt. Der Gesandte antwortete mit bedeutungsvoller, ernster Stimme: `Anführer, Du solltest besser gehen. Ich bin der König und auch seine Armee. Verlasse dieses Land, solange Du noch kannst. Gehe, ich beschwöre Dich.' `Du der König? Unbesonnener Mann! Ich sage Dir: Bevor die Sonne in ein anderes Zeichen wandert, wird Dein Mut Dich nicht retten, es sei denn, Du gehst zurück und stellst Deine Armee zusammen. Wenn nicht, werde ich Dein Haupt Deinem Volk schicken. Es gibt keine andere Wahl. Danach werde ich losschlagen und Deine Stadt plündern. Hab keine Angst um Deine persönliche Sicherheit, ich kann keinem unbewaffneten Feind Leid antun! Gehe in Frieden, und in der Morgenstunde werde ich Dich und Deine Armee angreifen. Ich brauche einen ebenbürtigen Feind.' `In mir findest du einen würdigen Feind. Hast Du niemals von den Suerni gehört? Ja, und Du hast nicht geglaubt, was man Dir sagte? Doch es ist die Wahrheit. Ich flehe Dich an, gehe, solange Du es noch in Sicherheit kannst.'
`Verrückter Mann', sagte der Anführer, `ist das Dein Ultimatum? So sei es denn. Tritt zur Seite! Ich gehe nicht weg, sondern vorwärts!' Dann rief er die Führer seiner Legionen und befahl: `Vorwärts, fertig zum Angriff.'
`Halte diesen Befehl für einen Moment zurück', sagte der König, `ich habe noch eine Frage.' Entsprechend diesem Wunsch sind unsere Männer, die dem Befehl folgen wollten, nun mit den Waffen bei Fuß zurückgehalten worden. In den ersten Reihen der Saldeenschen-Armee stand die Elite der Truppe. So stand die Armee auf einem kleinen Hügel neben einem großen Fluss und überblickte die Hauptstadt. Erfahrene Krieger waren es, geschult und tapfer, Männer von großer Statur, 2.000 an der Zahl, die Führer der Soldaten, die weniger erfahren waren.
Ich werde diesen Anblick nie vergessen. So stark, die Mähne unserer Löwenmacht, dass jeder von ihnen einen Ochsen auf den Schultern tragen konnte. Die Sonne war gefangen auf ihren Lanzen in einem strahlenden Licht. Im Angesicht dieser Männer fragte der König von Suerni:
„Sind das Deine besten Männer? „Ja!"

`Sind es jene, von denen mir erzählt wurde, dass sie aus Spaß mein Volk gequält haben? Und sie haben sie Feiglinge genannt, denn Männer, die sich nicht widersetzen, haben den Tod verdient. Und haben sie einige meiner Untertanen ermordet?'
`Ich bestreite es nicht', sagte mein Vater.
`Denkst Du, Astika, dass dies richtig war? Haben diejenigen nicht den Tod verdient, die das Blutvergießen lieben?'
`Vielleicht, aber was soll´s? Möchtest Du, dass ich sie dafür bestrafe?', fragte mein Vater zornig.
`Ja, das ist es, was ich möchte', sagte der König, `und dass sie dorthin zurückkehren, wo sie hergekommen sind.'
`Was bildest Du Dir ein?! Das ist ein guter Scherz, aber ich bin nicht in der Stimmung zum Scherzen!'
`Du willst nicht gehen, obwohl Dein Bleiben den Tod bedeutet?'
`Nein, höre auf mit Deinem Geschwätz, ich habe es satt.'
`Astika, es tut mir leid. Aber Du hast es so gewollt. Du bist gewarnt worden abzuziehen. Du hast von unserer Macht gehört und es nicht geglaubt. Jetzt wirst Du sie spüren müssen.'
Als er diese Worte aussprach, zeigte er mit ausgestrecktem Zeigefinger zu dem Ort, wo unser ganzer Stolz stand, auf die 2.000 wunderbaren Soldaten. Seine Lippen bewegten sich, und ich hörte kaum seine leise gesprochenen Worte:
`Jehova, verleihe meiner Schwäche Kraft. So sterbe denn die dickköpfige Schuld.'
Was dann geschah, hat alle Zuschauer so mit Schrecken erfüllt, dass ganze fünf Minuten lang kein Ton zu hören war. Von den 2.000 Kriegern war nicht einer am Leben geblieben. Auf das Zeichen des Königs hin fielen ihre Köpfe nach vorne, die Hände ließen die Speere los, und sie fielen wie Betrunkene auf den Boden. Es war kein Laut zu hören, außer dem ihres Niederfallens. Der Tod kam zu ihnen wie ein Herzstillstand, oh, was für eine furchtbare Waffe hatten die Suerni!

„Denn der Engel des Todes
Breitete seine Flügel über das Unheil
Und blies seinen Atem in das Gesicht des Feindes."

Sennacherib war damals nicht bekannt. Die Prinzessin kannte das Gedicht nicht. Aber wir kennen es, mein Leser, Du und ich, das reicht.
Während sie die Tat des Königs von Suernis beschrieb, stand sie von ihrem Platz an der Seite von Menax auf und ahmte die tödliche Geste von Ernon nach. Ihre Mimik war so eindrucksvoll, dass einige Gäste auf der linken Seite unfreiwillig ihre Arme über dem Kopf zusammenzogen. Die Saldeene bemerkte ihr Zusammenzucken und flüsterte verächtlich: „Feiglinge!"
Ein Atlanter hörte dies, und die Röte stieg ihm in die Wangen, als er sagte:
„Nein, Prinzessin, wir sind keine Feiglinge. Nehmen Sie unser Zusammenzucken als ein Kompliment für Ihre lebhafte Beschreibung."
Sie lächelte und gab zu, dass es vielleicht so war. Überzeugt von der schrecklichen Kraft von Jehova, die Ernon herbeigerufen hatte, eine Kraft die selbst die stolzen Atlanter fürchteten, fiel sie weinend in ihren Sitz zurück. Ein Schluck Wein munterte sie wieder auf, und sie setzte die Erzählung fort.
„Nach dieser schrecklichen Stille fingen alle Zeugen dieser nicht auszuhaltenden Szene an zu schreien. Viele Männer fielen vor Angst zitternd zu Boden und fingen an zu verstehen, dass die Geschichte, an die sie nicht geglaubt hatten, kein Kindermärchen war. Ach, Ihr hättet das Flehen zu all unseren großen und kleinen Göttern hören sollen, an die unser Volk glaubte."
„Ha, ha", lachte die Saldeene höhnisch, mit Schmerz und Selbstbeherrschung. „Sie beteten Götter aus Holz und Metall an, um sich vor dieser schrecklichen Macht zu schützen. Oh, ich kann nicht mehr bei den Suerni leben, jene, die mich verbannten, aber nach Hause kann ich auch nicht mehr. Ich möchte diese Menschen nicht mehr sehen, deren Idole nur Schein sind. Nein, Prinz Menax, ich habe niemals solche Idole verehrt. Die meisten meiner Landsleute taten es, aber nicht alle. Ich war nicht ungläubig, doch ich bezweifelte ihre Macht. Ich müsste Ernon von Suernis hassen, aber ich tue es nicht.

Wenn ich die Erlaubnis hätte, würde ich gerne bei ihm leben und seine wunderbare Kraft anbeten, die jedem Feind den Tod bringt. Aber leider ist es mir verboten, und so möchte ich bei Eurem Volk bleiben, eine gute Rasse, nicht zu vergleichen mit den Suerni, aber besser und stärker als die unsere, ja, viel stärker. Mein Vater war zu sehr involviert, um das ganze Drama als einen Betrug zu sehen. Nach dieser bitteren Lektion wusste er, dass die Geschichte von Suernis, die er von den Reisenden gehört hatte, keine Zauberei war. Aber er kniete nicht vor dem König nieder. Er war zu stolz dazu. Während wir starr vor Schreck dastanden, geschah ein weiteres Ereignis, nicht weniger schrecklich, sondern sehr makaber. Wir, die Lebenden, befanden uns inmitten der Toten neben einem Fluss westlich der Stadt. König Ernon senkte seinen Kopf und begann zu beten, was für Aufregung in der ersten Reihe sorgte. Er sagte:
„Mein Gott, tue dies für den, der Dich anbetet, ich flehe Dich an."
Während ich auf die Toten schaute, sah ich, wie sie sich erhoben, einer nach dem anderen, ihre Lanzen, Schilder und Helme vom Boden nahmen. Dann kamen sie in kleinen Gruppen auf uns zu und gingen Richtung Fluss. Oh, mein Gott! Als sie an mir vorbeikamen, sah ich, dass ihre Augen halb geöffnet waren und ihr Gang mechanisch wirkte. Sie gingen wie Holzmarionetten, die an Seilen hängen. Einer nach dem anderen erreichten sie den Fluss und gingen hinein, bis das Wasser über ihre Köpfe stieg. Sie verschwanden auf ewig, bestimmt als Nahrung für die Krokodile, die bereits brüllten und sich über die Beute hermachten.
Niemand brachte sie dorthin, niemand trug sie. Sie marschierten, als ob sie lebendig seien. Das schreckliche Gefühl der Angst fand seinen Abschluss in dieser Szene. Eine kleine Gruppe von Soldaten war übrig geblieben. Sie standen bei ihrem Kommandanten und den Offizieren, die bereit waren, den Tod auf sich zu nehmen. Auch die Frauen versuchten nicht zu flüchten. König Ernon richtete das Wort an meinen Vater und sagte:
`Hatte ich Dir nicht gesagt zu gehen, bevor ich Dich strafte? Möchtest Du jetzt gehen? Schau Deine Armee an! Die

Niederlage Deiner Soldaten wird nicht aufhören. Tausende von ihnen werden nie wieder ihr Heimatland sehen. Sie werden auf dem Nachhauseweg sterben. Nur eine Handvoll von ihnen wird sicher heimkehren. Aber Du, Du wirst nie wieder nach Hause gehen, auch nicht Deine Frauen. Sie werden weder hier noch bei sich zu Hause leben, sondern in einem weit entfernten Land.'

`Mächtiger König, was möchtest Du mit diesen unschuldigen Frauen tun? Du sagtest doch, dass meine Krieger schuldig seien. Ich gebe es zu, ohne mich selbst auszuschließen. Aber diese Frauen hier haben niemandem etwas getan. Deine Worte ließen mich glauben, dass Du ein Mann von Gerechtigkeit bist. Deine Taten gaben mir denselben Eindruck, denn Du hättest uns alle töten können, doch hast Du nur die Schuldigen getötet. Ich bitte Dich also, Gnade mit unseren Frauen zu haben und vielleicht auch mit den Offizieren.'

`Für Deine Offiziere, ja! Sie waren Dir treu ergeben und wären für ihr Land in den Tod gegangen. Befehle ihnen zu gehen und das, was von Deiner Armee übrig ist, mitzunehmen. Sie haben jedoch nicht die Macht, ihre Körper zu heilen. Deswegen ist es ihnen bestimmt zu sterben, es sei denn, dass ich sie rette. Ich besitze diese Macht und nutze sie mit Barmherzigkeit. Niemand wird im Straßenrand enden. Niemand wird Hunger leiden oder durstig sein, und doch, oh Jehova, werden sie nichts essen oder trinken, bevor sie zuhause angekommen sind. Sie werden sich weder verirren noch von Krankheiten aufgesucht werden. Die wilden Tiere werden die Unbewaffneten umkreisen und doch werden sie ihnen nichts tun, denn der Geist Jehovas wird sie beschützen und sicher nach Hause geleiten. Und er wird noch mehr für sie tun. Er wird in ihre Seele eintauchen, und aus den einstigen Kriegern werden Propheten. Sie werden ihr Volk belehren, und ihr Ruhm wird sich von Generation zu Generation übertragen. Sie werden zu einer berühmten Menschenrasse, gelehrt in Astrologie, Zeugen von Gott durch ihre himmlischen Taten. Und doch, in 6.000 Jahren wird dieses Volk erneut versuchen, das unsrige zu beherrschen, aber auch dieses Mal werden sie erneut versagen. Doch bevor dieses zweite Ereignis eintrifft, wirst Du schon zweimal

eingeschlafen sein, und ich hoffe, Dich in Sicherheit zu finden bei Gott. Was die Frauen betrifft, so kamen sie hierher, um mein Volk sterben zu sehen, denn sie glaubten an den Sieg – nennst Du so etwas unschuldig? Unschuldig, nein, sie sind es nicht. So wie Du kommen auch die Frauen und Mädchen mit mir. Du kommst in ein Gefängnis, dass weder Gitter noch Mauern hat und doch wird es Dir nicht möglich sein zu fliehen.'
`Liege ich richtig in der Annahme, dass wir alle sterben sollen?', fragte mein Vater mit trauriger Stimme.
`Ganz und gar nicht. Glaubst Du etwa, dass ich jemanden zum Tode verurteile und für mich selbst Zuflucht beanspruche? Nein. Ich sagte, dass Du Suernis nie wieder verlassen wirst, obwohl keine Mauer, kein Schloss und kein Wärter Dich daran hindern wird.'
Die Trennung zwischen denen, die blieben, und denen, die gingen, war kläglich. Doch dies sind die Folgen eines Krieges. Die Schwachen müssen den Starken gehorchen. Macht, ja Macht! Nach all dem, glaube ich, dass eine düstere Freude mich erfüllt, dass mein Gott so schnell zerstört wurde.
Die Prinzessin sprach diese letzten Worte wie im Traum und setzte sich in Gedanken versunken nieder. Ihr Gesicht spiegelte ihre Gefühle wider, und in ihren wunderschönen Augen, die verträumt blickten, sah man den Schmerz in ihrem Herzen. Königlich vom Gesicht, stark in ihrer Persönlichkeit, schön, wunderschön und doch unerklärbar in ihrem Innern. Mutig wie eine Löwin, die immer auf der Seite der Starken zu finden war. Äußerlich hatte Prinzessin Lolix Ähnlichkeit mit einer jungen Amerikanerin, graziös wie ein Vogel und schön wie eine aufgehende Rose. Aber die Ähnlichkeiten enden hier, denn ein modernes junges Mädchen steht zu ihrem Vater, zu ihren Brüdern und ihren Lieben und bleibt ihnen treu bis an ihr Lebensende -- im Guten wie im Bösen. Und sie wird bekommen, was sie verdient.
Es kam der Tag, als Lolix sich änderte und einem solchen Mädchen ähnelte, doch es dauerte einige Jahre. Einige geschlossene Rosen scheinen nur aus Dornen zu bestehen, doch welch eine Schönheit erwacht, wenn sie ihr Herz der Sonne und dem Tau öffnen.

Es schien so, als ob Prinz Menax noch nicht die ganze Geschichte von Lolix gehört hatte und wartete, bis ich anwesend war. Es war eine neue Erfahrung für ihn, eine Person zu hören, die so schön und edel und doch von solch unbarmherziger Natur war, wie die Erzählung es zeigte. Nach einiger Zeit sagte Menax:
„Prinzessin, nach den Bräuchen Eures Volkes sind die Kriegsgefangenen den Begierden der Männer gewidmet und dazu da, ihre niederen Bedürfnisse zu befriedigen. Sie sagten mir, dass der König von Suernis nichts von solchen Bräuchen hielt."
„Prinz Menax, schätzen Sie nicht die Ehrerbietung, dass ich Sie meinen Freund nenne? Ich berichte von meiner großen Überraschung, als ich feststellte, dass König Ernon nicht so handelte. Doch ich konnte mich nicht beschweren, denn ich war eine Kriegsgefangene. Er erklärte, dass weder er noch die Suerni wussten, was sie mit uns tun sollten, und sie beschlossen hatten, uns in ein fremdes Land zu schicken. War es uns bestimmt, ein solches Schicksal zu erfahren?"
„Nein, nie im Leben!", sagte Menax mit zusammengepressten Lippen. „Hier wird die Regierung für Sie sorgen, bis ein Atlanter sich entschließt, Sie als Frau zu nehmen. Unser Volk hat manchmal einen komischen Geschmack."
„Prinz, Sie sind sehr sarkastisch."
Außer einem leichten Wimpernzucken kam von dem Prinzen keine Antwort zu dieser Bemerkung. Seine Gestik war so undurchschaubar, dass ich selbst bei genauem Hinsehen keine Regung feststellen konnte. Nach langem Schweigen erklärte Menax, dass kein Gefangener jemals wieder nach Saldan zurückkehren würde, weil…
„Es ist nicht mehr meine Heimat", unterbrach ihn Lolix. „Es wird immer Ihre Heimat bleiben", sagte der Prinz ein wenig rauh, bevor er wieder schwieg. Lolix erhob sich und schrie mit heftiger Stimme: „Ich habe kein Verlangen danach, mein Heimatland jemals wieder zu sehen. Ich wünsche, ab heute in Atlantis zu leben, und erkläre es zu meiner Heimat."
„Wie Sie wünschen", sagte Menax. „Sie sind eine merkwürdige Frau. Für die Liebe zur Macht verleugnen Sie Ihren Gott, Ihr Zuhause und Ihr Heimatland. Ihre gefangenen

Freunde, denken die genauso wie Sie? Aber vielleicht sind sie ja keine Freunde mehr, denn sie sind ja von nun an nur arme Menschen."
Die Prinzessin neigte ihren charmanten Kopf und schaute ihr Gegenüber mit ihren wunderschönen blauen Augen an. Zwei Tropfen, zwei Tränen, fielen von ihren langen Wimpern, ihre Lippen zitterten und mit verkrampften Händen sagte sie: „Ach, Prinz, wie brutal Sie sind!" Sie wendete sich ab und legte sich auf eine Liege, auf der ich sie sah, als ich ankam.
Die geschlossene Rosenknospe wurde für eine Distelblüte gehalten. Was mich betraf, empfand ich ein merkwürdiges Gefühl, das von Überraschung und Zustimmung erfüllt war. Ich fragte mich, was für eine Art Mensch sie war, sie, die sie ihr Herz entblößte und doch so durstig nach Macht war, dass sie ihr Heimatland aufgab, und auf der anderen Seite sich doch sehr weiblich zeigte, wenn man sie verletzte.
Ich hatte Mitleid mit Lolix, wegen ihrer Seelenreinheit und ihrer Aufrichtigkeit, die sie mit Herz vor uns ausbreitete, als sie ihre Geschichte wiedergab. Sie erwartete natürlich, angenommen zu werden, und war zutiefst enttäuscht, als sie das Gegenteil feststellte.
Letztendlich war meine Zustimmung zwiespältig, denn der Prinz hatte berechtigte Zweifel eingeworfen.
Selbst wenn diese Verletzung schmerzte, so hatte sie doch ihren Beifall erhalten.
Nach einer gewissen Zeit unterbrach Menax meine Gedanken: „Zailm, lass uns zur Bibliothek gehen, wo es ruhig und schön ist. Dort sind wir alleine, Du und ich. Ich möchte diese Menschen aus meinem Palast verabschieden, aber ich ziehe es vor, die junge Saldeene nicht zu verwirren."

KAPITEL 12

Das Unerwartete trifft ein

Wir kamen zu einem Platz, der erfüllt war von Blumen jeglicher Art. Aus einem zentralen Brunnen schossen drei Fontänen. Zwischen die natürlichen Blumen hatte man Glasblumen gesteckt, die so perfekt aussahen, dass man sie berühren musste, um festzustellen, dass sie unecht waren. Inmitten dieses wunderschönen Ambientes befand sich ein Felsblock, der mit Moos überzogen war und in dem Einbuchtungen vorhanden waren, die als Sitze dienten. Sie waren viel bequemer als sie aussahen, denn das Moos wurde von Seidenraupen produziert.

„Setz Dich neben mich, mein Sohn“, sagte der aufmerksame alte Prinz. „Zailm, ich weiß selbst nicht, warum ich Dich heute abend herbat und nicht noch eine Weile wartete. Ich hatte eine Mission zu vergeben an jemanden, der ihr gerecht werden würde. Ich habe Dich ausgesucht, auch wenn andere mehr Erfahrung haben. Du weißt, um was es sich handelt.“

Es schien ganz klar, dass dies nicht der einzige Grund war, weswegen er mich hergebeten hatte. Er unterbrach sein Schweigen und fragte mich: „Hast Du gewusst, dass mir meine Frau einen Sohn gebar und dass beide verstorben sind? Ja, einen Sohn und eine Tochter habe ich. Und -- Incal sei gedankt -- meine Tochter lebt noch. Aber mein Sohn, der Stolz meines Lebens, wurde ins Jenseits gerufen, das Schicksal eines jeden Lebenden. Mein Sohn, oh, mein Sohn.“

Er begann zu weinen. Als er sich beruhigt hatte, fuhr er fort: „Zailm, ich sah Dich das erste Mal bei der Audienz des Kaisers -- ist das nicht schon vier Jahre her? Ich war erstaunt über Deine Ähnlichkeit mit meinem geliebten Sohn, und ich begann, Dich zu lieben. Ich bin oft zur Universität gegangen und habe Dein Studium verfolgt. Du hast mehrmals die Aufforderung erhalten, Dich zu dieser Bibliothek zu begeben. Es war jedes Mal mein Wunsch gewesen, Dich zu sehen -- ja, Dich zu sehen, junger Mann, Dich anzusehen“, murmelte er zart und streichelte dabei freundlich meine gelockten Haare.

„Selten waren die Tage, an denen ich Dich nicht für einen Moment sah, sei es persönlich oder per Bildtelefon. Ich habe selbst bei Nacht an deinem Fenster gestanden, um mein Herz an Deiner Stimme zu erfreuen, während Du -- auf dem Boden sitzend -- Deiner Mutter vorgelesen hast. Ich habe über Dich gewacht, Zailm, und ich war stolz auf Dich, denn in allen Dingen hast Du so gehandelt, wie ich es mir wünschte. Dein schulischer Erfolg erfüllte meine Tage mit Freude, und Du hast alle Regierungsaufgaben zur vollen Zufriedenheit erledigt, so als seist Du mein leiblicher Sohn. Also, komm hierher, um hier zu wohnen, junger Mann, denn ich wünsche mir, dich um mich zu haben während meiner kurzen Zeit, die mir noch zum Leben bleibt. Lass uns zusammen den Strom des Lebens hinunterschwimmen, du und ich. Ich werde mit Sicherheit zuerst den großen Ozean der Ewigkeit überqueren. Aber ich werde in der blassen Landschaft der Träume auf dich warten, wo es keine Trennung, Schmerz oder Traurigkeit gibt. Komm, Zailm, komm."

Ich antwortete auf die zarte Beichte: „Menax, während der langen Jahre in Caiphul habe ich mich oft nach dem Grund meines Ansehens gefragt, das Du mir schenktest. Niemand war so aufmerksam zu mir wie Du. Und doch warst Du immer zurückhaltend und diskret, ja, mehr als andere, die sich für mein Schicksal interessierten. Jetzt ist mir alles klar. Ich habe Dich als freundlich und herzlich angesehen, habe Deine Güte geliebt und ließ mich von Deinem Rat leiten. Ja, Menax, wir werden zusammen, Hand in Hand, auf das Schattenreich der Hinübergeschiedenen zugehen. Du für mich und ich für Dich, einer wird auf den anderen warten, wer auch immer bei der großen Seelenernte zuerst hinweg gerafft wird."

Wir erhoben und umarmten uns zärtlich. Während unserer Umarmung nahm ich das einzige Kind des Prinzen wahr, das umgeben von Weinranken, die zärtlich ihren Körper umhüllten, dastand. Während ich sie ansah, musste ich an das andere junge Mädchen denken, die Saldeene, deren Geschichte ich soeben vernommen hatte. Sie waren im gleichen Alter, beide sehr weiblich, aber doch so unterschiedlich in ihrer äußeren Schönheit.

Es ist sehr schwer, eine Person zu beschreiben, auf die sich meine tiefsten Gefühle im Herzen konzentrieren. Je größer das Interesse an einer Person ist, desto schwerer ist es, sie zu beschreiben. Oder wenigstens ist es so in meinem Fall.
Der Leser weiß, wie das königliche Mädchen mir offenbar war im Vergleich zu der fremden Saldeene mit ihrem blonden Haar, ihren blauen Augen und ihrer delikaten Erscheinung. Wie sensibel war doch ihre Natur, erregend und grausam zugleich! Aber wie kann ich jene beschreiben, die ich liebte, wo jede Begegnung, ob zufällig oder nicht, mich mit Verlangen erfüllte und meinen Entschluss, bei Menax zu leben, nur verstärkte. Sie, die ich liebte und in meinem Herzen trug, und das schon fast so lange wie ich in Caiphul lebte, wie kann ich sie beschreiben? Wenn Prinzessin Lolix dabei war, eine Frau zu werden, so war es Prinzessin Anzimee, diese bezaubernde Person, auch. Fein, delikat, weiblich, Tochter einer langen Reihe von Patrizierahnen, sie war sowohl erfahrener als auch mir überlegen im Studienrang der Universität, ich liebte sie, doch zeigte ich es nicht. Jeder meiner Freunde, der dies liest, weiß, was ich fühle, wenn ich es unbeabsichtigt ablehne, Anzimee zu beschreiben, und ich bitte jeden, in den leeren Bilderrahmen seine eigene große Liebe hineinzusetzen.
Prinz Menax bemerkte seine Tochter fast im gleichen Augenblick wie ich. Sein Gesicht zeigte eine leichte Überraschung, denn er hatte geglaubt, dass die Bibliothek leer sei. Seine Überraschung bemerkend, schritt die Prinzessin auf ihn zu, umarmte ihn und sagte:
„Mein Vater, war ich indiskret? Ich hörte Dich hereinkommen mit dem jungen Mann, doch wusste ich nicht, dass Du mit ihm unter vier Augen sprechen wolltest. Also blieb ich sitzen und las weiter."
„Nein, mein Schatz, Du musst Dich nicht entschuldigen. Um die Wahrheit zu sagen, bin ich froh, dass Du hier bist. Aber darf ich Dich fragen, was Du da gerade liest? Es ist nicht gut für Dich, Dein Studium zu übertreiben, und ich vermute, dass es sich um Arbeit handelt, wenn du liest." Mit einem freundlichen Lächeln in ihrem Gesicht und leuchtenden grauen Augen antwortete sie:

„Es ist wahr, dass ich studiert habe, aber das Ziel war es wert. Nur mit tiefgründigem medizinischem Wissen ist es möglich, Todkranke von ihren Schmerzen zu befreien und weniger Kranke zu heilen. Ich arbeite für Incal und auch für seine Kinder, und jede Handlung in seinem Namen, ob klein oder groß, muss getan werden."
Das waren also die beiden jungen Mädchen, Lolix von Saldan und Anzimee von Atlantis, aus Ländern nur durch einen kleinen Kontinent getrennt. Aber die Distanz zwischen den beiden Mädchen war noch größer. Lolix, hatte keine Sympathie mit den Kranken und auch kein Mitleid mit den Notleidenden. Anzimee war das genaue Gegenteil.
Über eine Minute herrschte Stille, und Menax schaute seine kleine Leserin mit viel Liebe an. Er hielt meine Hände mit seiner rechten Hand und die von Anzimee in seiner linken und sagte:
„Mein Kind, ich schenke Dir einen Bruder, einen Bruder, von dem ich glaube, dass er es wert ist. Zailm, ich schenke Dir eine Schwester, wertvoller wie ein Rubin. Und Dir Incal, meinem Gott, widme ich alle Lobgesänge, die meine Brust erfüllen."
Als er dies ausgesprochen hatte, ließ er unsere Hände los und erhob seine zum Himmel. Wie könnte ich die Berührung unserer Hände beschreiben? Verdiente ich all diese Liebe? Bis jetzt hatte ich keinen Fehler gemacht, der meinem guten Ruf geschadet hätte, und ich fühlte mich ganz und gar würdig. Wenn es eine Sünde gab, die mein Leben befleckt hätte, so würde es in der Zukunft sein. Ich dachte an die seltsame Prophezeiung von damals. Doch ich verwarf diesen Gedanken so schnell, wie er kam.
Ich hatte die Gewohnheit, Menschen und ihre Beweggründe zu analysieren. Es war meine zweite Natur, alles zu hinterfragen und alles in Erwägung zu ziehen. Ich wusste, dass ich tief in mir wahre Gefühle und viel Respekt für Menax hatte und er mich davon überzeugt hatte, sein Sohn zu werden. Mein Leben hätte mir keinen höheren Preis zahlen können, wenn ich ihm durch seine Aufopferung das geben könnte, was ihm entsprach. Und doch liebte ich das Leben. Meine Natur hatte nichts Krankhaftes, außer wenn man die Liebe zu meinen Freunden als etwas Krankhaftes ansieht.

Ich dachte ein wenig über den politischen und sozialen Wert meiner Adoption nach. Es ist unnötig zu erwähnen, was es bedeutete, ein solches Standbein zu haben. In Zukunft würde ich in Atlantis ein großes soziales Ansehen haben, als rechtmäßiger Sohn eines großen Ratgebers, der durch seine Heirat zum Bruder des Kaisers wurde. Wenn man die Situation näher betrachtete, konnte ich jetzt in aller Ruhe herausfinden, um welche Art Liebe es sich handelte, die ich für die Person, die meine Schwester sein würde, empfand. Sie wurde ja nur durch die Adoption zu meiner Schwester. Aber sie gehörte seit Jahrzehnten zu der Familie und war ein Idol für die Einwohner von Caiphul. Vor der Welt würde sie meine Schwester sein ab dem Moment, wenn Kaiser Gwauxln offiziell die Adoption bestätigen würde. Sollte ich mich glücklich oder enttäuscht fühlen? Ich betrachtete jene, von der ich geträumt hatte, sie würde meine Frau werden und dass Incal mich in seiner Güte in höhere Ämter einsetzen würde. Konnte ich hoffen, nach dieser unerwarteten Wende des Schicksals, meinen Traum zu realisieren? Wenn ich auf eine andere Art zu diesem hohen Rang gekommen wäre, hätte ich auf die Hand von Anzimee hoffen können. Aber jetzt?! Mein großes Glück schien wie ein Apfel von Sodom, bitter in meinem Mund, weil ich rechtlich gesehen ihr Bruder war, aber nicht durch Blutsverwandtschaft. Es gab eine Chance, dass sich die Dinge nicht so dunkel entwickelten, wie es schien, da solche Adoptionen in den unteren Klassen häufiger vorkamen und nicht als Heiratsschranke galten. Dies vor Augen trat die Sonne wieder aus den Wolken hervor.

Das Hauptmerkmal des jungen Mädchens, das vor mir stand, war seine einfache Kleidung. An diesem Abend hatte Anzimee ihre wunderschönen Haare nach hinten zusammengebunden, wo sie durch eine goldene Brosche zusammengehalten wurden. Ein langes, weites Kleid verbarg ihre schlanke, fast noch kindliche Figur. Kein Kleid hätte einfacher und schöner sein können, leicht blau gefärbt schimmerte es wie eine weiße Perle. Die Schulterpartie war karminrot und verriet ihre königliche Herkunft. Das Kleid wurde am Hals geschlossen, wo sich eine große, mit Perlen, Rubinen und Smaragden besetzte Brosche befand.

So reich und einfach es doch war, fügte das Kleid nichts zu ihrem Charme und ihrer Persönlichkeit hinzu. Die Perlen repräsentierten ihren Studiengrad, und die Smaragde zeigten an, dass sie noch kein Wahlrecht besaß. Die Rubine hingegen wurden nur von königlichen Familienmitgliedern getragen. Die Mutter von Anzimee, also die Frau von Menax, war die Schwester des Kaisers.

Atlantis zog seine Größe aus der Bildungsüberlegenheit, die keinen Unterschied machte im Geschlecht, was das Wahlrecht betraf. Doch wir achteten unsere Frauen, Schwestern und Töchter und vor allem die Mütter unseres stolzen Landes noch mehr. Unsere Gesellschaftsstruktur basierte auf den Erfolgen von Söhnen und Töchtern, die während der Jahrhunderte die Lehren respektierten, welche sie von stolzen, wahrhaften und patriotischen Müttern mitbekamen. Wir liebten den Kaiser und seine Prinzen, wir respektierten sie so sehr, wie jemals Herrscher auf dieser Welt respektiert worden sind; aber wir ehrten unsere Frauen mehr, und Kaiser oder Prinzen waren stolz, den heiligen Einfluss anzuerkennen, der aus unserem großen friedliebenden Land ein großes Zuhause machte.

Amerika, ich liebe dich genauso, wie ich Poseid geliebt habe. Nur wegen der Frauen und Christus bist du zur ersten Nation der Welt geworden. Wegen ihnen wirst du führend bleiben und die ganze Welt in den Schatten stellen, wenn der glückliche karmische Tag da ist, der die Frauen nicht unterordnet, nicht überordnet, sondern an die Seite des Mannes auf den Felsen der innerlichen christlichen Erziehung stellt. Dieser Fels des Wissens und des Glaubens wird den Winden und Stürmen der Ignoranz widerstehen. Auf ein solches Fundament gebaut, wird das nationale Haus niemals einstürzen. Anders aufgebaut, würde sein Einsturz enorm sein. Und hier folgt die damit verbundene Weisheit:

Im Mensch stecken unzählige Schlangen, in Dir auch, bewahre sie und Du wirst ein Sklave sein. Sei jedoch lieber der Meister, aber Vorsicht: Der Weg ist schmal, und nur wenige haben den Willen, ihn zu finden.

KAPITEL 13

Die Sprache der Seele

„Zailm, mein Sohn, Du hast die Erzählung von Lolix gehört. Wie Du weißt, hat Deine Mission zu den Suerni mit diesen Ereignissen zu tun. Deine Aufgabe wird nicht schwer sein. Es handelt sich nur um eine freundliche Geste als Gegenleistung für die Geschenke, die sie uns gemacht haben. Und ferner wollen wir sie wissen lassen, dass es nicht unsere Absicht ist, die Frauen, die uns König Ernon geschickt hat, weiter als Gefangene zu betrachten. Wir werden ihnen Asyl gewähren, aber König Ernon soll nicht glauben, dass wir ihren Aufenthalt in Atlantis genehmigen, nur um ihm einen Gefallen zu tun. Was die anderen Angelegenheiten betrifft, so möchte Dich Kaiser Gwauxln morgen früh in Agacoe sehen. Möchtest Du die Nacht nicht hier verbringen?"

„Mein Vater, ich würde gerne bleiben, aber ist es nicht meine Pflicht, nach meiner Mutter zu sehen? Sie hat schwache Nerven und erträgt es nicht, wenn ich nicht in der Nacht zu Hause bin."

„Du hast recht Zailm, aber warte nicht zu lange damit, Deine Mutter in meinem Hause unterzubringen, denn ich wünsche, dass Du in Zukunft im Hause Deines Vaters lebst."

Ich verließ den Prinzen und seine charmante junge Tochter, mit der wir einen Teil des Abends verbracht hatten, und ging hinaus in die Nacht. Es hatte aufgehört zu regnen, und am Himmel waren dicke Schatten der Wolken zu sehen, die den Nachthimmel überrollten. In einem einzigen Loch am Himmel erstrahlte ein heller, weißer Stern, der von Zeit zu Zeit einen leichten roten Flimmer hatte. Während ich ihn betrachtete, dachte ich über die Vergangenheit nach, denn genau dieser Stern leuchtete über mir, als ich mich auf dem Gipfel des Pitach-Rhok befand.

Viele Jahre waren seit diesem Morgen vergangen! Heute trägt dieser Stern den Namen Sirius. Wir nannten ihn Corietos. Er erschien mir als Vorbote für den Erfolg in der Vergangenheit, Gegenwart und Zukunft. Ich streckte meine Hände nach ihm aus und murmelte:„Phyris, Phyrisooa Pertos!“ Was soviel bedeutete wie: „Stern! Oh, Stern meines Lebens!“

KAPITEL 14

Die Adoption von Zailm

Ich gehorchte dem Wunsch des Kaisers und begab mich am nächsten Tag in den Palast, direkt ins Privatbüro von Prinz Menax. Ich hoffte, meinen Vater alleine anzutreffen, doch ich wurde enttäuscht, denn Gwauxln war schon bei ihm. Als ich eintrat, waren beide in ein Gespräch vertieft, das sie auch fortführten, denn sie betrachteten mich nicht als Eindringling. Am Schluss hörte ich den Kaiser fragen:
„Ist es nicht an der Zeit, in den Tempel zu gehen? Und Du, Zailm, begleite uns bitte!"
Der Kaiser rief einen Wagen, der ohne Fahrer ankam. Er war durch die große Tür des Büros hereingefahren, die sich öffnete, um ihm Durchlass zu gewähren. Keine Hand hatte dieses Fahrzeug gelenkt, die Tür öffnete sich, als es vor uns hielt. Es war das erste Mal, dass ich eine okkulte Vorstellung von Gwauxln erlebte. Um die Wahrheit zu sagen, war es mir nur selten erlaubt, ein solches Beispiel seiner Kräfte mit anzusehen. Wie alle außerordentlich geschickten Menschen ging er sehr zurückhaltend mit solchen Vorstellungen um. Er hasste es, seine Kräfte vor denjenigen zu entfalten, die nicht genügend Gemeinsinn hatten, um zu wissen, dass alle Taten dieser Art nur Beispiele von Kontrolle der Natur durch das Verstehen der höheren Gesetze waren. Aber ich war keiner von denen, die im Okkulten etwas Wundersames sahen. Wenn ich auch das Verfahren nicht verstand, so war mir doch klar, dass es nur die Anwendung eines mir nicht bekannten Gesetzes war. Gwauxln gestattete mir manchmal, Zeuge seiner besonderen Kräfte zu werden.
Der Wagen führte uns zu dem Vailx-Hafen hinaus, wo wir ein kleineres Vailx fanden, in das Gwauxln zuerst Menax und dann mich hineinbat, um schließlich als letzter einzusteigen. Es war ein bemerkenswertes Schauspiel – der Herrscher einer großen Nation ohne einen einzigen Begleiter. Tatsächlich hatte Gwauxln den Oberbefehl über mechanische Dienste, die so

weit vom König entfernt waren, wie es das niedrige Gefolge nur sein konnte.

Wie der Vater, so der Sohn. Gwauxln, der wie ein Vater zu seinem Volk war, wurde von ihm in seinem Benehmen kopiert. Genau wie er war es höflich, einfach in seinen Gewohnheiten und – obwohl in vielen Fällen luxuriös und reich in seiner Lebensart – war es gänzlich unprotzig, ganz wie sein Kaiser es ihm vormachte.

Der große Priestertempel lag einige Kilometer entfernt. Aber einige Minuten genügten, um uns zu dem Koloss zu bringen. Seine äußere Form glich jener der Cheops-Pyramide, nicht ganz so hoch, aber die Grundfläche war doppelt so groß. Da der Tempel fensterlos war, konnte Sonnen- oder Tageslicht nicht in das Innere eindringen. Neben einer Anzahl kleinerer Räume umfasste das Gebäude eine große Halle, in der Platz für mehrere tausend Gläubige war. Dieser heilige Ort gab in fantastischer Weise die atlantische Gewohnheit wieder, die Natur zu kopieren. Es gab keine aufrechten Mauern, keine Nischen oder normale Anordnungen von Innenräumen; der Tempel glich eher einer Tropfsteinhöhle.

Beim Einbringen der Kalksteine wurde darauf geachtet, dass die Stalagmiten nicht zuviel Bodenfläche bedeckten. Aber die Stalaktiten, die von der Marmordecke herunterhingen, waren so dick, wie es der Platz erlaubte, und funkelten wie Sterne im Licht der weiß glühenden Lampen, die in der Mitte zwischen Decke und Boden pendelten. Diese Lampen waren versteckt hinter breiten, gewölbten Schirmen, so dass ihr Schein von unten nicht sichtbar war, und das aufsteigende Licht wurde von Myriaden glänzender Nadeln reflektiert. Sie füllten den Tempel mit einem sanften, aber kräftigen Licht, das von keinem besonderen Punkt, sondern von der Luft selbst auszugehen schien, ein ideales Licht für die religiöse Meditation.

Wir verließen das Vailx, betraten die breite, ausreichend große Pforte und durchquerten den großen Saal bis zum heiligen Thron im Hintergrund. Dort trafen wir Mainin, den Hohepriester, einen Mann mit wunderbarem Wissen, das niemand übertraf. Ihm zeugten wir alle unseren Respekt, und dann sagte Prinz Menax:

„Heiligster Priester, in Deiner Weisheit weißt Du mit Sicherheit, in welcher Sache wir vor Dir stehen. Würdest Du unser Gebet erhören, indem Du uns Deinen Segen erteilst?"
Der große Priester erhob sich und bat uns, ihm in das göttliche Licht von Maxin im Dreieck vor dem heiligen Thron zu folgen. Bevor ich diese Geschichte weitererzähle, werde ich Dir diese außerordentlich heilige Stelle des Tempels beschreiben. Es war eine erhobene dreieckige Platte aus rotem Granit, eine Stufe höher als der Boden des Auditoriums und zwölf Meter breit. Genau in der Mitte befand sich ein großer Würfel aus Quarzkristall, aus dessen Mitte das heilige Licht von Maxin in Form einer riesigen Flamme erstrahlte. Sie hatte die Form einer riesigen Lanze und warf einen Lichtschein von intensiver Kraft auf alle Dinge ringsherum. Trotzdem war es möglich, direkt in die Flamme zu schauen, ohne geblendet zu werden. Sie war mehr als dreimal so hoch wie ein großer Mensch, und alle Zuschauer glaubten an eine mystische Manifestation Incals. In Wahrheit war es aber ein okkultes odisches Licht, das seit Jahrhunderten an der gleichen Stelle stand. Es war Zeuge der großartigen Entwicklung von Atlantis und seiner Hauptstadt. Es hatte den Originaltempel von Incal gesehen (ein kleines Gebäude, das eines großen Volkes unwürdig war); es hatte gesehen, wie er abgerissen wurde und der neue Tempel als neue Hülle aufgebaut worden war. Es erzeugte keine Hitze, hatte nicht einmal den Quarzfuß erwärmt und doch war jede unbedachte Berührung eines Lebewesens mit tödlichem Ausgang. Kein Öl, kein Brennstoff, keine elektrischen Ströme nährten es. Kein Mensch kümmerte sich um es. Seine Geschichte war sehr besonders und wird mit Sicherheit Dein Interesse finden, mein Freund.
Viele hundert Jahre zuvor besaß ein Herrscher über Atlantis für 434 Tage wunderbares Wissen. Sein Wissen war ähnlich dem von Ernon aus Suernis, aber niemand wusste, wo er herkam. Eines Tages sagte er:
„Ich komme von Incal. Ich bin ein Kind der Sonne und bin gekommen, um die Religion und das Leben dieses Volkes zu reformieren. Merkt Euch: Incal ist der Vater, und ich bin Sein Sohn. Er ist in mir, und ich bin in Ihm."

Man verlangte von ihm, dies zu beweisen. Hierauf legte er seine Hand auf einen blind geborenen Mann, woraufhin der Mann wieder sehen konnte. Der Heiler beugte sich über eine Pflasterung einer dreieckigen Plattform und zeichnete mit seinem Finger ein Quadrat von 1,75 m Seitenlänge. Dann trat er aus dem Quadrat heraus, und auf einmal erschien der große Quarzblock als gleichmäßiger Würfel an der Stelle. An seiner Seite stehend legte er seinen Finger auf den Stein und hauchte ihn mit seinem Atem an. Als er den Finger zurückzog, sprang Maxin – oder das Feuer von Incal – hervor, und so existierten der Würfel und das sich selbst nährende Feuer durch alle Jahrhunderte hindurch.
Es ist überflüssig zu sagen, dass der Beweis gelungen war, und von da an erließ der mysteriöse Fremde die Gesetze und machte die Verfassung, auf deren Basis bis heute das Land regiert wurde. Er sagte, dass derjenige, der seinen Gesetzen etwas hinzufügte oder etwas von ihnen wegnahm, nicht in das Reich Incals eingehen konnte bis:
„…Ich auf die Erde gekommen bin, um das letzte Gericht abzuhalten."

Es schien, als hätte niemand Lust, ungehorsam zu sein, zumindest wurde nie etwas daran geändert – die Gesetze wurden von ihm mit dem Finger auf den Maxin-Stein geschrieben. Und kein Werkzeug eines Bildhauers hätte es besser tun können. Die Gesetze schrieb er auch in ein Buch aus Pergamentseiten, das er dem selbst nährenden Licht aussetzte, woraufhin die Schrift durch das Licht durchstrahlt wurde und so blieb für alle Zeiten, unverletzt und unverbrannt. Der wunderbare Autor hate es vor den Augen aller Menschen dort hinterlegt, im neuen Tempel, der anstelle des alten gebaut wurde. Während er dies tat, sagte er:
„Leihet mir Eure Ohren. Das ist mein Gesetz, so wie es auch auf dem Maxin geschrieben steht. Wer versucht, es zu entfernen, wird sterben. Erst wenn Jahrhunderte vergangen sind, wird das Buch vor dem Angesicht einer großen Menschenmenge verschwinden und niemand wird wissen, wohin. Das sich selbst nährende Licht wird erlöschen, und niemand wird es wieder zum Leuchten bringen. Wenn diese

Dinge sich ereignen, ist der Tag nicht mehr fern, an dem das Land nicht mehr sein wird. Es wird untergehen wegen seiner Sünden, und das Wasser des Atlantiks wird es überschwemmen. Ich habe gesprochen."
Ein einziges Mal in der Geschichte von Atlantis, hatte ein Kaiser daran gezweifelt, dass ein Mensch tatsächlich sterben würde, wenn er das Buch aus dem Feuer herauszieht.
Er hatte die Idee, dass ein Wegnehmen möglich wäre, da das Maxin nur aus der Schrift herausstrahlte und nicht an seinen Seiten. Da er es nicht selber tun wollte und der Tod eines anderen ihm egal war, zwang der tyrannische Kaiser einen Übeltäter, es zu tun. Es war der Tag, an dem die Boshaftigkeit und die dunklen Mächte wuchsen; der Tag, an dem sie den Sohn Incals vergessen hatten. Der arme Teufel wurde veranlasst, das Buch zu ergreifen und es wegzunehmen, wenn er konnte. Es gelang ihm zwar nicht, dass Buch zu bewegen, aber er wurde auch nicht getötet. Sein Mut wurde größer. Der Kaiser befahl ihm, noch stärker zu ziehen. Aber sein Griff lockerte sich, denn eine Hand berührte das Feuer. Sie wurde sofort zerstört, abgeschnitten und in Nichts aufgelöst. Der Kaiser, der einige Meter entfernt stand und sich nicht näher heranwagte, wurde im gleichen Moment von einer sich lösenden Flamme von Maxin getroffen, und niemand hat ihn je wieder gesehen!
Dieses eine Beispiel hatte genügt! Diejenigen, die Schlechtes taten, waren sich plötzlich ihrer schlechten Taten bewusst, und die Gesetze wurden wieder in befolgt. Alle hatten Angst vor dem jüngsten Gericht, doch die Jahrhunderte vergingen und es geschah nichts.
Viele Seher hatten das genaue Datum vorausgesagt, wann es passieren sollte, doch es geschah nichts, und das Feuer brannte weiter.
Nach dem Gesetz mussten alle Körper, deren Seelen ins Jenseits übergegangen waren, verbrannt werden; dies betraf auch einige Tierarten. Menschen, die weit entfernt von Caiphul starben, wurden eingeäschert in einem der vielen Navaxamas, den Krematorien, welche die Regierung in allen Provinzen errichtet hatte. Wenn es sich um einen Menschen handelte, wurde die Asche nach Caiphul gebracht und bei

einer Zeremonie ins Maxin-Feuer gestreut. Wenn jemand in Caiphul starb, wurde er in den Priestertempel gebracht, über den Würfel gehoben und mit dem Gesicht zuerst in die Flamme geworfen. In beiden Fällen, ob Asche oder Körper, war das Ergebnis das gleiche: kein Rauch, keine Flammen, kein Zittern des Lichtes. Das Objekt verschwand spontan bei der Berührung mit der heiligen Flamme.
So haben es die Dichter verehrt und besungen als die „Eingangspforte zu dem Reich, das jeder für sich selbst entdecken musste". Zu sterben, ohne durch die heilige Flamme zu gehen, war für das Volk die schlimmste Vorstellung.
Man mag sich wundern, dass ein so wissenschaftlich gebildetes Volk in religiösen Belangen so kindisch war. Aber in Wirklichkeit war es nicht kindisch. Man bestand nur darauf, den irdischen Käfig der Seele so absolut zu zerstören, dass der persönliche Frieden von allen Lasten befreit ins Nirvana eingehen konnte.
Nicht dass viele Leute den esoterischen Sinn des Ritus verstanden hätten; nein, sie verstanden nur soviel von der wirklichen Bedeutung, wie Incal sie verstehen ließ: Sie sollten die auf der Erde lebende Seele mit dem Samen vergleichen, der, wenn er aufgeht, jedes Stück seiner Samenhülle zurücklässt.
Lasst uns aber zurückkehren zu dem Tempel und zu der Zeremonie meiner Adoption durch den Prinzen Menax. Als wir an dem heiligen Stein standen, bat Gwauxln mich niederzuknien. Er legte seine Hand auf meinen Kopf, fing an zu reden und sagte:
„In Übereinstimmung mit den Gesetzen dieses Landes, die für diesen Fall gemacht sind, will Astika Menax, ein Kanzler von Atlantis, Dich, Zailm Numinos, anstelle eines Verstorbenen als seinen Sohn adoptieren und Dir auch seinen Namen geben. Es soll so sein, wie es sich Astika Menax erbeten hat. Ich, Gwauxln, sowohl Euer als auch der Herrscher von Atlantis, will es so."
Der Hohepriester vollendete die Zeremonie, indem er seine rechte Hand auf meinen und die linke auf den Kopf von Menax legte, als wir vor ihm knieten, und uns beiden den

Segen Incals vermittelte. Als er seine Hände hochnahm, sagte er zu mir:
„Sei aufrecht vor Incal, so dass kein Mensch Dich in Wahrheit anklagen kann! Tue so und Du wirst lange leben! Wenn Du aber Fehler machst, wird auch Deine Lebenszeit sich verkürzen. Möge der Frieden Incals mit Dir sein!"
Keiner der drei Zuhörer des Priesters verstand ihn so, als ob mein Leben durch mangelnde Rechtschaffenheit verkürzt werden würde, sondern die Worte wurden nur als Warnung verstanden. Erst später wusste ich – leider zu spät –, welche Voraussage Mainin mit seinen Worten bewies. Ich wusste es in einer Flut von bitteren Erinnerungen, die mich an meine Erlebnisse am Pitach-Rhok gemahnten, die ich meiner Gottesfurcht zuschreiben konnte. Aber all das kam – wie ich dachte – zu spät. Es war zu spät, als ich schon im Kerker lag, aus dem mich keine Menschenseele retten konnte und auf den Tod wartend träumte, dass meine Seele an einem unbegrünten Ufer saß und über einen unendlichen Ozean blickte und schrie: „Oh, wo ist die Hoffnung all meiner Jahre?!" Bitter und brennend war der reuevolle Todeskampf, aber ich war noch am Leben; immer noch da und noch nicht ausgelöscht, wie ich fürchtete. Das Karma ist nicht zu umgehen, meine Brüder und meine Schwestern; aber unser Retter hat gesagt: „Folgt mir", und: „Wer Ohren hat, der höre" und ferner: „Hört nicht nur meine Worte, setzt sie auch in die Tat um".
Bei unserem Weggehen fing ein junger Priester an, auf der großen Orgel zu spielen; dann antwortete das große Auditorium, wie keine menschliche Stimme es vermag: „Durch den Wind schwellen der Glocken tiefe Töne an…"
Während der gewaltige Klang der Orgel ertönte und die Seelen in der kraftvollen Harmonie erzitterten, hallten die Echos unaufhörlich wider. Bunte Lichtstrahlen, einige glänzend, andere zart wie der Schein des Mondes, begleiteten jede einzelne Note. Wenn die Farben sich veränderten, änderten sich auch die Töne, denn alle Lichtstrahlen entsprangen derselben geheimnisvollen Quelle. Es war wie Sternengesang.
Nachdem unser Anliegen erledigt war, ging der Kaiser nicht mit Menax und mir zurück, sondern blieb bei dem Priester

Mainin. Gwauxln und Mainin verband ein sehr tiefgründiges und familiäres Verhältnis, das stärker war als zu irgendeinem anderen Menschen, denn beide waren Kinder der Einsamkeit, sie waren zusammen groß geworden, doch das Schicksal hatte gewollt, dass der eine Kaiser und der andere Hohepriester wurde.
In ihrer Jugend hatte keiner der beiden darauf gehofft, eines Tages einen solch ehrwürdigen Posten zu erhalten. Nach langer Studienzeit an der Priesterschule nahmen sich beide eine Auszeit von der Menschenwelt und zogen sich in das große wilde Gebirge zurück, weit weg von der Menschheit; die Söhne der Einsamkeit fanden ihren Bestimmungsort. Die Meister, die sie dort trafen, waren Eingeweihte des Okkulten der einstigen Zeit, Yogi-Vidyas ihrer Epoche. Gewiss gingen sie geizig um mit ihrer Weisheit, damals wie heute. Doch sie teilten ihr Wissen mit Gwauxln und Mainin, ganz ohne Einschränkung. Die Studenten von Gott und der Natur hatten keine Familie. Sie hielten sich an das Zölibat. Niemand heiratet von jenen, die erhoffen, eines Tages Meister des Wissens zu werden. So viele Jahre waren vergangen, und kein Mensch dachte mehr an sie. Doch dann kamen sie zurück in die Zivilisation. Mein Vater Menax war noch ein kleiner Junge gewesen, als Gwauxln fortging, und seine Schwester war noch nicht geboren. Der zukünftige Kaiser, etwas älter geworden, hatte seine jugendliche Ausstrahlung behalten. Zwischenzeitlich war seine Schwester geboren, erwachsen geworden, hatte sich mit Menax verheiratet und zwei Kinder zur Welt gebracht.
Mainin hatte dieselbe jugendliche Ausstrahlung wie Gwauxln. Die beiden Söhne der Einsamkeit waren zurückgekehrt mit der Begründung, dass ihre Anwesenheit nötig war. Letztendlich wurden sie vom Volk auf ihre jetzigen Posten gewählt, nachdem ihre Vorgänger verstorben waren.
12.000 Jahre sind mit der Ewigkeit durch die Pforten der Zeit vergangen. Es war wichtig für mich, all dies zu beschreiben, damit Ihr versteht, wie sehr Mainin involviert war und wie sehr Gwauxln und die anderen Söhne der Einsamkeit unwissend waren hinsichtlich seines wahren Charakters.

Ohne mich einmischen zu wollen: Ist es nicht merkwürdig, dass Kaiser Gwauxln mehr Interesse daran fand, sich mit Mainin zu treffen als mit irgend jemand anderem aus seiner Umgebung? Oder hatte er den Verrat gespürt, bevor er letztendlich aufgedeckt wurde? Ich glaube es nicht.

KAPITEL 15

Das Abwenden der Mutter

Bevor ich an diesem Morgen mein Zuhause verließ, berichtete ich meiner Mutter, was alles geschehen war. Ich hatte ihr gesagt, dass eine Eskorte kommen würde, um sie in den Palast zu begleiten.
Aber es kam alles anders als erwartet! Hier stand ich vor ihr, ich, der Adoptivsohn eines Prinzen, Bruder seiner Tochter und Neffe von Kaiser Gwauxln. Aber meine Mutter war wenig beeindruckt und hatte auch nicht den Wunsch, irgendeine dieser „wichtigen Personen" kennenzulernen, außer den Prinzen. Der Gedanke, dass meine Mutter sich mit ihm näher anfreunden könnte, gefiel mir sehr.
Ich schickte ihr die versprochene Eskorte und kehrte in den Palast zurück. Meine Überraschung war groß, als mein Vater mich informierte, dass statt meiner Mutter selbst nur eine Nachricht von ihr überbracht worden war. Ich setzte mich an den Brunnen und las ihre Nachricht. „Zailm, ich möchte mit Dir reden. Bitte komm vorbei.
Prezza Numinos."

Ich ging zu ihr; mein Blut war in den Adern gefroren, denn mein Gefühl sagte mir, dass irgendetwas nicht in Ordnung war. Als ich zu Hause ankam, erblickte ich meine Mutter, die sehr blass aussah. Sie sagte:
„Mein Sohn, ich kann Dich nicht in den Palast begleiten, ich verspüre nicht den geringsten Wunsch dazu. Ich bin mit Freude erfüllt, was Deinen Erfolg betrifft. Lebe du ruhig in deiner hohen Position. Du fühlst Dich wohl in dieser noblen Gesellschaft. Das gilt aber nicht für mich. Höre mir zu! Ich war für Dich da, als Du ein Kind warst, in Deiner Jugend, und ich habe Dich bis hierher begleitet. Du brauchst mich nicht mehr. Ich werde nach Hause in die Berge zurückkehren." „Bitte, Mutter, sprich nicht so", unterbrach ich sie. „Höre mich an, Zailm, bis zum Schluss. Ich werde in die Berge zurückkehren mit meinem Mann, mit einem netten Mann, den Du nicht

kennst und den ich liebte, bevor ich Deinen Vater heiratete. Ich habe heute morgen geheiratet; die Neuigkeit wird in dieser Stunde bekannt gemacht. Ein dicker Priester hielt eine einfache Trauung ab." Sie fuhr fort: „Ich liebte Deinen Vater nicht, meinen ersten Mann. Ich habe ihn gehasst, unsere Heirat war gegen meinen Willen von unseren Eltern bestimmt worden. Du bist die Frucht dieser Verbindung, doch Du warst nicht gewünscht von mir. Ich habe meine mütterliche Pflicht getan, und in gewisser Weise liebe ich Dich, aber mehr wie einen Freund, nicht mehr. Ich möchte mich nun von Dir verabschieden, denn alles, was wichtig war, wurde gesagt…"
Ich hörte den Rest nicht mehr, denn ich fiel ohnmächtig zu Boden. War dies die Mutter, die ich verehrt hatte, für die ich all diese Anstrengungen auf mich genommen hatte? Oh Incal, oh Gott, oh mein Gott…
Ohne mein Bewusstsein wiedererlangt zu haben, bekam ich hohes Fieber und Alpträume. „Mama!", immer wieder rief ich diesen geliebten Namen. Prinz Menax saß mit tränenerfüllten Augen an meinem Bett und sagte:
„Nein, Zailm, sei nicht verwirrt. In den letzten zwei Wochen hattest Du ein schweres Gehirnfieber und wärst beinahe gestorben. Ich erzähle Dir alles, aber erst morgen. Du warst bereit, im Schattenland auf mich zu warten. Aber Du hättest nicht lange warten müssen, Licht meiner Augen, denn ich wäre Dir bald gefolgt, mein Sohn."
Die Geschichte ist nicht sehr lang. Man hatte meine Mutter informiert, dass es mir schlecht ging, aber sie sagte nur, dass ich bei den Ärzten von Menax in besseren Händen sei als in ihren. Sie war also wirklich mit ihrem Mann zurück in die Berge gegangen. Es war sehr schmerzhaft für Menax, mir das alles zu erzählen. Aber ab diesem Moment wurde nie wieder darüber gesprochen.
Als ich einmal in die Nähe meines Geburtshauses kam und einen Boten aussandte, um fragen zu lassen, ob ich willkommen sei, kam er zurück zum Vailx und sagte mir, dass er einen Mann an der Haustür antraf. Er überbrachte ihm die Nachricht und er sagte:
„Sag Deinem Meister, dass meine Frau ihn bittet zu kommen."
Ich ging hin, doch es wurde mir klar, dass es besser gewesen

wäre, diesen Weg nicht zu gehen. Sie reichte mir die Hand, doch sie machte keine Anstalten, mich zu küssen, wie es eine Mutter normalerweise tut. Ihr Verhalten…

Erspare mir die Einzelheiten dieses letzten Treffens, dies war das letzte Mal, dass ich meine atlantische Mutter sah. Ihrem Charakter gemäß war es für sie ein weises Vorgehen, nicht in den Palast gezogen zu sein. Die Angelegenheit war sehr schmerzhaft. Sprechen wir nicht mehr darüber.

Sobald es mir meine Gesundheit erlaubte, meine Mission betreffend Suernis fortzuführen – und das war nicht vor Beginn des neuen Studienjahres, denn der Studentenrat verbot mir, noch dieses Jahr mein Studium fortzusetzen – nahm Menax mich mit in sein Privatbüro und sprach:

„Die Entscheidung des Studentenrates war weise. Oh, diese jungen hitzigen Köpfe sind vielversprechend für die Zukunft. Es gab niemals zuvor einen besseren Plan als den, sie selbst über sich regieren zu lassen. Was sie sagen, ist Gesetz in allen Lehrfragen, und das sogar bei der Verteilung und Verwendung von Geldern, die von der Regierung zur Verfügung gestellt wurden, sowie bei der Auswahl der Dozenten."

Auf dem Tisch von Menax stand eine wunderschöne Vase aus formbarem Glas. Während der Verarbeitung wurde eine Masse aus Gold und Silber und anderen bunten Metallen in Form von Staub zusammen mit bestimmten Chemikalien vermischt, die das ganze Spektrum von milchig bis vollkommen durchsichtig bildeten. Die verschiedenen Übergänge waren sowohl im Metall als auch im Glas selbst zu sehen. Die Schönheit stand dem Wert dieses kostbaren Stückes in nichts nach.

Menax zeigte mit dem Finger auf die große Vase, und ich las die folgende Inschrift aus Rubinen auf der Vase:

„Für Ernon, Kaiser von Suernis,
von Gwauxln, Kaiser von Poseid,
in Anerkennung seiner Wertschätzung der Atlanter."

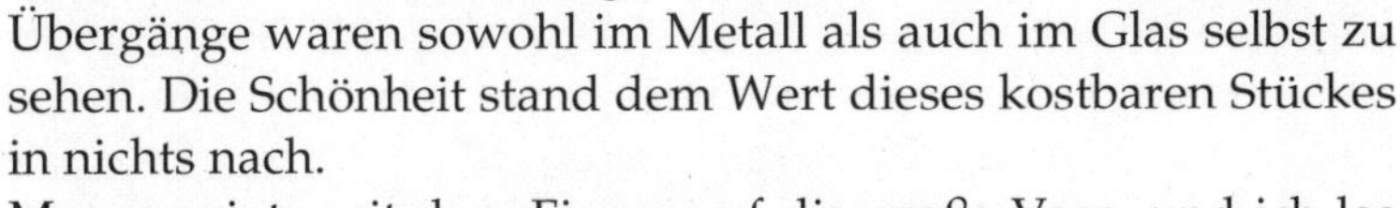

Sollten die Leser ein Muster der original atlantischen Schrift sehen wollen, so komme ich diesem Wunsch hiermit nach.
Ich wandte mich von der Vase ab und fragte: „Mein Vater, wann soll ich mit der Mission anfangen?"
„Sobald es Dir Deine Gesundheit und Deine Verfassung erlauben, Zailm." „Also kann es auch morgen sein?" „Perfekt. Nimm einen Begleiter Deiner Wahl mit. Wenn Du einen Studienfreund als Reisebegleiter haben möchtest, so glaube ich, wird es keinen geben, der keine Erlaubnis bekommen wird. Wir erlauben jedem einen Monat Urlaub, und ich kann mir vorstellen, dass Du nicht vorhast, länger als 33 Tage fortzubleiben. Nimm auch diesen Siegelring mit, durch den ich Dich zu meinem Abgesandten mache, denn ich bin sicher, dass Du verantwortungsvoll damit umgehen wirst. Er gibt Dir die Macht eines Außenministers. Nimm Dir zudem eine Eskorte von Höflingen mit."
Ich antwortete darauf, dass ich keine Eskorte mitnehmen wollte, denn nach der Erzählung von Prinzessin Lolix hielt ich Ernon für jemanden, der einen solchen nutzlosen Anhang mit Missfallen betrachten würde. Dies gefiel Menax sehr, und er sagte voller Stolz:
„Zailm, Deine Sprache gefällt mir! Ich sehe, dass Du politisch weise bist und Du versuchst, Dich in die Menschen hineinzuversetzen, mit denen Du zu tun hast."
Während meiner Krankheit hatte sich Anzimee sehr besorgt gezeigt, und wie ich von den Schwestern erfuhr, erlaubte sie niemandem, sich während meiner Bewusstlosigkeit um mich zu kümmern, es sei denn, dass sie erschöpft war – und auch dann nicht für lange. Als ich genesen war, beschränkte sich ihre Anwesenheit auf kurze Zeiträume. Einen dieser Besuche nutzte ich, um ihr zu sagen, dass ich von ihrer Freundlichkeit während meines Deliriums wusste. Sie errötete und sagte dann:
„Du weißt, dass ich ein Therapie-Studium mache; könnte ein wissensdurstiger Student eine bessere Gelegenheit zu experimentieren bekommen, als Du sie mir geboten hast?"

„Ja, tatsächlich", antwortete ich, fühlte aber auch, dass es einen tieferen Grund gab als nur die Lust am Experimentieren und dass sie dabei einen extrem liebevollen Genuss empfand!
Anzimee erzählte ich von meinem Plan, wie ich das größtmögliche Vergnügen aus meiner Reise ziehen konnte, nachdem ich den Staatsauftrag in Gange, der Hauptstadt von Suernis, erledigt hatte. Es war vor drei Jahren, dass ich mich das letzte Mal weiter von meiner Schule entfernt hatte. Ich zeigte ihr den Weg, den ich nehmen wollte; wir zogen die Landkarte zusammen zu Rate, und ich wählte einen Punkt in der Caiphul entgegengesetzten westlichen Bucht von Poseid; meine Reise brachte mich von Osten nach Norden quer durch den Kontinent, und der Ozean lag genau zwischen dem Punkt und der nächsten Landmasse. Dann wollte ich weiter östlich durch das Land Necropan, durch das heutige Ägypten, Abessinien und so weiter, das damals – unter einer Regierung ähnlich der von Suernis - den gesamten Kontinent Afrika umfasste und von einem Volk von ansehnlicher Macht bevölkert war, jedoch nicht annähernd so weit fortgeschritten wie das unsrige.
Afrika war damals nicht halb so groß wie heute, während Suernis, das ganz Asien umfasste, völlig verschieden war von dem, was es heute ist, und auch verschieden von der Halbinsel Hindustan. Die Route ging dann von Necropan nach Indien oder durch die „Wasser des Lichtes" (wegen ihres Phosphor-Scheines) nach Suernis. Von Gange, der Hauptstadt von Suernis, ging die Reise weiter östlich durch den Pazifik, wie er heute genannt wird, zu unseren amerikanischen Kolonien, die wir „Incalia" nannten, weil in einem Gedicht, welches die Basis der atlantischen Folklore darstellte, geschrieben stand, , in der es hieß, dass die Sonne Incal sein Bett in dem weit entfernten anderen Teil des Erdballes machte. Von Süd-Incalia aus (dem modernen Sonora) wollte ich mich nordwärts über die öden Eisfelder der arktischen Regionen wagen. Also all die Gebiete, die heute Idaho, Montana, Dakota, Minnesota und Kanada sind, waren damals von großen Gletschern bedeckt, es war die Nachhut der Eiszeit, die sich langsam zurückzog. Man konnte sich die Reise so einrichten, dass man neue und hübsch anzusehende Kontraste

zu sehen bekam – tropische, halb tropische, gemäßigte und kalte Regionen.
Anzimee fragte mich mit einem sehnsüchtigen Blick: „Glaubst Du, dass unser Vater etwas dagegen hätte, wenn ich Dich begleiten würde? Ich habe Caiphul seit fünf Jahren nicht verlassen." „Sicherlich nicht, meine Kleine, er sagte mir, dass ich einladen könne, wen ich wolle, und ich kenne keine Person, die mir mehr gefällt als Du. Ich habe noch einige unserer gemeinsamen Freunde gefragt."
Anzimee kam also mit. Als alle Vorbereitungen beendet waren, bestand unsere Gruppe aus 20 netten, jungen Menschen, zwei Mitarbeitern von Menax, einigen Bediensteten und allem, was man für einen Monat Abwesenheit brauchte.
Unser Vailx war vom Typ „Mittelstrecken". Diese Fahrzeuge wurden in Serie konstruiert, und es gab sie in vier verschiedenen Längen. Typ 1 war ungefähr acht Meter lang, Typ 2 war 25 Meter lang, Typ 3 war 50 Meter lang, und das längste war ungefähr 110 Meter lang. Diese langen Spindeln waren runde hohle Nadeln aus Aluminium, bestanden aus einer äußeren und inneren Schale, zwischen denen Tausende von doppelten T-Streben angebracht waren, die dem Ganzen Halt und Stärke verliehen. Sämtliche Trennwände bildeten wieder andere Verstrebungen, die zusätzliche Spannkraft gaben. Von der Mitte aus verjüngte sich der Körper, um in zwei Spitzen zusammenzulaufen. Die meisten Vailx hatten ein offenes Promenadendeck an einem Ende, Fenster aus Kristall mit enormer Widerstandskraft, sie waren in Reihen wie Türen längs der Seiten angeordnet, ein Paar auf dem Dach und andere auf dem Boden, so dass sie den Blick in alle Richtungen gewährten. Ich sollte erwähnen, dass mein Vailx, das ich für unsere Reise ausgesucht hatte, an seiner dicksten Stelle einen Durchmesser von fünf Metern hatte.
Zur ausgemachten Zeit, der ersten Stunde des dritten Tages, versammelten sich die eingeladenen Gäste – wie mit Menax vereinbart – am Palast, von dessen Dach aus wir unsere Reise antreten wollten. Wie bedacht war ich auf meine liebliche Schwester und wie stolz war ich auf ihre Schönheit!

Prinzessin Lolix, die stets wie ein Gast in unserem Haus behandelt wurde, kam zu der Plattform, auf der das Schiff lag, um – neugierig wie sie war – unsere Reisevorbereitungen zu beobachten. Der Anblick eines Flugkörpers, der die Erde verließ, war immer wieder neu für sie. Sie zeigte niemals ihr Erstaunen, denn es machte sie stolz, von nichts überrascht zu sein, wie fantastisch die Entdeckung auch war. Tatsächlich hatte sie ein ruhiges und ausgeglichenes Temperament, das nicht leicht zu begeistern war. In den fünf oder sechs Wochen, seit ich ihre Geschichte gehört hatte, hatte ich sie nie mehr eine solche Gefühlsregung zeigen sehen wie an jenem Abend, an dem ich bemerkte, dass meine Aufmerksamkeiten Anzimee gegenüber Lolix störten, und ich wusste, dass die Gefühle tiefer gingen, da Lolix sie nicht verbergen konnte.
Da wir vorhatten, nach Suernis zu reisen, konnte Lolix an der Reise nicht teilnehmen. Aber ich vergaß nicht, ihr angemessen und respektvoll Lebewohl zu sagen.
Der Motor wurde angelassen, und in dem Moment, als das Vailx leicht zitterte und dabei war, das Dach zu verlassen, sprang Menax auf die Brücke, was mich sehr erstaunte, denn ich hatte keine Ahnung, dass er uns begleiten wollte. Tatsächlich wollte er es aber nicht und bewahrte eine lächelnde Ruhe auf meine Fragen.
So lang unsere silberne Spindel auch war, stieg sie so schnell in den Himmel, dass die Zurückgebliebenen nur noch einen kleinen Punkt sahen. Anschließend flogen wir für eine halbe Stunde mit halber Geschwindigkeit durch die Leere, als eine junge Frau unsere Aufmerksamkeit auf ein Vailx lenkte, das uns gefolgt war. Prinz Menax, der neben mir saß, sah über die Balustrade zur Erde hinab, die sich 4.000 Meter unter uns befand. Er zog seinen Pelzmantel enger um seine Schultern, sah auf die ungefähr 150 Kilometer, die wir schon zurückgelegt hatten und bemerkte, dass das andere Vailx sich uns schnell näherte.
„Soll ich Befehl geben, schneller zu fliegen, um ein kleines Rennen zu veranstalten?“, fragte ich meine Begleiter. Sie waren in arktische Kleidung gehüllt und befanden sich auf dem offenen Deck, um sich ein wenig umzusehen. „Nein, tu das nicht“, sagte Menax.

Ich sagte nichts mehr, denn in diesem Moment kam mir in den Sinn, dass wir auf Geheiß des Prinzen verfolgt wurden.
Menax stand auf, sagte „Auf Wiedersehen" und wünschte uns eine gute Reise. Anzimee stand ebenfalls auf, er legte seinen Arm um sie, kam zu mir zurück und legte seinen anderen Arm um mich. Wir standen für einige Augenblicke so da, dann ließ er uns los und gab den Männern denn Befehl, die Andockseile zum anderen Vailx zu werfen, das sich genau auf unserer Höhe befand.
Im nächsten Augenblick stieg er auf das andere Schiff und ließ die Seile los. So haben wir uns getrennt, hoch oben über der Erde, er, um nach Caiphul zurückzukehren, und wir, um unsere Reise fortzusetzen.

KAPITEL 16

Die Reise nach Suernis

Vor uns lag eine Vergnügungsreise von mehreren tausend Kilometern. Wir verlangsamten unser Tempo, als wir über dem Fuße des mächtigen Pitach-Rhok-Gebirges ankamen, und stiegen ein wenig auf, so dass wir auf der Höhe seines höchsten Punktes waren. Dort angekommen, wollten alle ihre Füße in den Schnee setzen, was wir dann hauptsächlich wegen Anzimee taten, die sagte, dass dieser Ort wegen der Dinge interessant war, die mir dort passiert waren.
Dann machten wir uns erneut auf die Reise und flogen sehr tief, um die gegenüberliegenden Berge besser sehen zu können. Dieses Gebiet zwischen dem Pitach-Rhok und dem orientalischen Atlantis war sehr dicht besiedelt. Der Sonnenuntergang war nahe, als ein leichtes Grollen an mein Ohr drang, und bald darauf, sahen wir einen langen, weißen Strand, dessen Wellen dicht unter uns rauschten. Wenig später waren sie weit entfernt, und wir nahmen nur noch die Dämmerung wahr, und das bunte Wasser war rund um uns herum, kein Land war mehr zu sehen. 2.000 Kilometer trennten uns von dem Kontinent Necropan. Wenn wir mit voller Geschwindigkeit gereist wären, hätten wir in zwei bis drei Stunden da sein können. Aber die Nacht war hereingebrochen, und wir hatten es nicht eilig.
Wir verlangsamten unsere Geschwindigkeit auf 270 km/h, schlossen die Bordpromenade und gingen in den Salon, wo die Lampen dunkle Nacht erleuchteten.
Eine Reise mit einem Vailx ist nie so monoton wie mit einem Ozeanriesen. Die Vielfalt der Eindrücke, die möglichen Weitblicke und das Vergnügen kamen durch die Höhe, und die äußere Kälte wurde von den Reisenden, die in ihren Kabinen saßen, die von der Nachtseite der Natur beheizt und mit Luft versorgt wurden, nicht wahrgenommen. All das verhinderte Langeweile. Überdies ließ die schnelle Fortbewegung die Dinge unter uns so schnell verändern, dass der Zurückblickende nur eine verschwommene Sicht hatte.

Tatsächlich erlaubten die Strömungen, die vom Navaz kamen, die gleiche Geschwindigkeit zu erreichen wie die tägliche Erdrotation.
Stelle Dir das Vailx in 15.000 Kilometern Höhe vor und die Sonne in der Mitte. Das Vailx schien über der Sonne stehen zu bleiben, während sich die Erde mit einer Geschwindigkeit von 25 km/min drehte. Den gleichen Vorgang konnte man auch umkehren, und dann würde sich unser Vailx mit der gleichen erschreckenden Geschwindigkeit von dem Meridian entfernen. Ich sage erschreckend, doch ist dies nur für jemanden, der solche Geschwindigkeiten – wie Du, mein Leser – nicht gewohnt ist. Ich hoffe, dass eines Tages wieder ein solches Gefährt erfunden wird.
Natürlich gab es noch andere Dinge, die jegliche Langeweile verhinderten. Wir hatten auch noch unser Naim (Bildtelefon), mit dem wir in Kontakt mit unseren Freunden bleiben konnten, egal wie weit die Entfernung auch war. In den großen Salons der Passagiere gab es Bibliotheken, Musikinstrument eine Menge Topfpflanzen und Kanarienvögel, die von einer Blume zur anderen flogen.
Nach ungefähr zehn Stunden wurde uns signalisiert, dass wir soeben Necropan überflogen. Ich war etwas überrascht, denn ich hatte den Piloten den Befehl gegeben, langsam zu fliegen, was bedeutete, dass wir erst in sechs Stunden hätten da sein müssen. Ich fragte nach, weshalb man meinen Befehl nicht befolgt hatte, doch ich bekam keine zufriedenstellende Antwort. Ich erteilte dem Pilot einen Verweis und befahl ihm zu landen, um die Reise bei Tag über Sattamund fortzusetzen. Sattamund heißt übersetzt „Verlassene Erde“ und ist heute die Sahara.
Viele meiner Reisebegleiter hatten eine solch große Wüste noch nie zuvor gesehen. Bei Nacht hielten wir auf einem hohen Berg, hoch genug, um vor der Malaria in Sicherheit zu sein, denn wir befanden uns in der Region des heutigen Liberia.

„Der stolze Vogel, der Kondor der Anden,
der gleiten kann durch die unergründlichen Tiefen des Himmels,
und der gegen die Schrecken der nördlichen Stürme kämpft,

und sein Gefieder in den Donnernestern badet,
seine breiten Schwingen zur Dämmerung einfaltet und niedersinkt,
um auszuruhen in seinem Nest in den Bergklippen."

Obwohl wir sie Sattamund oder „Verlassene Erde" nannten, war sie damals keine so trockene Region wie heute. Es gab Wasser, wenn auch nicht im Überfluss wie in Atlantis, doch genug, um den Reichtum an hartholzigen, tropischen Bäumen zu ernähren, die ausreichten, um die Nacktheit der Hänge und Berge dieses alten Meerbeckens zu verbergen; es gab sogar ein paar Salzseen, breit und von blauer Farbe, und um diese herum war die Bevölkerung angesiedelt. Aber die gleiche furchteinflößende Katastrophe, die über Atlantis kam, hat seine schreckliche Hand auch an Necropan gelegt, und die grüne Schönheit des Landes verschwand. Diese geologische Veränderung entzog der Oberfläche das gesamte Wasser und verbarg es dermaßen, dass nur artesische Erdbohrungen es ausfindig machen konnten.

Der gleiche Todeskampf kam auch über die Berge von Süd-West Incalia, wo der Rio Gila und der Colorado Chiquita flossen. In dieser Region befindet sich heute eine absolut fantastische Landschaft, zu seltsam, um sie mit meiner Feder zu beschreiben. Ich will mir diese Beschreibung ersparen, und wenn sie gemacht werden soll, sollen es andere Worte sein als meine, so dass Du und ich, mein Freund, zusammen das Vergnügen haben werden, ein schönes Wortgemälde zu erfinden.

In Atlantis, in Suernis und in allen zivilisierten Ländern hatten die Menschen Gefallen daran, den universellen Gesetzen des allmächtigen Geistes zu gehorchen, der ihnen vorgab, nach dem Rhythmus der Sonne zu leben. Anstatt die Samen der schönen Blumen und Früchte unachtsam auszuwerfen, säten sie diese, um den Schatten der Bäume zu gewinnen, sie säten für die Schönheit oder den Nutzen, und jeder geeignete Platz, ob bewohnt oder verlassen, wurde genutzt. Also hielten wir es für angebracht, für diese religiösen Zwecke Samen mit auf die Reise zu nehmen und sie bei Einbruch der Nacht von unserer Luftbrücke zu werfen.

Diese Zeremonie war einerseits eine Opfergabe an Incal, zu der Zeit, als sein göttliches Symbol im Westen unterging, und andererseits zu Ehren von Zania, der Göttin des Wachstums, und wir hofften, dass der Samen durch den Nachttau keimen würde.
So fing die Wüste an zu blühen wie eine Rose, und heute ist die Welt die Erbin unserer Aussaat: das heimische Getreide, der Weizen, über dessen Ursprung es schon einige erfindungsreiche aber unzulängliche Theorien gab, und die Verschiedenheit der Palmen, welche die Tropen berühmt machen für ihre Kokosnüsse und Datteln und alle Variationen von Chamärops. Das alles verdanken wir den Männern, Frauen und Kindern, die Vergnügen daran fanden, in der alten Zeit ihre Samen am Wegesrand auszusäen.
Also mache es ihnen nach, so dass alle öden Plätze voll von Schönheit werden und für immer Vergnügen bereiten. Lasst uns Bäume pflanzen, die das Erbe Christus erfüllen, denn sie bringen einen Ertrag und einige von ihnen sicherlich hundertfach. Eine Handvoll Samen hier und da ist schon ausreichend für den Weiterbestand. Auch wenn Du der Art keine Beachtung schenkst, so ist sie doch gut, denn Gott sagte: „Jeder wird seine eigene Art hervorbringen."

DER STURM

Der Morgen brach an – klar und wolkenlos – und war so bezaubernd, dass wir uns nur langsam bewegen wollten, ohne Antrieb, so dass das Deck geöffnet werden und wir alle in der frischen Luft und in dem warmen Sonnenschein sitzen konnten.
Höchstens ein paar tausend Fuß unter uns sahen wir durch unsere guten Ferngläser verschiedene Formen menschlichen und tierischen Lebens, Vögel und Pflanzen. Undefinierbare musikalische Klänge schallten zu unserem schwebenden Vailx herauf. Gegen Abend fingen die Winde an zu blasen und machten es uns unbequem, so nah über dem Boden zu verweilen. Die Anlasser wurden betätigt, und umgehend waren wir so hoch in der Luft, dass unser jetzt geschlossenes

Luftschiff von allen Seiten von Zirrus-Wolken umgeben war; das sind Hagelwolken, die nur durch aufsteigende Winde oben gehalten werden. Wäre unser Vailx durch Flügel, Gebläse oder Gastanks fortbewegt worden, hätten sie uns gefährlich werden können. Da aber alles von Navaz kam, ebenso wie unsere Kräfte der Fortbewegung wie Vorstoß, Rückstoß oder die Hebekraft, fürchteten unsere langen, weißen Luftspindeln keinen Sturm, wie stark auch immer er war.

Als die vereisten Scheiben unsere Sicht verdunkelten und für die Nacht schlechtes Wetter angesagt war, wandten wir uns den Büchern, der Musik und der Konversation zu und kommunizierten per Naim mit unseren Freunden zuhause. Murus (der Nordwind) hatte keine Autorität mehr über die Kräfte des Navaz. Der Abend war noch nicht weit fortgeschritten, als man annehmen musste, dass der Wind sich zu einem Sturm entwickeln würde, stärker zum Erdboden hin, so dass die Rückstoß-Kräfte an einem bestimmten Punkt fixiert wurden und wir dicht unter der Erdatmosphäre blieben, wo wir in Sicherheit den Sturm umgehen könnten.

Doch wir konnten uns auch, wenn wir es wünschten, in das Auge des Sturms begeben und trotzdem in Sicherheit reisen und den Schrecken der nordischen Stürme trotzen.

Ich dachte, wenn wir uns nach einem solchen Abenteuer in unsere Kabinen zurückziehen würden, würden wir besser schlafen, und so stimmte ich dem Plan zu. Also gab ich den Befehl, auf 800 Meter hinunterzugehen. Wir fielen schnell hinab. Unsere Beleuchtung wurde gedämmt, um die volle Wucht des Sturmes besser erleben zu können. Wir saßen an unseren Fenstern und statt zu sehen, hörten wir das gewaltige Prasseln des Regens, der gegen die Metalläden schlug, während unsere Augen nichts als totale Finsternis wahrnahmen. Der Wind heulte und schlug wie eine Armee von Dämonen und schlug gegen die scharfen Spitzen von Bug und Heck unserer Spindel. Manchmal wurde unser Vailx von einem Seitenwind erfasst und durchgeschüttelt. Aber es hielt seinen Kurs und verfolgte seinen Weg wie eine lebendige Kreatur. Die Erfahrung war interessant, absolut neu für uns und erinnerte uns an die Macht des Menschen über die

Materie und lehrte uns die Wege Gottes, Incals, des Meisters aller Dinge und der Menschen, welche durch ihn ihre Autorität über die Elemente erlangt hatten.
Als die Erregung abgeklungen war, wurden die Lichter wieder hell und wir stiegen wieder in die Atmosphäre auf, wo es im Vergleich zu vorher ruhig war. Wir wandten uns wieder unseren Büchern, Spielen und der Musik zu. Anzimee und eine weibliche Begleiterin saßen abseits in einer Ecke des Salons, der durch einen Vorhang aus Kletterpflanzen abgetrennt war. Wenig später kam sie in meditativer Abwesenheit zu mir. Sie berührte meine Schulter und sagte: „Zailm Du kannst doch singen, Du würdest mir einen großen Gefallen tun, wenn Du Deine Laute nehmen und zu uns kommen und uns etwas vorsingen würdest." Sie beugte sich über meine Schulter, leicht errötet, sie sah dabei so liebenswert aus, dass ich nur einfach dasaß und ruhig ihre Schönheit genoss. „Komm, Zailm, willst Du?"
Ich stand sofort auf, als ich einen Schatten von Enttäuschung in ihrem Gesicht erkannte, da sie mein Schweigen als Unwillen deutete, und ich sagte: „Ich würde nur allzu gern Deinem Wunsch nachkommen, doch wie könnte ich mich bewegen?" Ohne den geringsten Verdacht zu haben fragte sie: „Bewegen? Warum solltest Du das nicht können?"
Ich antwortete: „Hast Du jemals einen schlauen Kolibri gesehen, der von einer Blume neben sich völlig betört in der Luft steht, vor Angst kaum atmend, bis er aufgescheucht wird. Genau so könnte auch ich mich nicht bewegen, es sei denn…"
„Das ist es! Wenn ich es nicht gewohnt wäre, die Ernsthaftigkeit oder andere Gefühle in den Augen zu lesen, würde ich sagen, dass Du ein elender Schmeichler bist, aber komm nun."
Thyrtil war ein schüchternes und charmantes junges Mädchen aus gutem Hause und besaß ein Temperament, das halb ernst und halb leichtfertig war. Ich fragte sie: „Was soll ich singen, kleine Freundin?" „Oh, fragst du mich?", antwortete sie und schaute mit einem verschmitzten Blick zu Anzimee: „Irgend etwas… etwas, das von Herzen kommt."

Anzimee errötete, blieb sonst aber ruhig, ließ ihre langen Wimpern sinken, als ich sie ansah, und ich sagte: „Gerne! Also dann von ganzem Herzen ein bekannter Schlager:

Bis zu den Höhen der himmlischen Ufer
Muss die Liebe in unserem Herzen gewachsen sein
Bis das Herz sich selbst erkennt
Sollten alle Leiden des Lebens vertrieben sein

Sinnlos ist es, die Liebe zu suchen
An einem anderen Platz als dem Herzen
Wenn von der Reinheit wir uns entfernen
Leidet wahre Liebe Schmerzen

Indem wir in lieblichen Versen
Incals Segen in uns bewahren
Und verschlungen sind mit seinem Frieden
Hören wir auf mit allem Ringen und Streben

Die Musik der Seelen
Ist eine himmlische Melodie
Die dich und mich vermählt
Während die Jahrhunderte vergehen

Unsere Herzen sind jung und froh
Und suchen immer nach dem schönsten Hag
Wo die Schönheit der Blumen sich immerfort entfaltet

Es gibt nur eine unter ihnen
Die für mich alleine blüht
Deren Ranken tief in meiner Brust
Für immer ihre Ruhestatt finden

Soll ich sie pflücken in voller Blüte
Reif für des Gärtners Ernte?
Und soll ich sie auf immer nach Hause bringen
Was für mich kein Traum ist.

Ja, meine Geliebte, in seinem ewigen Segen

Werden wir uns für immer sonnen
Und seine liebliche Stimme hören
Vereint wird sein, was sich liebt.

So verhielt es sich im Vailx mit Musik und Vergnügen, während uns draußen der Sturm verfolgte. Unsere lange Spindel tauchte in den Schlund des schrecklichen Wirbels, kein Licht von ihr war zu sehen, keine Wärme, kein Lachen der Menschen zu vernehmen aus dem Inneren heraus – kein Zeichen außer den roten Lichtern an Bug und Heck.

Meine Begleiter zogen sich für die Nacht zurück, ich blieb alleine im Salon, bis man mir ankündigte, dass wir uns über Suernis befanden. Es konnte jedoch wegen des Sturmes, der mit 140 km/h wütete, kein Landungsversuch gemacht werden, da wir sonst in Stücke gerissen worden wären, hätten wir den Boden auch nur berührt.

Um uns ganz aus dem Einfluss des Sturmes zu entziehen, gab ich Anweisung, in die Zone über dem Sturm zu fliegen und dort – wenn es ruhig war – die Motoren abzustellen. Wir stiegen langsam höher und höher über die Wolken und über die Turbulenzen des Sturmes hinaus in eine klare, eiskalte, ruhige Atmosphäre fast 20.000 Meter über der Erdoberfläche. Wenn die Sicht klar gewesen wäre, hätten wir 600 Kilometer weit sehen können.

Kurz nach diesem Befehl ging ich in meine Kabine, um zu schlafen. Am Morgen hatte der Sturm nicht nachgelassen. Leichte Schneeschauer zeigten uns, dass die Sturmzone auf der Erdoberfläche verheerend sein musste. Die Kälte draußen war zu groß, um auch nur für einen Moment die Öffnung des Decks zu erwägen; der Himmel war dunkelblau bis schwarz, und die Sonne, von ihrer gleißenden Helligkeit beraubt, erschien seltsam blass, nur die Sterne waren zu sehen.

Der fortwährende Betrieb der Klimaanlage war schmerzhaft zu hören in der schrecklichen Ruhe, und der Luftzug, der durch die feinen Risse um die Fenster herum eintrat, machte ein Geräusch, das mich dazu veranlasste, die Schrauben anzuziehen und die Lüftungsschläuche zu öffnen.

Wenn der Frost die Sicht durch die Fenster nicht behindert und zusammen mit den Wolken den Blick auf die

Erdoberfläche freigegeben hätte, hätte man ein außergewöhnliches Ereignis wahrnehmen können. Die Erde und der Himmel schienen sich auf der gleichen horizontalen Ebene zu befinden wie wir. Aber direkt unterhalb von uns war die Erde keine Kugel mehr, sondern sah aus wie eine Schüssel, ausgekleidet mit grünen Landschaften.

Da wir keine Sicht hatten, beschäftigten wir uns weiter mit Lesen, Singen und mit Gesprächen. Dass wir ausreichend Licht hatten, verdankten wir dem Navaz, welcher uns auch mit Wärme und Luft versorgte und uns die Gravitation ermöglichte.

Bei uns Zuhause war schönes Wetter, doch Menax sagte uns über das Naim, dass die Wetterstation einen Sturm voraussagte; es handelte sich um denselben, dessen Ende wir abwarteten. Die Sonne legte sich zweimal im Westen nieder und ging zweimal im Osten auf, bevor der Sturm ein Ende nahm. Einige Male erschien die Saldeene auf dem Bildschirm im Salon; sie schien so echt, dass man nicht glauben konnte, dass sie sich auf der anderen Seite des Globus befand. Sie sprach nur einmal in einem neckischen Ton mit mir, als sie sagte:

„Wann kommst Du nach Hause, mein Herr? In einem Monat? Das ist lange, sehr lange."

Selbst die geringsten Ereignisse unserer Reise wurden dem Nachrichtenbüro mitgeteilt und außerdem auf Tonträger der öffentlichen Vokaligraphen gedruckt. Lange bevor wir auf dem Boden von Suernis landeten, war den Bürgern die Geschichte unserer erzwungenen Verspätung zwischen Himmel und Erde bekanntgemacht worden.

Was den Vokaligraphen betrifft, muss ich bemerken, dass der soziale Überbau von Atlantis auf der breiten Basis von gerechten Gesetzen aufrechterhalten wurde, die von dem großen Kaiser Maxin festgelegt wurden und erstens durch den Einfluss der freien Rede, wie sie in der Kirche oder in Schulen üblich war, und 2. über die Millionen von Vokaligraphen verbreitet wurden.

So wurden die einzelnen Wohneinheiten gesichert, die zusammengefasst die Nation ergaben.

Nach drei Tagen legte der König der Stürme seine Waffen nieder, und die Zeit für unsere Landung war gekommen. Wir schwebten aus dem Himmelsgewölbe nach Gange hinein, in die Hauptstadt von Suernis.

SUERNIS

Hast Du jemals die antike Stadt Pètra de Séir besichtigt, diese so außergewöhnlich gelegene Stadt am Fuße des Mount Hor, mitten in einen Fels gegraben? Wahrscheinlich nicht, denn die treuen Anhänger von Mahomet haben den Zugang erschwert. Aber meine genaue Beschreibung kann Dir eine Idee von Gange geben, erbaut in den Felsen, den der Fluss durchquert.
Einzelheiten über unseren Empfang sind nicht notwendig. Es reicht vollkommen aus zu erwähnen, dass der Empfang meinem Rang entsprechend war und die mitgebrachten Geschenke den Kaiser nicht so sehr interessierten wie der Verbleib der Gefangenen, vor allem der von Prinzessin Lolix.
Ich war überrascht, dass der Kaiser über alles Bescheid wusste, sogar über meine Krankheit und andere nicht öffentliche Tatsachen. Aber ich ließ mir meine Überraschung nicht anmerken, zumindest noch nicht zu dem Zeitpunkt, doch das änderte sich bald, denn ich bekam einen Einblick in die okkulte Macht des Kaisers. Über die Saldeenesen, besonders über Lolix, sagte er:
„Ich habe die Gefangenen nicht zu Gwauxln geschickt, damit sie Luxus erfahren, auch nicht als Geschenk, sondern in ein Exil, weit von ihrer Heimat entfernt, wegen des Bösen, das ihre Väter, Brüder, Söhne oder Ehemänner unserem Land angetan haben. Zweifellos sind sie nicht mehr zu bedauern als ein Tiger, der allein nach seinem zerstörerischen Instinkt handelt. Aber die Gesetze Jehovas haben uns belehrt, dass Ignoranz niemals ein Motiv ist und dass jene, welche die Gesetze missachten, vor Strafe nicht gefeit sind. Was die Sünde betrifft, sagt unser Gesetz: Begehe sie nicht! Die unerbittliche Strafe ist immer wirkungsvoll und kennt kein Erbarmen mit dem, der missachtet. Man darf das Gesetz nicht als eine Art Rache sehen, sondern als einen Lernprozess.

Wenn ein Mensch oder ein Tier eine Strafe auferlegt bekommen, sind sie nicht mehr gefährdet, aus reiner Neugier wieder eine Sünde zu begehen. Die Natur vermindert nicht das Leid, denn man sagt: Wenn du die Lehren erhalten hast, wird die Strafe um so härter sein. Wenn ein Baby in seinem Unwissen und frei von Sünde von einem Felsen hinunterfällt, wird es genauso tot sein wie ein Erwachsener, der dies mit Absicht tut.
Die gefangenen Frauen müssen lernen, dass es eine Sünde ist jemanden anzugreifen, auszuplündern und Blut zu vergießen. Die Saldeensche Nation brauchte eine Lektion und bekam sie durch den Tod ihrer stolzen Krieger. Man muss dieses Beispiel vollenden bis zum bitteren Ende. Ein Rohdiamant ist ein Diamant, und je mehr er geschliffen und poliert wird, desto schöner und wertvoller wird er. Der Grund, warum diese Frauen nicht nach Hause zu ihrem Volk geschickt wurden, ist, dass sie noch geschliffen werden müssen. Findest Du nicht auch, dass ich recht habe?"
„Ohne jeden Zweifel, Kaiser", antwortete ich.
Wir blieben einige Tage in der Hauptstadt und hatten die Ehre, die ganze Zeit vom Kaiser persönlich begleitet zu werden.
Die Suerni waren ein seltsames Volk. Bei den älteren Menschen sah man niemals ein Lächeln, nicht weil sie durch okkultes Lehren überanstrengt worden wären, sondern weil eine tiefe Wut in ihnen wohnte. Ihre Gesichter zeigten einen Ausdruck immerwährenden Zornes. Ich meditierte über den Grund, weshalb sie so waren. Kam es durch ihr Geschick in der Magie? Diese Leute wussten die Kräfte im Menschen umzuwandeln, und durch eine einfache Geste war es ihnen möglich, die Naturkräfte zu mindern. Ansonsten waren sie uns Atlantern sehr gleich. Wir waren trotzdem davon überzeugt, dass Incal unseren Chemikern und Physikern Grenzen gesetzt hat. Die Suerni kannten keine manuelle Arbeit. Sie setzten sich zum Essen an einen Tisch, ohne die Speisen vorher zubereitet zu haben. Sie neigten die Köpfe, so als ob sie beten würden, erhoben ihre Hände und begannen zu speisen von dem Essen, das auf mysteriöse Weise vor ihnen erschien: heilige Speisen wie zum Beispiel alle Sorten von

Nüssen, Früchten und zartes Gemüse. Sie aßen kein Fleisch, sondern alle natürlichen Produkte, die den Keim des Lebens in sich trugen.
Als Incal die Welt erschuf, entschied er, dass alle Menschen „das Brot im Schweiße ihres Angesichts essen sollten". Waren die Suerni eine Ausnahme? Sicherlich waren die Befehle weniger schwer zu ertragen für jene, die sie befolgten und den Gesetzen des Lebens in Enthaltsamkeit folgten. Solche Menschen sind mächtiger und haben verborgene Kräfte, die ein Fleischesser niemals haben wird. Sie sind jedoch nicht ganz von den Gesetzen befreit. Ähnliche magische Taten brauchen eine gewisse Anstrengung, denn kein Mensch erhält etwas umsonst. Diese Menschen hatten einen eingeschränkten Blick, was ihre Feinde, die sie bedrohten, betraf und die wenig später nicht mehr existierten.

Ihre Blicke überflogen das Feld der Kämpfe
Wo der Speer, die Lanze und das Schild
In der Mittagssonne glänzten
Und die Kraft einer ganzen Armee ist gebrochen
Wellenförmig über den zerbrochenen Skeletten
Die bald zu Staub zerfallen werden.

Gab es einen Atlanter, der fähig war, das gleiche zu tun? Ja, Kaiser Gwauxln und der Hohepriester Mainin, sonst aber niemand, der dem Volk bekannt gewesen wäre. Doch keiner der beiden zeigte diese Macht in Atlantis.
Während der Spaziergänge in der Hauptstadt und der Umgebung bemerkte ich, dass alle Bürger Ernon respektierten und Angst vor seiner Macht hatten, doch niemand mochte ihn. Es störte mich sehr, und er bemerkte bald durch unsere Gespräche, dass ich von der Aversion seines Volkes ihm gegenüber wusste, und er sagte:
„Prinz, unser Volk ist sehr eigentümlich. Viele Jahre lang, wenn nicht sogar Jahrhunderte, regierten über es die Kaiser, die Söhne der Einsamkeit waren. Jeder hat versucht, seine Untertanen so zu formen, dass sie als ganzes Volk in eine künftige Generation hineinpassten, also dass sie auch in die

Geheimnisse des Navaz hineinpassten, tiefer als es Dein Volk in Atlantis jemals sein wird, nicht einmal in seinen Träumen. Zu diesem Zweck bestand man auf einen Moralkodex, der die Lehren der Magie ergänzte. Trotz aller Mühen erreichten die Söhne nicht das gewünschte Ziel, nur hie und da ist ein einzelner aufgestanden und hatte Erfolg, doch sie haben alle die Flucht vor den weniger Begabten ergriffen und sind in die Einsamkeit gegangen, um einer der Söhne zu werden, von denen Du sicher schon gehört hast. Wir nennen diese Studenten Söhne, doch eigentlich müssten wir sie Söhne oder Töchter nennen, denn das Geschlecht ist kein Hindernis für das Studium des Okkulten."

Es war für mich interessant, alles zu erfahren, was ich über die Gruppe der Naturstudenten finden konnte. Tausende Jahre später, zur Zeit von Jesus von Nazareth, nannte man sie die Essener. Aber Atlantis, das solch einen großen Reichtum an Literatur besaß, hatte mit einer einzigen Ausnahme keine Bücher über dieses Thema. Diese Ausnahme, ein kleiner Band, der in alt-atlantisch gedruckt war, enthielt nur sehr magere Details. Trotzdem war dieses Buch sehr interessant für mich.

Als ich Kaiser Ernon zuhörte, wurde mein Interesse wiedererweckt, und ich glaubte, dass ich eines Tages als Kandidat für diese Klasse zugelassen würde, wenn – aber dieses „Wenn" war sehr groß geschrieben – ja, wenn dieses Studium jedoch eine solch zornige Seele zum Vorschein bringen würde wie bei den Suerni, dann wollte ich nichts davon hören.

Die Saat war jedoch gesät und schon am Wachsen, als ich erfuhr, dass diese zornige Seele nicht vom okkulten Studium kam. Ausgenommen hiervon ist, dass die niedere Natur sich gegen die Reinheit des Studiums auflehnte, den Schlamm der Wut aufwühlte und das klare Wasser der Seele trübte.

Die Saat wuchs weiter als der Kaiser bemerkte, dass Anzimee eines Tages eine Incalie (Gottesstudentin) werden würde. Aber das Wachstum zu jener Zeit war nicht groß, es war eher für das nächste Leben gedacht, in das ich in einigen tausend Jahren eintreten würde.

Der Kaiser fuhr fort:

„Ihr von Atlantis taucht nur ein bisschen in das Navaz ein und macht Euch die Kräfte zunutze, welche die Zugänge zum Meer und der Luft öffnen, und Ihr unterwerft die Erde. Das ist auch gut so, doch ohne Geräte habt Ihr keine Macht. Aber jene, die das okkulte Wissen haben, brauchen keine Geräte. Das ist der Unterschied zwischen unseren Nationen. Der menschliche Geist ist ein Bindeglied zwischen Seele und Körper. Jede höhere Kraft kontrolliert die unteren. Der Geist wirkt durch die odische Kraft, die über jeder Geschwindigkeit der materiellen Natur steht, und kontrolliert somit die ganze Natur und braucht keine Geräte. Bis heute habe ich – und früher waren es die Söhne der Einsamkeit – danach gestrebt, den Suerni die Gesetze nahezubringen, die über die Kräfte regieren. Durch dieses Wissen hat Jehova seinen Kindern diese Kraft verliehen. Hand in Hand mit diesem Wissen enthüllen sich manche Phänomene und Kräfte schon in frühem Studium. Die Suerni gingen bis dorthin, aber nicht weiter.
Die Moral hilft der Reinheit der Seele. Ein Incalie hat immer zuerst Interesse an der Moral. Aber der Mensch ist durch seinen physischen Körper ein Tier und findet Gefallen an der Leidenschaft. Liebe ist von doppelter Natur. Die Liebe Gottes und des Geistes ist rein und unbesudelt. Die sexuelle Liebe kann auch rein sein, solange der Höhere Geist sie dominiert. Aber wenn das Tier im Menschen sie dominiert, wird die Liebe zur Lust und somit zur Sünde. Ich habe versucht, den Suerni diese Gesetze beizubringen, damit sie Meister der Umstände und nicht nur deren Geschöpfe werden. Und weil sie ein paar Dinge von der Magie verstehen und ihnen bei ihren große Leistungen von den „Söhnen" geholfen wurde, die unter ihnen lebten, waren sie glücklich. Merke Dir, sie lehnen sich auf gegen die Bestrafung wegen ihrer lüsternen Natur, und sie verfluchen mich mächtig, weil ich genau dieses Gesetz beachte und mithin auch die Strafe für dessen Übertretung. Sie verfluchen auch die Söhne, die mir helfen; das ist auch der Grund ihrer Wut, die Du miterlebt hast.
Mein Volk tut Dinge, die Dir seltsam erscheinen mögen, Atlanter, doch sie wissen nicht, warum es so ist und vollbringen ihre Wunder ungeachtet vor Jehova. Deswegen

sind sie eine Hexenbrut. Sie machen keine weiße Magie, die lohnend ist, sondern schwarze Magie, die Hexerei ist und ihnen extremes Übel bringt. Oh, Zailm von Atlantis, ich hätte meinem Volk gerne Glaube, Hoffnung, Wissen und Wohltaten beigebracht, was alles zusammen eine reine Religion ergibt. Habe ich es nicht richtig gemacht? Gwauxln, mein Bruder, habe ich es nicht richtig gemacht?"

Kaiser Ernon, der im Salon des Vailx saß, wandte sich an Gwauxln, der im Naim zu sehen war.

„Du hast sicherlich richtig gehandelt, mein Bruder."

Für einen Augenblick blieb der edle Chef der Suerni schweigsam, und ich sah Tränen aus seinen geschlossenen Augen fließen. Er öffnete seine Augen und hielt eine ergreifende Rede an, aber in einer gewissen Hinsicht auch gegen sein Volk:

„Oh, Suerni, ich habe Euch mein Leben geopfert. Ich habe alles getan, um Euch nach Eden zu führen und Euch seine Schönheit zu zeigen, aber Ihr wolltet nicht. Ich habe versucht, aus Euch ein Vorreiter für alle Nationen zu machen und dass Euer Name ein Synonym für Gerechtigkeit, Gnade und Gottesliebe wird. Und wie habt Ihr es erwidert? Ich wollte wie ein Vater zu Euch sein, und Ihr habt mich in Euren Herzen verflucht. Undank ist verletzender als ein scharfes Messer. Ich hätte Euch zu dem Gipfel der Ehre gebracht, doch Ihr wolltet euch lieber in Unwissenheit wälzen, wie es die Schweine tun. Damit zufrieden das zu tun, was für andere ein Wunder ist, habt Ihr ihre Wichtigkeit vergessen. Ihr seid eine untreue und unwürdige Rasse, die nicht an Jehova glaubt, zufrieden mit dem kleinen bisschen, was Ihr wisst, zu faul zum Lernen und undankbarer zu Jehova als zu Eurem Kaiser. Oh, Suernis, Ihr habt mich weggeworfen und mein Herz bluten lassen. Ich werde gehen und mit mir die Söhne der Einsamkeit, eine traurige Gruppe von enttäuschten Männern. Ihr werdet weniger, wo Ihr viele sein solltet, ein Hohn für den Menschen und eine Beute für die Saldeenesen. Ihr werdet schwinden und müsst warten, bis die Jahrhunderte in die Ewigkeit zufließen. Von diesem Tag an sollt Ihr leiden, bis die Zeit gekommen ist, in der Moses genannt wird. Und von Euch wird man sagen: ‚Sie sind die Saat von Abraham!' Der Geist

Gottes ist heute in dieses Land zurückgekehrt, innewohnend in den Söhnen der Einsamkeit, und Ihr verspottet ihn. Dann wird eines fernen Tages sein Geist sichtbar werden und wiedergeboren als Jesus wiederkommen. So wird er als der perfekte Mensch im Geist leuchten und der erste Sohn Gottes werden. Aber Ihr werdet ihn selbst dann nicht erkennen und ihn kreuzigen, und Eure Bestrafung wird Euch verfolgen, bis der Geist wiederkehrt in den Herzen von jenen, die ihm folgen, und Ihr werdet in alle Winde zerstreut werden. Das wird Eure Strafe sein: Von heute an bis zu jenem Tag müsst Ihr Euer Brot im Schweiße eures Angesichtes verdienen. Ihr werdet keine königliche Kraft der Verteidigung mehr haben, die euch bisher vor Angriffen schützte. Ich werde Euch nicht mehr zurückhalten.
Mein Volk, oh, mein undankbares Volk! Ich vergebe Dir, denn Du kannst nicht wissen, wie sehr ich Dich liebe. Ich werde gehen. Oh, Suernis, Suernis, Suernis."
Bei seinen letzten Worten wurde die Stimme des edlen Kaisers sehr leise, bis nur noch ein Murmeln zu vernehmen war, und er vergrub sein tränenüberfülltes Gesicht in seinen Händen. Er blieb sitzen, gekrümmt in schmerzhafter Stille.
Mehrere Suerni vernahmen seine Rede, verließen das Vailx und begaben sich in die Stadt.
„Rai ni Incal."
Als diese Worte ausgesprochen wurden, drehte ich mich zu Gwauxln und bemerkte eine große Traurigkeit auf seinem Gesicht, denn er verstand Ernon sehr gut, den Eingeweihten, Sohn der Einsamkeit, wie er selbst einer war.
„Rai ni Incal, mo navizzimindi su", sagte unser Kaiser, was bedeutete: „Der Kaiser ist gegangen zu Incal. Er ist gegangen auf die Seite der verstorbenen Geister."
Erstaunt schaute ich den Kaiser von Suernis an, der immer noch ruhig in der gleichen Position dasaß wie vorher. Ich sprach ihn an, doch er gab kein Lebenszeichen von sich. Ich beugte mich über ihn und sah durch seine Finger in seine schönen grauen Augen. Sie waren starr, und der Hauch des Lebens war aus ihnen gewichen. Ernon war in dem Moment gegangen, als er gesagt hatte: „Ich werde gehen."

„Komm zu mir, Zailm", sprach Gwauxln. Ich ging zu ihm und wartete. „Befinden sich alle Deine Freunde auf dem Vailx?" „So ist es", mein Kaiser. „Also nimm Deine Wächter und gehe in den Palast des Kaisers Ernon. Rufe seine Minister zu Dir und sage ihnen, dass ihr Kaiser verstorben ist. Sag ihnen, dass ich Dich beauftragt habe, seinen Körper mit nach Atlantis zu nehmen. Unter den Ministern befinden sich zwei ältere weise Männer, die auch Söhne der Einsamkeit sind. Die beiden werden wissen, dass Du die Wahrheit sprichst, wenn Du ihnen sagst, das Ernon sein Reich in unsere Hände gegeben hat und dass unser Land es regieren soll. Aber die anderen wissen von nichts, und die Söhne geben Dir die Möglichkeit, die Fakten darzustellen. In ihrer Wut werden jene, die keine Söhne sind, versuchen, Dich mit ihren schrecklichen Mächten zu vernichten, wenn sie von Dir hören werden, dass sie aus ihren Ämtern entlassen sind. Aber tue das, was ich Dir sage und hab keine Angst. Gehe guten Mutes, denn wie soll eine Schlange Dich beißen, wenn sie keine Zähne mehr hat?"
Ich hielt mich an seinen Befehl, und als sie alle versammelt waren, sprach ich von den Befehlen des Kaisers Gwauxln. Meine Rede wurde von den beiden Söhnen mit einem Lächeln aufgenommen, doch die anderen zeigten eine enorme Wut.
„Was, Du? Ein Atlanter will uns irgendetwas diktieren? Unser Kaiser ist tot? Das freut uns sehr, und was die Regierung von Suernis betrifft, das werden wir übernehmen. Mach, dass Du wegkommst. Wir sind unsere eigenen Meister. Gib uns unseren Chef, und Du Hund verlasse dieses Land!" Als Antwort wiederholte ich unsere Forderung. Ich gebe zu, dass ich ein wenig Angst verspürte, denn eine Wolke aus intensiver Wut erschien auf dem Gesicht der Männer, die niemals lachten, sie zeigten auf mich und sagten: „Also stirb!"
Ich ließ mir nichts anmerken, obwohl ich fast zu Boden gefallen wäre. Ich verspürte kein tödliches Beben, obwohl die Bedrohung immer noch andauerte. Die Wut der Minister schlug um in Überraschung, sie ließen ihre Arme fallen und schauten mich verwundert an. Ich gab meinen Wachen den Befehl, sie in Handschellen zu legen und aufs Luftschiff zu bringen. Dann sagte ich: „Suernis, Deine Macht ist verflogen, so wie Ernon es vorausgesagt hatte. Er sagte auch, von heute

an müsst Ihr eEuer Brot selbst verdienen. Atlantis wird in Zukunft dieses Land regieren. Ich, der geschickt wurde von Gwauxln VII, Kaiser von Poseid, enthebe Euch von Euren Ämtern, ausgenommen die zwei Menschen, die mich ohne Verachtung empfangen haben, ja sogar höflich zu mir waren. Für die Zeit, die sie noch hier verbringen werden, was nicht lang sein wird, werden sie Suernis regieren. Ich habe gesprochen!"
Um die Wahrheit zu sagen, hatte ich etwas gesagt, ohne die Erlaubnis dazu zu haben. Ich hatte Todesangst, dass Gwauxln mich verstoßen würde. Doch ich wollte diese Angst nicht vor diesen Undankbaren zeigen. Ganz im Gegenteil, ich nahm eine Urkundenrolle und schrieb das von mir Gesagte darauf. Einer der Söhne wollte uns nach Atlantis begleiten.
Ich besiegelte die Urkunde mit meinem Namen als Gesandter mit dem Vermerk „Für Kaiser Gwauxln". Ich verwendete rote Tinte, die ich mir von Anzimee aus dem Vailx schicken ließ, und übertrug dem Minister seine Stellung. Er bemerkte:
„Du bist wahrlich ein Mann und kein kleiner Junge mehr." Aber seine Worte, die er in aller Freundlichkeit sagte, fanden kein richtiges Gehör bei mir, denn ich war viel zu sehr mit dem Gedanken beschäftigt, welche Strafe mich wohl erwarten würde, wenn ich zurückkam. Ich rief über das Naim den Kaiser an und teilte ihm mit, was ich getan hatte. Sein Gesicht wirkte sehr ernst und er sagte nur: „Komm zurück!"
Stelle Dir meine Angst vor! Nicht getadelt, nicht gelobt, aber ohne irgendeine Bemerkung wurde ich nach Hause befohlen. Ich suchte zuerst Anzimee, und nachdem ich sie in ihrer Kabine fand, erzählte ich ihr die ganze Geschichte. Unser Kaiser war bekannt für seine schweren Bestrafungen, obwohl diese vom Grad des Vergehens abhingen, wie zum Beispiel bei einer Amtsenthebung wegen Vertrauensbruchs. Anzimee war sehr blass, sagte aber hoffnungsvoll:
„Zailm, ich sehe nichts Schlimmes in dem, was Du getan hast, im Gegenteil. Warum war unser Onkel so wortkarg? Lass mich Dir einen Arzneitrank verabreichen. Leg Dich hier auf die Couch und nimm, was ich Dir gebe."
Sie nahm ein Glas und goss eine bittere Medizin hinein, gab ein wenig Wasser hinzu und reichte mir das Glas. Zehn

Minuten später war ich eingeschlafen. Sie verließ den Raum, und dann – wie ich später erfuhr – rief sie ihren Onkel an, um ihm den Sachverhalt zu erklären. Er war überrascht über den Effekt, den seine Worte bei mir ausgelöst hatten, der aber nicht beabsichtigt war. Er war viel zu sehr damit beschäftigt, diese überraschende politische Wendung zu verstehen, die der Tod des Kaisers Ernon mit sich brachte. Ansonsten sagte er noch:
„Sorge Dich nicht, denn Zailm wurde nicht nach Hause gerufen, um bestraft zu werden, denn ich bin sehr zufrieden und rief ihn aus einem ganz anderen Grund."
Ich schlief für Stunden, und als ich aufwachte, berichtete Anzimee mir, was Gwauxln gesagt hatte. Es wurde schon dunkel, und so entschloss ich mich, in meine Kabine zurückzukehren und mich für das Abendmahl vorzubereiten. Auf meinem Weg begegnete mir der Sohn, der uns nach Atlantis begleitete. So zu reisen wie wir, war für ihn eine große Neuigkeit, aber er sprach wenig darüber.
Als ich darüber nachdachte, wurde mir klar, wie neu es für ihn sein musste, die Luft mit 30 km/min zu durchstoßen und das in 2.000 Metern über der Erde. Ich versuchte, mir vorzustellen, wie unser Passagier diese Reise wohl empfinden würde; aber nach fünf Jahren Vertrautheit mit diesem Verkehrsmittel war es für mich schwierig, mich ihn seine Gefühle hineinzuversetzen.
Wir bewegten uns nach Westen, und die Sonne schien am Himmel stillzustehen, was daher kam, dass wir genauso schnell flogen wie die Erde sich drehte. Die Wegstrecke, die wir zurücklegen mussten, betrug 13.500 Kilometer, und wir hatten schon 9.000 km in fünf Stunden zurückgelegt. Die letzten drei Stunden für die restlichen 4.000 Kilometer schienen mir wegen meiner Ungeduld sehr lange und ließen mich nervös auf und ab gehen. Es gab eine Zeit nach Atlantis, wo ein viel langsameres Fortkommen mir schnell erschienen wäre, aber der Schleier der Vergangenheit verdunkelte alles und machte einen Vergleich unmöglich.
„Der Mensch hat den Segen nie, aber er braucht ihn."

KAPITEL 17

Kaiser zu Gott… Asche zu Asche

Auf einer Bahre vor dem Heiligen Thron, auf der Ostseite des Maxin im Heiligen Tempel, lag alles, was an Irdischem von Ernon von Suernis übrig geblieben war. Über dem Dreieck, in dem sich ein paar Zeugen versammelten, die Gwauxln herbestellt hatte, schien das mystische Licht, das keine Energie brauchte und für seinen Obelisken keinen Wächter. Weit darüber hing der Stalaktiten-Himmel, der von seinen vielen Punkten das gleißende Licht niedersandte, das man von unten nicht sehen konnte.
„Man schließe seine Augen, sein Werk ist vollendet."
Neben der leblosen Gestalt stand Mainin, der Hohepriester, seine Hand auf der Schulter des toten Kaisers. Nachdem von der mächtigen Orgel ein Trauer-Requiem ertönte, begann Mainin mit seiner Grabrede:
„Einmal mehr hat eine edle Seele die Erde bewohnt. Aber wie hat sie ihn behandelt, der sein Leben für den Dienst an seinen Kindern hingab? Wahrlich Suernis, Du hast eine Tat begangen, die Dich für immer in Sack und Asche einhüllen sollte! Ernon, mein Bruder, Sohn der Einsamkeit, wir sagen Dir Adieu mit großer Traurigkeit in unserer Seele. Traurig nicht wegen Dir, denn Du hast deine Ruhe gefunden, sondern traurig wegen uns, die wir zurückgeblieben sind. Es werden viele Jahre vergehen, bevor wir Deine Wiedergeburt erleben. Nur über den armen irdischen Körper sagen wir letzte Worte, denn er hat sein Werk vollendet, und Du wirst ins Navazzamin hinübergehen. Ernon, Friede sei mit Dir in alle Ewigkeit."
Noch einmal spielte die mächtige Orgel mit frommer Trauer, und während die Träger die Bahre auf den Maxin-Stein hoben, streckte der Incaliz seine Hände zum Himmel und sagte:
„Zu Incal die Seele und die Asche zur Erde!"
Der Körper, der mit hellen Bändern an der Bahre festgebunden war, erhob sich in eine aufrechte Position, erzitterte für einen Moment und fiel vorwärts in das Maxin. Es

gab keine Flamme und keinen Rauch, nicht einmal Asche blieb nach dem plötzlichen Verschwinden von Körper und Bahre zurück.
Die Beerdigung war vorüber, und jene von uns, die aus Caiphul kamen, machten sich daran zu gehen, als plötzlich etwas geschah, was nie zuvor im Tempel gesehen worden ist. Hinter uns im Auditorium standen Gruppen von grau gekleideten Männern mit Kapuzen ähnlich wie Mönche aus Rom. Es schienen viele zu sein, versammelt in Gruppen zu sieben oder acht Personen, zwischen dem Glanz der Stalagmiten-Säulen, die das Dach trugen. Als wir sie ansahen, verschwanden sie plötzlich vor unseren Augen. Ungefähr 80 Caiphuler standen noch in der großen Halle, und ihre Anzahl erschien plötzlich klein im Vergleich zu den Hunderten Söhnen der Einsamkeit, die sich in astraler Gestalt für das Begräbnis ihres Bruders versammelten. Ja, tatsächlich waren die Söhne gekommen, um der eindrucksvollen Zeremonie beizuwohnen, während all das den Elementen der Natur übergeben wurde, was von ihrem toten Freund sterblich war.

Aber kein Mensch kennt diese Grabstätte
Und kein Mensch hat sie je gesehen
Denn Gottesengel haben die Erde umgedreht
Und dort den toten Mann hineingelegt.

KAPITEL 18

Die große Reise

Kaiser Gwauxln gab mir vor der Beerdigung von Ernon zu verstehen, dass mein Verhalten in Suernis ihn sehr zufriedengestellt hatte. Er bat mich zu sich in den Palast, bevor ich meine Reise fortsetzen würde. Ich begab mich sofort zu ihm, denn wir wollten so schnell wie möglich wieder weg. In der Gegenwart seiner Minister bot er mir den Posten als Oberlehnherr von Suernis an. Ich war mehr als überrascht, doch mein Gefühl sagte mir, dass ich das Angebot annehmen sollte, denn ich könnte dem Land einen großen Dienst erweisen, wenn ich es regieren würde. Aber ich zweifelte, denn ich war ja noch Student, und so antwortete ich:
„Mein Kaiser, ich bin offen für die große Ehre, die Du mir zukommen lässt. Trotz alldem bin ich noch Student und habe bis jetzt nicht das Wissen erreicht, dass ich mir wünsche. Infolgedessen bitte ich Dich, meine Hoheit, um Erlaubnis, den Posten abzulehnen."
Gwauxln lächelte und sagte:
„Es soll so sein, wie Du es sagst; der Minister, den Du ernannt hast, wird die Aufgabe für die nächsten drei Jahre erfüllen; sagen wir vier Jahre, denn ich wünsche nicht, dass Du Dein Studium noch dieses Jahr fortsetzen wirst. Nach dieser Zeit wirst Du den Posten übernehmen. Abgesehen vom Geschäftlichen verfolge ich eine Idee: Ich bin überzeugt davon, dass ein Mann ein Ziel vor Augen haben muss. Das ist ein guter Anreiz. Folglich ernenne ich Dich zum Oberlehnherrn von Suernis, und sobald Du dieses Dokument unterschrieben hast, erlaube ich Dir, Deine Reise fortzusetzen." Leicht zitternd unterschrieb ich. Der Kaiser beendete die Unterredung und sagte: „Deine Handschrift ist schön, obwohl Deine Nervosität darin zu sehen ist. Bleib ganz ruhig."
Einmal mehr begaben wir uns auf die Reise. Anzimee, meine Elfe, bestand darauf, mich „mein Herr Zailm" zu nennen,

nachdem ich sie davon unterrichtet hatte, was mir widerfahren war.
Wir flogen Richtung Osten, aber diesmal mehr südlich, denn wir hatten nicht die Absicht, noch einmal nach Suernis zu fahren. Stattdessen hatten wir vor, zu unseren Kolonien nach Amerika zu fliegen, wie es auch vor der Reise festgelegt worden war, bevor es in Gange zu einer Unterbrechung kam. Wir überquerten Necropan (Afrika) am Äquator, danach den Indischen Ozean, die Suernischen Kolonien Uz (Indonesien) und flogen immer weiter über den Pazifischen Ozean Richtung Osten.
„Umaur! Die Küste von Umaur!", schrie irgend jemand. Unsere kleine Gruppe eilte zu den Fenstern und sah die verschwommenen, gezackten Umrisse des östlichen Horizonts. Es waren die Felskämme der Anden, die vor uns erschienen und die sich genau wie unser Vailx in 4.000 Metern Höhe befanden. Unter uns spiegelte sich der Ozean, doch wir konnten seine Wellen nicht sehen, da wir uns zu hoch oben befanden.
Umaur, würde in einer fernen Zeit Land der Inkas genannt werden würde; Umaur, ein reiches Land, wo wir acht Jahrhunderte später einen Unterschlupf finden würden, der so gut gelegen war, dass wir dem Untergang Poseids entgehen konnten. Denn nicht länger „Königin der Welt" sollte Poseid in den Wellen des Atlantischen Ozeans versinken. Es waren acht Jahrhunderte, in denen die stolzen Atlanter so korrupt wurden, dass ihre Seelen nicht länger die Weisheit der Nachtseite der Natur verstanden, denn sie verloren die Standhaftigkeit ihrer moralischen Einstellung, den Schlüssel zum Heiligtum der Natur und mit ihm ihre Herrschaft über die Lüfte und die Tiefe der Meere.
Armes Atlantis! Aber Umaur lag vor uns, und wir hatten noch keine Vorstellung von dem zukünftigen Vergehen, begangen in der Nachwelt durch unsere Nation. Wir standen in unserem Vailx und schauten auf die Küste, der wir uns mit rasender Geschwindigkeit näherten, und unterhielten uns über die

majestätischen Bergzüge, die wir durch unser Teleskop sahen.[3]

Wir sahen hier ein Land, in das nach Tausenden von Jahren die kastillischen Eroberer kamen, angeführt von Pizarro. Sie fanden eine Rasse vor, die von den Inkas regiert wurde, ein Name, der durch die vielen Jahrhunderte bewahrt blieb, von dem Tag an, an dem ihre entfernten Vorfahren aus Atlantis flohen und sie sich Kinder der Sonne nannten.

Umaur war die Steinbruchregion von Atlantis mit reichen Gruben von großen Mineralvorkommen. Es gab aber auch zahlreiche Plantagen und östlich der Berge gab es regelmäßig gepflanzte Reihen von Gummibäumen, ursprünglich Siphonia elastica (Kautschuk) genannt. Hier gedieh auch der Quebracho, der Chininbaum, der noch heute in Südamerika heimisch ist. Bevor er von den Atlantern über das Meer gebracht wurde, war er außerhalb von Atlantis nicht zu finden, und heute sind die Urwälder direkte Nachfahren unserer Plantagen und Farmprodukte in Umaur.

---

[3] Wenn Eure Wissenschaft sich wie die von Atlantis der Natur von der göttlichen Seite nähert, und wenn statt hinaufzusteigen in Richtung odische Kraft (welche die Basis ist für alle natürlichen Kräfte) die odischen Kräfte in einer Synthese von Naturphänomenen hinabblicken auf den Fluss der Energien, dann wirst Du all das haben, was Atlantis kannte. Ihr wiedergekommenen Atlanter, Ihr werdet wieder ein Vailx, ein Naim und die Teleskope besitzen. Die atlantischen Teleskope waren nicht so plump wie die Euren. Stellt Euch einen weit entfernten Stern vor, der ein verblasstes Licht durch das All zu uns sendet. Wir waren in der Lage, den Stern so nahe an uns heran zu holen, dass er wie ein auf dem Boden liegendes Blatt für unsere Augen sichtbar gewesen wäre. Ihr glaubt es nicht? Dann überprüft folgende Aussage: Dieses Licht ist nicht nur die Reflexion oder die Brechung der Kraft einer Materie, sondern es ist eine Verlängerung von jeder materiellen Form, denn solange nur eine Materie existiert, auch in mehreren dynamischen Formen, werden sie von Euch als verschiedene Substanzen missverstanden. ES GIBT NUR EINE MATERIE! Das Licht von Arcturus ist die verlängerte Materie von diesem Stern. Die maschinenerzeugte Elektrizität ist dagegen formlose Kraft. Eine Kraft kann durch die andere verstärkt werden - die formlose kann die Gestalt der geformten annehmen. Siehst du nun das Prinzip unserer Teleskope? Ich sehe Deinen Geist vorwärts springen und höre Dich fragen: Ist der Mars bewohnt? Sind Jupiter, Saturn und Venus bewohnt? Ich werde weder mit Ja noch mit Nein antworten, denn wenn die atlantische Sicht der Natur auf die Erde zurückkehrt, werdet Ihr es wissen. Sucht und Ihr werdet finden: Aber sucht gewissenhaft und nehmt den Kreuzweg auf Euch!

In diesen alten Zeiten floss der Amazonas innerhalb von Dämmen durch den Kontinent, und der Urwald von Brasilien war ein kultiviertes Land wie heute die Ländereien am Flussufer des Mississippi. Der Tag wird kommen, an dem der Vater aller Wasser im Norden ungedämmt und ungebremst über das niedrige Land flutet, dessen Oberfläche heute noch über dem Meeresspiegel liegt. Er wird dies tun, weil es sicher ist, dass dieses von den Mutationen der kommenden Jahrhunderte abhängt. Er wird es auch deswegen tun, weil die Geschichte sich immer wieder wiederholt. Glaube nicht, dass Ihr durch Eure Wiedergeburt nur den Glanz von Atlantis erben werdet und dem Schatten entgehen könnt. Alles bewegt sich in Zyklen, aber die Drehung ist die einer Spirale, rund, aber immer auf einer höheren Ebene. Doch der Tag, an dem sich diese Dinge ereignen werden und kein Mensch sich dagegenstellen kann, ist weit entfernt, so weit weg wie das Schrumpfen des Amazonas in vergangener Zeit für uns. Unser Weg führte uns von den großen Obstgärten, Plantagen und Siedlungen im Norden des Kontinents zu den wilden Wüsten im Süden, wo ich einen schwierigen Tag zu bewältigen hatte. Dann ging es nördlich entlang der Ostküste, aber ich überlasse die Taten der Millionen von Kolonialisten der Vorstellung des Lesers.

Wir kamen an der Landenge von Panama vorbei, die damals 700 Kilometer breit war, durch Mexiko (Süd-Incalie) und vorbei an den breiten Ebenen des Mississippi. Diese riesigen Felder waren für die Atlanter wichtiges Weideland für ihre Herden. Als sie von der heutigen Zivilisation wieder entdeckt wurden, fand man riesige Herden wildlebender Tiere vor. Es waren die Nachkommen unserer einstigen Herden von Büffeln, Elchen, Bären, Hirschen und Bergschafen. Ich bereue, sehen zu müssen, wie sie mutwillig massakriert werden. Diese so alten Geschöpfe müssten eigentlich verschont werden.

Im Laufe der vergangenen Jahrhunderte befanden sich asiatische Stämme auf diesen breiten Ebenen, die mit dem Schiff und auch über die Meeresenge im Norden gebracht worden waren und von denen man annimmt, dass ihr Ursprung auf den Aleouten liegt. Sie kamen aber aus Asien und lebten, wie heute noch, wie halbe Barbaren. Auf diese

Stämme hatten die Suerni keinen Einfluss. Die Suerni schwärmten für dieses Volk, das sich später einen wichtigen Platz in der semitischen Geschichte schuf. Aber zu der Zeit waren es Barbaren, die nach Incalie kamen und die nordamerikanischen Regionen am großen See und dessen Weiden besetzten. In einer späteren Zeit werden diese Stämme von der Erde verschwinden, für immer. Und noch später werden Entdecker zu ihren archäologischen Funden sagen können: „Hier lebten die Erbauer der Grabhügel."

Höher im Norden, in der heutigen Region der großen Seen, befanden sich wichtige Minen, in denen wir Kupfer, Silber und andere Metalle ausschürften. In dieser Gegend war es sehr kalt, viel kälter als heute, denn sie lag am Rande der sich zurückziehenden Eiszeit. Jene war viel später zu Ende, als die Geologen zu wissen glaubten und auch heute noch glauben.

Im Westen befand sich das Gebiet, das von den amerikanischen Pionieren die große Ebene genannt wurde. Zu der Zeit von Atlantis bot sie einen anderen Anblick als heute. Sie war weder trocken noch sehr spärlich besiedelt, aber dafür sehr viel kälter im Winter, was auf die Nähe zu den riesigen Gletschern im Norden zurückzuführen war. Die großen Seen von Nevada waren nicht wie heute einfach nur ausgetrocknete Basisböden von Borax und Soda, und auch der große Salzsee von Utah war kein unfruchtbarer salziger Tümpel und trug aus seiner Nordseite Eisberge.

Arizona, die Schatzkammer der Geologen, war damals bedeckt von dem Wasser des Miti, wie wir den großen Binnensee dieser Region nannten. Über Hunderte von Quadratkilometern gab es grüne Hänge über den mit Süßwasser gefüllten Becken. An den Ufern von Miti gab es eine reiche Bevölkerung und eine Stadt von beachtlicher Größe, besiedelt von Kolonisten aus Atlantis.

Lieber Leser, erinnerst Du Dich an das Versprechen, das ich gegeben hatte in bezug auf die Beschreibung der Landschaften, von der ich sagte, dass sie nicht aus meiner Feder stammen würde? Ich werde mein Versprechen halten, weil die Geologen schon hinter mir her sind, da ich Arizona zu einem Binnensee erklärt habe, so groß wie Miti und nur 13.000 Jahre jung. Ich erinnere mich, dass Beweise angeführt wurden, die der See aus der Erosion und der Verwitterung der Felsen in dieser Region erworben hat. So wird behauptet, dass der See mit Sicherheit aus einer Zeit vor dem Paläozen stammt und die Zeit seines Entstehens sogar in die Kreidezeit zurückreichte.

Nein, mein Freund, es ist nicht so. Diese Schluchten und wunderschönen Canyons sind nicht einfach das allmähliche Produkt von Zeit, Wasser und Wetter. Im Gegenteil, sie sind eine plötzliche Formation, entstanden durch das Aufbrechen der geologischen Schichten in einem ähnlichen, aber viel größeren Ausmaß als der Vulkanausbruch am Pitach-Rhok, der im ersten Kapitel beschrieben wurde. Die Wunder von Arizona und die Schluchten des Grand Canyons waren das Ergebnis eines schrecklichen Tanzes der festen Erdkruste. Betrachten wir heute die Lavafelder des Rechteckes zwischen dem 32. und 34. nördlichen Breitengrad und dem 107. bis 110. Längengrad (westlich von Greenwich), nämlich die Gegend von Mount Taylor und Mount San Francisco, so gibt es wenige Parallelen in dieser Größenordnung auf dieser Erde. Über dieses grässliche Werk der Zerstörung hinaus, nachdem das Meer Miti sich in den Golf von Kalifornien ergossen hatte, kamen die Regen und die Stürme von 13.000 Wintern hinzu. Außerdem haben genauso viele trockene, zerstörende und zermalmende Sommer die zerklüfteten Oberflächen weich gemacht, modelliert und zu noch fantastischeren Formen geformt und behauptet, dies sei allein ihr Werk, und die Hand von Pluto, dem eigentlichen Macher, verleugnet. Die Geologen scheinen genauso zu denken und haben die Entstehungszeit des Sees weit zurückgelegt, um eine ausreichende Zeit für die Verrichtung dieser gewaltigen Arbeit zuzugestehen. Ihre These ist nicht exakt, denn ich habe den See mit meinen eigenen Augen vor nur 12.000 Jahren gesehen.

Kommen wir nun zurück zu der literarischen Betrachtung. Sie stammt aus einer neuzeitlichen Feder, die eines Major J. W. Powell der amerikanischen Armee. Er beschreibt alles so wahrheitsgetreu, dass ich es gerne mit meinem Leser teilen möchte:

„Die Wände des Canyons bestehen aus riesigen Stützpfeilern und tief eingegrabenen Nischen; Spitzen krönen den Fels, und weit unten fließt der Fluss. Die strahlende Sonne scheint auf den zinnoberroten Felsen, der von grün bis grau an den schattigen Plätzen reicht. Der Fluss füllt das Flussbett von einer Wand zur anderen, und der Canyon öffnet sich wie eine wunderschöne Pforte zum Ruhm. Aber abends, wenn die Sonne untergeht und die Schatten sich im Canyon niederlassen, mischen sich die zinnober- und rosaroten Flächen mit grünen und grauen Nuancen langsam zu braunen und schwarzen Schatten, darüber und darunter. Dann scheint es das schattige Portal zur Düsterheit zu sein. Auf dem Boden liegend, sahen wir gerade über uns durch die Lippen des Canyons ein kleines Stück vom blauen Himmel – ein mondsichelförmiges Stück dunkelblauen Himmels mit nur zwei bis drei Sternbildern, die auf uns herabschauten."

Ich bin nicht schnell eingeschlafen, da die Aufregung des Tages noch nicht verflogen war. Bald sah ich einen hellen Stern, der auf einer Felsspitze zu ruhen schien. Langsam schien er von seinem Felsenplatz über den Canyon zu gleiten. Zuerst schien er ein Edelstein in der Fassung der Felsklippe zu sein, und als er sich loslöste, war ich überrascht, dass er nicht herunterfiel. Er schien in einem leichten Bogen herunter zu gleiten, als ob der Himmel im Canyon von einer Wand zur anderen gespannt wäre und durch sein eigenes Gewicht durchhängen würde. Man sah den Stern wirklich im Canyon drinnen, so hoch waren die Zinnen der Wände. Die Morgensonne schien wunderschön auf seine bemalten Hänge. Die hervortretenden Nasen waren voller Feuer und die zurückgesetzten Nischen im Schatten begraben. Die roten und braunen Felsen leuchteten aus der tiefen Dunkelheit heraus, und über allem war zinnoberrotes Feuer. Das Licht über uns war durch die hell gefärbten Felsen und die Schatten darunter noch leuchtender gemacht, noch brillanter, und das Fehlen der Sonne verstärkte noch die Wahrnehmung der Tiefe des Canyons, und es schien ein langer, langer Weg zum Sonnenlicht zu sein – eine Meile!

Selbst die breiten Wasser des Miti, schön wie ein Traum, in alten Tagen von Turmspitzen umgeben, waren nicht größer

und glorreicher als diese herrlichen Schluchten, die an ihre Stelle traten.
Von der Stadt Tolta aus, an den Ufern des Miti gelegen, stieg unser Vailx nach Norden auf und überquerte den Lac Ui, den großen Salzsee, bis zu den Nord-West-Ufern, Hunderte von Kilometern entfernt. An diesen weit entfernten Ufern stiegen drei Bergspitzen auf, die mit Schnee bedeckt waren: der Pitach-Ui, von dem der See seinen Namen hatte. Auf dem höchsten von den dreien stand vielleicht seit fünf Jahrhunderten ein Gebäude, das aus schweren Granitquadern erbaut war. Ursprünglich wurde es für einen doppelten Zweck errichtet, nämlich um Incal anzubeten und zu astronomischen Zwecken, es wurde zu meiner Zeit aber nur noch als Kloster genutzt. Es gab keinen Weg zu diesem Gipfel, und die einzige Möglichkeit, ihn zu erreichen, bot das Vailx.
Im Jahre 1866 entdeckte ein unerschrockener amerikanischer Forscher die berühmte Region des Yellowstone-Parks, und im Laufe seiner Expedition stieß er in westlicher Richtung auf das Bergmassiv der drei Busen in Idaho. (Dieses Massiv befindet sich heute in Wyoming und wurde durch einen Eingriff in Idaho, Dakota und Utah geformt. Diese Drillingsberge waren der Pitach-Ui zur Zeit von Atlantis.)
Angekommen am Fuße dieses gigantischen Berges, gelang es Professor Hayden, durch seine beharrliche Ausdauer den höchsten Gipfel zu erreichen. Er entdeckte ganz oben das Gerippe eines Gebäudes ohne Dach, das aus Granitplatten gebaut war. Dazu sagte er:
„Die Tiefe dieser Granittrümmer erlaubt es uns zu behaupten, dass es 11.000 Jahre her sein muss, dass dieses Gebäude verlassen wurde."
Sehr gut, der Professor hatte recht, und ich kann es bezeugen. Er hatte eine Ruine ausfindig gemacht, die 12.750 Jahre zuvor von atlantischen Händen erbaut worden war. Was Professor Hayden selbst betrifft, so glaubte er, dass er zu der Zeit, als Atlantis dieses Gebiet regierte, ein atlantischer Wissender gewesen war, der am Pitach-Ui lebte. Aus diesem Grund war es ihm gelungen, die Ruinen seiner einstigen Heimat zu finden.

Unser Vailx landete in einer Felsnische im Inneren des Tempels Ui. Mittlerweile war es Nacht geworden, es war sehr kalt in dieser nordischen Höhe. Aber im Innern dieser gut gebauten dicken Mauern froren die Priester niemals, denn sie benutzten auch das Navaz, um zu heizen.
Der Hauptgrund für unseren Besuch war, Incal beim Sonnenaufgang zu ehren. Die ganze Nacht über schienen unsere rubinroten Lichter, und die Neuigkeit, dass ein königliches Vailx in dieser Region gelandet war, stieß auf großes Interesse bei den dort lebenden Atlantern.
Am nächsten Morgen, direkt nach dem Sonnenaufgang, erhob sich unser Luftschiff und flog Richtung Osten, wo wir unsere Kupferminen am Oberen See besuchen wollten. Eine elektrische Bahn brachte uns durch ein Labyrinth in die inneren Galerien und Tunnel. Als Abschiedsgeschenk überreichte uns der Befehlshaber der Mine einige kupferne Objekte.
Mir gab er ein Instrument, das so aussah wie ein Taschenmesser und das ich bis zu meinem Tode bei mir trug. Ich hatte große Hochachtung vor diesem Messer, das so fein und scharf geschliffen war, dass ich es täglich zum Rasieren benutzen konnte, ohne dass es sich abnutzte. Die Atlanter waren Meister dieser Kunst der Kupferverarbeitung. Auch ich überreichte dem Befehlshaber ein Geschenk, einen kleinen Goldklumpen vom Pitach-Rhok. Als er hörte, woher der Goldklumpen kam, schrie er: „Alle Proben aus der berühmten Mine des Pitach-Rhok haben einen enormen Wert für uns alte Minenarbeiter." So war die Mine, die ich in jungen Jahren entdeckt hatte, berühmt geworden durch ihr reiches Vorkommen an Gold.
Nach langem Diskutieren entschieden wir uns, nicht in die Arktis zu fliegen, denn jeder von uns hatte schon die riesigen Eisgletscher in der nordischen Arktis gesehen, und so blieben wir noch eine Woche länger in Incalie um das große Gebiet herum, wo – und davon wussten wir natürlich noch nichts – die Angelsachsen eines Tages die glorreichen Vereinigten Staaten von Amerika gründen würden.
Ich erwähnte schon, dass die Geschichte sich ständig wiederholt, und ich tendiere dazu, es zu glauben. Es ist

gewiss, dass die Völker den Spuren ihrer Vorfahren folgten. Der größte Bruch und die meisten atlantischen Kolonien Nordamerikas befanden sich im Westen der großen Bergketten, die heute den Namen Rocky Mountains haben. Die Menschen liebten diesen Platz, wo es sich gut leben ließ; Landschaften, wo die Natur mild war und es gute Ernten gab. Gab es eine bessere Gegend in Incalie? Zwischen der pazifischen Küste und den Bergen in Sierra (Nevada) gab es eine Region, die genau so schön war wie die Region am See des Miti. Die erste behielt ihren exklusiven Charme, wohingegen die zweite ihren Platz dem Sand und den Kakteen überlassen musste – Vereinigung von Seen, Vereinigung von Ländern.

Als wir endlich Incalie verließen, um nach Hause zu fliegen, überflogen wir die letzte unserer Kolonien an der Küste von Maine, denn unsere Reise verlief von Osten nach Süden.

Um ein bisschen Abwechslung in die Reise zu bringen, verließen wir die Atmosphäre, um in die Tiefe abzutauchen in das Königreich der Haie. Wie jedes Vailx dieser Klasse konnten wir sowohl in der Luft als auch im Meer navigieren. Die fest angezogenen Bolzen und die Dichtungen aus Kautschuk machten die Eisengleitschienen der Brücke und die anderen Außenteile des Vailx absolut wasserdicht. Direkt in das Meer zu stoßen, wäre allerdings genauso hart gewesen wie ein Aufschlag auf die Erde, denn unsere Höhe betrug ungefähr 3.500 Meter. Der Pilot bekam die Anweisung, langsam die Geschwindigkeit zu drosseln und uns auf das Niveau des Meeres zu bringen. Als wir die Oberfläche des Ozeans berührten, wurden die Passagiere kurz durchgeschüttelt. Die Frauen stießen einen leisen Schrei aus. Mit dem Eintreten ins Meer hob der Pilot die Levitation auf und stellte die Apparate um auf Gravitation. Das erlaubte uns, trotz der Luft, die sich im Vailx befand, sehr tief zu tauchen. Wir schalteten die äußere Fensterbeleuchtung an, passten unsere Geschwindigkeit dem Wasser an und versammelten uns im Salon. Die Dunkelheit im Inneren und die Beleuchtung des Wassers gaben uns einen Einblick in das Reich von Neptun und seinen Bewohnern.

Ich hatte große Freude an diesem Spektakel und hörte dem begeisternden Ichtyologen bei seinem Vortrag zu, als ich im Hintergrund eine mir vertraute Stimme hörte. Es war Menax, und so ging ich zum Naim. Er konnte mich nicht sehen, da ich mich im Dunkeln befand, aber ich sah ihn wie in einem großen Spiegel, denn der Raum, in dem er sich befand, war hell erleuchtet. „Mein Sohn“, sagte der Prinz, „Du hättest Deiner Neugier nicht erlauben sollen, mit 100 km/h in den Ozean einzutauchen. Ich befürchte, dass Du in Deiner Natur eine Ader von Abenteuerlust hast, die Dir eines Tages Unglück bringen wird. Incal bestraft die Übermütigen. Die Missachtung der Gesetze zieht Strafe mit sich. Sei vorsichtig, Zailm, sei vorsichtig!“

Als unser Unterwasserausflug langweilig wurde, hoben wir die Gravitation wieder auf und schalteten um auf Levitation. Dieser Prozess war ungefährlich, während der andere gefährlich gewesen war. Kurz darauf schoss unsere lange Spindel aus dem Wasser, wie eine große Blase, auf eine Höhe von einigen hundert Metern.

Wir öffneten das Promenadendeck und setzten uns in die Sonne, um die leichte Brise der Meeresluft zu genießen. Da wir am nächsten Tag zuhause sein wollten, schlossen wir das Deck, als der Nachmittag abkühlte, stiegen hoch in den Himmel auf, um den Luftwiderstand zu verringern, und beschleunigten auf höchste Stufe, um nach Süden zu gelangen. Wir hätten schneller fliegen können, wenn wir nach Osten oder Westen geflogen wären. In diesem Fall hätten wir alle vier Minuten einen Längengrad überwinden können. Aber Richtung Norden oder Süden mussten wir die Luftströmungen der Erde durchschneiden und konnten nur mit 700 bis 800 km/h reisen. Wir waren uns dessen bewusst, und so entschieden wir uns, erst in Richtung Süd-Ost nach Necropan zu fliegen und dann in Richtung Süd-West nach Caiphul. Diese Strecke war einige tausend Kilometer länger, erlaubte uns jedoch eine höhere Geschwindigkeit, um unser Ziel schneller zu erreichen und unser Frühstück zuhause zu genießen.

Wunderschönes Caiphul
Du unvergleichbarer Ort
Königin von Atlantis
Und Königin der Meere.

KAPITEL 19

Ein gut gelöstes Problem

Viel Arbeit wartete auf mich bei meiner Rückkehr nach Caiphul, eine Arbeit, die ich erledigen konnte, ohne meiner zarten Gesundheit zu schaden, sondern sie eher zu verbessern, da sie eine gute Portion geistige Anregung bot, ohne die ernsthafte Spannung, die das Studium mit sich brachte.
Am Tag meiner Rückkehr sagte Menax zu mir in einer Art, die mir zu denken gab:
„Ich hörte, dass das Volk von Suernis seine Kraft verloren hat, sich mit magischen Kräften seine Verpflegung zu verschaffen. Es muss für sie ein schreckliches Problem sein, dem Schrecken des Hungers zu begegnen." Dass Menax diese Worte so wählte, weil er mir Pflichtbewusstsein abverlangen wollte, davon hatte ich zu diesem Zeitpunkt keine Ahnung; aber ich machte mir ernsthaft Gedanken darüber. Ich dachte darüber nach, dass dieses Volk wenige bewirtschaftete Felder wie unsere hatte, wenn überhaupt; dass sie keine Ahnung von der Kunst der ehelichen Gemeinschaft und auch keine Muskeln hatten, die auf Leistung getrimmt waren. Sie mussten tatsächlich – im wahrsten Sinne – übererwachsene Kinder sein. Je mehr ich über das Problem nachdachte, desto erdrückender erschien mir die Situation. Ich sah, dass sie erwarteten, dass man mindestens ein Jahr lang für sie sorgte. Man musste ihnen auch die Methoden der Landwirtschaft, des Gartenbaus, der Aufzucht von Rindern, Schafen und anderen nützlichen Haustieren beibringen. Später wurde es notwendig, sie auch in den anderen Künsten wie Bergbau, Spinnen und Metallbearbeitung zu unterweisen. Hier ging eine ganze Nation von 85 Millionen Menschen bei mir in die Schule, um die Künste des Lebens zu erlernen. Als mir die ganze Macht meiner Position bewusst wurde, warf diese Tatsache mich um. Oh, ich Armer! Auf dem Rasen des Gartens fiel ich auf die Knie und betete zu Incal. Ich erhob mich, und als ich mich umdrehte, sah ich Gwauxln, der mich beobachtete und mit einem eigenartigen Blick ansah. Sein Gesicht wirkte

sehr ernst, doch seine Augen lachten. Er fragte mich: „Fühlst Du Dich der Aufgabe gewachsen?"
„Mein Kaiser", antwortete ich folgsam, „Dein Sohn steht unter starkem Druck. Ob ich der Aufgabe gewachsen bin? Ja, wenn Incal es recht ist, mich zu leiten."
„Gut geantwortet, Zailm. Du kannst alle Quellen, die Dir in Atlantis zur Verfügung stehen, zu Hilfe rufen, sie werden für Dich da sein."
Ohne ausschweifend zu werden, nur folgendes: Schulen wurden errichtet, die Lebensmittel und Kleiderstationen wurden in bestimmten Distrikten plaziert, und das Volk von Suernis – die große Halbinsel des modernen Hindustan mit Teilen von Arabien – erfuhr eine Erziehung in Selbstversorgung und Abhängigkeit von ihrem eigenen Wissen. Es muss gesagt werden, dass all dies nicht von mir getan oder angeleitet wurde, sondern lediglich die Initiative ging von mir aus, und dreieinhalb Jahre lang wurde die praktische Arbeit von mir und meinen Stellvertretern getan. Vielleicht war ich Incal nicht dankbar genug; vielleicht erinnerte ich mich in diesen Tagen des Wohlstandes nicht an das Gedicht meiner mittellosen und unwissenden Jugend auf dem Pitach-Rhok, aber vielleicht tat ich es doch. Ich glaube eher, dass ich nicht einen Moment dieses Morgens vergessen hatte und auch keines meiner Gelübde. Es ist seltsam, dass die menschliche Natur sich in dem Moment, wenn sie von dem richtigen Weg abweicht, ihres Vergehens bewusst wird und trotzdem das Gefühl hat, ihren Gelübden treu geblieben zu sein.
Moralische Irrungen kommen am häufigsten vor; jene Sünden, die keine direkten Vergehen gegen die Gesetze sind, sondern die der Fleischeslust. Es ist ferner bemerkenswert, dass die Menschen selten milde zu den Opfern sind und nicht an Tadel sparen für die wirklich Kriminellen.
Es kann keine gerechte Bestrafung geben in einer Welt, in der für die gleiche Tat unterschiedliche Entscheidungen getroffen werden in bezug auf das Geschlecht. Wenn Dir mein Vorschlag zu radikal erscheint, dann bedenke dies: Das menschliche Recht ist ein System; wenn es nur in einem besonderen Punkt falsch ist, ist es in allen Punkten falsch,

denn Recht bedeutet Perfektion, und das, was einen Makel hat, ist nicht perfekt.
Man findet in den judäischen Quellen eine alte Geschichte über den verdienten Bruches von Suernis. In Wahrheit, haben mein Volk und ich an dem Ruhm und am langen Leiden teilgenommen. Wir haben zusammengearbeitet, lange vor der Zeit, die kommen wird, und selbst lange vor dem Anfang der Zeit, die zu Ende geht. Die Aussaat meiner Anstrengungen war auf einen Boden gefallen, der ungenutzt blieb, und der gab es hundertfach zurück. Das Ende ist nicht in Sicht, die Ernte wurde noch nicht in die Scheune eingefahren, das auserwählte Volk hat seine Belohnung für sein großes Leiden noch nicht erhalten, seit Kaiser Ernon aufhörte, für es zu kämpfen. Der Weg ist lang, doch am Ende werden sie die Wüste verlassen und nach Hause zurückkehren, wo Jehova seinen Kindern Frieden schenken wird.
Wie Ernon es vorausgesagt hatte, kehrte der Saldeensche Kaiser niemals nach Hause zurück. Er lebte in der Stadt, ohne dass die Bevölkerung ihm große Aufmerksamkeit schenkte. Sein bevorzugter Ort war das Vailx eines atlantischen Kapitäns, das mit anderen Luftschiffen in Ganges stationiert war.
Eines Tages, es hatte sich eine Freundschaft gebildet zwischen den beiden Männern, fragte der Saldeene, ob es möglich wäre, ihn mitzunehmen auf einen Flug. Er war noch nie mit einem Vailx geflogen und hatte große Lust, eine solche Erfahrung zu machen. Der Ausgesandte hatte viel zu tun, und so versprach er es ihm für den nächsten Tag. Tatsächlich wurde das Abendessen des nächsten Tages auf der Außenpromenade des Vailx eingenommen, bevor der Abstieg wieder begann. Der Saldeene hatte ein bisschen zuviel getrunken und kontrollierte seine Gestik nicht mehr so gut. Einer der Passagiere war ein Suerner, ein ehemaliger Berater von Ernon. Der Saldeene ging zu dem Außengeländer und schaute nach unten. Der Suerner befand sich ebenfalls dort. Es war derselbe Mann, der damals sehr überrascht war, als er bemerkte, dass er seine Fähigkeiten in dem Moment verlor, als er mich töten wollte. Die beiden Männer mochten sich nicht, und der Saldeene, ein wenig angetrunken, fing an zu zanken. Der Suerner gab ihm einen

Stoß, so dass er gegen das Geländer fiel. Durch sein großes Gewicht verlor er das Gleichgewicht und fiel über das Geländer. Er konnte sich noch von außen daran festklammern und fing an, um Hilfe zu rufen.
Der Kapitän war kein böser Mann, aber durch einen Sturz auf den Kopf war seine Denkfähigkeit etwas gestört. Vor seinem Unfall war er ein sehr begabter Mann gewesen und galt auch heute noch als kleiner Erfinder. Er blieb wie angewurzelt stehen, der Suerner gab ihm einen Stoß zur Seite und reichte seine Hand dem Saldeene. Es ging alles sehr schnell, denn plötzlich fiel auch er über Bord, und so stürzten beide Männer 2.000 Meter in die Tiefe.
Der Kapitän sah die beiden fallen, doch er war in seinem Geist viel zu sehr damit beschäftigt, wie die beiden wohl durch eine geniale Erfindung den Sturz überleben könnten. Er schrie ihnen nach: „Was für eine Kraftverschwendung! Wenn sie doch nur auf ein Gerät fallen würden, das die Schwerkraft aufhebt."
Ich erfuhr von dem Unfall durch den von mir ernannten Gouverneur. Er unterrichtete mich davon, dass er dem Kapitän das Kommando über das Vailx entzogen habe und ihn durch einen anderen Mann ersetzt hatte.
Der Saldeene war der Vater von Lolix gewesen, und so entschied ich mich, ihr die traurige Botschaft selbst zu überbringen. Ich war überrascht, als sie mir ruhig zur Antwort gab:
„Aber ich bitte Dich, in welcher Weise soll mich diese Nachricht treffen?"
„Aber er war doch Dein Vater", begann ich zu argumentieren, doch sie unterbrach mich:
„Mein Vater! Ich bin sehr erfreut. Ich, die ich den Mut liebe, empfinde nur ein Gefühl von Scham gegenüber der Art und Weise, wie er starb." Sie schrie diese Worte heraus und fügte hinzu: „Puh! Ich gebe einem Feigling nicht den Namen Vater!"
Total geschockt drehte ich mich um, ohne ein Wort zu sagen, nicht in der Lage Worte zu finden, und Lolix bemerkte dies, kam zu mir und legte ihre kleine weiße Hand auf meinen Arm und schaute mich auf eine Art an, die mich direkt in ihre wunderschönen blauen Augen blicken ließ.

„Mein Herr, Zailm, Du siehst mich so bedrückt an. Warum? Habe ich etwas gesagt, das Dich schockiert hat?"
„Gott im Himmel!", schrie ich sie an, „Was soll mich denn bedrücken? Sicherlich gar nichts, Prinzessin."
Sie nahm meinen Arm und ging neben mir her. Diese kleine Erfahrung war der Beginn eines sehr langen Abenteuers, lieblich für eine gewisse Zeit, welche aber in einer Tragödie endete. Wie der Phönix, der Jahrtausende später wieder aus der Asche steigt. Die Wahrheit ist: *Das Böse, das die Menschen tun, müssen sie später wieder durchleben.*
Ich war nicht abgestoßen von Lolix, denn die Herzenskälte kam sicherlich von ihrer Kultur. Sicher, ich konnte es nachempfinden, doch anstatt mich wütend von dem jungen Mädchen abzuwenden, versuchte ich, ihr ihre Grausamkeit des Herzens, die so viel Offensive mit sich brachte, vor Augen zu führen. Ganz den Gebräuchen ihres Volkes entsprechend, fragte Lolix mich, ob ich sie heiraten wolle. So angenehm es auch war, dieses junge Mädchen zu sehen, wie sie um meine Freundschaft rang, war es mir doch nicht möglich, ihren Antrag anzunehmen, denn ich liebte ja Anzimee. Um jeder Komplikation aus dem Weg zu gehen, hatte ich Lolix nichts von meiner Liebe zu meiner zarten Schwester erzählt. Aber ich tat noch etwas viel Schlimmeres. Ich sagte ihr, dass das Gesetz es verbot, sich mit einer Ausländerin zu vermählen.
„Gibt es denn keine Ausnahmen?", fragte sie mich.
„Nicht eine einzige! Sonst droht die Todesstrafe."
Das war die zweite Lüge, denn die Todesstrafe gab es auf Atlantis nicht. So stand es geschrieben in den Gesetzen des Maxin.
„Na gut. Es ist auch nicht so wichtig. Du bist jung, neugierig, mutig und schön. Deswegen liebe ich Dich. Wenn es Gesetz ist, können wir es ja umgehen. Keiner braucht es zu wissen."
Die letzte Hürde war gefallen und mein Gewissen eingeschlafen. Meine Gefühle für Anzimee wurden auf die Seite geschoben. Dachte ich noch an den Pitach-Rhok, an meine Tage ohne Sünde und an den mysteriösen Fremden, dem ich voller Respekt zugehört hatte? Ja, ich dachte daran und fragte Incal:

„Incal, mein Gott, wenn ich dabei bin in Deinen Augen, in den Augen des Gesetzes und des heiligen Bundes, einen Fehler, zu begehen, schlage und töte mich, bevor ich diese Sünde begehe.“
Incal schlug mich, zwar nicht jetzt, aber Jahre später. Er schlug mich nicht sofort. Mein Gewissen schlief deshalb um so besser, und meine Leidenschaft erwachte.

KAPITEL 20

Doppelzüngigkeit

Das Jahr, in dem mir das Studium untersagt war, ging ohne sonderliche Zwischenfälle vorüber, außer dass mein Leben durch das Zusammensein mit Lolix komplizierter wurde. Meine Zuneigung für Menax war fast genauso groß wie die seine zu mir. Doch ich erzählte ihm nichts von meinem Verhältnis mit Lolix, das immer schwerer zu ertragen war, je mehr Zeit verging. Es wäre besser gewesen, wenn ich ihm alles gesagt hätte, aber ich traute mich nicht, denn das hätte bedeutet, das ich alles verloren hätte, was mir lieb war. Zumindest hatte ich Angst davor. Nach und nach begann ich, an meiner Position zu zweifeln. Liebte ich diese stolze, junge Frau? Nein, nicht so wie ich Anzimee liebte. Oh, Incal! Mein Gott! Ich belog mich selbst in meiner Angst. Mein Gewissen schlief immer noch, aber mit einer steigenden Unruhe. Die Tatsache, dass Anzimee meine Adoptivschwester war, wäre kein Hindernis für unsere Heirat gewesen, denn wir verstießen nicht gegen das Gesetz der Blutsverwandtschaft. Aber meine Tat versperrte uns den Weg.

Ich hatte den Plan, Lolix in einem weit entfernten Palast unterzubringen, in einem Viertel, das am anderen Ende der Stadt lag. Ich führte den Plan durch, ohne großes Aufsehen oder die Eifersucht von Lolix zu erregen – Doppelzüngigkeit, Doppelzüngigkeit!

Wenn sie geahnt hätte, dass Anzimee gar nicht meine Blutsverwandte war, wäre sie zur Gefahr geworden. Da sie aber nicht mehr im Palast anwesend war, wollte ich Anzimee bitten, mich zu heiraten. Aber meine Tage füllten sich mit Sorgen, denn ich hatte Kohle ausgesät. Wenn das Schlechte überhandnimmt, bringt dies Sorgen und Bitterkeit mit sich.

Lolix konnte nicht mehr von mir lassen, und ich hatte nicht den Mut und die Willenskraft, sie zu verärgern. In einer solchen Lage musste man immer Angst haben, dass die Naturgesetze die Tatsache bestätigten und meine Hoffnungen zerstörten. In meiner Seelenangst schrie ich oft heraus, dass

ich ein miserabler Nichtsnutz sei, doch mein Gewissen schlief weiter. Ich hatte jedoch einen Charakter, der es mir nicht erlaubte, vor einer Gefahr zurückzuschrecken. Ich war in einen Kampf gegen das Böse involviert, na gut! Ich beschloss, Lolix zu beseitigen, doch ich musste es langsam angehen, denn ein Kind war geboren worden durch unsere Sünde. Weil ich aber keinen Mord begehen wollte, brachte ich es zu einer Amme. Dieser Plan wurde auf eine glückliche Art und Weise durchgeführt und ohne dass einer der beiden gelitten hätte.
Aber wie könnte ich Lolix loswerden, diese liebenswerte Frau? Es blieb mir nur ein Jahr Zeit, bevor ich mein Examen an der Universität machen würde. Ich wusste, dass Anzimee meine Liebe erwiderte. Wenn ich mein Diplom bekam, hoffte ich, sie fragen zu können, ob sie mich zu einem der glücklichsten Männer des Landes machen würde.
Am Abend, oder besser gesagt am Ende des Nachmittags, gefiel Anzimee nichts besser, als im Garten des Palastes spazierenzugehen, allein, mit Menax oder mit mir. Sie liebte es, unter den Palmenblättern und den Ranken des wilden Weines zu spazieren, die wie ein langer Tunnel durch den Garten führten und unter denen es herrlich frisch war. Kannst Du verstehen, dass meine Seele in diesen Momenten ihre Sünde und Traurigkeit vergaß?
In bezug auf Lolix zögerte ich meine Handlungen so lange heraus, dass ich fürchtete, etwas anderes zu tun, als der Natur ihren Lauf zu lassen. In Wahrheit verlor ich meinen Glauben an meine Fähigkeit, das gefährliche Problem zu lösen, und machte es somit noch schlimmer. Und Lolix zu vergessen, war mir nicht möglich. Ich konnte es nicht und verspürte auch keine Lust dazu. Ich war sehr oft mit ihr zusammen. Mit einer seltsamen Blindheit gegenüber dem Bösen teilte ich meine Freizeit mit ihr und Anzimee.
Ich befürchtete manchmal, dass Mainin und Gwauxln über mein Geheimnis Bescheid wussten. Sie wussten tatsächlich Bescheid, denn ihr okkultes Wissen war zu sehr ausgebildet, als dass ihnen eine solche Tat entgangen wäre. Doch sie unternahmen nichts. Mainin, der Hohepriester, sah mit großem Vergnügen zu, wie unsere Sünde immer mehr zum Geheimnis wurde. Gwauxln, dem es nicht egal war, sagte

nichts dazu aus Nächstenliebe. Er wusste, dass mein Karma für mich eine schwere Strafe bereithielt, die schlimmer als jede menschliche Strafe sein sollte, und er wollte es durch sein Einmischen nicht noch verschlimmern. So blieb das Geschwür versteckt vor den Augen der Öffentlichkeit, nur was ich nicht wusste, war, dass mein nobler Herrscher mein Verhalten wie ein trauriger Zuschauer beobachtete. Ich bin auch nicht mehr verwundert über sein beunruhigtes Verhalten, was mich betrifft, in den letzten Jahren meines Studiums. Anzimee hatte ihr Examen verschoben, um das Studium gleichzeitig mit mir beenden zu können. Sie bestand es mit Auszeichnung, und es wurde ein großes Fest gefeiert.
Der Kaiser lud ein zum Essen, Tanzen, ins Theater und zu Konzerten, und das alles zu Ehren der neuen Diplomierten. Beim Staatsessen wurde Anzimee zum Stern des Abends ernannt, was heute soviel ist wie die Königin eines Balles. Sie trug ein Kleid aus grauer Seide, das an den Schultern durch eine Brosche aus Saphiren und Rubinen gehalten wurde, und eine wunderschöne Rose hielt ihr schwarzes Haar zurück. Ich wusste, dass der Kaiser seine Nichte zu Tisch bringen und ihr Kavalier sein würde, und so nahm ich den Arm von Lolix. Ich konnte es, denn die Studenten, die ihr Examen gemacht hatten, durften in Begleitung ihrer Wahl erscheinen. Mir zuliebe hatte Lolix vor drei Jahren ein Studium begonnen, und nachdem die Primärschule geschafft war, befand sie sich nun im zweiten Jahr an der Universität. Ich begann, stolz auf sie zu sein, und hatte sehr starke Gefühle für sie. Wie hätte es anders sein können nach alldem, was sie für mich aufgegeben hatte. Ich saß nicht weit weg von Gwauxln, und mir fiel auf, dass er mich den ganzen Abend beobachtete. Gegen Ende des Abends ging er an mir vorbei und murmelte nur: „Oh, Zailm! Zailm!"
Wie Du Dir vorstellen kannst, beunruhigte diese Bemerkung meinen Geist. Letztendlich verging der Abend wie alle anderen, ohne dass neue Sorgen hinzukamen. Als ich den großen Saal des Agacoe-Palastes mit Lolix verließ, bemerkte ich, dass ihre Schönheit viele Blicke auf sich zog und die Herren der oberen Klasse sich nach ihr umdrehten. Sie hatte viel Anmut und ein so charmantes Gesicht, ein sicheres Auftreten und etwas noch viel Besseres: einen unschlagbaren

Charakter. Ihre Herzenskälte war verschwunden, und sie wurde sehr zart nach der traurigen Erfahrung ihrer geheimen Mutterschaft. Sie durfte nicht zugeben, dass sie ein Kind hatte, und so erfuhr sie auch nicht die Freuden einer jungen Mutter.
Sie hatte viele ernstgemeinte Heiratsanträge bekommen, doch sie hatte alle zurückgewiesen. Und da sie nun informiert war, wusste sie, dass ich sie in bezug auf eine Heirat angelogen hatte. Sie litt sehr darunter, doch sie blieb unserer Liebe treu. Sie hütete unser Geheimnis gut, alleine schon wegen mir, obwohl ich es überhaupt nicht verdient hatte.
Als ich sie anschaute, wusste ich, dass ich sehr stolz auf sie war, aber Anzimee bedeutete mir mehr, und so nahm die hässliche Tragödie ihren Lauf. Ich wusste, dass Lolix durch die Liebe zu mir ihre Herzenskälte verloren und begonnen hatte, sich für das Leid anderer zu interessieren. Und anstatt ein schöner Dornenzweig zu bleiben, wurde sie eine wunderschöne Rose mit wenig Stacheln.
Hatte ich wirklich ein Gewissen? Verdiente ich es, diesen Namen zu tragen? Und hatte sie es nicht verdient, vor aller Welt vorgestellt zu werden als meine Frau? Ich kann nicht mehr sagen, dass mein Gewissen schlief. Es hat niemals existiert, aber wird in einer anderen Zeit geboren werden und wachsen. Die Rache des Richters hielt den Schlag noch zurück, mit dem er mich später niederstrecken würde.

KAPITEL 21

Der Fehler seines Lebens

Vergleichen ist ein gutes Gehirntraining – für den Leser und für mich auf der einen Seite und für Anzimee und Lolix auf der anderen. Ich befand mich in einem Zustand, in dem die Seele mich antrieb, die beiden Frauen analytisch zu vergleichen.
Warum war mein Verlangen so unumstößlich, Anzimee und nicht Lolix heiraten zu wollen? Beide waren sehr edel, die erste von Natur aus und die zweite, na ja..., auch von Natur aus. Lolix zeigte eine zarte Nächstenliebe. Ich war an einen Punkt gelangt, wo ich spürte, dass das Unglück anderer Menschen ihr nicht mehr gleichgültig war.
Beide Frauen waren geläutert, intelligent und sehr schön, doch so unterschiedlich wie eine blühende und eine weiße, glatte Rose. Anzimee war ein poseidisches Mädchen von Geburt an und Lolix nur adoptiert. In einer Sache waren sie jedoch nicht so unterschiedlich, nämlich in ihrem Gespür für Wahrheit, Güte und Schönheit.
Die Beziehung zwischen Lolix und mir war sündig, aber Lolix war mir deswegen nicht weniger wichtig, weder bezüglich meiner Verantwortung noch in bezug auf meine Liebe zu ihr. Ihre Begleitung war ein Teil meines Lebens. Wenn ich traurig und mutlos war, half sie mir mit ihrer Sympathie und Unterstützung. Meine Ängste waren auch die ihren, und meine Freuden waren ihre Freude. Sie war in allem meine Frau, obwohl sie nicht meinen Namen trug. Aber warum tat ich es nicht? Weil das Karma es anders wollte!
Ich liebte aber auch Anzimee, und so bediente sich das Karma dieser Liebe, um Lolix und mich nicht zu vereinen. Ich muss zugeben, dass Lolix alle Qualitäten besaß, mich glücklich zu machen, und doch fehlte etwas, was mich daran hinderte, sie zu heiraten. Lolix hatte kein Wahrnehmungsempfinden, das es ihr erlaubt hätte, den Zusammenhang zwischen dem Endlichen und Unendlichen zu verstehen. War meine Schlussfolgerung absurd? Keineswegs. Meine Seele suchte

gierig diese Gabe bei ihr, aber fand sie nicht, wohingegen ich sie bei Anzimee fand. Diese Suche selbst zeigte ein Wachstum in mir, einen zarten Samen, der interessiert war an dem okkulten Leben der Söhne der Einsamkeit, Samen der Worte Ernons, Kaiser von Suernis, die einige Jahre zuvor zu wachsen begannen. Wenn dieses schwache Interesse für das okkulte Leben einen solchen Fehler in meinem Leben hervorrief, glaubt Ihr bestimmt, dass ein stärkeres Interesse den totalen Verlust meiner Seele bedeutet hätte. So ist es aber nicht. Die Katastrophe kam daher, weil ich nicht mit ehrlichem Herzen meine Ideale vertrat. Wie in der Geschichte der Frau von Loth – sie wäre niemals zu einer Salzsäule erstarrt, wenn sie nicht so neugierig gewesen wäre, doch sie hatte einem höheren Impuls gehorcht.

Lolix hatte nicht die leiseste Ahnung von diesem psychischen Bindeglied zwischen den Dingen auf Erden und den Dingen der Ewigkeit, ich hatte es. Und ich wusste, dass Anzimee es hatte, weswegen ich mein Leben so einrichtete, dass ich sie mit einbezog und Lolix ausschloss. Dadurch beging ich gegen mich selbst und gegen meine Auffassung von Gott eine gefährliche Ungerechtigkeit. Diese letzte Bemerkung ist eigentlich übertrieben, denn keine Kreatur kann der Unendlichkeit Unrecht tun.

Aber das Karma lag auf der Lauer wegen des Bösen in meinem Leben. Es verlangte eine Begleichung und bekam jeden Cent zurück. Worte können das Leiden der Sühne nicht beschreiben. Ich wage es nicht, es zu versuchen, und wäre schon zufrieden, wenn einige wenige Leser es verstehen würden. Vielleicht hält es sie von der Sünde ab, wenn sie sich dessen gewiss sind, dass es für begangene Übel keine stellvertretende Sühne und kein Entkommen vor der gerechten Strafe gibt.

Die Gesetze des einzigen Gottes sagen: Solange ein Mensch nicht der Versuchung widersteht, soll er auch kein Erbe meines Lebens sein. Er wird nicht sein wie Gott, noch soll er mein Sohn sein. Es gibt nur einen Weg zum Ziel, und das ist das immer wiederkehrende Eintauchen in das materielle Leben, solange bis die Fehler des persönlichen Willens dem göttlichen Willen weichen.

Es ist nicht möglich, ein begangenes Übel ungeschehen zu machen, und ich werde Dir zeigen, warum. Kein anderer kann für Dich das Atmen übernehmen. Die Wiedergeburt, das immer wiederkehrende Gefängnis unserer Seele in realen Körpern, ist nichts als Sühne. Wenn Du in seinem Namen frei geworden bist, wenn Du seinen Weg beschritten hast und statt ein Sklave Deiner Begierden ihr Meister geworden bist, dann hast Du die Sünde gebüßt. Dann gibt es für Dich keine Wiedergeburt in das Gefängnis des Todes mehr, das man fälschlicherweise Leben nennt. Es gibt keinen anderen Weg, zumindest hat der große Meister keinen aufgezeigt.
Um meine dunkle Vergangenheit zu büßen, musste ich in diese Welt der Sünde, der Traurigkeit, der Krankheit und des Schmerzes zurückkehren, wo wir enttäuscht werdet von unseren feurigen Begierden des namenlosen Friedens. Ich musste nach 12.000 Jahren auf die Erde zurückkommen, weit weg von dem Haus des Vaters, mich von dem Abfall, den man Freude nennt, ernähren, Fieber und Schmerzen meiner enttäuschten Hoffnungen ertragen. Ist das nicht Sühne genug? Ich muss Ihm aber noch ein wenig dienen, und da es für die Liebe ist, tue ich es gerne.
Manche Seelen werden noch härter bestraft als die meine, wenn sie nicht bereit sind, auf dem Weg der Sünde kehrt zu machen. Was für ein Los willst Du? Der Wille ist der einzige Weg zum Wissen des Geheimen. Wer immer es möchte, wird das ewige Leben erfahren. Aber der Wille des Erfolges muss stärker sein als die Begierde, so wie frische Luft die eingeatmete Luft in den Lungen ersetzt; so wie die Atmosphäre uns wiegt, und einmal eingeatmet wird unser Atem mit dem gleichen Willen des Geistes umgeben. Und wenn er in ein entschlossenes Herz eindringt, das der Schlange widersteht, wird es nicht zulassen, dass wir einen Fehler machen.
Aber Lolix und ich nahmen diesen Atem nicht an; unser schlechter Wille umgab uns. Oh, die Fehler und das Leiden der verlorenen Jahrtausende, verloren und wieder gefunden durch unseren letztendlichen Sieg. Es tut mir leid, einen solchen moralischen Fehler begangen zu haben, der meinen

Charakter verdorben hat, selbst wenn es schon 12.000 Jahre her ist.
Der Wille ist der einzige Weg zu Christus.

Ich komme zurück auf meinen Entschluss, mich von Lolix zu trennen und stattdessen Anzimee vor aller Welt zu heiraten. Ist es nicht unerträglich, daran zu denken, wie berechnend ich dachte, obwohl ich wusste, wie Lolix zu mir stand? Ich dachte, dass die Liebe zu mir stark genug war, das Geheimnis unserer Sünde nicht preiszugeben. Wie konnte ich nur! Ich wusste doch, dass Lolix nichts Halbes tat. Sie gab sich mir hin, hätte meine Zweifel nie verraten, auch wenn sie gewusst hätte, dass es eine andere gab. Die Gesellschaft warf keine Schmach auf eine betrogene Frau.
Meinem Plan folgend, wollte ich von Anzimee hören, dass sie mich liebte. Danach wollte ich Lolix alles gestehen, ohne Auslassung, und um ihre Zustimmung bitten. Selbst nach Jahrtausenden, selbst jetzt wo alles in Ordnung ist – Gott sei gedankt – wundere ich mich immer noch beim genaueren Betrachten dieses Anteils aus dem Leben von Zailm, dass dieses Bekenntnis keine Spur von Verbrennung auf dem Papier hinterlässt, auf dem es geschrieben ist. Die moralische Schande ist eine schreckliche Sache. Obwohl mir bewusst war, dass ich eine schlechte Tat beging, so hatte ich jedoch nicht die leiseste Ahnung ihrer grässlichen Schwärze.
Lieber Leser, kannst Du Abstand zu dieser schrecklichen Tat halten und nicht das Interesse an der Liebe verlieren, die ich für Anzimee empfand, während ich selbst die Augen vor dem Fehler meines Lebens geschlossen hielt? Es hat vielleicht keinen Sinn, es zu versuchen, aber die Erfahrung hat mir gezeigt, dass man sehr weit gehen und auch vergessen kann, wenn man etwas nicht vor Augen hat. Man kann lachen und lachen und bleibt doch ein Gottloser. Es ist gut zu lachen, wenn das Geschehene weit zurückliegt, sehr weit; wenn alle erlöst sind und derjenige kein Gottloser mehr ist. In all den Jahrtausenden, die alle meine Leben beinhalten, von denen ich jedoch nur einen kleinen Ausschnitt zeigen werde, ziehe ich einen Schluss, nämlich dass diese ermüdende Pilgerschaft mich viel gelehrt hat, und ich bete zu meiner Seele, dass auch

Ihr daraus etwas gelernt habt. Denn ich schmachte nach meiner Erlösung und nach dem Tag, an dem ich in das gesegnete Reich eintreten werde, dann werden meine Augen sehen und meine Ohren hören... (Apokalypse, III-7).
Eins solltest Du wissen, mein Leser, wenn Du Dich von meinen Aussagen abwendest, wenn Du Seinen Weg von Dir weist und Ihm nicht folgst, schließt Du mich von dem großen Frieden aus, bis Du aufhörst, gegen Seinen Geist zu kämpfen, und sehen wirst, dass Er mehr ist als nur ein Hindernis. Ich arbeitete und opfere mich, damit Du den Weg kennenlernst und ihm folgst – einige von Euch werden zu Ihm zurückkehren und sich mit Ihm vereinigen.
Obwohl die Bewohner der Erde die Worte des Erlösers kennen, ist die Erde der einzige Planet im Universum, der Gott verleugnet. Allmächtiger, Allmächtiger! Einer hasst den anderen, und in ihren Herzen herrscht die Schlange. Glaubt nicht, dass ich eine bildhafte Sprache benutze, wenn ich das Wort Schlange benutze. Die Analytiker, die über ein Mikroskop gebeugt sind, wissen es. Wer auch immer fleischliche Gelüste aussät, wird das Verderben der Fleischeslust ernten, aber derjenige, der den Geist des Lebens aussät, bekreuzigt die Fleischeslust mit seiner Liebe. Einige werden ihre Augen und Ohren schließen und die Botschaft, die ich von Ihm erhalten habe, nicht annehmen wollen. Aus diesem Grund wird die Aussaat des ewigen Lebens ihre Seelen ausschließen, und sie werden sterben. Aber jene, die in allen Dingen Seinem Weg folgen, werden nicht ausgeschlossen werden. Es ist der Reine und Wahre, der hier spricht. Haltet Euer Licht bereit zum Dienen, seid die jungfräulichen Wissenden und nicht die jungfräulichen Verrückten.

KAPITEL 22

Der Vorschlag Zailms und das Karma beginnt

Meine Gedanken waren besessen von der Frage, was eigentlich wichtig für mich war: Wie sollte ich meinen Heiratsantrag an Anzimee formulieren? Diesen Gedanken machen sich alle Liebenden, egal welcher Rasse und egal welcher Nation sie angehören, wenn die Eltern nicht die Aufgabe übernehmen, den Ehepartner auszuwählen.
Ich wählte eine gute Zeit und machte mich auf die Suche nach Anzimee. Ich war etwas verwirrt, als ich hörte, dass sie sich im Roxoi aufhielt, einem der drei Paläste, die dem Kaiser zur Verfügung standen, aber selten genutzt wurden.
Lolix wohnte im Roxoi, seitdem sie den Palast von Menax verlassen hatte. Aber ich wollte Anzimee sehen, und nichts hätte meine Meinung ändern können. Während der 70 Kilometer, die Roxoi entfernt lag, dachte ich über die neue Situation nach. Ich wusste, dass die beiden jungen Mädchen befreundet waren, was die Sache noch komplizierter machte.
Im Roxoi angekommen, traf ich Anzimee im Garten an, wo sie nahe bei einem kleinen Wasserfall saß. Als ich mich ihr näherte, fragte sie überrascht: „Wo ist denn Lolix?“„Wo?“, wiederholte ich, „ich weiß es nicht, man sagte mir, sie sei mit Dir zusammen.“ „Sie war auch hier, aber sie nahm mein Vailx und flog weg und sagte, dass sie Dich suchen würde, damit wir drei einen kleinen Ausflug machen könnten.“
Ich machte eine schnelle Berechnung. Es waren 70 km bis zum Palast von Menax und so blieben mir eine Stunde und 20 Minuten mit Anzimee. Das musste reichen. Ich setzte mich neben sie und legte ihre Hand in die meine. Ich hatte dies schon oft getan, hatte sie auch schon in den Arm genommen, doch dieses Mal war meine Absicht eine andere. Heute fühlte es sich an wie ein Stromschlag, als ihre Finger mich berührten, und sie kannte jede meiner Gefühlsregungen. Die Worte, die ich mir ausgedacht hatte, waren verschwunden, und anstatt sie wiederzufinden, sagte ich nur:

„Anzimee, glaubst Du, dass Worte meine Liebe zu Dir erklären können? Ich bin kein Meister der Worte, aber ich frage Dich, kleines Mädchen, willst Du meine Frau werden?"
Sie antwortete kurz und knapp: „Zailm, so soll es sein."
Der Leser kann sich das folgende denken. Die Fantasie eines jeden kann sich hierzu ein Bild ausmalen.
Als Lolix zurückkam, war ich schon fort, ganz ohne Eile. Sie war drei Stunden später zurückgekommen als angenommen. Ich war sicher, dass Anzimee ihre Freude mit Lolix teilen wollte, doch ich machte mir keine Sorgen, denn ich hatte absolutes Vertrauen in Lolix. So schwer der Schlag auch für sie war, sie hätte unser Geheimnis niemals verraten.
Wie vorhergesehen, erzählte ihr Anzimee von meinem Antrag und dass sie angenommen hatte. Nachdem sie alles gehört hatte, sah Lolix ihre Freundin einen Moment lang an und fiel mit einem Schlag zu Boden. Als sie wieder zu sich kam, schob sie ihre Ohnmacht auf die Nervosität. Sie wirkte so ruhig, dass Anzimee ihren Worten glaubte. All dies war gegen Abend geschehen. Anzimee, die so glücklich war, sah ihre Freundin im Bett liegen, schickte die Diener weg, wartete, bis sie eingeschlafen war, und kam nach Hause.
Von all dem erfuhr ich erst am nächsten Morgen. Ich dachte, dass es wohl das beste wäre, sofort mit Lolix zu sprechen, um die volle Wucht des Schmerzes zu mildern und ihren Ängsten ein Ende zu machen. Arme getäuschte Sterbliche. Ich begab mich nach Roxoi, denn ich hatte Lolix davon unterrichtet, dass ich mit ihr sprechen wollte. Sie kam, und als ich sie sah, wirkte sie zehn Jahre älter als beim letzten Mal. Sie sah blass und müde aus und hatte schwarze Ringe unter ihren wunderschönen Augen, die sich mit Tränen füllten, als unsere Blicke sich kreuzten. Ich dachte: Armes Mädchen, doch was soll ich tun? Mein Gewissen war etwas gerührt, doch der Schock war nicht sehr groß, denn es waren die Sünden, die groß waren und unsere Seelen betäubten.
Sie sprach zuerst:
„Oh, mein Geliebter, warum hast Du das getan? Glaubst Du, dass ich das überlebe? Ich weiß schon sehr lange, dass kein Gesetz unsere Heirat gehindert hätte. Ich habe darauf gewartet, dass Du das tust, was richtig gewesen wäre, nämlich

mir Deinen noblen Namen zu geben. Aber… oh Incal, mein Gott…!"

Diesen letzten Ausruf stieß sie mit einem tiefen Schluchzen hervor, doch sie kontrollierte sich sehr schnell und sprach mit einer ruhigen, aber schmerzerfüllten Stimme weiter:

„Zailm, ich liebe Dich auch jetzt noch zu sehr, um Dir Vorwürfe zu machen. Ich gehöre Dir und Du kannst mit mir machen, was Du willst. Ich widme Dir mein Leben schon seit langer Zeit. Ich schenkte Dir ein Kind, und Du hast es in ein Haus gebracht, wo niemand wusste, woher es kam. Ich habe noch mehr getan. Es gab noch ein anderes…, oh Incal, verzeih mir, dass ich es selbst in das Navazzamin schickte, damit Dich niemand beschuldigen kann. Und jetzt schiebst Du mich auf die Seite, mich, die Du zärtlich „meine Geliebte mit den blauen Augen" nanntest, mich, die ich dich mehr liebe als mein Leben, mich schiebst du auf die Seite. Oh Gott, warum muss ich so leiden? Warum trifft es mich so hart?"

Sie fing an zu weinen – ein Sturm aus Tränen, den ich nicht aufhalten wollte, denn ich wusste, dass es heilsam war zu weinen. Hatte sie mich so geliebt? Verrückt, dass ich es nicht an ihren Handlungen sah, die mehr aussagten als jedes gesprochene oder gedachte Wort. Dieses Mal wurde mein Herz schwer getroffen, ich betete, betete, dass Gott mir vergeben möge, und ich betete für Lolix. Aber es war zu spät. Mein Gewissen war endlich aufgewacht, bereit zuzuschlagen, wie die Minerva von Jupiter, bewaffnet für den Kampf.

Als Lolix sich wieder beruhigt hatte, sprach sie mit gebrochenem Herzen, aber in einem sehr berührenden Ton, einem Ton, den ich nie zuvor gehört hatte:

„Zailm, ich verzeihe Dir. Selbst jetzt werde ich Dich nicht verraten, denn wenn ich jemanden liebe, dann bis in den Tod und selbst danach, denn die Liebe überlebt das Grab. Wenn Du gekommen bist, um Dich von mir zu trennen, soll es so sein. Aber bitte gehe sofort, denn sonst werde ich verrückt. Mein Schatz, ich bete zu Incal, dass Du in Deinem neuen Leben glücklich wirst. Doch wenn es nicht so ist, erinnere Dich daran, dass ein Herz für Dich schlug, das Dich liebte und vielleicht ehrlicher war als Deine neue Liebe. Ich werde nicht lange genug leben, um einen Schatten auf Deinen Frieden zu

werfen. Denn vor Incal bin ich Deine Frau. Küsse mich einmal so, als ob ich wirklich Deine Frau wäre vor Incal und aller Welt, und wenn es mich dann nicht mehr gibt, musst Du meine Überreste dem ewigen Feuer übergeben."
Bei diesen Worten unterbrach sie, erhob sich und kam zu dem Platz, wo ich saß, legte ihre Arme um mich und verwickelte mich in eine verkrampfte Umarmung. Sie dauerte nur einen Moment, dann trafen ihre Lippen, kalt wie jene, die mit dem Tod im Bunde stehen, die meinen auf einen verzweifelten Mund. Sie löste ihre Umklammerung, blieb einen Moment stehen und verschwand.
So verließ sie mich. Ich blieb noch eine ganze lange Weile inmitten der Blumen im großen Palmengarten des Roxoi.

Die Blumen waren hell erblüht,
doch ein Wurm war darunter,
Der Mond gab all sein Leuchten,
aber seine Strahlen waren vernichtend,
Die Brise murmelte zart,
doch sie sprach vom Unglück,
und die Bitterkeit schwamm,
auf dem langsam fließenden Strom.

Das Karma nimmt seinen Lauf

Heute abend sollte die bevorstehende Hochzeit mit Anzimee vom Hohepriester Mainin im großen Tempel bekanntgegeben werden. Für Hochzeiten in den oberen Rängen gab es diesen Brauch, um es dem Volk publik zu machen. Wenn es jedoch an einem solchen Tag einen Todesfall gab, musste die Zeremonie um ein Jahr verschoben werden. Auf jeden Fall musste nach der Bekanntmachung noch einen Monat gewartet werden, bevor die Hochzeit vollzogen werden konnte. Aus persönlichen Gründen wünschte Mainin jedoch, dass Anzimee gar niemanden heiraten sollte. Aber da er in dieser Angelegenheit keine Macht über Anzimee hatte und sie auch nicht ausreichend kannte, behielt er seinen Wunsch für sich.

Zur vorgegebenen Stunde präsentierten Anzimee und ich uns vor dem Priester Mainin. An unserer Seite befanden sich Kaiser Gwauxln und Menax. Auf unsere Gruppe von fünf Leuten schauten die Augen einer riesigen Menschenmenge.
Mit klarer und überlegter Stimme sprach der Priester ein Gebet zu Ehren Incals. Inmitten des Gebets glitt eine Frau schnell durch das Dreieck auf den Platz des Lebens, wo sich das Feuer von Maxin befand. Es war Lolix, die noch immer alle Blicke auf sich zog und immer noch unermesslich stolz war auf das, was sie war. Abgesehen von dem furchterregenden Blick in ihren Augen konnte ich nichts Außergewöhnliches an ihr feststellen. Aber es war offiziell verboten, diesen Platz zu betreten. Alle Blicke waren auf sie gerichtet, denn ihr Auftritt bedeutete, dass sie einen Appell an den Kaiser vorhatte.
„Was wünschst Du?", fragte Gwauxln. „Mein Kaiser, in Saldan, meinem Geburtsland, ist es Sitte, dass Mann oder Frau einen Heiratsantrag machen können. Ich erwählte diesen Mann, den Prinzen Zailm, wusste aber nicht, dass er meine Freundin liebte – wie konnte ich es auch wissen? Ich bitte Dich darum, das Aufgebot aufzuheben, wozu Du das Recht hast."
„Frau, es tut mir leid für Dich, doch die saldeenschen Bräuche sind nicht die gleichen wie in Atlantis. Ich gebe Deiner Bitte nicht statt."
Ich war wie gelähmt vor Angst, dass mein Vergehen aufgedeckt würde. Aber die Angst verschwand, als der schlanke, graziöse Körper von Lolix sich umdrehte und in der Menge verschwand. Dann wurde das unterbrochene Aufgebot erneuert, und Mainin sagte zu Anzimee: „Erklärst du, dass es dein Wunsch ist, diesen Mann zu heiraten?" „Ja, ich will."
„Und Du, Zailm, erklärst Du, dass es Dein Wille ist, diese Frau zu heiraten?" „Ja, wenn Incal nichts dagegen hat." Als ich diese Antwort ausgesprochen hatte, wurde die Zeremonie ein zweites Mal durch Lolix unterbrochen, die auf den Platz des Lebens trat, aber dieses Mal so hastig, als ob sie verfolgt würde. Sie hielt direkt gegenüber der ewigen Flamme an und sagte:
„Incal hat etwas dagegen. Siehe, Zailm, ich komme, um Dich zu heiraten, hier und jetzt. Der Gott der Verblichenen soll

unser Priester, dieser Dolch unsere Hochzeitsproklamation sein."

Eine Erklärung ist an dieser Stelle nötig: Mainin verließ den Heiligen Thron und ging mit Anzimee, Menax, Gwauxln und mir in Richtung Platz des Lebens. Dort stand ich ganz dicht bei Lolix. Als sie von dem Dolch sprach, waren ihre Worte ruhig, aber schnell ausgesprochen – es war die Ruhe des Wahnsinns. Den Geist verwirrt durch meine Handlung, stand Lolix da, mit ihren wunderschönen blauen Augen, gefüllt mit dem Licht des Wahnsinns. Ihre letzten Worte noch auf den Lippen, schlug sie ihre spitze Waffe gegen meine Brust. Ich fing den Schlag mit meinem Arm ab, der durch den kräftigen Stich durchbohrt wurde. Als sie ihn mit einem kräftigen Ruck herauszog, spritzte Blut auf den Granitboden. Bei diesem Anblick stieß sie einen schrecklichen Schrei aus: „VERRÜCKT; VERRÜCKT; VERRÜCKT!!!"

Und sie sprang mit einem Satz auf die Mitte des Platzes, wo sich das ewige Feuer befand.

Anzimee fiel in Ohnmacht. Menax sah wie versteinert mit an, wie mein Blut floss, während Gwauxln blass, aber ruhig zu einem Wächter sprach: „Nimm die Verrückte fest!"

Der Befehl des Kaisers erweckte die Aufmerksamkeit von Lolix. Sie sagte zu dem Soldat, der sich näherte: „Nein, halte mich nicht auf. Ich war verrückt, aber bin es nicht mehr. Wenn jemand mich berührt, werde ich ihn verfluchen und anschließend in der Flamme sterben."

Der abergläubige Wächter hielt inne, da er weder wagte, sie zu berühren, noch dem Kaiser gegenüber ungehorsam sein wollte. In seiner Aufregung wandte er sich dem Kaiser zu und wollte sich entschuldigen. „Schweig!", donnerte Gwauxln. Dann sagte er in freundlichem Ton zu Lolix: „Frau, komm her zu mir."

„Nichts dergleichen werde ich tun, mein Kaiser. Auf diesem Platz, neben dem Stein von Maxin, kann mir kein Leid angetan werden. Deswegen bleibe ich hier." Nachdem sie diese Worte gesprochen hatte, rückte sie ihren Turban zurecht, verschränkte ihre Arme, lehnte sich mit dem Rücken gegen den Stein und schaute den Kaiser ruhig an. Dieser machte keine Bewegung, sondern sah zuerst sie und dann mich an.

Lolix löste sich wieder von dem Stein. Der Priester Mainin, der wortlos dabeigestanden hatte, sagte jetzt: „Ja, Prinzessin von Saldan, hier sollst Du bleiben, und das länger als Du denkst!" Er hatte sehr ruhig, ja sogar sanft gesprochen, während er das unglückliche Mädchen ansah. Als er sich nach dem Kaiser umdrehte, sah er auf seinem Gesicht einen Ausdruck des Entsetzens. Er sah schnell wieder weg und beendete das Vorlesen des Aufgebots. Da ich zu sehr mit meinem blutenden Arm und auch mit Anzimee beschäftigt war, die sich nur teilweise und immer noch halb ohnmächtig auf mir stützte, hörte ich ihm kaum zu.
Als die Zeremonie beendet war, legte Gwauxln seine Hände auf unsere Köpfe und sagte:
„Es wird nicht nur ein Jahr vergehen, bevor ihr heiratet, sondern viel länger! Zailm, ich vergebe Dir Deine Sünden, soweit ich es kann, wegen der menschlichen Gesetze, die Du gebrochen hast. Was Deine Mitschuld betrifft, so mach Dir keine Sorgen." Er drehte sich zu Mainin um und sagte ernst: „Deine verfluchte Tat macht aus Dir und mir für immer Fremde. Jetzt erkenne ich Dich als den, der Du wirklich bist."
Mit diesen überraschenden und für die Zuhörer nicht verständlichen Worten verließ Gwauxln den Tempel. Der Hohepriester ging ebenfalls. Menax sah die unglückliche Ursache aller dieser Probleme und ging, neugierig geworden, nahe zu ihr hin und sprach sie zart an. Doch sie antwortete und bewegte sich nicht. Auch ich ging auf sie zu und sagte: „Lolix?" Sie gab immer noch keine Antwort und bewegte sich auch nicht. Ich berührte ihr seidenes Mieder, doch ich bekam einen Schock, der mich unvorbereitet traf. Ihr Mieder war so hart wie Stein. Ich berührte ihre Hand, auch sie war kalt und steif. Ihr Gesicht, sogar ihre Zöpfe waren steif. Lolix war nicht nur tot, sondern komplett versteinert. Wie im Traum, zu sehr überrascht, um entsetzt zu sein, aber immer noch von einer seltsamen Neugierde besessen, schlug ich mit meinem Knöchel gegen ihre Kleider und vernahm nur einen metallischen Klang. Ich griff nach einem Finger, er brach ab. Nun überkam mich eine Welle des blanken Entsetzens, und ich ließ den Finger auf den Steinboden fallen. Er zersplitterte wie ein zerbrechliches Stück Fels in tausend Teile. Ihre

goldenen Zöpfe, mit denen ich oft zärtlich gespielt hatte, hatten immer noch die gleiche liebliche Farbe. Der Teint von Lolix und ihre blauen Augen besaßen immer noch denselben natürlichen Glanz wie im Leben, nur dass ihr Körper aus Stein war und ihre Seele für immer von uns gegangen war. Ihr schöner Fuß, der unter dem Saum ihres Kleides hervorkam, war nicht nur versteinert, sondern war mit dem Steinboden, auf dem sie stand, fest verschmolzen.
Nun verstand ich alles. Diese verfluchte Tat war das Werk Mainins, begangen in dem Moment, als er Lolix ansah und zu ihr sprach. Er hatte sein okkultes Wissen missbraucht, und aus diesem Grund hatte Gwauxln ihn verflucht. Die Haut, das Blut und die Kleider von Lolix waren komplett aus Stein. Von dem armen, betrogenen und verlassenen Mädchen blieb nichts übrig als eine Statue aus Stein. Wenn niemand sie berührte, würde sie für Jahrtausende hier stehen, bis der Stein zu Staub zerfallen würde.
Die schreckliche Bedeutung dieser Tat erreichte letztendlich auch mein Gehirn. In diesem Augenblick wusste ich, wer ich war, und dieser Mord lag auf meiner Seele wie auch auf der von Mainin, der nur durch mein Vergehen die Gelegenheit dazu bekommen hatte. Selbst beim Ausbrechen ihrer Verrücktheit war Lolix mir treu geblieben. Sie erwähnte nicht ein Wort, das mich verraten hätte. Wenn Gwauxln alles wusste, und ich war mir dessen sicher, so hatte er mir verziehen, in dem Maße, wie es menschlichen Gesetzen möglich war. Er konnte sein Verzeihen jedoch nicht auf die Gesetze Incals ausweiten. Dieses Verbrechen, das verwandelt wurde in Karma, rollte vor mir her wie ein Ozean aus Sand. Diese heiße Wüste, die meine Füße verbrannte, musste ich komplett durchqueren, bevor ich den Weg der Glückseligkeit beschreiten durfte. Eine lange Zeit der Sühne erwartete mich. Ich schaute auf die stumme Form des Mädchens, das ich so geliebt hatte und immer noch liebte. Auch Menax begriff nun endlich die schreckliche Tat, nahm mich beim Arm und sagte: „Komm Zailm, lass uns nach Hause gehen."
Nach einem letzten Blick, erfüllt mit Gewissensbissen, gehorchte ich. Reue umgab meine Seele. Ich dachte, dass es mich glücklicher machen würde, Anzimee zu bitten, meinen

Antrag abzulehnen und ihr alles zu beichten, und danach, mit ihrem Einverständnis, Lolix zu meiner Frau zu machen. Aber letztendlich war es zu spät, alles wieder in Ordnung zu bringen, in diesem Leben. Ihre wie Sterne leuchtenden Augen würden mich nie mehr voller Liebe anschauen. Ich konnte nie mehr meinen müden Kopf auf ihre Schulter legen. Ah! Mein Gott! Was hatte ich doch verloren. Mein Leben war so erfüllt gewesen, wie der Globus es bei Vollmond ist.
Anzimee wusste nichts von der schrecklichen Wahrheit. Die plötzliche Verrücktheit ihrer Freundin war ein schwerer Schock für sie gewesen. Wenn es möglich wäre, ihr die Wahrheit zu verschweigen, war es besser, es zu tun. Alle drei, der eine majestätisch, die zweite verwundert und der dritte geplagt von Schuldgefühlen, machten sich auf den Weg nach Hause. Unser Zuhause? Ich spürte, dass das friedliche Heim nicht mehr das meine war. Das Leben war zu einer Wüste geworden, wo die Geister der Hoffnungslosigkeit und Reue herrschten. Über meinem Kopf ein Himmel ohne Mond, unter meinen Füssen, in der Nacht, heulte der Wüstensand. Lolix war gegangen, und eine Vision meiner Seele sagte mir, dass Anzimee mir nie gehören würde. Mit herabhängendem Kopf setzte ich mich in die Wüste meiner Tage und ließ die Geister um mich herum tanzen, ohne sie zu beachten.

KAPITEL 23

Ein Zeuge vor dem Kriminellen

Der Zustand des Geistes, der Seele und der Intuitionen ist das einzige, was wirklich existiert. Der heilige Johannes und der heilige Paulus waren genauso Söhne der Einsamkeit wie Jesus und alle Söhne Gottes. Hegel, Berkeley, Sterling, Evans und all die wahren Theosophen und Christen sind dabei, es zu werden. Sie sind einverstanden mit der Aussage der Alten, den unvergleichlichen Studenten der Natur, die da heißt: NUR DER GEIST IST REAL, ALLES ANDERE IST ILLUSION.

Wenn ein Mensch sich krank glaubt, wird er krank werden. Doch im Gegensatz dazu, wenn er guten Mutes ist, selbst im schlimmsten Unglück, wird er nicht wahrnehmen, dass die Welt um ihn herum nur Traurigkeit ist, was natürlich nicht richtig ist. Alles liegt in ihm selbst, und so kann sich die ganze Welt in Bitterkeit und Zorn verwandeln, wohingegen die anderen sie als Paradies sehen.

Unendlich viele Wochen irrte ich wie ein dummer Junge herum, und meine Seele wurde erdrückt von der Schwere meines Kummers, wie unter einer Ladung Blei. Eine Angst wie die meine hätte einen anderen, weniger ausgeglichenen Menschen in den Wahnsinn getrieben. Hatte Lolix das gleiche empfunden, für einen Moment einen solchen Schmerz? Wenn ja – und ich wusste, dass ihrer noch schlimmer gewesen war – musste Gott Mitleid haben mit diesem intelligenten, erlesenen und charmanten Mädchen, das so gelitten hatte, und das nur wegen mir.

Ich war versucht, mich umzubringen; aus dem Leben zu gehen durch die Hintertür. Ich befühlte oft die scharfe Klinge des Messers aus Kupfer, das mir der Oberaufseher der Mine geschenkt hatte. Wann hatte ich dieses Geschenk bekommen? Vier Jahre war es her, vier Jahre. Es kam mir vor, als wären es vier Jahrzehnte. Ganze Nachmittage verbrachte ich im Tempel, nahe bei der Flamme von Maxin. Ich träumte nur. Ja, es war ein Traum, ein folternder Traum, denn niemand hatte das Recht, sich in dem Tempel aufzuhalten, und es war nur

erlaubt bei bestimmten Zeremonien oder okkulten Veranstaltungen.
Anzimee durchquerte ab und an meine Wüste, sie sprach mir gut zu, spendete mir ihre Zärtlichkeit und versuchte, mich zu stärken, doch es war umsonst. Alle ihre Anstrengungen fielen wie Sonnenstrahlen auf einen trüben Meeresgrund, auf schwarzen Boden, wie man ihn manchmal im Wald sieht. Meine Freunde fingen an zu glauben, dass ihr Bemühen mir mehr schlecht als gut tat und ließen mich in Ruhe.
Alleine mit meinen Gewissensbissen nahm ich mein persönliches Vailx und entfernte das Naim, um von der Außenwelt abgetrennt zu sein. Dann, ohne jemanden von meinem Vorhaben zu informieren, entwischte ich bei Nacht und begab mich in die Lüfte. Ich flog manchmal so hoch, dass ich mich in der absoluten Finsternis befand, wo der Schweif des Neptuns sichtbar wurde. Der Luftkompressor und die Wärmegeneratoren schafften es kaum, die Atmosphäre im Vailx zu erhalten, um mein miserables Leben nicht zu gefährden. In anderen Momenten, immer noch alleine, tauchte ich ab, und hätte ich die Scheinwerfer angeworfen, wäre mir bewusst geworden, dass ich nicht alleine war, sondern umgeben von zahlreichen wunderschönen Fischen.
Aber meine Seele war finster – was nützte es mir, das Vailx zu beleuchten, denn obwohl ich Augen hatte, konnte ich nichts sehen. Furchtbare, bittere Angst zerschnitt meine Seele, durchstach sie spitz, so dass am Ende mein Körper seine Macht über sich selbst verlor. Ich schwebte über der Zeit und der Erde und verblieb in diesem Zustand für eine Zeit, die mir unendlich vorkam. Es schien, als existierten Licht und Wärme nicht in dieser schrecklichen Finsternis, sondern nur Dunkelheit und Kälte, die dem Tod ähnelten. Ich vernahm keinen Laut außer dem eines leichten Seufzens.
Für kurze Zeit durchstreiften rote Flammen mein Sichtfeld, verschwanden dann wieder und hinterließen eine Dunkelheit, die noch finsterer war als die zuvor. Dann, wie ein Schrei riesiger Schlangen, durchdrang ein fürchterliches Pfeifen meine Ohren. Ein wahnsinniger Schmerz gab mir den Eindruck, meine Seele würde sich auflösen. Schließlich hörten meine Nerven auf zu reagieren, und ich hatte keinerlei

Empfinden mehr. Eine völlige Starre überkam mich, so dass ich schrie: „Ist das der Tod?“ Nur ein Echo antwortete mir. Das Pfeifen hatte aufgehört, alles war ruhig.
Eine tiefe Angst überkam mich in dieser Einsamkeit, die so dunkel und kalt war. Ich nahm ein kleines Licht wahr, das die Finsternis noch erdrückender erscheinen ließ. Ich rief mit lauter Stimme, doch nur das Echo gab Antwort. Zwischen meiner Stimme und dem Echo schien eine Ewigkeit zu vergehen. Doch ich war erfreut, dass der Ort, an dem ich mich befand, Grenzen hatte. Ich war mir freigestellt, ihn zu verlassen. Also erhob ich mich, schnell wie ein Vogel, und flüchtete schneller als Gedanken es vermögen. Ich durchquerte die großen Berge bei Dunkelheit, ab und zu sah man einen Fels, der erleuchtet wurde von einem glühenden Schlund, doch ich sah kein einziges Lebewesen. In einem wirklichen Universum der Einsamkeit befand ich mich, alleine, oh, wie war ich alleine! Eine schreckliche Hoffnungslosigkeit bemächtigte sich meiner und ließ einen tödlichen Schmerz in mir keimen. Meine Augen waren trocken und meine Seele zermahlen. Diese Hoffnungslosigkeit war so schlimm, dass ich mir wünschte zu sterben. Ein vergeblicher Wunsch. Ich begann mich zu erinnern, dass ich einen Körper besaß. Wenn ich ihn wieder finden könnte, würde dies meinen Schmerz erleichtern. Mit der Schnelligkeit eines Lichtstrahls warf ich mich auf meinen leblosen und kalten Körper. Einzig und allein ein leichter Schein eines magnetischen Lichtes, das sich im Herznerv des Solarplexus und seitlich des Rückenmarks befand, war da. Aber neben meinem Körper fand ich, oh Incal, fand ich Lolix, die weinte und zu unserem Gott betete, mich zurückzubringen. Sie schien mein Zurückkommen nicht bemerkt zu haben. Sie suchte mich in meinem erkalteten Körper. Ich wusste in dem Moment, dass mein irdischer Körper nur deshalb noch existierte, weil die Seele dieser liebenden Frau sich für mich eingesetzt hatte. Ich konnte ihre Angst und ihr Bitten nicht länger ertragen. Ich stand dicht neben ihr. Ich berührte sie. Sie blickte nach oben, sah mich, schaute mich an, examinierte meinen Körper und sagte dann: „Zailm, bist Du es? Mein Liebster, oh mein Liebster. Nimm mich in Deine Arme, bevor

ich umfalle." Sie warf sich auf meine Brust, und in diesem Moment verschwand mein Körper und alles andere außer der Sandwüste, in der wir beide uns befanden… und vor unseren erschrockenen Augen erschien ein kleines zartes Baby, das kaum ein paar Stunden alt zu sein schien. Es kam auf uns zu und stieß einen jämmerlichen Vorwurf aus und ein Gejammer von Qual drang in unsere Ohren. Lolix fing an zu schreien: „Oh Incal, mein Gott, habe ich nicht schon genug gelitten? Muss es sein, dass mein totes Kind, mein umgebrachtes Kind, meine Seele peitscht? Zailm, Zailm, schaue Dir unser kleines Mädchen an, das ich aus Liebe zu Dir getötet habe."

Mein Herz erfuhr einen solchen Schmerz, dass ich glaubte, es würde aufhören zu schlagen. Ich war wie erstarrt und betrachtete das kleine Mädchen, das mir seine blutverschmierten Hände entgegenstreckte. Ich bückte mich, nahm es in die Arme und drückte seinen kalten Körper an mich, um es zu wärmen. Dann fing ich an zu weinen, ja, ich weinte große Tränen, die echt waren. Erfüllt von einer beklemmenden Angst sagte ich: „Lolix, Deine Sünde soll auf mich fallen, denn Du hast sie für mich begangen. Oh Incal, hab Erbarmen mit mir!"

Ein glorreicher Schein erleuchtete mit einem Mal die Szene. Der Träger des Kreuzes stand plötzlich neben uns, während wir unser Kind in den Armen hielten. Es war jener, den ich vor Jahren im Mondlicht an dem Brunnen getroffen hatte. Auf seiner Brust befand sich ein Kreuz aus Feuer, das sich erhob und sank wie lebendige Wellen aus Licht. Er sagte: „Hier bin ich, Du hast ganz oben um Erbarmen gebeten. Weil Du Mitleid mit dem kleinen Kind hattest, soll Dir Barmherzigkeit geschehen. Du bist auf mich zugekommen, und ich werde Dir Ruhe schenken. Doch der Friede wird erst mit Dir sein an dem Tag, wo Dein Herz triumphiert und dem Frieden Einlass gewährt werden kann. Deswegen musst Du in weiter Zukunft viel Leid ertragen und alle Deine Sünden zurückzahlen. Wenn Du zurückkehrst auf die Erde und bereit bist, aufs neue ins Jenseits zu schreiten, dann wirst Du von allen irdischen Bindungen befreit sein. Bevor Du also etwas bekommst, musst Du geben. Jemand, der sich an einem anderen versündigt, entfernt sich von meinem Weg. Du musst zuerst Dein Herz mit dem meinen in Einklang bringen und in das Reich des Unheils zurückkehren, nicht mit dem physischen Körper, sondern mit dem geistigen. Dort musst Du Deine Opfer finden, Dich mit ihnen auseinandersetzen und sie von dem Ort wegbringen, wo Du sie hingebracht hattest. So nimmst Du ihnen die Last von den Schultern, die Du ihnen aufgebürdet hast. Du musst sie für sie tragen, bis ihre Seelen dem Ratschlag Deines Geistes folgen und sie zu mir zurückkehren können. So werde ich Deine Last auf mich nehmen wie ein Schatten, der nicht existiert, denn ich bin die Sonne der Wahrheit. Kann einen Schatten im Sonnenlicht existieren? Kann irgendjemand einen Schatten auf die Sonne werfen? Es ist nicht möglich, mich durch Lasten zu schwächen noch mich zu beladen. Dieses kleine Mädchen nehme ich mit mir. Du hast sie verletzt. Sie wäre wie ein Mühlstein, der an Deinem Hals hängt und Dich in das Meer des irdischen Unheils ziehen würde. Ihr werdet davonkommen, denn Dein Name steht im Buch des Lebens. Doch nun, ruhe Dich aus! Und Du, mein Mädchen, ruhst auch!"

Ich befand mich wieder in meinem Körper, doch es war mir unmöglich, mich zu erinnern, wie und wodurch dies geschah. Ich war so müde und so schlief ich ein. Die Natur kam meiner müden Seele und mir zu Hilfe. Ich bekam hohes Fieber und fiel in eine Art Koma. Ich lebte noch, doch ich befand mich in einem Wachtraum. Ich träumte, dass ich wieder in Caiphul war.

Oh, welche Angst und wie bitter die Sünde doch war.

Ich kehrte wirklich nach langen Wochen nach Caiphul zurück. Meine Familie glaubte, mich schon verloren zu haben. Ich war länger als drei Monate fort gewesen. Dieses Mal war ich heimgekommen mit dem Entschluss, ehrlich und offen den Menschen gegenüber zu sein, die ich am meisten auf der Welt liebte. Ich würde ihnen von meinen schlechten Taten erzählen und sie um Verzeihung bitten. Noch einmal mehr war es zu spät!

Menax hatte seit langer Zeit ein Herzleiden. Als er sah, dass ich weder zu ihm noch zu Anzimee zurückkehrte, hielt er mich für tot und erlitt einen Schock. Man unterrichtete mich davon, dass er vor einigen Wochen ins Jenseits gegangen war.

Ich hatte Angst, Anzimee alles zu erzählen, nach alldem, was sie durchgemacht hatte. Ich ging in die Stadt, um den großen Tempel aufzusuchen. Eine kleine Tür stand offen, und es schien niemand da zu sein. Ohne die Erlaubnis eines Priesters betrat ich den Tempel. Ich hoffte, in dieser heiligen Stätte ein wenig Erleichterung zu finden. Ich schritt voran und befand mich bald in dem Dreieck auf dem Platz des Lebens. Ich vergaß für einen Moment lang alles und betrachtete nur die Flamme des Maxin. Als ich um den Quarzblock herumging, sah ich, oh Gott, Lolix da stehen, starr und kalt. Mein Gehirn glühte. Stein, sie war nur noch Stein.
Ich hatte das Gefühl als wären Jahre seitdem vergangen. Das ganze Leben kann manchmal in einer Stunde an einem vorbeiziehen und Jahrhunderte in wenigen Wochen. Oh! Lolix, Lolix, meine Anklägerin. Mein Geist war noch unbesonnen. Ich beugte mich nach vorne, um ihr tief in die nicht sehenden Augen zu sehen und küsste ihre stummen Lippen. Ich erinnerte mich an ihr Zitat, dass sie mir vergeben wollte… Sie lehnte es jedoch ab zu sprechen… In ihrer Hand hielt sie ein rotes Band. Ich wurde neugierig, nahm es, um zu sehen, ob etwas darauf stand. Es stand tatsächlich etwas darauf: „Weil die Statue an ein unvergessliches Verbrechen erinnert, habe ich, Gwauxln, Kaiser von Poseid, es untersagt, sie zu entfernen, bevor ich meine Erlaubnis dazu gebe. Sie soll wie ein stummer Zeuge vor den Verbrechern stehen."
Ich bekam eine Gänsehaut, legte das Band zurück und wäre beinahe ihn Ohnmacht gefallen, als ich plötzlich ein Geräusch hinter der Flamme vernahm. War ich dieser Verbrecher? Ich war nicht der Verbrecher, aber ich fühlte mich so. Ich würde nach Agacoe gehen und den Kaiser bitten, sie zu entfernen, die ich so liebte, zumal ich Angst hatte, es öffentlich zuzugeben. Die Umstände hatten dafür gesorgt, dass ich Lolix mehr liebte als Anzimee.
Ich wollte gerade den Tempel verlassen, um nach Agacoe zu gehen, als ich plötzlich erschrak. Der Kaiser stand direkt vor mir und schaute mich traurig an. Normalerweise überraschte oder erschreckte mich nichts mehr. Bevor ich den Mund öffnen konnte, sagte er: „Ja, ich bin damit einverstanden, dass Du sie entfernst." Ich war nicht überrascht von seiner

Antwort, sondern erleichtert, es ihn nicht fragen zu müssen. Mein Gegenüber erwartete keine Antwort. Nach einem langen, tiefen Blick in ihre blauen Augen küsste ich sie und hob sie vom Granitboden ab. Der Fuß brach unter dem Gelenk ab, direkt über der Sandale. Ich hob den schlanken Körper hoch bis an den Rand des ewigen Feuers. „Umarme und verlasse sie", sagte der Kaiser. „Deine Liebe für sie ist nur noch aus Lehm." Ich ließ sie nach vorne fallen. In dem Moment, als sie die Flamme berührte, verschwand sie sogleich, ohne dass die hohe Flamme gestört wurde. Die Flamme des Maxin brannte ruhig und still wie immer.
Beim Weggehen sah ich kleine Saphire und Diamanten glitzern, die sich an der Sandale befanden, ein Geschenk, das ich ihr gemacht hatte. Es gelang mir, die Steine von den Sandalen zu lösen, ohne dass sie zerbrachen, und anstatt den Fuß in die Flamme zu werfen, steckte ich ihn in meinen Mantel und war froh, dass ich ein Andenken an sie hatte. Meine Courage reichte nicht aus, den Kaiser nach Anzimee zu fragen. Nein, ich hatte Angst, dass er mich verachtet hätte, was auch normal gewesen wäre. Ich wollte selbst nach Anzimee suchen und herausfinden, ob sie auch tot war wie Menax. Wenn dies der Fall sein sollte, würde ich in den Tempel zurückkehren und meinen physischen Köper in die ewige Flamme werfen.
Anzimee war nicht tot, aber sie wusste nichts von meiner Heimkehr. Ich fand sie, und als wir uns gegenüber standen, bemerkte ich in ihren schönen grauen Augen eine tiefe Verwirrung. Nach einem langen Schluchzen fiel sie in meine Arme und verlor ihr Bewusstsein. Armes kleines Mädchen! Ich hielt sie, drückte sie fest an mein Herz, und während ich ihre blassen Lippen, ihre umränderten Augen und hohlen Wangen küsste, fielen meine Tränen auf ihr Gesicht, die ersten Tränen, seit meine Seelenangst begann. Endlich erwachte sie, doch ihre Sinne erwachten nur, um einer langen Krankheit entgegenzusehen, in deren Verlauf ihr reiner Geist den physischen Schrein sprengte. Aber nach einigen Wochen der Schwäche gewann sie ihr irdisches Bewusstsein wieder.
Als sie wieder in der Lage war aufzustehen und normal zu gehen und sie zwar noch schwach, aber fähig war, das zu

ertragen, was ich ihr zu sagen hatte, setzte ich mich in die Bibliothek, genau an die Stelle, wo Menax mir damals gesagte hatte, dass er mich gerne adoptieren würde. Ich zog den leichten Körper von Anzimee auf meine Knie, legte meinen Arm um ihre Schulter und erzählte ihr die ganze Wahrheit über Lolix.

Ich erzählte ihr auch, dass ich die Erinnerung daran vergessen wollte durch meine Flucht aus Caiphul. Doch ich hatte wenig Erfolg, denn niemand kann vor sich selbst fliehen.

Nachdem ich ihr alles gebeichtet hatte, bat ich sie um Vergebung. Sie schwieg eine Zeitlang, umarmte mich dann und sagte: „Zailm, ich vergebe Dir, …ich tue es aus tiefstem Herzen. Du bist doch nur ein Sterblicher. Wenn Du Dich versündigt hast, so tue es nicht noch einmal. Es wundert mich nicht, dass Du diese reizende Frau geliebt hast."

Bei ihren Worten fühlte ich den Stein, die einzige Erinnerung, die mir von Lolix blieb und die ich bei mir trug, wie eine schwere Last. Ich hörte ihr zu, ohne ein Wort zu sagen. „Ist das ihr Fuß? Oh Lolix! Ich liebte sie auch! Zailm, gib ihn mir, ich möchte ihn als Erinnerung behalten." „Anzimee, meine Frau, Du bist meine Frau, und die ganze Welt weiß dies. Du hast mir verziehen. Dein Onkel, unser Kaiser, hat es auch getan. Aber es bedarf noch einiger Worte, bevor wir für immer vereint sein werden. Ich werde abreisen und das unbewohnte Umaur besuchen, denn es befinden sich mit Sicherheit Minen in den Bergkämmen der Anden. Vielleicht werde ich auch Gold in den Sandwüsten finden. Ich tue es für Poseid. Wenn ich bliebe, könnte ich mich nicht zurückhalten, meine ganze Zeit mit Dir zu verbringen. Wenn ich nach Umaur reise, werde ich Dich sehen, hören und Dich lieben, denn dieses Mal werde ich ein Naim mitnehmen. Es wird so sein, als wäre ich bei Dir. Meine zarte Freundin, gib mir einen Abschiedskuss, denn ich werde Caiphul noch am Abend verlassen. Incal sei mit Dir und sein Friede beschütze Dich!"

3.500 km trennten Caiphul von der pazifischen Küste, von wo aus ich ins Landesinnere vorstoßen wollte. Doch da ich nur an Anzimee dachte, bemerkte ich nicht, wie die Zeit verging, bis zu dem Moment, wo unser Vailx ein Gebiet überflog, wo die

geographischen Karten von heute die Wüste Atacama in Chile verzeichnen. Wir analysierten den Sand in seiner Tiefe und befanden, dass er reich genug an Goldvorkommen war, um dort einen Generator zur Wassergewinnung zu installieren.
Dieses Gerät bestand aus mehreren großen Metallplatten, die in Reihen angeordnet waren, wie die Kiemen eines Fisches und hatte eine Fläche von über hundert Quadratmeter. Sie waren in einem Metallkasten untergebracht. Der an einem Ende des Kastens eintretende Luftstrom musste beide Seiten der Platten durchströmen, bevor er an das andere Ende des Kastens gelangte. Da jede Platte durch die Navaz-Kräfte eiskalt gehalten wurde, konnte die Feuchtigkeit der Atmosphäre schnell verflüssigt werden. In diesem hier gezeigten Beispiel war der Generator das größte noch tragbare Gerät, und der Wasserstrom, den er kondensierte, betrug etwa einen Liter pro Minute. Diese Wassermenge reichte aus, damit unsere Schürfmaschine eine beachtliche Menge an Mineralien fördern konnte.
Ich hatte mir ein Pferd aus Poseid mitgebracht. Als alle Entscheidungen getroffen waren und die Arbeiten in Gang kamen, ließ ich mein Pferd satteln. Ich nahm einen Vorrat für einige Tage mit und einen Metalldetektor, um wertvolle Mineralien ausfindig zu machen. Der Metalldetektor war sehr leicht, und er funktionierte mit einer Art Batterie. Ein Gerät, das man benutzte, um Mineralvorkommen durch das Prinzip des Elektrometers bestimmen zu können.
Ich nahm auch ein kleines, leicht transportables Naim mit, damit ich mit dem Rest der Welt kommunizieren konnte. Nach ungefähr zehn Kilometern bemerkte ich, dass ich den Vibrator des Naim verloren hatte, und so beschloss ich, das Gerät in einem Versteck zurückzulassen in der Absicht, es auf meinem Rückweg wieder an mich zu nehmen. Wo ich dieses wichtige Teil verloren hatte, konnte ich nicht sagen, aber ich beschloss, nicht zurückzugehen, um es zu suchen. Dieser Verlust entlastete mein Pferd, denn außer dem Naim führte ich noch ein Gewehr – nicht zu vergleichen mit den heutigen, denn es wurde mit Elektrizität betätigt –, meine Bergwerkzeuge, meinem Proviant aus Datteln und Nüssen, meinen Polarkompass, einen Taschenfotoapparat, einen

kleinen Generator und letztlich mein Nachtlager und mein eigenes Gewicht mit.
Schon in der ersten Nacht, befand ich mich 200 Kilometer vom Camp entfernt. Bei Sonnenuntergang ritt ich auf der Sohle einer tiefen Schlucht. Ganz in der Nähe sah ich eine Öffnung, die wie eine kleine Höhle aussah. Ich dachte, es wäre wohl angenehm, darin zu übernachten und den Schutz zu genießen. Mein Pferd war sehr gut trainiert und würde sich stundenlang in der Nähe des Ortes aufhalten, wo ich es zurückließ. So stieg ich ab, bat es, in der Nähe zu bleiben und bestieg die Höhle. Sie schien wie ein langer Tunnel. Ich ging zu meinem Pferd zurück, nahm den Sattel herunter und legte meinen Proviant, den ich für mich mitgebracht hatte, darunter. Für das Tier gab es Gras genug. Die Werkzeuge legte ich ebenfalls unter den Sattel, und mit meinem Elektrogewehr ausgestattet wollte ich losgehen, um die Höhle auszukundschaften. In diesem Moment brauchte mein Pferd Wasser, und da die Schlucht ausgetrocknet war, stellte ich den Generator auf den platten Fels und ließ das Wasser in die Ausbuchtungen, die wie Kübel aussahen, hineinfließen. Das Wasser war kalt und erfrischend. Ich gab meinem Pferd zu trinken und trank selbst einen Schluck vom Strahl des Generators. Als ich den immer noch rinnenden Generator zur Seite stellte, wusste ich noch nicht, wie bald ich ihn benötigen würde, aber ihn nicht bekommen konnte.

Ich stellte fest, dass der Boden der Höhle aus dem gleichen Material war wie der Boden der Schlucht. Ich wusste, dass sich darin keine Mineralien befanden, aber meine Neugier war geweckt, und ich beschloss, zu dem Ende des Tunnels zu gehen. In meiner Tasche hatte ich eine kleine Taschenlampe, die ich benutzte, um meinen Weg zu beleuchten, der mit jedem Schritt immer dunkler wurde. Fast einen Kilometer lang war ich dem Tunnel gefolgt, als mich eine Überraschung anhalten ließ. Bis jetzt hatte ich keine menschliche Spur entdeckt, weder eine alte noch eine aktuelle. Doch vor mir stand ein Haus, nur teilweise sichtbar, von dem ich nur eine Ecke und zwei schwere Basaltwände sah. Vor Überraschung ließ ich meine Lampe fallen, die auf dem Felsen zerbrach, und

das Licht erlöschte. Aber es war nicht total dunkel um mich herum, da von irgendeiner Quelle Tageslicht hereinfiel.
Ich stand lange Zeit in der finsteren Höhle, die Hausruine betrachtend. Woher kamen seine Erbauer, und zu welcher vergessenen Zeit erbauten sie das Haus? Wo sind sie hin? War es ein einzelnes Gebäude oder gab es noch weitere, die in dem Sand der Ebene versteckt, aber noch nicht entdeckt waren? Meine Vorstellungen hatten freien Lauf, denn in den Annalen von Atlantis, die über viele zig Jahrhunderte akribisch angefertigte Aufzeichnungen waren, gab es keine Erwähnung von irgendeinem zivilisierten oder wilden Volk, das in diesem Niemandsland zu Hause war. Die einzige Erklärung war, dass dieses Volk älter war als die 40 Jahrhunderte von Atlantis.
Ich durchschritt die Höhle, um die Überbleibsel dieser dunklen Vergangenheit zu untersuchen, eine Vergangenheit, die schon vergessen war in Atlantis jungen Tagen.
Auf der Seite des Gebäudes, die mir am nächsten lag, war der Eingang durch einen fein ziselierten Basaltblock gebaut. Halb offen stehend war da eine Tür, die scheinbar aus einer einfachen, 15 Zentimeter dicken Basaltplatte bestand. Von Neugier getrieben, betrat ich den Raum, ohne die Position der Tür zu verändern, die sie so lange innehatte. Mein Verstand konnte nicht fassen, dass eine Steinarchitektur so lange der Zeit widerstanden hatte, aber nur so war es erklärbar, und ich verzichtete im Moment auf weitere Spekulationen.
Die drei Dimensionen des Raumes waren gleich, ungefähr fünf Meter lang. Außer der Tür war nichts vorhanden. Es gab überhaupt keine andere Öffnung außer 2 parallelen Schlitzen, die sich in der Decke befanden. Der Boden, der dünn von Sand bedeckt war, war aus Granit, dessen Fugen so perfekt waren wie die der Wände – nicht einmal ein Blatt Papier hätte man zwischen zwei Blöcke schieben können.
Nach dieser Entdeckung lehnte ich mich gegen die Wand, nahe bei der Tür, so dass ich diese ohne meinen Platz zu verändern berühren konnte, ließ meinen Blick auf den beiden Schlitzen in der Decke ruhen, und begann nachzudenken. Wie kalt und traurig erschien mir dieser einsame Raum, das Relikt einer vergangenen Zeit, sogar vergessen von einer alten Rasse wie der unsrigen. Die solide und einfache Konstruktion

brachte die Beschreibungen von Gefängnissen in vormaxinischer Zeit in meine Erinnerung. War dieses Gebäude, in dem ich jetzt stand, ein Einzelstück des Bauwissens seiner Konstrukteure, oder war es eins von vielen einer beerdigten Stadt?

Es war leicht zu verstehen, warum das Innere dieses Raumes nicht mit Sand bedeckt war. Das Regenwasser ist durch die niedrige Decke eingedrungen und durch die Licht spendenden Schlitze in der Decke gelaufen. Ein Teil floss außen vorbei und hat die beiden Seiten des Hauses freigelegt, der Rest des Wassers floss über das flache Dach, drang durch die beiden Schlitze in das Innere und trug den Sand aus der Tür hinaus.

Zufrieden mit meiner Auslegung, wollte ich zurück an die frische Luft und zu meinem Pferd.

Beim Hinausgehen wurde ich neugierig, ob es mir gelingen würde, die schwere Tür in ihren Bändern zu bewegen. Da ich erwartete, dass ein großer Kraftaufwand erforderlich war, ging ich mit Schwung an die Sache heran. Ich hatte die Tür nur oberflächlich betrachtet und nicht bemerkt, dass sie kein Schloss hatte. Ich benötigte kaum Kraft, um die trügerische Tür zu bewegen. Sie schloss sich hinter mir so schnell, dass ich mein Gleichgewicht verlor und mit dem Kopf hart gegen die Mauer prallte, so dass ich mein Bewusstsein verlor. Als ich wieder bei Sinnen war, fand ich das Tor geschlossen und sicher verriegelt vor. Bei meiner oberflächlichen Begutachtung war mir nicht aufgefallen, das das Tor nicht aus einer, sondern aus zwei Steinplatten gemacht war, die an den Rändern durch eine dritte Platte aufgeteilt waren und so einen Hohlraum zwischen den äußeren Platten bildeten. In diesem Hohlraum war ein System von Bolzen und Riegeln aus Stein versteckt, die nach dem Schwerkraftprinzip herunterfielen. Wenn die Tür vollständig geschlossen wurde, schoben sich die Enden der vier Bolzen in die dafür vorgesehenen Löcher in der Wand und verschlossen das Tor hermetisch.

Als ich bemerkte, dass ich gefangen war, irritierte mich dies noch nicht so sehr. Da ich mich auf mein wissenschaftliches Verständnis verlassen konnte, blieb ich ruhig. Ich suchte nach einem Weg, die Bolzen zurückzuziehen, aber es gab keinen.

Jetzt stellte ich mit Entsetzen fest, dass ich keine Werkzeuge zur Hand hatte, die es mir ermöglicht hätten, aus diesem trostlosen Gefängnis zu entkommen. Ich setzte mich hin, um über die neue Situation nachzudenken. Je mehr ich darüber nachdachte, desto schrecklicher wurde die Situation. Zum einen wusste keine Menschenseele, wo genau ich mich befand, und zweitens hatte ich kein Naim dabei, das den anderen meinen Aufenthaltsort verraten hätte – man konnte mich nur finden anhand meiner Spuren. Doch dies schien auch unmöglich, denn ich war dem Flusslauf gefolgt, der über weite Strecken aus nacktem Fels bestand. Man würde erst in drei Tagen besorgt sein, denn ich hatte ihnen gesagt, dass ich vorhatte, sechs Tage wegzubleiben, und heute war erst der dritte Tag. Nein, es gab keine Hoffnung zu entkommen, und jetzt verstand ich die Worte von Ernon aus Suernis, als er damals zu mir sagte, dass ein Atlanter Geräte benötigte, um das Wissen der Natur zu beherrschen, ansonsten befände er sich in Lebensgefahr.
Die Lebensmittel waren bei dem Pferd und der Ausrüstung zurückgeblieben, die genauso weit entfernt schienen wie die Sterne. Möglich, dass meine Begleiter nach ein paar Tagen mein Pferd gefunden hätten. Aber nein, mein Pferd wäre nicht in der Lage, drei bis vier Tage allein in dieser schrecklichen Wildnis ruhig stehen zu bleiben. Es wäre mit Sicherheit zum Vailx zurückgekehrt.
Meine Magenkrämpfe erinnerten mich daran, dass ich noch nichts gegessen hatte und keinen Tropfen Wasser bei mir hatte. Ich behielt die Hoffnung, denn Incal – war er nicht mein Vater, mein Beschützer? Aber wie unsinnig war diese Hoffnung! Es ist richtig, das Gott, Incal, Brahma oder ewiger Geist, wie auch immer Ihr ihn nennen wollt, die Nöte seiner Kinder achtet. Aber die Bedürfnisse, die seinen Kindern wichtig erscheinen, sind es nicht immer für den ewigen Geist. Er handelt immer durch seine Kinder, seien es Menschen oder Engel, indem er sie alle miteinander verbindet, und so helfen sich Menschen und Engel gegenseitig oder auch einem Tier.
Wenn der Seemann dabei ist zu ertrinken, wird Gott dies bemerken, aber wenn keine Brüder da sind, um ihm zu helfen, wird er ertrinken. Nein, es ist nur durch die

Hauptcharakterzüge des himmlischen Vaters festgelegt, die er in die Seelen seiner Kinder gepflanzt hat, dass er ihnen hilft oder sie rettet.
Und das ist meistens wahr: Ein Körper muss mit seiner ganzen Muskelkraft beten, wenn man eine Antwort auf seine physischen Bedürfnisse haben will. Das Gehirn muss mitbeten, wenn man eine mentale Antwort erhalten möchte, und was den Geist betrifft, so muss er mit seiner spirituellen Natur beten, und er wird Werte erhalten, die mit dem Gehirn nicht wahrnehmbar sind. Selbst wenn das Gehirn ewig betet, wird es nicht seine körperlichen Bedürfnisse befriedigen können. Und selbst wenn der Geist betet, aber das Gehirn es nicht tut, wird das Wissen nie zur Seele gelangen. Aber wie kann das Gehirn beten? Indem es in Harmonie mit der Seele ist. Und wie kommt es zu dieser Harmonie? Indem man durch den Willen seinen tierischen Körper beherrscht, der ansonsten die Gesetze des Ganzen – nämlich die Gesundheit – verletzt.
Ich saß in dem Haus in der Höhle und betete mit all meinen Gedanken zu Incal, doch da ich mit meinen Muskeln agieren konnte, würde es auch keine Erlösung für den Körper geben, weder Essen noch Trinken. Auf der mentalen Ebene hätte ich Kaiser Gwauxln meine Notlage schildern können. Aber für ihn hätte es Hellsehen bedeutet. Doch ich konnte es nicht, denn der Feind, der meine Neugier geweckt hatte und mich in diesen Ruin führte, verhinderte all meine hellseherischen Nachrichten. Genauer gesagt konnte ich es nicht, denn ich beherrschte die geeigneten Methoden nicht. Es wäre reiner „Zufall“ gewesen, wenn Gwauxln meine mentalen Schwingungen wahrgenommen hätte. Aber ich betete weiter zu Incal. Ich kniete mich auf den harten, kalten Boden und bereitete mich vor, seine Hilfe zu erbitten. Als ich seinen Namen äußerte, hörte ich ein musikalisches, fast höhnisches Lachen – dieser Klang ließ mich vor Angst erzittern, ein Erlebnis, das jeder von uns kennt. Jene Angst, die einen erstarren lässt, wenn man einer üblen Horrorgeschichte zuhört, die erzählt wird bei der Feuersbrunst, während der Herrscher der Stürme die Fundamente erschüttert.
Ich drehte mich um und erhob mich. Vor mir stand der Hohepriester des großen Tempels von Caiphul. Er sagte zu

mir: „Warum schaust Du mich an, als ob Du einen bösen Geist siehst?"
Es gab nur eine einzige Antwort auf die Frage, warum ich dem Priester keine Ehre erweisen konnte: Meine Angst kam daher, dass ich nicht gewohnt war, plötzlich einen Mann zu sehen, der von seinem physischen Körper gelöst war und aussah wie ein Geist. Ich empfand eine große Freude über sein Kommen, denn ich glaubte, dass Incal meinem unbeendeten Gnadengesuch geantwortet hatte, indem er mir Mainin zu Hilfe schickte. Aber warum sollte ich jetzt noch besessen sein von dieser unberechenbaren Furcht, die mich bei seinem ersten Anblick befiel? Als ich ihm antwortete, wusste ich, dass meine Angst nicht daher kam, das heißt, dass die Art und Weise, wie er in mein Gefängnis eindrang, mir Angst machte, denn ich wusste, dass er als Sohn der Einsamkeit die Macht besaß, sich seines groben Körpers zu entledigen, so wie man einen Mantel auszieht, und sich an jeden gewünschten Platz projektieren konnte. Während ich ihn betrachtete, wusste ich, dass sein irdischer Körper in einem tranceartigen Schlaf war irgendwo in Caiphul, Tausende von Meilen von hier entfernt. Aber Incal hatte mir den Priester gesandt, also würde alles gut werden.
Er las mit Sicherheit meine Gedanken, denn er sagte mir, dass er von meiner unangenehmen Situation von Incal erfuhr und gekommen war, um mir bei meiner Flucht zu helfen. Er musste mich jedoch noch einmal für einige Zeit verlassen, um ein Vailx aus Caiphul kommen zu lassen. Es würde nicht lange dauern, und während ich wartete, solle ich meinen Mut nicht verlieren. Er verschwand so, wie er gekommen war, und ich war aufs neue allein, wartete auf die versprochene Rückkehr in fieberhafter Angst.
Die Stunden vergingen, aber der Priester kam nicht zurück und auch sonst niemand. Die Stunden wurden zu Tagen – drei Tage –, und er kam immer noch nicht. Der Hunger verursachte schreckliche Schmerzen, aber es war nichts im Vergleich zu dem Durst. Noch einmal schien das Licht durch die Öffnung in der Decke. Ich habe bei dem Versuch, das Schloss zu entriegeln, meine Fingerspitzen bis auf den Knochen abgenutzt. Ich habe jeden Zentimeter der Tür

untersucht, um zu sehen, ob es nicht einen versteckten Schalter gab, der mir die Tür einen Spalt breit geöffnet hätte, aber das Schicksal hielt keinen solchen für mich bereit. Siebenmal erlöschte das Licht über mir, sieben Tage seit dem Erscheinen von Mainin. Die Qualen des Hungers und des Durstes haben mich mehrere Male in ein wildes Delirium gestürzt. In einem Moment relativer Ruhe, während ich stöhnend auf dem sandigen Boden lag und schwach Incal um Hilfe anflehte, hörte ich dasselbe Lachen wie beim ersten Erscheinen von Mainin. Dieser Klang elektrisierte mich kurzzeitig und gab mir neue Kraft. Am liebsten hätte ich den Priester wegen seiner langen Abwesenheit verflucht, wenn ich nicht Angst gehabt hätte, dass er mich in seiner Wut dem Tod ausgeliefert hätte. Ich empfand keinen Respekt mehr für ihn, denn ich wusste nun, dass er nicht der Mann war, für den man ihn hielt. Obwohl der Priester als Sohn der Einsamkeit anerkannt war und abgesehen von seinem esoterischen Wissen, bestätigte mein inneres Gefühl mir, dass er in den Augen Incals beklagenswert war und ein schwarzes Herz hatte. Unter den wahren Auserwählten war dieser Betrüger ein schwarzes Schaf. Dass ich es ihm nicht ins Gesicht sagte, kam daher, dass ich noch die vage Hoffnung hatte, dass er mir noch zu Hilfe kommen würde.
Dieses Mal kam er mit einem anderen Gebaren, und als er zu mir sprach, waren seine ersten Worte höhnisch wegen meiner Anrufe zu dem Vater des Lebens.
„Ja, es mag Dir gut tun, zu Incal zu schreien oder andere um Hilfe zu bitten. Gott! Es gibt keinen Gott. Bah! Wie sind die Menschen doch blind, leere Ideale anzubeten, die sie in ihren Vorstellungen Gott nennen! Die Atlanter sagen, Incal sei Gott. Die Suerni sagen, es sei Jehova, und die Schwarzen sprechen von Osiris. Was für ein Wahnsinn und was für eine Dummheit.“
Immer noch sitzend versuchte ich, mich aufzustellen, ich schaute ihn für einen Moment an und fragte ihn, ob er keine Angst habe, Incal und seinen Schöpfer zu verleugnen. „Glaubst Du, Zailm, dass ich so gehandelt hätte, wenn ich an irgendeinen Gott glauben würde? Verstehst Du nun, dass ich den Wunsch habe, diese Anzimee zu zerstören? Ist das neu für

Dich? Ich kam auf die Erde zurück aus einem vorigen Leben, ja aus vielen Leben, die alle erfüllt waren von Hass gegen sie, die Schuld daran war, dass ich das Leid der menschlichen Gesetze über mich ergehen lassen musste. Sie kann mich jetzt nicht mehr zurückhalten, denn davon steht im Buch des Schicksals nichts geschrieben, wenn doch, so habe ich meine Macht verloren, das Schicksal lesen zu können, was ich allerdings nicht für möglich halte. Durch Dich werde ich ihr Herz bis in alle Tiefen erschüttern, so dass ihre Seele einen Angstschrei ausstoßen wird. Was sie mir getan hat? Nichts in diesem Leben, doch bevor sie auf der Erde als Anzimee geboren wurde, war sie eine mächtige und hellsichtige Frau. Ich verfolge sie mit meiner Rache, ich werde ihr Herz bis in die Angst hinein martern, ich habe den Tod von Menax verursacht, dem gegenüber ich persönlich, keinen Grund hatte zu hassen. Das gleiche habe ich auch bei Dir getan, ohne einen persönlichen Grund. Ich war es, der Deine Neugierde hervorrief, damit Du hier Deinen Tod finden würdest. Ich hatte gehofft, Dich daran hindern zu können, Anzimee den Fehler Deines Lebens, Lolix, zu beichten. In diesem Fall, wenn Du tot gewesen wärst, hätte ich öffentlich von Deiner Bosheit erzählt, um ihren Schmerz noch größer zu machen, denn ich hatte alle Beweise in der Hand. Aber mein Plan ist fehlgeschlagen. Aber es ist nicht so wichtig für mich. Dein Tod wird ihr viele Qualen bereiten. Zu diesem Zweck habe ich auch Lolix dazu verführt, das zu tun, was sie getan hat. Ich plane sehr lange im voraus, da ich mit einer großen Macht ausgestattet bin, die Geheimnisse der Zukunft zu durchbohren. Immer das gleiche Ziel vor Augen, werde ich den Kaiser absetzen lassen. So wird das Hauptobjekt meiner Wut nicht mehr unterscheiden können zwischen Gut und Böse, und ihr Name wird wie ein Synonym für Verachtung aus dem Mund des Volkes kommen. Rache ist süß, Zailm, sie ist süß."

Mein Schrecken und meine Schwäche zusammen erlaubten mir nicht aufzustehen, und so blieb ich sitzen in meiner stillen Angst und schaute Mainin nur an. Selbst wenn er einen Körper aus Fleisch und Blut gehabt hätte, gegen den ich hätte

vorgehen können, hätte es nichts gebracht. „Sehe ich Dich bestürzt von meinen Aussagen?“ Er fuhr fort:
„Ich bin zu alt, um an meinem Sieg zu zweifeln, denn ich befinde mich endlich außer Reichweite der menschlichen Gesetze. Kein Mensch, nicht einmal alle Menschen der Erde zusammen wären in der Lage, meine Freiheit oder mein Leben zu gefährden. Ich kenne seit langem das Geheimnis, wie man das Leben um ein Vielfaches verlängert. Dieses Geheimnis kommt aus den unerforschten Tiefen der Nachtseite der Natur. Der Tag wird kommen, wo ganz Atlantis dieses Geheimnis kennen wird. Dies wird ein trauriger Tag für alle sein, und Freude erfüllt mich, wenn ich nur daran denke. Ich war alt, sehr alt sogar, als Gwauxln von Poseid annahm, ich wäre ein Junge in seinem Alter. Die Söhne glaubten es ebenfalls und tun es auch heute noch, denn ich habe eine List angewandt. Ich, ja ich, werde Dir alles erzählen, denn Du bist nicht mehr wert als ein Toter. Ich befinde mich seit drei Jahrhunderten in diesem Körper. Sagte ich Dir nicht, dass ich sehr alt bin? Ich habe das Gute, das Ernon von Suernis getan hat, vereitelt, indem ich ihn mit Hoffnungslosigkeit im Herzen sterben ließ. Ich tue dies mit dem Hintergedanken, dass, wenn es mir gelingt, alle menschliche Hoffnung zu zerstören, ich sie von ihrem Weg zur Unendlichkeit abbringen kann und sie fallen sehen werde in die Welt des Teufels, des Todes und der Vernichtung. Ernon versuchte, die Menschheit emporzuheben, und ich versuche, sie zu vernichten. Aus diesem Grund kam es zu einem Streit, und ich habe triumphiert. Warum nahm er nicht wahr, dass ich meine Hände im Spiel hatte? Ich arbeitete immer im Verborgenen, behielt meine Meinung für mich und bekam die Herrschaft über die Armee der schlechten Geister, die nicht menschlich sind, die es niemals waren und es niemals sein werden. Kein Sohn des Lichtes kann einem Helfer der Dunkelheit überlegen sein. Beide arbeiten für die tierische Natur des Menschen. Und diese enthält kein Licht, um sie zu leiten. Sie stützt sich auf den ersten Halt, der sich ihr bietet, was den schwarzen Mächten zugute kommt. Doch genug jetzt. Selbst wenn Du lebendig wärst und nicht fast tot, würden meine Aussagen Dir keine Macht über mich geben. Verstehst Du? Glaubst Du immer noch, dass es mir möglich

wäre, an Gott zu glauben? Bah! Wenn Gott wirklich existieren würde, habe ich dennoch keine Furcht vor ihm, wenn er doch existiert, so soll er mich bestrafen."
In diesem Moment erschien eine glorreiche, wunderbare und zugleich erschreckende Vision. Die Nacht war hereingebrochen, während Mainin von seinen schrecklichen Taten erzählte und Incal dazu einlud, ihn zu bestrafen, falls er existiere. Die Erscheinung, die unsere beiden Herzen vor Angst erzittern ließ, zwei Herzen, die von Grund auf verschieden waren, hatte eine menschliche Form, umgeben von blind machendem, weißem Licht. Sie war sicher nicht von dieser Erde. War es Incal? Hatte er wahrhaftig die gewagte Herausforderung des Priesters angenommen? Sein Gesicht reflektierte furchtbare Züge, ohne jegliche Spur von Zorn oder sonstiger menschlicher Gefühle. Seine wunderschönen Augen schauten mich einen Moment lang an und glitten dann hinüber zu Mainin. Das Wesen begann in einem ruhigen und musikalischen Tonfall zu sprechen. Alle meine Schmerzen verschwanden, während ich ihm zuhörte, obwohl seine Worte von furchteinflößender Wichtigkeit waren. Er sagte:
„Oh, Mainin, ich werde nicht alle Deine Verbrechen aufzählen, Du kennst sie ja alle ganz genau. Du warst ein Begleiter der Söhne der Einsamkeit, und sie haben Dich alles gelehrt, was sie wussten. Von mir hast Du viel gelernt während der letzten Jahrhunderte. Ich kannte Deine Wege, ich ignorierte nicht ihre Schändlichkeit, aber ich mischte mich nicht ein, weil Du Dein eigener Herr bist, so wie jeder Mensch Herr seines Schicksals ist. Leider! Selten sind die Treuen. Aber Du hast das hohe Wissen der Weisheit missbraucht, indem Du egoistische, sündhafte Verbrechen, die so gemein waren, dass es sich niemand vorstellen kann, begangen hast, was Deine Vernichtung rechtfertigt. Dein Name bedeutet Licht, und Dein Glanz war groß, aber Du warst ein Licht, das entgleitet ist; ein Köter, der jenen, die Dir folgten, den Tod brachte, und es waren unzählige. Du hast Gott verraten, und Du hast ihn aus Deiner Seele gewischt, indem Du sagtest: Bestraft! Aber Dein Tag war noch nicht gekommen, weshalb Du ohne Skrupel weitermachen konntest. Dies alles machte dich verwegen, und du wärst auch jetzt noch bereit, deine perversen Wege weiter

zu verfolgen. Aber eines ist sicher, Du wirst Anzimee kein Leid zufügen, denn sie ist eine Dienerin Christi, meine Tochter zu meinen Diensten. Du hast die Bestrafung, die nun folgen wird, verdient, und weil Du es gewagt hast, sie mit vollem Wissen zu verletzen, so wird sie Dir auferlegt werden. Ich wünschte, es wäre zu vermeiden, aber von all den Millionen anderen ist Dein Fall der hasserfüllteste von allen. Weil Du ein entsprungener Lichtstrahl meines Vaters bist, ein Ego, das kein Licht mehr gibt, sondern nur noch Dunkelheit, werde ich Dich aus folgendem Grund auslöschen: Du hast versucht, meine Schafe zu vernichten, und das Schlechte, was Du getan hast, wird nicht unbestraft bleiben. Es wird besser für Dich sein, wenn Du aufhörst zu existieren. Jedoch kann ich nur die menschliche Einheit in Dir verwerfen und Dich in die Dunkelheit werfen, wo Du der Kraft der Natur dienen wirst. Stelle Dich hinter mich!"

Der große Priester stand feige und mit einer ungeheueren Angst da, die ihn lähmte, und war noch nicht einmal im Stande zu fliehen, was übrigens vergebens gewesen wäre, denn der Richter war kein anderer als ein Gottesmensch, mehr als ein vollendeter Mensch, er war der Unendliche, Christus in Person. Und dann, als der Sohn des Lichtes aufhörte zu sprechen, stieß Mainin einen markerschütternden Schrei aus, der Christ streckte seine Hand aus, augenblicklich wurde Mainin in eine leuchtende Flamme gehüllt und verschwand, so dass nichts von dem Teufelspriester zurückblieb.

Mainin hatte gesündigt, indem der seine Weisheit dem Schlechten zur Verfügung stellte und schlechten Samen in die vertrauenden Herzen der schwachen Seelen pflanzte. Er hatte gesät, und Suernis musste ernten und durch Suernis auch die ganze Welt. Und wegen seiner Aussaat wurde er von Christus aus dem Buch des Lebens gestrichen.

Selbst die Leser, die nur das Materielle sehen, werden keine Schwierigkeiten haben zu verstehen, wie man ein Menschenleben auslöschen kann, obwohl sich der Körper Tausende von Kilometern entfernt aufhält. Es reicht zu wissen, dass nichts Irdisches ein Teil des wirklichen Menschen ist, genauso wenig wie ein Kokon ein Teil des Schmetterlings ist, obwohl in beiden Fällen diese Dinge notwendig sind für das physische Leben.

Verängstigt durch die Vorstellung der Vernichtung des Priesters, fiel ich mit dem Gesicht auf die Erde. Der Christ hob mich auf und sagte: „Dies ist das Schicksal eines komplett selbstsüchtigen Menschen. Hab keine Angst um Deine eigene Sicherheit, denn ich habe nicht vor, Dich zu vernichten. Verehre mich nicht, aber würdige den Vater, der mich schickte. Ich habe die Vollendung des siebten Prinzips erreicht und bin ein Gottesmensch. Ich bin auch der Sohn Gottes und deshalb kein Mensch mehr, denn ich bin im Vater und der Vater ist in mir. Aber alle Menschen, die den Willen haben, können mir folgen und neben mir in das Reich Gottes kommen – sind wir nicht alle die Kinder des Einen, der unser Vater ist? Ich bin Er, Christus, und das, was ich bin, ist der Geist eines jeden Menschen auch. Die Strafe, die Mainin erfuhr, war keine vernichtende Niederlage, was auch nicht möglich ist, nicht einmal der Tod, der nur ein Übergang ist; aber die Zerstörung, die nicht mehr dem menschlichen Leben entspricht, jene, die Euch für kurze Zeit in die Finsternis wirft, in eine dämonische Welt. Hier spreche Ich, und obwohl Du Ohren hast, kannst Du es weder hören noch verstehen. Aber Du wirst Gehör erlangen und wirst wissen und mein Volk führen. Du wirst es führen in einer Zeit, die noch lange entfernt ist. Aber jetzt wirst Du nicht mehr zu Deinem Leben in Atlantis zurückkehren, und Anzimee wird Dich erst wiedersehen, nachdem sie die Erde ein zweites Mal verlassen hat und zurückkehren wird unter dem Namen Phyris. All diese Dinge, die sich ereignet haben, habe ich dir vor langer Zeit in Caiphul prophezeit, DSu hast sie gehört, ihnen aber keine Beachtung geschenkt. Dieses Mal wirst du Acht geben, denn ich spreche die Worte Gottes – und die Welt gehört Ihm. Trotz all dem kennt mich niemand. Aber in weiter Zukunft werde ich kommen, ja ich kehre auf die Erde zurück, werde einen perfekten Menschen darstellen, und ich mache aus diesem Menschen die erste Frucht für jene, die einen Schlaf schlafen, der den Wechsel bedeutet, und durch mich werden die Menschen über dem Tod stehen. Aber es wird Menschen geben, welche die Masse gegen mich aufhetzen, mich lächerlich machen und mich kreuzigen. Während ich, ich, der Jesus Christus geworden bin, keinen Schaden nehme. Nur mein irdischer Tempel erfährt Leiden. Ihnen wird verziehen sein, denn sie wissen nicht, was sie tun. Ich gebe auch Dir Frieden, schlafe nun!"

KAPITEL 24

Astralwelt

Ich gehorchte seinem Befehl und schlief. Als ich wieder erwachte, befand ich mich immer noch in dem Gefängnis, doch all die Leiden des Hungers und des Durstes waren verschwunden. Nichts schien mir außergewöhnlich, auch dann nicht, als ich mich erhob und hinter mir meine irdische Hülle zurückließ. Alles war so selbstverständlich wie in einem Wachtraum. Ich dachte an Anzimee und fragte mich, ob sie sich im Moment genauso glücklich fühlte wie ich? Ich betete dafür, dass sie es tat. Dann dachte ich über die Worte des Gottessohnes nach und fragte mich, was für eine Art Wesen er wohl war. Der Hauptbestandteil seiner Rede ergab für mich keinen Sinn. Trotzdem ließ er mich verstehen, dass ich tot war und Anzimee mich erst in ferner Zukunft wiedersehen würde, doch sie würde nicht mehr Anzimee sein und ich nicht mehr Zailm. Ich empfand jedoch kein Leid bei dem Gedanken an die lange Trennung. Zwischenzeitlich war der Sohn Gottes zurückgekehrt und hatte viel Arbeit für seine Brüder zurückgelassen. Jene, die arbeiten würden und Ihm folgen, würden wie Er, keine Sklaven der Zeit und der Erde mehr sein und über Leben und Tod herrschen. Ich begriff nur teilweise die Wichtigkeit von all dem und verstand nicht alles in vollem Umfang, denn meine natürlichen Gedanken waren nicht in der Lage, diese spirituelle Gabe zu würdigen.
Ich befand mich also im Jenseits und war, wie es die Menschen sagen würden, tot. Mein jetziger Zustand, unterschied sich in keiner Weise zu dem Leben, das ich bis jetzt geführt hatte. Vielleicht wäre es anders gewesen, wenn ich durch das Licht des Maxin gegangen wäre. Vielleicht würde ich Anzimee und meine Freunde hier eines Tages wieder treffen. So würde es sicherlich sein. Oh, es musste so sein.
Erfüllt von diesen Gedanken, ging ich zur Tür – ich hatte vergessen, dass diese verschlossen war und mich daran gehindert hatte hinauszugehen. Als sie sich beim ersten

Kontakt öffnete, erinnerte ich mich daran, mit wieviel Anstrengung ich versucht hatte, sie zu öffnen. Ich folgte dem Tunnel mit leichtem Schritt bis das Tageslicht die Stelle erleuchtete, auf der meine Vorräte und Werkzeuge lagen. Sah ich da etwa mein Pferd? Mein treues Tier war dabei zu grasen, und so wie es aussah, hatte es sich nahe dem Generator niedergelassen. Sollte ich es zurücklassen? Nein, nicht wenn ich es verhindern könnte!

Ich war endlich frei – um mich herum der ausgetrocknete Fluss und wilde Palmen. Mit wieviel Anmut sie doch im leichten Winde schwangen – es schien als sagten sie: „Frei, endlich frei!"
Ich näherte mich meinem Pferd und wollte es besteigen. Ich hatte vergessen, dass ich tot war und diese Art von Transport nicht mehr benötigte. Das Pferd konnte mich nicht sehen, und wie es schien, konnte es mich auch nicht wahrnehmen. Ich war gewohnt, über Schwierigkeiten zu triumphieren, doch dieses Mal hatte ich keine Ahnung, was ich tun sollte. Ich setzte mich hin und betrachtete das schöne Tier. Je mehr ich es anschaute, desto verwundeter war ich. Am Schluss erhob ich mich verbittert und gab dem Tier einen Verweis. Keine Reaktion! Natürlich! Doch je mehr ich mit ihm sprach, desto glücklicher schien es, so als würde es meine Gegenwart spüren. Letztendlich ging ich mit der Absicht, es

zurückzulassen, denn ich sah keinen Weg, es zu beeinflussen. Dieses löste jedoch eine starke Reaktion bei ihm aus. Je mehr ich mich entfernte, desto unruhiger wurde es. Es hob seinen Kopf, stieß ein Wiehern aus und folgte mir im Galopp. Als es mich eingeholt hatte, wurde es wieder ruhig. Ich ging sehr schnell, doch es folgte mir. Obwohl es mich nicht sehen, fühlen oder hören konnte, spürte es meine lebendige Gegenwart. Ich wollte mein Pferd zum Lager zurückbringen. Ich empfand keine Müdigkeit, keinen Hunger oder Durst noch sonstige Gefühle irdischen Lebens und näherte mich meinem Ziel, das 200 Kilometer von hier entfernt lag.
Als ich im Lager ankam, sah ich ein Vailx und nur zwei Mann. Die anderen waren dabei, mich zu suchen, denn ich hatte mich verspätet, was ich Mainin zu verdanken hatte. Genauso wie mein Pferd, konnten diese Männer mich nicht sehen, und im Gegensatz zu meinem Pferd, konnten sie meine Anwesenheit auch nicht spüren. Alle meine Bemühungen, sie auf mich aufmerksam zu machen, waren umsonst. Ich blieb zwei Tage dort, bis die anderen Männer zurückkamen und auf weitere Anweisungen aus Caiphul warteten.
Einer der Männer, der sich auf die Suche nach mir gemacht hatte, war noch nicht zurückgekehrt. Als er zurückkam, sprach ich ihn an. Er konnte mich nicht sehen, doch ich bemerkte, dass er meine Anwesenheit spürte. Also sprach ich immer und immer wieder zu ihm, bis er schließlich ins Vailx rannte und sich an meinen Schreibtisch setzte. Ich befahl dem Mann:
„Nimm die Feder!“ Zu meiner Überraschung nahm er sie – er schien in einem tranceähnlichen Zustand zu sein und begann, wie eine Maschine zu schreiben.
„Nimm die Feder und schreibe: Ich bin es, Zailm. Ich bin tot. Kehrt alle nach Caiphul zurück.“
Zurückkehren – das wünschte ich mir auch, doch mein Körper würde hier bleiben müssen.
Ich versuchte es und sagte zu mir selbst:
„Ich wäre gerne zuhause in Agacoe, dort, wo sich der Kaiser befindet. Er würde mich sehen können, und ich würde ihm die ganze Geschichte erzählen.“

Als ich diesen Wunsch ausgesprochen hatte, befand ich mich plötzlich im Palast. Gwauxln und Anzimee waren da, doch sie sahen mich nicht und konnten mich nicht einmal spüren wie der Mann im Vailx. War der Tod also eine Barriere? Ich hatte geglaubt, dass Gwauxln diese Barriere durchschreiten könnte, doch ich konnte mich nicht bemerkbar machen. Ich wusste, dass er fähig war, wie Mainin auch, sich von seinem Körper zu lösen und in ihn zurückzukehren, wann immer es ihm beliebte. Aber wieso sah er mich nicht? Vielleicht bedeutete der Tod mehr als eine Astralreise. Ich blieb noch lange Zeit sitzen und wunderte mich über jenen, den man Tod nannte.
Nachdem ich alles versucht hatte, stand ich neben Gwauxln und bemerkte, wie eine menschliche Form den Raum betrat. Eine Gestalt? Sie erschien genauso real wie die Menschen, die sich neben dem Eingang befanden. Außer dem Kaiser und mir hatte niemand ihr Erscheinen bemerkt. Die Angestellten berichteten weiter von dem plötzlichen Tod des Priesters und dass am nächsten Morgen eine Zeremonie stattfinden würde, um den Körper von Mainin der ewigen Flamme zu übergeben. Die Ähnlichkeit, welche die fremde Erscheinung mit mir hatte, war verblüffend, doch ich erschrak noch mehr als ich den Kaiser plötzlich schreien hörte:
„Was! Zailm ist tot! Tot!“
Ein Angestellter hörte den Ausruf, sah aber niemanden und eilte zum Kaiser, um ihm zu helfen. Beim Näherkommen, ging er durch die Gestalt hindurch, die Gwauxln sah. Diese sagte lächelnd zu ihm:
„Ja, mein Kaiser, ich bin es, Zailm. Ich bin nicht tot, sondern nur von meinen irdischen Fesseln befreit.“
Geschockt und verwundert ließ ich mich auf den Diwan fallen. Gwauxln konnte mich nicht sehen, aber anscheinend die Gestalt, die ich zu sein schien. Es musste mein Astralleib sein!
Mysterium, ja Mysterium! Welche Überraschung hielt der Tod noch für mich bereit? Dieser Astralleib war mehr mit meinem irdischen Körper verbunden als ich, und dadurch war er besser wahrnehmbar. Gwauxln war ein Sohn der Einsamkeit, warum konnte er nur meinen Astralleib sehen und nicht mich? Er konnte es, wollte mich aber nicht wissen lassen, dass

er dazu fähig war. Damals verstand ich nicht, wieso. Nun ist es mir klar, und ich werde es Dir erklären.
Wenn ein Mensch stirbt, teilt er sich in mehrere Elemente auf. Ich unterteile in drei Kategorien: geistig, psychisch und irdisch. Das Höchste ist das Selbst, das ICH BIN. Das zweite ist jenes, das sich an Gwauxln wandte, und das letzte war das, was in der Höhle zurückblieb. Das Selbst sucht das göttliche Niveau, die Hülle findet ihren Anfang auf der Erde und wird wieder zu Asche, wenn die Seele sie verlässt. Das Selbst agiert getrennt vom Körper. Wie es auch in der Bibel steht (II Samuel XII-23), kann nur ein Medium diesen Zustand erreichen. Aber nach dem Tod kann das Selbst nicht auf die Erde zurückkehren, nur die mental-geistige Seele kann dies.
Aber woran erkennt man ein wahres Medium? Ein wahres Medium kann sich in die benötigte Höhe erheben, aber das Selbst kann nicht auf die Erde hinunterkommen, das kann es nur für kurze Zeit, nämlich dann, wenn man stirbt. In dem Fall ist es kein Zurückschreiten. Man kann ein Medium mit einem Barometer vergleichen, dem es möglich ist, uns den Meeresspiegel anzuzeigen, die Höhe des Geistes. Es ist notwendig, dass das Barometer sich auf der Höhe befindet, die es anzeigt. Das Niveau kann sich nicht unter ihm befinden. Diese Grenzen kann nur ein Sterbender überschreiten, der nicht mehr zurückkommen wird. Man kann nur von den Toten zurückkehren durch eine Wiedergeburt.
Ich überlasse es dem Leser zu verstehen, dass dies nichts mit der Auswanderung der Seele zu tun hat, denn diese begehrt die Strafe für ihre Sünden. Es ist jedoch nicht möglich, als Tier wiedergeboren zu werden, denn ein Zurückschreiten gibt es nicht. Alle diese Theorien, welche die Wiedergeburt betreffen, basieren auf falschen Konzeptionen. Denn bei einer Wiedergeburt geht man immer einen Schritt voraus.
Kommen wir zu Gwauxln zurück, der entschlossen war, mich nicht sehen zu wollen. Er wusste, dass mein neuer Zustand noch nicht gefestigt war, und hatte Angst, meine Entwicklung zu stören. Wenn ich es richtig verstehe, so wollte er meiner Hülle nicht erlauben, ihn zu beeinflussen. Seine sehr sensible Natur hatte meinen Tod gespürt und ihn ermutigt, seine Suche fortzusetzen. Er handelte auf diese Art und Weise, um

keinen Verdacht in mir aufkommen zu lassen, dass er mich sehen konnte. Er hatte ein Spiel mit den Kräften der Natur begonnen, um mich auf seinen Besuch vorzubereiten. Doch er wollte nicht zu mir kommen, bevor mein irdisches Leben zu Ende war und ich ins Jenseits hinübergewechselt hatte.

Nun war er da, und wir standen uns in einfacher Freude gegenüber wie zwei Seelen vor Gott. Auch in dieser Domäne war Gwauxln mir überlegen, aber wir waren gleich im Angesicht des Geistes, und ich wünschte mir diesen Zustand auch für die Welt. Eines Tages wird es so sein, denn der Träger des Kreuzes sagte:

„Ihr seid alle die Kinder eines Vaters."

Und so ist es auch!

Als Gwauxln zu mir kam, hatte er jegliches menschliches Verhalten abgelegt. Wenn er dies nicht getan hätte, wäre die Erinnerung an die Erde sehr stark gewesen und hätte mich erheblich beeinträchtigt. Die wichtigen Gesetze jeder Existenz sagen aus, dass kein Selbst, ohne Schaden zu nehmen, auf die Erde zurückkehren kann. Eine individuelle Seele kann sich in den Himmel projizieren, aber jemand, der sich im Jenseits befindet, kann nicht auf die Erde zurück, es sei denn durch eine Wiedergeburt.

Warum verlässt die Seele die Erde nach dem Tod? Weil sie sich im Jenseits die Früchte ihres aktiven irdischen Lebens aneignet. „Tue, soweit es in Deiner Macht steht, alles was Deine Hände tun können, denn es gibt kein Kunstwerk, keine Kombination, kein Wissen und auch keine Weisheit dort, wo Du hingehen wirst." (Prediger Salomo IX-10) Es ist wahr, man kann nichts mehr tun im Grab.

Auf den folgenden Seiten, erwecke ich den Eindruck, viel von meinen Aktivitäten, zwischen Wiege und Grab zu erzählen. Aber bedenke bitte, dass die Erde komplett aus meinen Gedanken gelöscht war.

Meine Erfahrung mit dem Jenseits war zu verdauen und das reifen zu lassen, was ich auf der Erde versäumt hatte. Ich konnte mich nichts Neuem zuwenden und auch keinen neuen Gedanken fassen, nichts, was nicht schon in meinem Leben dagewesen war, bevor ich starb. Die Zeit zählte nicht, während ich mein vergangenes Leben ordnete, das in seiner

Kristallisation wie ein weithergeholter Traum erschien. Es gibt keine neue Rolle in einem Stück, das schon vollendet ist.
Es war die Macht des Kaisers, die unsere Begegnung ermöglichte. Jedem Medium, das einer spirituellen Sekte angehört, ist es möglich, einen Toten zu rufen, aber dies kostet das Selbst schrecklich viel. Unser Vater hat natürliche Barrieren gesetzt und es nicht erlaubt, dies leichtfertig zu tun. Jede Handlung dieser Art beinhaltet eine Strafe für den Wissenden. Die Strafe ist niemals leicht und lastet erdrückend schwer auf ihm.
Wenn ich dageblieben wäre und Gwauxln hätte beobachten können, wie er seinen irdischen Körper in einem geheimen Zimmer in Sicherheit brachte und eine astrale Form annahm, hätte ich sehen können, wie er die Hülle von Zailm in den Tempel brachte und ihn der ewigen Flamme übergab.
Warum musste er vernichtet werden? Was für einen Sinn hatte dies?
Das Ziel bestand darin, meine Hülle daran zu hindern, sensible Menschen – wie den Mann am Vailx in Umaur – zu beeinflussen. Eine Hülle würde, wenn man sie intakt ließe, noch für einige Zeit herumspuken, denn ihr Astralleib bliebe ihr treu. Deshalb sagte mein Astralleib auch zu Gwauxln: „Ich bin nicht tot." Die beiden komplexen Formen bleiben vereint und ernähren sich noch eine Zeitlang von dem Magnetismus des letzten Lebens.
Die Astralhülle kann Jahrzehnte, Jahre, Tage oder auch nur Minuten brauchen, um sich zu lösen, was davon abhängt, ob man materiell oder spirituell veranlagt war. Der Astralleib ist nichts anderes als eine lebendige Kraft und birgt alle Aspekte seines Selbst, seines „Ich bin" in sich. Einige zurückgekehrte Geister machen Vorhersagen, die auch einige Jahre später eintreffen. Beim Sterben hat der Astralleib kurzzeitig Kontakt mit dem Selbst, das wiederum eine vage Vorstellung von der Zukunft hat. Das sind die psychischen Kräfte.
Diese durch den Menschen ausgelösten Phänomene können die intensive Qualität des Lebens einhüllen wie jene, die durch Moses, Buddha und Zoroasta hervorgerufen wurden. Die Hüllen dieser Propheten leben in einer untergeordneten Existenz weiter, und zwar so lange, wie sie von Gläubigen

ihrer Religion genährt werden. Es ist eine psychische Form, eine Form, die Gestalt annimmt und einen Befehlshebel bildet, den gleichen, der die Planetenbahnen der Sterne und Atome zusammenhält. Er ist vital und doppelt, positiv und negativ. Wenn man von den beiden Kräften das Element Feuer trennt, verursacht man die Geburt der ewigen Flamme, ähnlich der Flamme des Maxin. In einer vergangenen Zeit war dies der Fall in Israel, wo die Macht der Arche fatal war für alles Leben. Diese Brennpunkte sind die einzigen Erscheinungen des universellen Bestandes, welchen die Alchemisten seit Ewigkeiten suchen. Es ist unnötig zu erwähnen, dass einige Alchemisten Söhne der Einsamkeit sind, was zur Folge hat, dass ihnen diese wunderbaren Wissensmächte zur Verfügung stehen.

Es ist ganz klar, dass solch ein Geheimnis gut gehütet werden muss. Diese Brennpunkte sind die wirklichen Herzklappen des Universums. Alle Kraftwesen nehmen Gestalt an, wenn sie auf ihr Omega (Ende) treffen. Als Gwauxln meinen Astralleib der ewigen Flamme übergab, konnte alles wieder vereint werden, so waren die kosmischen Kräfte und die Energie nicht mehr geteilt. Doch um die Wahrheit zu sprechen, befindet sich ein kleiner Punkt in unserem Körper, ein Brennpunkt, in dem das Negative und Positive zusammenläuft, und dieser befindet sich in der Medulla oblongata (verlängertes Rückenmark im Gehirn). Wenn dies nicht so wäre, gäbe es kein Leben. Zerstört man diesen Punkt, und sei es nur durch eine Nadel, erlöscht sofort alles Leben. Aber ich habe genug gesagt.

Gwauxln kam also zu mir, weil ich nicht zu ihm konnte. Es passiert manchmal, dass ein Unwissender im Traum zu einem verstorbenen Freund aufsteigt – wenn dies unbewusst geschieht, so wird ihm nichts geschehen.

Eines der Hauptziele in diesem Buch ist es, diese Mysterien zu erklären. Ich werde auf den folgenden Seiten versuchen, das nachfolgende Thema ohne Zweideutigkeit zu erklären.

Wieso ist es möglich, dass ein Erdenbewohner einen Freund über die Grenzen hinaus im Jenseits besuchen kann und umgekehrt ein Toter aber niemals auf die Erde zurückkehren kann?

Auf Meeresniveau, bei ruhigem Wetter, zeigt das Barometer eine gewisse Gradeinheit des Drucks der Atmosphäre an. Zweitausend Meter über dem Meer, zum Beispiel auf einem Berggipfel, fällt das Quecksilber in der Röhre auf eine andere Gradeinheit. Diese ist abhängig vom atmosphärischen Druck. Jemand, der sich auf dem Niveau des Meeres befindet, sich aber gerne in einem Ambiente von 2.000 Metern Höhe befinden würde – kann er dieses Ambiente zu sich herunterholen? Nein, er müsste den Berg besteigen!
Während eines Sturmes fällt das Barometer auch, denn die Luft ist weniger dicht. Wenn solch ein meteorologischer Wechsel stattfindet, hat dies den Effekt, dass sich der Meeresspiegel den oberen Luftschichten nähert. Umgekehrt entwickelt sich daraus ein Sturm. Dasselbe passiert auch während einer spirituellen Sitzung. Wenn man in solch ein Spiel höhere Kräfte einbringt, kann ein Medium jemanden in vergangene Leben zurückführen oder eine Seele hinunterbringen. Aber dieses Vorgehen produziert einen psychischen Sturm, ein Spiel, das für jenen, der es praktiziert, sehr gefährlich werden kann. Die Hexe von Endor hatte solch einen Sturm verursacht, als sie Samuel mit Gewalt auf die Erde zurückbrachte. Seid vorsichtig, Ihr Medien. Und Du, mein lieber Leser, wenn Du ein menschliches spirituelles Barometer bist, kannst Du hinaufsteigen bis zu Deinen Freunden, aber wenn Du den Wert Deines Seelenfriedens schätzt, versuche niemals sie in Deinen „Kreis" hinunterzuziehen. Jene, die nur Begeisterung suchen, können das Buches besser wieder weglegen. Überlasst die Gunst des Lernens den Lesern, die versuchen, die Beweggründe meines Lebens, die Lehren meiner Geschichte und die Technik, die mir erlaubte, nach 13.000 Jahren meine Geschichte zu erzählen, zu verstehen. Die Verbrechen des Priesters Mainin veranlassten mich, die physische Ebene aufzusuchen, die mehr oder weniger eine isolierte Ebene ist, denn ich war ich und war das ICH BIN. Anders ausgedrückt war meine Ebene bewohnt von den Kindern meiner Fantasie, meiner Sehnsüchte und meiner Auffassung von Menschen, Orten und Dingen.

Es gibt nicht zwei Menschen, welche die Welt mit den gleichen Augen sehen. Für Anzimee, mit all ihrem Wissen, konnte die Welt nicht die gleiche sein wie für Lolix, für die andere Dinge wichtiger waren. So ist es auch im Himmel – die Astralwelt einer Person ist mit ihrer persönlichen Erfahrung ausgefüllt.
Der Zustand, in dem sich jeder einzelne nach dem Tod befindet – sein Wissen, seine Sehnsüchte, sein Glaube im Leben – formt die Atmosphäre einer Ernte, bei der nichts bewegt wird, man aber die Belohnung seiner Taten des vorherigen Lebens erhält. Es ist die Erde von Lethe, entblößt von Schmerzen, Traurigkeit, Krankheit und Ängsten, denn die irdischen Bedingungen von solcher Natur haben auf der Erde begonnen und müssen auf der Erde enden. Das Karma ist genauso angeordnet. Der Himmel ist passiv und nicht aktiv. Die Seele sammelt die Resultate ihrer Erfahrungen, was heißen soll, sie bereitet sich auf ihre nächste Reinkarnation vor, die man mit der nächsten Seite eines dicken Buches, welches das ganze Leben beinhaltet, auch das vergangene, vergleichen kann.
Ich hoffe, dass meine Erklärung nicht zu weitläufig war und ich Dir klar die Relation der reellen Natur zwischen Himmel und Erde zu verstehen gab. Die zweite verhält sich zur ersten genauso wie die Ruhezeit zur Aktivität bei Tage. Wenn jemand durch gemachte Fehler mit der Erde verbunden ist und er dadurch gezwungen ist, wieder zu inkarnieren, wird seine Astralwelt nicht dieselbe sein wie diejenige eines Menschen, der treu in seinem Geiste blieb und die Schlange aus seinem Herzen vertrieb. Die Worte können nur eine einfache Astralwelt beschreiben. Es ist ihnen nicht möglich, eine solche Existenz zu beschreiben. Das Endliche kann nicht das Unendliche bemessen.

Während ich über die Präsenz von Gwauxln meditierte – Anzimee und die anderen wollten oder konnten mich nicht sehen – fühlte ich, wie meine irdischen Kräfte schwanden. Noch vor kurzem konnte ich Personen, Orte und Dinge dieser Welt sehen. Diese Macht schien plötzlich nachzulassen und wurde ersetzt durch Visionen und wunderbare Klänge.

Na gut, wenn die, die ich durch meinen Tod an den Ufern zurückgelassen hatte, mich nicht sehen konnten, warum ließ ich mich nicht einfach ohne Widerstand in den Genuss von Friede, neuen Horizonten und neuen Eindrücken, welche die alten ersetzten, treiben?
Der Blick auf den Palast und die familiären Dinge löste sich zart wie in einem Traum vor meinen Augen auf. Vor mir erschien ein wunderschönes Tal, das umgeben war von blauen Bergen. Vor mir erhob sich ein Haus, das eine ungewöhnliche Form hatte. Es schien, als wäre jedes einzelne Zimmer nach Bedarf gebaut worden. Was für eine ausgezeichnete Idee, dachte ich. Es war aus nicht taillierten Steinen erbaut, und es gab an manchen Stellen zwei und an anderen Stellen drei Etagen.
Wer wohnte dort? Es waren sicherlich Leute, deren architektonischer Geschmack meinem Herzen am nächsten lag. Noch bevor ich sie sah, fühlte ich mich freundschaftlich zu ihnen hingezogen.
Sollte ich es wagen, meine Gegenwart zu signalisieren? Als ich so nachdachte, öffnete sich die Tür neben mir, und ein Mann trat heraus. Seine Erscheinung erschien mir sehr vertraut. Wo hatte ich ihn zuvor gesehen? Die Erinnerung an mein Leben als Zailm, Sohn von Menax, war komplett ausgelöscht, so als ob ich es niemals gelebt hätte. Meine Sinne waren von Kindheitserinnerungen erfüllt – meine Gedanken, meine Ideen und selbst die einfachsten Dinge aus der Zeit am Pitach Rhok waren wieder da.
Der Fremde, der mir so vertraut schien, kam näher und sagte:
„Erkennst Du Deinen Vater, Merin Numinos?"
Das Wissen über meinen Tod war verschwunden, ich wusste nichts mehr.
Die Frage, die mir dieser Mann gestellt hatte, erfreute mich sehr. Ich spürte, dass er nun der ideale Vater meiner Kindheit war und nicht derjenige, den meine Mutter mir an schlechten Tagen präsentiert hatte. Der Leser weiß, dass sie ihn nicht liebte, doch ich wusste von alldem nichts mehr. Ich war mir nur einer Sache bewusst, nämlich dass ich meinen Vater sah. Die Begegnung erfüllte mich mit Freude, und ich antwortete:
„Ja, um die Wahrheit zu sagen, ich kenne Dich."

Er fragte mich, ob ich mich ausruhen wollte, und da ich müde war, antwortete ich, dass mir dies sicherlich guttun würde. Merin Numinos begleitete mich in das Innere des großen Hauses in ein kleines Zimmer, das wenig Eleganz ausstrahlte. Es war ein Loch, aber sauber. Es war voller Charme und herrlich unordentlich. Die Bücher, Gesteinsproben und alle Dinge, die ein Junge liebte, lagen verschüttet in einem Gewirr, das jede Putzfrau hoffnungslos überfordert hätte, herum.
Meine Freude war sehr groß, denn ich fühlte mich wie ein Junge, der darauf wartete, erwachsen zu werden und noch voller Hoffnungen war. Ich war ein Kind mit üppigem loserem Temperament in seinem eigenen Reich, und in diesem Raum brauchte ich keine Angst zu haben, von meiner Mutter gezügelt zu werden. In einer Ecke des Zimmers stand ein Bett und darauf lag ein Bücherpaket aus unserem Distrikt, Pitach Rhok, Distrikt Nr. 5.
Ich legte die Bücher sorgfältig zur Seite, denn Bücher waren etwas Heiliges für mich. Alles entsprach genau meinen Wünschen. Ich hatte keine Erinnerung mehr an mein Leben in Caiphul und keine Erinnerung an meinen Tod. Alles war verschwunden, wie die Abenteuer eines Traumes, an den man sich am nächsten Tag nicht mehr erinnern kann.
In meinem neuen Zustand erschienen mir die Dinge so, wie ich sie kannte und liebte.

Den ganzen Schauplatz, den meine Augen begrüßten,
kannte ich auf eine merkwürdige Art und Weise
so als ob alles auf eine mystische Weise
schon in meinem Herzen vorhanden war.

In meiner Astralwelt gab es natürlich auch neue Dinge, aber sie waren nicht sehr unterschiedlich im Vergleich mit der Erde, und es lohnt sich nicht, darüber zu verweilen.
Eines schönen Tages verließ ich den Schauplatz des Lebens dieses Jungens. Der Vorhang öffnete sich wieder, und ich befand mich dort, wo ich den Pitach Rhok verließ und nach Caiphul ging. Ich befand mich nun inmitten der Studenten, doch es waren Priesterstudenten und so verließ ich die Szene schnell wieder, denn zu meinen Lebzeiten hatte ich dieses

Stadium nicht erreicht und nicht einmal versucht, es zu erreichen.
Die Zeit lief an mir vorbei, und manchmal begegnete ich den wirklichen Geistern der Menschen, mit denen ich zu meinen Lebzeiten zusammengearbeitet hatte. Alles erschien mir reell. Auch Lolix war hier, doch die Sünde in unserem Leben wollte, dass wir uns erst wieder auf der Erde begegneten.
Es erschien mir ganz natürlich, als mir eines Abends Anzimee begegnete, während ich einen Spaziergang am Ufer des Meeres, das an eine künstliche Wüste grenzte, machte. Alles harmonisierte mit meiner Einsamkeit – es war jene Ruhe, die ich mit Anzimee genießen wollte, wenn wir einmal verheiratet wären. Als wir uns trafen war es schön, wenn sie mich Ehemann nannte, und der Friede danach war so vollkommen, wie ich ihn mir immer vorgestellt hatte.
Meine Feder ist wieder schneller als der Ablauf, und ich möchte wieder zu dem kleinen Zimmer zurückkehren. Ohne mich zuzudecken, denn es war warm, legte ich mich hin und schlief. Als ich wieder erwachte stieg ich durch die Halle in den Garten. Es hatte ein Wechsel stattgefunden. Ich war älter, die Landschaft war anders, und die Häuser glichen mehr der Vorstellung, die meine erwachsenen Bedürfnisse als Notwendigkeit bezeichnet hatten, während ich noch in Pitach Rhock lebte. Im Vordergrund war kein Fluss mehr, sondern ein großer See, von dem man nur das nahe Ufer sehen konnte.
Aus irdischer Sicht, wäre diese Veränderung erstaunlich gewesen, doch mich verwunderte es nicht, ich hatte es nicht einmal bemerkt.
Ich antworte auf eine paradoxe Weise: „Es war das Leben nach dem Tod, aber nicht die große Existenz mit Gott."
Kostete dieser Wechsel Zeit, oder war es wie bei der Lampe von Aladin, bei der es genügte zu reiben, um die Szene zu wechseln? Ich hielt nicht einmal inne, um mich das zu fragen, denn so etwas kam mir nicht in den Sinn. Ist die Erde real? Die Erde und das Universum sind von Gott gemacht, es sind seine äußeren Ideen. Die Dinge der Erde sind die Wörter einer großen Rede, die Gott an uns richtet. Genauso ist es mit den Dingen des Himmels. Beide sind real, obwohl sie Gegensätze sind, aber nur real in uns und nicht ohne uns.

Ich suchte nach meinem Vater, um ihn zu fragen, wie lange ich geschlafen hatte.
„Du hast mehrere Jahre geschlafen."
„Jahre, sagst Du?" Doch ich war keineswegs verwundert über meinen Rip-van-Winkel-Schlaf. Da ich gewohnheitsmäßig stolz auf meine elegante Erscheinung war, musste ich einen Blick auf meine Kleidung werfen, um zu sehen, ob sie nach so langer Zeit noch tragbar war. Sie war noch vorzeigbar, und den Blick immer noch auf sie gerichtet, fragte ich abwesend:
„Du hast Jahre gesagt und außerdem hast Du auch gesagt, dass ich geschlafen hätte seit ich in diesem Land bin. Nun, bitte sag mir, war ich jemals irgendwo anders?" Da ich keine Antwort erhielt, schaute ich auf. Ich sah seinen verwunderten Blick, der dem einer Statue glich. Er wusste anscheinend nichts.
Man denkt im Jenseits nicht über den Tod nach. Ab dem Moment, in dem eine Seele, die schon reifer ist, bemerkt, dass es nicht mehr möglich ist, Eindruck zu machen auf die Menschen, die sie auf der Erde zurückgelassen hat, stellt sie fest, dass sie bereits mitten in dem Wandel steht, den man Tod nennt, und vor dem sie vielleicht ein ganzes Leben lang Angst hatte. Denn die Kirche, damals wie heute, lehrt nur eine Art von Tod. Ein Neuankömmling im Jenseits kannte oder vermutete keine andere. Für die vom Körper befreite Seele war und ist der Tod eine unbekannte Vorstellung. Es gibt keinen Tod, so wie es auch keine Schmerzen und Leiden gibt. Der kleine Himmel ist wie der große Himmel (Nirwana) ein Zustand, auf den in der Apokalypse (Kapitel XXI Vers 4) Bezug genommen wird.
Nun, mein Freund, stelle ich keine Behauptung auf; ich verweigere zu argumentieren, und obwohl das nach mittelalterlichen Methoden schmeckt, lehne ich es ab, mit Dir zu diskutieren. Das Buch hat zum Ziel, Dir darzulegen, was ich aus Erfahrung weiß. Ich spreche nicht über theoretische Ideen. Auch wenn Dir einige Details unklar sind, nimm sie mit in die Tiefe Deiner Seele, und meditiere dort darüber! Sie werden klar werden, und wenn Du sie verstehst durch diese Methode, erscheinen sie Dir wie das Wasser aus dem Fels, das Deinen Durst löscht. Folge meinem Rat! Ich wende mich nur

an den Leser, der diese Seiten liest, um von ihren Aussagen zu profitieren.

Die Bewohner des Himmels kennen nur einen Wechsel, und da dieser so anders ist als die angsteinflößenden Lehren der Kirche, empfinden viele Seelen, wenn sie im Moment des Todes in den Himmel einkehren, dass kein Tod existiert und dass die Lehren, die sie auf Erden von den Priestern empfingen, lediglich kirchliche Fiktionen waren. Noch liegen sie nicht gänzlich falsch, denn es gibt keinen anderen Tod als den vom objektiven und subjektiven Zustand, ausgenommen den zweiten Tod, von dem ich auf den letzten Seiten des Buches sprechen werde.

Die Religion hat damals wie heute gelehrt, dass alles irdische Leid mit dem Tod aufhört. Das ist richtig für die Zeit, in der die Seele auf Himmelsreise ist. Die irdischen Nebel können nicht ins Jenseits eindringen, denn sie sind auf der Erde entstanden und können nur diejenigen beeinflussen, die auf der Erde leben.

Aber das Böse, das Menschen tun, wird sie überleben.

Das ist die Wahrheit. Das Böse wartet in Form von kristallisierter Energie auf ihre Rückkehr auf die Erde. So ist es mit der Energie, die man fälschlicherweise adamisch nennt. Im Jenseits ist der Sünder von diesem Einfluss befreit. Doch wie das Unkraut im Weizen, ist der Samen bereit, in der neuen Inkarnation eine neue Ernte von Leiden heranwachsen zu lassen. Wenn keine gute Tat das getane Übel ablöst, wird das Böse weiterwachsen. Glücklicherweise hat der Mensch eine Ewigkeit zur Verfügung, um es wiedergutzumachen. Wenn man den Gesetzen Gottes folgt und ihnen treu bleibt, wird das Unkraut, egal, woher es kam, nach und nach entwurzelt. Eine gute Tat löscht eine böse aus, und diese wird samt Knochen begraben, was die Philosophie von Hamlet vervollständigt.

Um mich herum befanden sich alle, die ich liebte. Während die Zeit zu verstreichen schien, wurde mir die Gegenwart meiner Freunde bewusst. Anzimee, Menax, Gwauxln, Ernon und Lolix, ohne Schatten, alle jene und tausend andere Namenlose waren da. Sie kamen nicht, nein, sie waren bei mir, jeder, wie ich ihn wahrnahm. Sie waren meine Vorstellung,

denn sie waren subjektiv und nicht objektiv; sie waren Idealvorstellung, keine wirklichen Leute. Und sie bildeten meine Welt. Es kam mir nicht in den Sinn, dass sie nicht wirklich waren.
Hast Du jemals darüber nachgedacht, lieber Leser, dass die Welt Deiner Sinne die einzige Welt ist, die Du hast? Dass, wenn Du nicht sehen, nicht hören, nicht riechen, nicht schmecken und nicht berühren könntest, es keine Welt gäbe, selbst wenn Deine Seele in einem Körper gefangen wäre, der obwohl tot, trotzdem auf eine vegetative Art lebt? So, wie die Seele von jedem Menschen – ob Frau, Mann oder Kind – unterschiedlich ist, so erscheint auch die Welt jeder Person anders – niemals absolut gleich bei zwei Individuen –, die zu einem Großteil aus dem Leben nach dem Grabe besteht; sie mündet in die Wirklichkeit, und alles scheint gleich wirklich, genauso wirklich wie das erste Wahrnehmen der Sinne. In Wirklichkeit ist dieses Nachleben ein wiederauflebendes und verdrehtes Erdenleben, jetzt allerdings subjektiv statt objektiv. Der, den ich für meinen Freund halte, mag in Wirklichkeit ein Feind sein, aber wenn ich mit dem Gedanken sterbe, dass er mein Freund ist, nehme ich diese Vorstellung mit ins Jenseits und umgekehrt.
Meine Freunde befanden sich um mich herum. Sie lebten und bewegten sich in meiner Traumwelt. Ebenso, wie sie sich in meiner Vorstellung von der Welt befanden, so war auch ich in ihrer Traumwelt vorhanden. Nicht ich war bei ihnen, sondern nur die Vorstellung von mir. Dasselbe gilt auch für alle Realitäten von nicht verwirklichten Vorstellungen, die einfach und leicht anzusehen sind, wenn man in den Erinnerungen des Astralarchivs sucht, oder anders ausgedrückt, Gedenktafeln der Seele, von jedem Vorfall, bedeutend oder unbedeutend, einfach oder komplex oder selbst von unbewussten Gehirnleistungen.
Ich mache jetzt eine wichtige Bemerkung – sie stützt sich auf ein Merkmal von großem Interesse, denn sie bestätigt, was ich vorher geleugnet habe, nämlich, dass sich im Jenseits eine Seele mit anderen Seelen verbinden kann. Das Jenseits wäre in der Tat ein trister Himmel, wenn die Freunde des alltäglichen Lebens nur Traumgestalten wären. Sie sind von unseren

irdischen Hoffnungen geborene Träume und nicht zu unterscheiden von der Realität der Vorfälle im Jenseits. Wenn diese Träume aber so kompliziert sind, dass man, um ihre Gleichung zu lösen, die vereinigte Anstrengung zweier Seelen benötigt, die in Harmonie zusammenarbeiten, dann sind auch im Jenseits die Ergebnisse dieses komplizierten Aktes die beider Seelen. Aber während des Entstehens der Ergebnisse, während der Kristallisation dieser Ergebnisse in Charakterzügen, gehören diese beiden Seelen zusammen, wie sie es schon immer auf Erden getan haben.

Wenn ein Vorfall mehrere Personen betraf, so werden sich diese Seelen auch im Jenseits wieder finden und sich erst dann trennen, wenn alles erledigt ist. Im Laufe meiner Erfahrungen kam es vor, dass es Momente gab, in denen alles meinen Fantasien entsprungen war und alles wie ein dunkler Traum erschien. In anderen Momenten waren sie so komplex, dass ich mich mit wirklichem Selbst, wie ich es war, verbunden fühlte.

Ich wusste von alledem nichts. Alles erschien mir reell, und vielleicht war es auch so. Es macht Spaß zu fühlen, dass man mit einem geliebten Sohn, Vater, einer Tochter, Mutter, Frau oder einem Freund zusammenarbeitet und dass die Folgen der ernsteren Ereignisse unseres täglichen Lebens im Himmel unsere Hoffnungen zusammenbringen werden.

Als ich Anzimee traf, die noch auf der Erde weilte, war ich in Kontakt mit der Vorstellung von ihr, aber einige Male auch mit ihrem höheren Selbst. Wie war letzteres möglich? Weil sie sich so sehr nach mir sehnte, dass sie fähig war, ihre reine Seele auf meine Ebene zu projizieren. Es war nicht nur nett und gut für sie, denn es gab ihr einen Einblick in die unsichtbaren Dinge, von denen der Apostel Paulus sprach, sondern es war auch eine heilige Freude für mich, sie hier wieder zu treffen. Sie konnte zu mir kommen, aber ich konnte nicht mehr zurück zu ihr. Es gibt kein Zurückschreiten.

In Verbindung mit diesen Träumen, fand ich meine Belohnung, denn nichts passierte entgegen meinen Wünschen. Aber wenn ich diese Belohnung erhielt, nahm ich unbewusst den Wert des vorherigen Erdenlebens wahr. Meine Verbindung mit der atlantischen Politik brachte mich in

Kontakt mit gewissen Menschen und Sitten, und durch diese Kontakte wurden Pläne geboren, in denen ich eine Hauptrolle spielte. Diese Pläne wurden nun in einen subjektiven Zustand gebracht und schienen dabei zu sein, verwirklicht zu werden. Aus diesen offensichtlichen Handlungen entwickelten sich meine Fähigkeiten, und es wurden Tests des Wertes meiner Vorstellung gemacht. All dies resultierte in einer konkreten Schlussfolgerung, die mein mentales Wesen wurde. In einer neuen Inkarnation käme ich zu der Menschheit, ausgestattet mit einer verstärkten Geisteskraft beim Behandeln von politischen und sozialen Fragen. Vielleicht würde diese Kraft nicht aktiv eingesetzt werden, da andere Tendenzen stärker waren. Diese Kraft wurde trotzdem größer und stand mir jederzeit zur Verfügung. So wuchsen auch der Wert und die Ansichten derer, die mit mir verbunden waren.
So ist es wirklich geschehen, lieber Leser, sonst hätte ich diese Geschichte zu Deinem Vorteil nicht schreiben können.
Ich könnte noch einige Beispiele dieses Entwicklungsprozesses aufzählen und von jenen, die ihn erfahren haben; die sowohl das Grab als auch die Wiege zwischen sich und der Erde haben. Aber ich habe genug gesagt, um dem Leser einen Tip zu geben, dass hier die Wahrheiten liegen, und um es für ihn abzumildern.

Die Gedanken der letzten bitteren Stunden
und des unnachgiebigen Todeskampfes
des Leichtuches und des Sarges.

Ich hoffe, mein Freund, dass diese Anstrengungen, den Tod weniger erschreckend zu zeigen, vom Erfolg gekrönt sind und Du in meinen Worten Halt findest.

Nähert Euch Eurem Grab
als ob Ihr Euch eine Decke überlegt,
um in schönen Träumen zu versinken!

Zerah Colburn, ein wunderbares Mathematikgenie, hat sein Wissen nicht in den Schulen dieser moderneren Zeit

erworben, sondern er brachte es als Erbe seiner vergangenen Leben, über den Tod hinaus, mit sich.
Lieber Leser, Du kannst Dich vielleicht nicht an ein vorheriges Leben erinnern, aber Du kannst die Erinnerung davon mit Dir nehmen. Ich diskutiere nicht. Ich überlasse es Deiner Intelligenz zu entscheiden, ob ich recht damit habe, dass die Gewohnheiten des Lebens aus wiederholten Handlungen Deiner Kindheit kommen, selbst wenn die Erinnerungen an Einzelheiten nicht mehr da sind. Und mit dem Wissen, dass es so ist, entscheide, ob Du es dann noch absurd findest, dass alle Lebenshandlungen, die in Jahrtausenden gemacht wurden, wieder ins Gedächtnis zurückgerufen werden können – insbesondere wenn der ganze Zeitabschnitt sich auf verschiedenen Ebenen des Lebens abgespielt hat und keine irdische Erinnerung zurückgeblieben ist. Dies würde Gottes Gesetzen widersprechen. Ich weiß, wovon ich spreche.

Schließlich kam eine Zeit, in der ich mich nicht mehr um die Handlungen kümmerte, auch nicht mehr um die Vorstellung von Personen, Orten oder Dingen, die mit diesen zusammenhingen. Ich blieb an einem ruhigen Ort und hörte Anzimee zu – der Realen, nicht der Vorgestellten – wenn sie mir vorlas oder sprach. Außerdem schlief ich viel. Eines Morgens stand ich nicht auf, weil ich es nicht wollte. Ich war nicht krank, denn so etwas gibt es im Jenseits nicht. Ich hatte keine Lust mehr zu sehen oder zu hören. Ich fühlte zwar Schläfrigkeit, aber keine Erschöpfung. So drehte ich mich wieder mit dem Gesicht zur Wand und schlief. Es war das letzte Auftreten im letzten Kapitel einer lebenslangen Ruhe, die, obwohl ich es nicht wusste, 12.000 Jahre menschlicher Handlungen auf Erden deckte. Der Tod ist in der Heimat der Seele niemals erschienen, denn meine Vorstellungen starben nicht, sie verschwanden einfach aus dem Blick ihres Schöpfers. Selbst die realen Seelen von Männern oder Frauen starben nicht, aber wenn sie nacheinander zu dem Vergeltungserwachen ans Grab kamen, wenn ihre Leben im Himmel immer noch mit dem meinen verbunden waren, wenn sie nirgendwoanders im Jenseits hingegangen sind, wie Nachbarn auf der Erde sich trennen und die Welt zwischen sich legen, dann verschwanden sie genau wie meine Vorstellungen sich verflüchtigten, als ich ihren Wert erfasst habe. Nur mir selbst konnte der Wechsel in mir selbst bewusst werden, nicht den anderen. Ich war wieder für Handlungen bereit. Ich schlief, und während dieses Schlafes entschlief ich aus diesem Leben der Passivität hinaus in das Erwachen der Erde, wie ein Baby in seiner Wiege. Geboren, um meinen Meister in diesem Leben zu sehen und mit ihm zusammen in die große Ruhe einzugehen.

Einer wird nach mir kommen und Euch mehr von der großen Tiefe des Lebens erzählen als ich es kann. Wartet auf seine Worte!

Buch 2

Ein Reisender zwischen zwei Welten

Worauf es Jesus ankommt, ist, wie Gott zu sein, so zu handeln, wie Gott in uns handelt. Du musst eine wirkliche innere Erfahrung gemacht haben, wie Gott liebt, wie es für Dich ist, wenn Gott Dich liebt! Für diese Erfahrung der Liebe gibt es verschiedene Worte: Gnade, Vergebung und Mitleid. Diese Liebe ist die Bereitschaft zu leiden, ohne dem Bedürfnis nach Vergeltung nachzukommen. Wir geben das Leid, das uns angetan wurde, an andere weiter, deshalb hört es nie auf, das Leid wird so vervielfältigt. Es muss also Menschen geben, die sagen: „Ich gebe es nicht weiter!" Die ganze Lehre Jesu basiert auf dieser Erfahrung und diesem Ziel. Das fordert einen hohen Grad an menschlicher Reife, aber es ist der einzige Weg, der die Gewalt wirklich stoppt und den Marsch der Welt in die gegenseitige Selbstzerstörung!

ES WÄRE ZU SCHAFFEN, ERST RECHT HIER UND JETZT – ES WÄRE ZU PACKEN, KEINER TOT UND KEINER VERLETZT … Andreas Bayless (Söhne Mannheims)

KAPITEL 1

Eine neue Persönlichkeit

Mit dem Kapitel 24 des ersten Buches endete die Geschichte von einem Leben, das vor über 12.000 Jahren stattgefunden hat. Es hatte seine Höhen und seine Tiefen. Gemäß der Übereinkunft und dem Tod eines Volkes, zu dem die moderne Welt Mythos sagt, existierte eine Persönlichkeit, deren Schicksal wir verfolgten und die den Namen Zailm trug, ein Name der harmonisch, aber ebenso interessant ist, denn er bedeutet: „Ich lebe, um zu lieben."
Zailm berichtete uns von seiner Jugend, die er in den Bergen verbrachte. Er besaß einen maßlosen Ehrgeiz, und dieser brachte seinen Namen zum Glänzen. Sein Name, sein Vermögen, seine soziale und politische Situation waren hervorragend in der Aristokratie seines stolzen Volkes. Gewiss machte er einen entscheidenden Fehler in seinem Leben und entfernte sich vom rechten Weg. Aber in anderen Bereichen war er beispiellos. Seinen Fehler bezahlte er teuer, und mit dem Wissen um diesen Fehler folgte die Sühne, jedoch erst viel später. Doch nun wird der Leser ins Grab hinabsteigen mit den Stammvätern einer noch nicht erwachsenen Welt, mit den Königen und Mächtigen der Erde, den Weisen, den guten Menschen, den schönen Menschen und den wahren Propheten der vergangenen Zeit. Ich führte Dir noch einmal das Bild von Zailm vor Augen, gezogen aus der Dunkelheit, um berühmt zu werden in einem Land, das bis heute seinesgleichen sucht. Ein ungleich bleibender Glanz ist geblieben seit dem Verschwinden in dem alten tiefen Ozean, und keine Sonne wird mehr darüber aufgehen.
Nun bitte ich meinen Leser, seine Aufmerksamkeit einer anderen Person zu widmen, nämlich Walter Pierson, einem einfachen Diener Gottes. Zailm war stolz, ein Atlanter zu sein. Als ein Einwohner von Amerika bin ich nicht weniger stolz.
Eine brutale Epidemie machte mich zum Waisen, zu jung, um den Tod meiner Eltern zu verstehen und doch fühlte ich eine schreckliche Angst in meiner plötzlichen Einsamkeit. Weinend

bat ich oft, meine Eltern sehen zu dürfen, doch ich verstand die Antwort, „Sie sind tot", nicht. Zwischen meiner ersten Kindheit, die voller familiärer Zärtlichkeit war, und der zweiten, war der Unterschied so schmerzhaft, dass meine natürliche Vorliebe erwachte und die Lust zu Reisen immer größer wurde. Und so – mit 12 Jahren, nachdem ich geflohen war, um meine Bedürfnisse zu befriedigen – wurde ich Kabinenjunge an Bord eines Schiffes. Ich war mir im klaren, dass in all den Jahren, die folgen würden, der Traum vom Reisen sehr schmerzhaft sein würde.

Mein Fassungsvermögen, mein guter Wille und meine Ehrlichkeit im Dienst gefielen so gut, dass ich mit 18 Jahren erster Matrose auf einem prächtigen englischen Küstenschiff wurde. In dieser Position wurde ich keines Vorteiles beraubt, ich hatte Freizeit und lernte aus einigen Büchern unseres Kapitäns, der ein sehr eindrucksvoller Mann war. Der Kapitän war mir gegenüber sehr wohlwollend, und wir diskutierten oft über den Inhalt der Bücher.

Bald machte ich eine Erfindung, für die viele Seefahrer dankbar waren und dank der viele ihnen am Leben blieben. Ich bezog daraus ein kleines Vermögen und war reich bevor ich volljährig war. Durch Anlagen erzielte ich Gewinne. Ich besaß sehr bald auf der Bank eine Summe, die ausreichte, um mich bis zum Ende meiner Tage materiell abzusichern. Unter diesen Voraussetzungen hörte ich sehr bald auf, zur See zu fahren. Ich verließ das Meer und bereiste das Land. Da ich die großen Häfen auf der ganzen Welt kannte, beugte ich mich nun über eine Karte und studierte das innere Land meiner Heimat.

Während der Jahre 1865 und 1866 erhöhte sich mein Vermögen beträchtlich durch Anlagen in kalifornischem Gold. Nach den zwei Jahren in der Armee von Cumberland, wo ich während des Sezessionskrieges gedient hatte, stand es mir zur Verfügung. Durch einen Granatsplitter hatte ich in der Schlacht der Missionars-Berge zwei Finger verloren. Gibt es noch einen Leser, der sich an die Nacht des 25. Novembers 1865 erinnert?

Die ganze Nacht über sah man die Feuer der Gewehre, noch bevor die Soldaten den Nebel durchstießen. Bei Dämmerung,

wusste man noch nicht, dass der Feind seine Position geändert hatte und von den Bergen verschluckt war. Der Morgen brachte Klarheit. Sämtliche Augen in dem Lager der Union waren gegen den Berggipfel gerichtet. Langsam verwandelte sich der Osten in purpurnes Licht, und gerade als die Sonne aufging, marschierte eine Schwadron hinauf auf den Felsen, der über dem Abgrund hing. Und dann, vor den Augen von Tausenden von Zuschauern, breiteten sie die „Old Glorie" aus. Unter Tausenden von Jubelrufen starrte eine Armee von Veteranen durch tränende Augen auf die Streifen und Sterne der Flagge – eine stumme Ankündigung des Sieges.
Es war der am meisten bejammerte Krieg aller Kriege:
Die Väter erhoben sich gegen ihre Söhne und die Brüder gegen ihre Brüder. Als er zu Ende ging, befand ich mich in meiner Geburtsstadt, Washington D.C..
Zwei Monate später war ich in einer wunderschönen Berggegend im weit entfernten Kalifornien und gründete eine Minengesellschaft. Wir förderten Gold. Mit unserer Arbeit verdienten wir so viel, dass wir aufhörten, selbst zu schürfen und andere dafür einstellten. Unter diesen befand sich auch ein Mann aus China. Ich sage „ein Mann aus China", weil er nicht aus der Klasse derjenigen war, die man höhnisch Kuli nannte, sondern ein anständiger Mann. Von den Kulis gab es sehr viele in der Stadt, vier bis fünf Kilometer von unserer Mine entfernt, aber Quong hatte nichts mit ihnen gemein und verkehrte auch nicht mit ihnen; noch war er besessen von ihren Gewohnheiten der Völlerei, des Gintrinkens oder des Opiumrauchens. Seine Kleidung unterschied ihn als Tchin von den anderen Nationalitäten, aber seine Eigenarten waren nicht so herausstechend. Seine hohe Stirn und sein gut geformter Schädel, seine kühnen Augenbrauen und sein zarter Nacken ließen ihn als einen Mann von ausgezeichnetem Charakter und hoher Spiritualität und Aufnahmefähigkeit mit nervösem Temperament erscheinen. Seine Augen – was für Augen! Ruhig, klar und leicht grau schauten sie wachsam und unversehens, voll Leidenschaft, mildtätig und bezeugten eine strenge Doktrin. Man fühlte, dass er streng zu sich selbst war, doch er war immer bereit, die Fehler der anderen zu

übersehen. So präsentierte sich dieser außergewöhnliche Mann.
Jeder, der mit ihm zu tun hatte, verstand seine Sprache. Er drückte sich auf eine verständliche Weise aus, in einer Art zweideutigen chinesisch-englischen Mundart. Aus dem Mund eines jeden anderen hätte es sich wie ein unverständliches Gequatsche angehört. Ich bin kein Don Quichotte und schreie auch nicht in die Welt hinaus, dass es für den weißen Amerikaner, Australier und für das Volk der spanisch-amerikanischen Republik kein Problem ist, gezwungen zu sein, mit diesen chinesischen Arbeitern oder den wirtschaftlichen Produkten dieser Nation zu konkurrieren. Die Gefahr ist reell, und ich kann den weißen Mann verstehen. Aber in aller Offenheit frage ich mich, ob die Mengen von unfähigen, ungebildeten und beinahe dumm vor sich hin arbeitenden Armen aus Europa nicht die größere Bedrohung darstellen. Die Einwanderung von beiden ist ein Problem. Aber es liegt mir fern einen Kampfgeist hervorzurufen; lieber fordere ich Dich, lieber Leser, auf, Ihm zu folgen, dessen Leben „Frieden auf Erden und die wahre Brüderlichkeit" unter Menschen bedeutet.
Mit Respekt für eine korrekte Einstellung sollten die folgenden Seiten, von meinem chinesischen Angestellten handeln, den ich Tchin oder Quong nennen werde, anstatt den „Chinesen".

Wir beschäftigten zwei Mannschaften von Arbeitern, die den vollen Tarif bezogen, die aber nur jeden zweiten Tag arbeiten mussten und dadurch viel Freizeit hatten. Auf diese großzügige Gewohnheit legten wir sehr viel Wert, denn die Erfahrung lehrte uns, dass, wenn wir unsere Leute ordentlich behandelten, auch sehr gut gearbeitet wurde. Behandelt Eure Mitarbeiter so, wie Ihr auch gerne behandelt werden wollt!
Keiner meiner Arbeiter hatte etwas dagegen, mit Quong zu arbeiten, und viele mussten zugeben, dass er nichts Ungläubiges an sich hatte. Er behandelte jeden mit Respekt und Würde, war ausgesprochen zurückhaltend, sehr ruhig und doch immer aufmerksam. Man spürte in ihm einen Mann, im wahrsten Sinne des Wortes.

Eines Tages stellte unsere Firma einen Anwärter ein, der die Träger der Zöpfe nicht mochte. Noch keine Woche später wurde dieser krank. Ohne dass wir ihn baten, ging der Tchin nach der Arbeit zu ihm und pflegte ihn. Er wachte die ganze Nacht und schlief nur einige Stunden, und das an seinem freien Tag. Beschämt und verwirrt erlaubte sich der Arbeiter keine Kritik mehr.
Ich verbrachte während seiner freien Tage viel Zeit mit dem Tchin. Manchmal gingen wir in die Stadt, aber immer öfter lenkten wir unsere Pferde in die Einsamkeit der Berge. Wenn er mich nicht geführt hätte, hätte ich mich mit Sicherheit in den riesigen Nadelwäldern, welche die Schluchten durchzogen, verirrt. Aber Quong verirrte sich nicht, nicht einmal bei Nacht, obwohl man die Hand vor Augen nicht mehr sehen konnte. Diese Tatsache beschämte mich, während ich heute alles verstehe.
Einmal – als wir uns in einer Grotte befanden und ich den Wunsch nach Licht äußerte – sagte er:
„Warten Sie, ich will Ihnen welches geben."
Ich dachte, er würde einen Feuerstein gegen den Fels schleudern, doch er nahm meine Hand, legte einen Stein hinein und erklärte:
„Jetzt, passen Sie auf! Berühren Sie nicht das Licht, denn es würde sie wie ein Blitzschlag treffen."
Du kannst Dir vorstellen, dass ich mit weicher Hand den Stein hielt, doch Quong wollte, dass ich ihn fester hielt. Ein helles Licht kam aus seiner Spitze, und mit einem Mal war die Grotte taghell erleuchtet. Wenn dieser Vorfall einige Jahre später passiert wäre, hätte ich geglaubt, dass es sich hier um Elektrizität handelte und nach den Batterien gesucht. So aber setzte ich mich hin, betrachtete das wunderbare Licht und vergaß vollkommen, wo ich mich befand. Quong sagte nicht mehr als die wenigen Worte, die er ausgesprochen hatte.
Seine Fähigkeit, sich nicht zu verirren, war außergewöhnlich. Dieser Mann hörte nicht auf, mich in Staunen zu versetzen.
Wenn wir einen Ausflug dieser Art unternahmen, verließen wir gewöhnlich die Mine nach dem Abendessen so gegen 5 Uhr 30. So müde die anderen Arbeiter auch schienen, Quong

stand immer zur Verfügung. Und jeder Mann wusste, dass er mehr geleistet hatte als jeder andere.
Wenn Vollmond war, ritten wir, ohne Rast zu machen, oft bis nach Mitternacht und entfernten uns 50 Kilometer oder mehr von der Mine.
Bei einem dieser Ausflüge – wir befanden uns alleine mit den Pferden in der Natur – hielten wir an einem weit entfernten Ort an. Quong setzte sich auf einen Felsen an den Rand eines kristallklaren Flusses und betrachtete alles schweigend und voller Freude. Die majestätisch wirkenden, großen Nadelbäume und Gipfel verschwammen im Mondlicht. Ich ließ ihn dort zurück und stieg noch etwas höher hinauf, bis ich beim Zurückblicken meinen Freund nicht mehr sehen konnte. Ich achtete auf nichts weiter als auf den Weg, der hinaufstieg zwischen Felsen, die so alt waren wie die Welt.
Wer auch immer die Schönheit der Natur fühlt, dem ist es unmöglich, den tieferen Gedanken zu entkommen, die beim Nachdenken in der wilden Natur über das niedrige Handeln der Menschen aufkommen. Nach und nach verfärbten sich meine Gedanken. Sehr oft war es mir passiert, von der Hoffnungslosigkeit befangen zu sein, um auf philosophische Weise eine Antwort zu geben auf die mysteriöse Frage, die jede Seele sich stellt: „Woher kommen wir, und wohin werden wir gehen?“
Tief ihm Geiste war ich sehr religiös, und meine Natur lehnte den irrationalen Glauben ab. „Wenn du nachdenkst bist du verloren“, schärfte die Kirche uns ein. Auch heute noch vertritt sie diesen Standpunkt, was die Vernunft und den Glauben betrifft. Diese Rätsel, die meine Landsleute verhexten, quälten auch mich. Doch ich verspürte keine Lust, mich mit diesen Dingen zu beschäftigen, denn die Welt hatte schon Probleme genug mit dem Elend. Die Angst, die solche geheime Fragen hervorrief, überhörte ich und schloss sie in mir ein. Aber ich liebte Bücher über die Wissenschaft. Ich lernte die Anatomie, die Physiologie und Mechanik, den Aufbau der Zellen und die Versuche von Darwin und Huxley. Ich reifte mit den Dingen, die unsere Welt beunruhigen. In den grauen Zellen des Gehirns, den weißen Blutkörperchen, im Rückenmark, im Blut und dem vitalen Magnetismus sah

ich mehr als nur phosphorisiertes Fett, Hematoglobine und magnetische Schwingungen. Ich schloss mich der Theorie von der „unbewussten Gehirntätigkeit" an, mit der sich auch heute noch viele Philosophen beschäftigen. Freude, Trauer und sämtliche Emotionen waren für mich Schwingungsformen, ähnlich den wellenförmigen Tönen, der Wärme und Lichterzeugung. Ich sah, wie meine Freude sich in Schwingungsstöße verwandelte und diese über die Haut glitten, gleich jenen einer Violinensaite, nur viel komplexer. Egal wie stark meine Freude auch war, sie produzierte einen magnetischen Stoß und eine kleine Menge an phosphorisierter Säure, und bei körperlicher Überanstrengung kam eine leichte Menge an karbonischem Gas und anderen chemischen Zusammensetzungen hinzu. War die Angst vor dem Tod eines Freundes in ihrer chemischen Zusammensetzung Po4, Co2 und so weiter, weniger zermürbend?
Wie dem auch sei, alle meine Untersuchungen waren an eine Grenze gelangt, und ich machte mich daran, diese unpassierbare Mauer zu durchbrechen.
Alles nahm ein Ende – außer Gott. Verzweifelt schrieb ich folgende Worte: Es gibt keinen Gott, keine Unsterblichkeit! Der Mensch unterscheidet sich nur durch seinen komplexeren Organismus von einer Auster.
Mit dieser Überzeugung hielt mich nichts zurück vor dem Fall in die Lüsternheit, und das Verbrechen bestand darin, dass ich keinen Grund hatte, mich fallen zu lassen. Was brachte es einem Menschen, sich umzubringen, wenn es keinen Zeugen gab? In der Stunde meines eigenen Todes würde das Räderwerk meines Lebens verbraucht oder kaputt sein. In beiden Fällen war eine Reparatur nicht möglich. Vielleicht bestand ich nicht nur aus komplexer Schwingung von Molekülen, sondern aus Atomen und multiatomaren Verbindungen der Materie – aber durch was wurden sie angetrieben? Durch Kräfte, jene Wellen der Kraft, welche die Himmelsluft bewegten? Wer waren wir schon? Wenn wir keine Hampelmänner sind, sind wir dann Wesen, die von unkontrollierbaren Kräften abhängig sind? Kismet, sagen die Araber. Und das sagte ich auch.

Während einer solchen Hoffnungslosigkeit ist die schreckliche Form der Beute, welche die Tiefe der Seele erdrückt, eine hässliche Ursache des Schreckens, der einen bestimmten Moment sucht, um das arme Geschöpf zu erschrecken. Daran hatte ich immer gedacht, und eine Minute später wusste ich es genau, denn plötzlich befanden sich mein Körper und meine Seele in Gefahr. Eine schreckliche Erscheinung versperrte den Weg. Es war ein riesengroßer Grizzlybär. Ich hatte nur noch Zeit, zu mir selbst zu sagen: „Ja, er ist wirklich gruslig", während das Tier sich langsam erhob. Außer meinem Messer besaß ich keine Waffe. Diese Feststellung zeigte mir, dass ich mich wirklich in Gefahr befand. Verängstigt suchte ich einen Baum, an dem ich hinaufklettern konnte. In meiner Nähe sah ich nur riesige Nadelbäume. Am unteren Stromlauf, dort wo Quong sich aufhielt, gab es Baumwollsträucher, zu denen ich hinrennen konnte, doch hätte ich dadurch meinen Freund, der von nichts wusste, in Gefahr gebracht. Es gab nur zwei Möglichkeiten: weglaufen oder stehen bleiben und aufgefressen werden. Ich drehte mich um, um zu flüchten, und stand direkt vor meinem Freund.

„Haben Sie keine Angst", sagte er.

Bewegungslos und starr vor Entsetzen sah ich, wie Quong langsam auf den Grizzly zuging. Das Tier stellte sich wieder auf seine vier Pfoten und wartete auf das Herankommen des Mannes. War Quong verrückt? Ich dachte, er würde jeden Moment zerfetzt werden. Aber stattdessen legte er seine Hand auf den Kopf des Tieres und befahl:

„Leg Dich hin!"

Das Tier gehorchte sofort. Quong setzte sich auf das ausgestreckte Tier und streichelte seine großen Ohren. Sehr zart leckte der Bär seine Hand, so als würde er seine Kleinen lecken. Welche okkulte Macht war hier im Spiel? War Quong ein Wundermacher?

Bisher hatte keine seiner Taten mich ahnen lassen, dass er solche Mächte besaß. Und doch – hatte er nicht das Licht in der Höhle erscheinen lassen? In jenem Moment aber hatte ich dies nicht als Wunder gesehen. Ich wusste, dass es möglich war, elektrisches Licht zu erzeugen, doch kein Chemiker und auch kein Elektriker konnte es auf diese Weise tun. Es war und ist für die Wissenschaft unmöglich. Die okkulten Methoden schaffen es. Es ist eines der ersten Dinge, die ein Novize lernt und auch leicht ausüben kann. Doch zu diesem Zeitpunkt war ich nicht einmal ein Novize.

Nach einer Weile erhob sich Quong und sagte zu dem Bär: „Geh!"

Wie schon zuvor, gehorchte das Tier und verschwand in der dunklen Nacht. Die Pinien wankten leicht im Mondschein. Der Mond beschien nicht nur die Schönheit der Natur, sondern auch die beiden Männer. Einer von ihnen war in der Meditation versunken. Der andere dachte an nichts, sondern schaute den anderen nur erstaunt an. Keiner der beiden bewegte sich. Keiner sprach ein Wort, doch einer war innerlich berührt.

Ich fühlte, dass es etwas gab, was uns unterschied. Vor der Welt hatte ich Quong als meinesgleichen gesehen, vielleicht sogar als den Unterlegenen.

Im Laufe der klaren Nacht kam es vor, dass der Nebel manche Dinge verdunkelte. Und dann wurde es wieder klar, doch leider zu spät, denn die dunkle Scheibe des Mondes war schon am Horizont verschwunden.

So ist es auch für die Seelen: In einem klaren Moment erkennen sie die Wahrheit, doch sie vergessen auch schnell wieder ihr Erscheinen. Der Tod kann uns mit seinem Schatten bedecken, bevor die Vorurteile und seine Nebel zerstreut werden. Aber hier im Mondschein waren der Himmel und meine Seele voller Klarheit.

Keiner der beiden Männer bewegte sich oder sagte etwas.

KAPITEL 2

Eine Seele in Gefahr

Während der nächsten Tage dachte ich über das Ereignis in den Bergen nach und bewunderte die wunderbare Macht, die Quong über das Tier gehabt hatte. War dies ein Wissen oder war es eine Gabe der Natur; sicherlich erstaunlich, aber unverstanden von dem Besitzer?

In Bombay hatte ich Schlangenbändiger gesehen. Aber ihre Gabe war ererbt, und sie konnten sie nicht erklären. Wenn man fragte, antworteten sie:

Mein Vater tat es, der Vater meines Vaters und dessen Vater auch. Ich weiß nicht, wie es funktioniert. Ich weiß nur, dass es von Brahma kommt.

Vielleicht wusste Quong mehr über die Gesetze, die solche Phänomene leiten?

Ich würde ihn beim nächsten Treffen danach fragen.

Während meines Aufenthaltes in Indien hatte man mir gesagt, dass manche Männer in der Einsamkeit des Himalajas lebten und jene solche magischen Dinge beherrschten. Es handelte sich bei ihnen nicht um Fakire, sondern um sehr wissende Männer. War Quong einer von ihnen? Wo hatte er solche Lehren erhalten? War er ein Schüler des Okkultismus, der mit den Lehren des Raja-Yoga, von denen ich gehört hatte, vertraut war? Wenn ein Neugieriger versuchte, die unermessliche Größe ihres okkulten und theosophischen Wissens zu erlernen, war es den Einheimischen mit ihrem wenigen Wissen nicht möglich, dem Suchenden Auskunft zu geben.

Ich hatte sehr bald die Gelegenheit, meinen Freund zu befragen, der sich viel redseliger zeigte als ich gedacht hatte.

Ich erfuhr von ihm, dass noch nicht einmal einer von 100.000 okkulte Lehren erhalten hatte. Das erfreute mich, denn wenn die Mongolen solche Mächte besessen hätten, wäre dies verheerend gewesen.

Doch hier und dort kann man im ganzen Orient Magier sehen und diese letzten haben gute Gründe, ihr Wissen für sich zu behalten. Wenn man jedoch an ihrem Wissen teilhaben möchte, muss die Seele Ruhe besitzen. Eine Ruhe, die von einsamer und wilder Natur ist. So merkwürdig dies auch klingen mag, doch es ist fast unmöglich, Ruhe zu bewahren, wenn in direkter Nachbarschaft Menschen leben, die Fleisch essen oder Personen, deren tiefes Inneres im täglichen Leben von selbstsüchtigen Praktiken durchdrängt ist. Ist es vorstellbar, dass wer diesen Frieden einatmet trotzdem in einer Stadt leben und sein Leben den Lehren widmen kann? Der Okkultist kann dies nicht aus folgendem Grund:

In der Welt strahlen die soziale Ordnung und das gemeinsame Leben eine Aura aus, eine Atmosphäre, welche die niederen Bedürfnisse reflektiert. Eine solche Aura ist fatal für den absoluten Frieden, den ein Theosoph benötigt.

Hier ist zu bemerken, dass die Theosophie in der heutigen Welt sehr weit entfernt ist von dem ursprünglichen Wissen von einst. Seit langer Zeit benutzen die schweigenden Schüler diesen Namen nicht mehr und nennen sich nun und immer die Söhne der Einsamkeit.

Doch nun zurück zu Quong und der Frage, die ich ihm gestellt hatte. Hier ist seine Antwort:

„Ja, in dem Land mit der Sternenfahne gibt es eine Gruppe von Menschen, die man unter dem Namen Lothiener Bruderschaft kennt. Auf der ganzen westlichen Halbkugel nennt man diese Loge: die Weisen. Es existiert eine Gruppe nicht weit von hier. Man muss privilegiert sein, um hoffen zu können, ihren Aufenthaltsort zu erfahren. Mister Pierson, ich war es, der Sie dazu veranlasste, mich zu befragen, und das mit dem Einverständnis der weisen Brüder. Sicher, Sie kennen keinen von ihnen, aber jene kennen Sie sehr gut. Und nun, wie denken Sie über all dies?"

Ich konnte es mir nur auf eine Weise erklären. Ohne Zweifel kannten und sahen die Brüder meine tiefen Wünsche, was die geheime Bruderschaft anging und die ich bis jetzt nicht zufriedenstellen konnte. Ich hatte ein Gefühl, was meine Abstammung betraf, aber nicht das Wissen.

„Genau so ist es", sagte Quong. „Sie werden als Sohn der Bruderschaft von einer Gruppe Männern empfangen werden, die selten Neuankömmlinge und schon gar keine Fremden zu

sich einlassen. Es gibt nirgendwo einen Orden junger geheimer Schüler, nur um es klarzumachen. Es gab nie einen und wird auch nie einen geben. Die amerikanischen Lothiener, so wie die Yogis im Hindustan, vereinigen sich nicht, um okkultes Wissen zu lehren. Man kann es nicht erlernen. Die Gabe findet man nicht in Büchern. Wer auch immer Gott studiert und weiß, dass er in jedem Menschen wohnt, sieht das Zentrum der Strahlen unserer heiligen Weisen. Selbst das Engagement, das von den Weisen verlangt wird, übersteigt nie die geistige Höhe, in der man sich befindet. Es ist wahr, dass die Priesterschaft mit anderen Menschen zusammen lebt, aber aus dem Grund, weil Gleiches Gleiches anzieht. Das Reich Gottes ist in Ihnen, und soweit es existiert, zumindest bei ihnen.
Leben Sie das, was Sie kennen und Christus wird Ihnen ein Reich zum kennenlernen geben, das Sie erreichen können. Sie werden es zur gleichen Zeit erreichen, gekreuzt wie die Lilie auf dem Kornfeld, die nicht arbeitet, und doch die äußeren Gedanken von Gott wiedergibt:
Ich bin der Weg, die Wahrheit und das Leben, sagte der große Meister.
Sie sind Walter Pierson, Mitglied der Weisen durch das Recht Ihres seelischen Wachstums. Die Brüder kennen Ihr Wachstum und Ihr Leben schon seit Tausenden von Jahren."
Ich glaubte, dass Quong scherzte und fragte lachend:
„Mein was? Mein Leben seit Tausenden von Jahren? So alt bin ich?"
Er antwortete nachdenklich:
„Sie werden lernen mit der Zeit, Mister Pierson. Nehmen Sie sich Zeit. Ich mache keine Scherze."
Es gab keinen Grund, der sein Interesse an mir gerechtfertigt hätte, und ich hatte noch immer keine vernünftige Erklärung für all dies. Ich versuchte zu verstehen.
„Nein, Sie können es sich noch nicht vorstellen", sagte Quong.
"Schauen Sie mich an, wie alt bin ich wohl? 30 Jahre? Multiplizieren Sie die Jahre mit 3, addieren Sie die Hälfte dazu, und Sie kennen mein Alter bis auf ein Jahr genau. Ich wache über Sie seit Ihrer Geburt und habe zu diesem Zweck

meine psychischen Kräfte angewandt, denn bis letztes Jahr, haben Sie mich nicht einmal gesehen. Sie sind mit Kräften geboren, die, wenn sie sich entwickeln, Ihnen erlauben werden, einen Fortschritt zu machen, der höher ist als der meine. Wenn Sie es möchten, werden wir heute Abend die Weisen besuchen."

Am Nachmittag begab ich mich in die Stadt und bat Quong, mich dort abzuholen. Auf dem Weg dorthin, traf ich einen alten Bekannten, den Inhaber einer Bar, in der ich mich oft, ohne an etwas Böses zu denken, betrunken hatte.

Als wir uns der Bar näherten, die sich an der Hauptstraße befand, bestand er darauf, mein Pferd anzubinden und noch ein Glas mit mir zu trinken. Sein Vorschlag erweckte in mir gewisse Zweifel. Die Ruhe, die meine Gedanken erfüllte, seitdem ich Quong verlassen hatte, schien dadurch verdorben zu werden. Quong trank niemals Alkohol. Er rauchte auch nicht. Eine seiner Gewohnheiten war die Enthaltsamkeit. Trotzdem stimmte ich ein, fest entschlossen, keine starken Getränke zu mir zu nehmen. Alles war wie immer. Dumme Männer, die besoffen und durch den Alkohol gereizt waren, standen an der Bar mit leichten Mädchen, die von der Situation profitierten. Letzte Woche noch hatte ich alles mit anderen Augen gesehen. Heute jedoch war meine Empörung extrem. Mit einem neuen Gefühl sah ich einen Fall, der zeigte, was für einen teuflischen Einfluss dieses Gesöff hatte. Es handelte sich um eine hübsche Blondine, die nicht gerade wenig trank und den wahren Fall noch nicht erlebt hatte. Ihre ersten Lebensjahre waren geprägt durch Schule, Kirche und ihr Zuhause im Osten Amerikas. Der Verrat eines herzlosen Mannes hatte ihren Fall verursacht. Mit gleicher Härte hatte die Gesellschaft, die äußerlich rein schien, aber innerlich von unbarmherziger Härte war, dieses Mädchen gerichtet. Das schlimmste ist ein pharisäischer Geist, der den Verräter frei ausgehen lässt. „Der, der ohne Sünde ist, werfe den ersten Stein."

Die Tage dieser jungen Frau waren die Hölle, und der Hauptgrund dafür war der hochprozentige Alkohol. Ja, ich kannte ihre Geschichte. Ihre Eltern sahen nichts Schlimmes in dem mäßigen Genuss von Wein. Und als das Mädchen einmal

Geschmack an dem Genuss gefunden hatte, folgte der schlechte Umgang und dann der Ruin. Schon mit achtzehn Jahren spürte sie die Glut des Hades unter ihren Füßen. War für sie schon alles verloren? Ich konnte es mir nicht vorstellen. Ich glaubte ihre Geschichte und dass ihre Eltern zuließen, dass der Glanz des falschen Weges, des Weines und der schnellen Gesellschaft in ihrem östlichen Haushalt willkommen war. Sie sagte, sie hätte diese wilden Jahre nicht gemocht, sondern eher Abscheu empfunden. Ich spürte, dass sie die Wahrheit sagte, denn in ihren hellbraunen Augen flossen Tränen der Reue. Auch wusste ich, dass die Besitzerin solcher Augen diesen Weg nicht aus freien Stücken gegangen war. Sie erklärte es so: „Zuhause machte sich niemand Sorgen um mich, bis zu dem Tag meiner Schande. Man warf mich aus dem Haus. Die Tür meines Elternhauses verschloss sich hinter mir und auch ihre Herzen.“

Dies alles erzählte sie mir in ihrem eigenen Haus, das bekannt war unter dem Namen „Ruhestand“, das schönste Haus in ihrer kleinen Stadt. Tagsüber malte sie, denn ihre Fähigkeit als Künstlerin war ebenso groß wie die als Pianistin. Die Wände ihres Hauses waren mit selbstgemalten Bildern bedeckt. Was für Bilder – traurig und pathetisch und das auf eine unbeschreibliche Art und Weise. Eines der Bilder präsentierte ein junges Mädchen mit fiebrigen Augen, die einen Ausdruck von Auflehnung in ihren Zügen hatten, das unter einem großen Baum auf einer Wiese saß. Neben ihm stand ein junger Mann, und vor ihnen servierte eine Frau auf einem Tablett vier Gläser, von denen zwei mit Milch und zwei mit Rotwein gefüllt waren. Das junge Mädchen mit den rosa Wangen und den aufsässigen Augen griff nach einem Glas Rotwein, obwohl es offensichtlich war, dass sie normalerweise Milch bevorzugte. Hinter ihr – von keinem der drei wahrgenommen – stand eine schattige Gestalt, ein Mann mit einem Gesicht von himmlischer Reinheit, der leise über den Irrtum des Mädchens weinte. Hinter ihrem Freund stand eine andere Schattengestalt, schwarz und mit einem teuflischen Benehmen. Er hatte die Hand auf die Schulter des jungen Mannes gelegt und trug ein triumphierendes Lächeln auf seinen üblen Zügen. Das Bild trug den Titel: „Der Sieg über die Reinheit."

Nachdem ich lange über das Bild nachgedacht hatte, drehte ich mich zu der Malerin um und sagte:

„Lizzie, zeigt dieses Bild Euer Leben und seinen Fluch?"

Sie gab keine Antwort, sondern brach in einen Sturm von Tränen aus. Ich setzte mich hin und wartete bis sie sich ein wenig beruhigt hatte. Als ihre Tränen getrocknet waren, sagte sie:

„Ja, es ist der Ausdruck meines Unglücks. Oh Gott! Zu sagen, dass ich so tief gefallen bin und es keine Hoffnung gibt! Keine Hoffnung! Wenn ich könnte, würde ich diese Art von Leben verlassen und irgendwo anders neu anfangen, dort, wo niemand mich und meine Vergangenheit kennt. Doch es ist unmöglich. Ich kann nicht fort von hier, denn ich bin mittellos."

Ich murmelte zart: „Und Ihre Kunst?"

„Ja, meine Kunst! Doch mit ihr kann ich kein Geld verdienen."

Ich verließ sie nach diesen Worten, und in der gleichen Nacht machte ich mich mit Quong auf den Weg in die Berge. Es war jener Abend, an dem das Abenteuer mit dem Grissly passierte. Eine Woche war seither vergangen, und nun stand ich in der Bar von Charles Prevost und sah Lizzie mit einem Glas Sherry in der Hand, die sich mit dem Barkeeper unterhielt. Als dieser sich entfernte, um andere Gäste zu bedienen, näherte ich mich ihr, ohne dass sie es bemerkte. Ich beugte meinen Kopf an ihr Ohr und flüsterte:

„Mochten Sie nicht lieber statt dem Sherry Milch trinken?"

Alle Härte verschwand aus ihrem traurigen, auserlesenen Gesicht. In jedes ihrer Augen sprang eine Träne und zitterte dort wie ein Tautropfen, und sie sagte erschöpft: „Ja."

„Kommen Sie mit mir, ich werde Sie nach Hause bringen."

Unter neugierigen Blicken verließen wir die Bar. Als wir bei Lizzie im Salon standen, bot ich ihr einen Stuhl an, nahm einen anderen, und während sie mich überrascht anschaute, sagte ich zu ihr:

„Lizzie – oder darf ich Sie Elisabeth nennen? Das klingt weniger vertraulich, mehr wertvoll, was besser zu Ihnen passt. Vor kurzem sagten Sie mir, das Sie lieber Milch statt Sherry

trinken möchten. Ich verstehe Sie heute besser als noch vor einer Woche. Ihre Seele giert nach einem Leben, von dem Sie letzte Woche sprachen. Na gut! Ich bin reich. Niemand im Westen kann sich vorstellen, wie reich. Wenn ich einen Verlust oder mehrere hätte, würde ich dies kaum bemerken. Der Verlust entspricht nicht einmal ein bis zwei Monatsgehältern. Seit unserem Gespräch letzte Woche musste ich oft an Sie denken. Schieben Sie ihren Stolz einen Moment auf die Seite, und nehmen Sie diesen Scheck von der First National Bank in Washington D.C. an.
Nehmen Sie ihn, Elisabeth, nehmen Sie ihn! Gehen Sie nach Washington, flüchten Sie aus dem hiesigen Elend, und beginnen Sie ein neues Leben."
„Aber wie kann ich es Ihnen zurückzahlen, wenn es mir eines Tages möglich ist? Woher wollen Sie wissen, dass ich Ihr Geld nicht zum Fenster hinauswerfe und Ihr Vertrauen missbrauche?"
„Mein kleines Mädchen, ich möchte nicht, dass Sie es mir jemals zurückzahlen. Machen Sie mit dem Geld, worum ich Sie bitte. Sagte der Retter nicht: „Derjenige, der auch nur einen Kelch frisches Wasser gibt, wird belohnt werden" oder: „Derjenige, der sein Leben wegen mir verliert, wird es wieder finden"? Also, Elisabeth, wenn dies das Leben ist, was für eine Bedeutung hat dann Geld, das viel weniger wert ist? Nehmen Sie es von mir, so als wäre es ein Kelch frisches Wasser, der Ihnen helfen wird, nicht umzukommen." „Ja, wenn Sie es mir in diesem Sinne geben, werde ich es annehmen, und wenn Gott mir hilft, werde ich meinem Versprechen gegenüber treu sein."
Lieber Leser, Du wirst nach und nach sehen, wie treu Elisabeth war. X-City hörte nichts mehr von ihr, und keiner außer mir hatte eine Spur von ihrem Schicksal. Die Neugierigen hörten nur, dass ihre besten Bilder eingekistet und an Galerien in New York, San Francisco und zu Kap Horn geschickt wurden. Auf diese Weise ließ man sie glauben, dass ihre Bilder verkauft waren, obwohl es nicht so war. Elisabeth hätte sich niemals von ihren Bildern getrennt. Ihre weniger guten Bilder wurden auf einer Auktion verkauft sowie auch

ihr Haus und ihre Möbel, was ihr eine schöne Summe Geld einbrachte.
Eine gemeinsame Bekannte, eine katholische Ordensschwester, begleitete Elisabeth nach San Francisco, wo sie sich ein Ticket nach Melbourne besorgte. Ich war sehr überrascht über ihre Entschlossenheit. Zur gleichen Zeit überreichte mir die Schwester ein kleines Bild, das Elisabeth für mich gemalt hatte. Das Bild zeigte das Capitol in Washington und war mit dem Titel „Home, sweet Home" versehen. Die Schwester war nie in Washington gewesen, und außer mir hatte niemand das Bild gesehen. Niemand ahnte, dass es die zukünftige Heimat der blonden, zarten Künstlerin, die ein höheres Leben anstrebte, darstellte. In dem Glauben, sie gerettet zu haben, hörte ich auf, mich um sie zu sorgen, und dachte über den bevorstehenden Besuch bei den Weisen nach. Ein Gefühl stellte sich ein, dass ich bereit war, diese Welt zu verlassen, denn Quong hatte mir gesagt, dem Wesen nach oder auch in Wirklichkeit würde man, einmal eingetreten in diese Bruderschaft, danach sein normales Leben aufgeben. Als ich die Straße herunterlief und den Scheck für Lizzie ausgeschrieben hatte, flog ein Stück Papier auf meinen Arm und blieb dort hängen bis ich es wegnahm. Gerade als ich es wegfliegen lassen wollte, erweckte mein auf das Papier geschriebener Name meine Neugier. Dann las ich den gesamten Text und will ihn hier für Dich wiedergeben:
„Gib nicht den Rest Deines Vermögens weg, bis jetzt hast Du es gut ausgegeben, aber vergeude nicht den Rest. Jetzt, da die Tage der Mine vorüber sind und auch Dein Leben in dieser Gemeinde, verkaufe Deine Anteile an der Mine. Es ist eine gute Mine und wird einen hohen Ertrag bringen. Sei jedoch nicht entmutigt, wenn Du nicht sofort einen Abnehmer findest, sondern warte. Biete sie jetzt an, denn die Zeit ist reif dazu.
M......."

Woher kam diese Nachricht? Ich konnte es nicht sagen! So merkwürdig mir alles erschien, niemals hätte meine angeborene Vorsicht mich annehmen lassen, dass es sich um einen Plan handelte, den man angezettelt hatte, um mich zu

berauben. Ganz im Gegenteil – ich ging zu meinen Partnern und fragte sie, wieviel sie bereit waren, mir für meinen Anteil, der ein Drittel betrug, zu zahlen. Sie antworteten nicht sofort. Einer der beiden wagte sich zu fragen: „Pierson, warum möchten Sie verkaufen? Haben Sie den Eindruck, dass die Mine versiegen wird?"
Ich verneinte und fügte hinzu, dass die Gründe von rein privater Natur seien und dass ich gerne wieder nach Hause wollte. Sie konnten nicht verstehen, was ich mit „nach Hause" meinte. Denn ich wollte nicht zurück nach Washington, wo ich herkam, sondern mich der geheimen Bruderschaft anschließen. Meine Partner versprachen mir eine Antwort für den nächsten Tag. Ich stimmte zu, aber der nächste Tag kam erst nach mehr als einem Monat. Während dieser Zeit gab es einen Goldfund in unserer Mine, der für unsere Gesellschaft einen Gewinn von mehreren Millionen Dollar darstellte. Ich hatte nicht daran gezweifelt, dass dieser Reichtum mir zufallen würde, und so ließ ich meine Partner weiter diskutieren und ging. Zur abgemachten Zeit, so kurz nach 7 Uhr, traf ich den Tchin außerhalb der Stadt. Er saß nahe einer großen Fichte. Da die Nacht schon hereingebrochen war, sah ich ihn erst nach fünf Minuten. Ich dachte, der erste zu sein, ging auf einem Felsen, der nicht weit von der Straße entfernt lag, im Mondschein auf und ab und dachte über die Legende von Morpheus nach. Mit seinem Bleizepter geleitete er die Massen durch das düstere Land der Träume. Die einzige Pause in dem Kummer, welche die erschöpften Millionen von leidenden Menschen auf Erden finden konnten. Aber Quong sollte mich nicht in den friedvollen Schlaf versetzen. Im Gegenteil zu Morpheus, ließ er mich in ein Reich eintreten, das neu und doch so alt wie die Welt war. Dieses Reich existierte seit der Schöpfung, und seine Herkunft tauchte in das Äon einer toten Epoche ab, in dem Moment, wo die Anfangsjahre ihren Lauf nahmen. Es war die weit entfernte spirituelle Welt der Seelen, jene, in der die Abweichung im Land der Träume die Realität ersetzte. Ich war gerade dabei, in den Kabbala-Weg einzudringen, auf dem jene reisen, die nach dem geheimen Wissen der Propheten suchen. Würde ich mich als würdig erweisen?

In dem Moment unterbrach der Tchin meinen Traum und sagte: „Gehen wir!“
So komisch das auch klingen mag, ich war in keiner Weise von seinem plötzlichen Auftauchen überrascht. Bald befanden wir uns in den steinigen Ausläufern in einem Fichtenwald, der über uns und um uns herum schwankte. Obwohl es in der Nähe eine Wohnsiedlung gab, war der Wald von Damhirschen besucht. Die zahlreichen Blumen leuchteten zart im Mondschein. Meine Gedanken irrten in dieser Schönheit umher, die uns zuflüsterte: zwei Männer, die es durch die Liebe zur Natur verstehen, mit den Variationen der sichtbaren Formen zu kommunizieren. Glücklicherweise haben sie aufgehört, dem Lärm der Zivilisation zuzuhören, um der Stimme der Natur zu lauschen.
Diese Schwingungen erreichten die Tiefe meiner Seele. Als wir uns dann tief im Wald befanden, war die Stille der Natur absolut und die Nacht vorangeschritten. Die runde Mondscheibe hüllte uns in ein helles Licht, das zwischen den Ästen der Fichten hindurchdrang. Kleine Wolken durchquerten den Himmel, und die Luft war warm und still. Keine andere Umgebung hätte uns besser auf die Schönheit, die folgen würde, vorbereiten können. Vor mir ging Quong mit seiner blauen chinesischen Weste, und er war dabei, seine aufgerollten Zöpfe zu lösen, um seinen Nacken zu erfrischen. Mir kam das tiefsitzende Vorurteil gegen die chinesische Rasse in den Sinn. Eine brausende Brise durchfegte meine Seele und vermischte sich mit meiner Freude und meiner Ruhe.
Für einen Moment lang vergaß ich die geistige Überlegenheit von Quong und wurde von einem Gefühl des Widerwillens erfasst, das in der Begleitung eines Chinesen über Dinge nachforschte, die für mich heilig waren. Meine Eitelkeit flüsterte mir ins Ohr, dass er mir unterlegen sei, weil er nur ein Chinese war. Doch für nichts in der Welt hätte ich gewagt, meine Gedanken auszusprechen. Ich wollte gerade zur Stadt zurückgehen, als die Stimme von Quong meine unangenehmen Gedanken unterbrach. Seine Worte spiegelten mein egoistisches Geheimnis mit solch einer Genauigkeit wider, dass ich Angst bekam. Ich fragte mich, wie es möglich

war, dass mein Sinn für Gerechtigkeit es zugelassen hatte, eine solche Eitelkeit aufkommen zu lassen. Letztendlich gab es keinen Hinweis, der annehmen ließ, dass die Nationalität irgendeine Wichtigkeit besaß, wenn man es mit einem Mann zu tun hatte, der seines Namens würdig war. Eine neue Überzeugung ersetzte meine armseligen Gedanken. Die Enge wurde von folgender Überzeugung verdrängt: Es gibt in allen Nationen Individuen, welche die höchste soziale Barriere durchbrechen und am Ende den gleichen Stand erreicht haben. Es ist die Seele, die zu Gott will, und nicht die Hülle.
„Denken Sie, was Sie wollen", sagte der Tchin, „ich nenne dies menschliche Eitelkeit. Sie bringt mehr Übel hervor als jede andere Emotion. Sie macht Menschen schwach, wenn sie stark sein sollten; sie lässt sie in Vorurteile verfallen, wenn sie tapfer sein sollten; sie sät den Samen der Ungerechtigkeit, die Blüte wird Intoleranz sein und die Frucht Sünde."
An mich gewandt, sagte er:
„Bruder, ist es gerecht, dass ich das Leid der verdorbenen chinesischen Rasse ertragen muss? Ich, der nichts für ihre Fehler kann? Soll der gute Stein in dem Haufen von weggeworfenen Steinen von der Bauerngesellschaft auch weggeworfen werden? Vielleicht würde gerade er ein wichtiger Abschlussstein werden und Unterdrückung und Tyrannei beenden, denn jene verleugnen die Menschenrechte. Sieh nur, was für eine starke Säule aus den weggeworfenen Steinen der Nationen auf dem Fels der amerikanischen Unabhängigkeitserklärung gewachsen ist. Lass sie jedoch nicht zu hoch werden und immer aus ausgewählten Steinen sein, woher sie auch kommen mögen, baue und hoffe, dass es keine Disposition wird und nicht zusammenfällt."
„Um ganz ehrlich zu sein, wusste ich nicht, dass es so einfach für Sie ist, meine Gedanken zu lesen. Ich war mir nicht bewusst, wie antiliberal meine Eitelkeit mich machte. Lieber Freund, verzeihen Sie mir!"
„Ich bin in keiner Weise aufgebracht. Doch was ich ganz klar sah, war die Ungerechtigkeit, die Sie sich selbst gegenüber haben, indem Sie sich von solchen Vorurteilen leiten lassen. Wenn ich darüber spreche, dann nur um den Lauf Ihrer Gedanken zu stoppen und nicht, um Sie zu demütigen."

Bei diesen Worten schien die Schönheit, die uns umgab, zu wachsen. Die Worte von meinem Freund wirkten wie ein erfrischender Regen, der den Staub fortspülte und die Atmosphäre der Seele aufhellte.
Ein Reh und sein Kitz überquerten unseren Weg. Ihr erster Reflex, als sie uns sahen, war zu flüchten. Aber Quong erhob seine Hand, und sie schienen plötzlich wie gelähmt. Die beiden Tiere blieben stehen und kamen so nahe an uns heran, dass wir sie berühren konnten. Quong streichelte sie zärtlich, und als wir weitergingen, folgten sie uns. Während wir den felsigen Weg weitergingen, erschien ein Puma, ein kalifornischer Löwe, bereit, sich auf die beiden Tiere zu stürzen. Es wäre ein leichtes für ihn gewesen, doch die beiden erschreckten Tiere versteckten sich hinter Quong. Dieser wandte sich dem Fleischfresser zu und befahl mit ernster, aber ruhiger Stimme: „Friede!“
Und es war Friede, denn der Puma legte sich auf den Boden wie ein geschlagener Hund. Danach richtete er sich wieder auf und lief geschmeidig auf der anderen Seite des Weges neben uns her.
„Sehen Sie, lieber Bruder, was das Kennen der Gesetze für den, der sie lebt, mit sich bringt? Ich persönlich bin Vegetarier. Diese Lebensordnung erlaubt mir einen perfekten und ruhigen Seelenfrieden, denn so wie meine Seele, sehe auch ich die Gesetze wie in einem Spiegel. Sie haben gerade den Beweis gesehen.“
Als er aufhörte zu sprechen, standen wir vor einem gewaltigen Berg, der mindestens hundert Meter hoch war*. An seinem Fuße lagen enorme Steinbrocken herum. Gegen die Steinbrocken lehnte sich ein großer Steinblock, der mehrere zehn Tonnen wog. Der Tchin berührte ihn mit seiner Hand und sagte:
„Hier sehen Sie die Weisheit oder ihren Tempel, wenn Sie es so wollen. Dieser Fels bewahrt den Eingang eines einzigartigen Ortes.“
Ich machte mich auf die Suche nach einem Eingang oder einer Öffnung, die uns ins Innere der Höhle gebracht hätte. Währenddessen legte Quong seine Hand auf das katzenartige Tier, das uns begleitet hatte, und sagte: „Geh!“

Der Puma zögerte nicht und verschwand mit einem Sprung. Die Wirbelsäule dieser Tiere ist so elastisch, dass sie nicht galoppieren oder traben können wie andere Tiere. Bald war er weit entfernt und Quong sagte: „Er wird nicht zurückkehren, und die Rehe können ruhig hier bleiben. Nirgendwoanders wären sie sicherer als hier. Auf Wiedersehen meine Kleinen."
Dann fragte er: „Haben Sie den Eingang gefunden? Nein? Wundern Sie sich nicht, er wurde so angelegt, dass kein Neugieriger ihn jemals finden könnte." Aufs neue berührte er den quadratischen Block, der sich mit einem Mal erhob und uns nun überdachte. Aus Angst, er würde auf mich fallen, sprang ich zur Seite.
„Haben Sie keine Angst, mein Bruder, ich habe den Block unter Kontrolle, so als würde er von Scharnieren gehalten."
Er hievte ihn mit Leichtigkeit, nur durch leichtes drücken mit seiner Hand, zur Seite. Er sagte, dass der Stein ihm durch Magnetismus gehorchte. Doch ich sah nirgends einen Magneten.
„Das ist richtig. Der Magnet, den Sie nicht sehen können, ist in mir. Haben Sie niemals daran gedacht, dass alle Lebensprozesse auf einem magnetischen Phänomen basieren. So ist es auch mit der Aufnahme von Speisen und Getränken, deren Verdauung und Ausscheidung vitale Prozesse sind. Der Magnet befindet sich im Gehirn, im Rückenmark, das die wahre Magnetspule ist. Die Kraft, die das Herz schlagen und die Lunge atmen lässt, die unsere Körpertemperatur konstant hält und so weiter, ist gigantisch. Ihre Arbeit beträgt weit mehr als 1.000 Kilogramm pro Tag. Jeder, der die okkulten Kräfte kennt, weiß auch von diesen Magnetkräften, auf denen die Natur aufgebaut ist. Selbst die Bewegung des Universums wird durch eine Stromflut, die von positiv nach negativ geht, gehalten. Hier ein okkultes Geheimnis: Plaziere einen Unterbrecher in diesen Stromfluss, den man auch vitales Feuer nennt – wenn die Pole des Unterbrechers in Kontakt kommen, wird eine Kraft sich manifestieren. Dieser Steinblock, die Tür, ist ein magnetisch bewegter Anker eines Feldes aus natürlichen Kräften. Der Gegenpol befindet sich hier auf dem Boden."

Quong malte einen Kreis mit einem Durchmesser von 30 Zentimetern und zeichnete darin ein Kreuz, das von Nord nach Süd und von Ost nach West verlief. An den vier Punkten, an denen das Kreuz den Kreis berührte, sah ich eine stabile Flamme emporsteigen, die den Weg versperrte. Der Tchin sagte:
„Schauen Sie auf die Kraft des Todes, Vis Mortis, einzig unter allen Menschen, kann nur ein Okkultist sie entfachen. Nur er kann sie auch wieder löschen. Berühren Sie sie nicht! Das wäre fatal für Sie, denn sie handelt nach dem Prinzip, dass alle große Kraft auch die kleinste beinhaltet. Die Flamme entzieht Ihnen sofort alle vitale Kraft, so wie sie auch die Kraft des Windes, der Wellen oder die einer Kugel verändern kann. Einzig ein wundertätiges Phänomen macht sie sichtbar. Kann dieses Symbol auch eine andere Form annehmen? Glauben Sie dies? Das ist die Meinung von jenen, die nicht verstehen. Schauen Sie diesem Nachtfalter zu, der um die Flamme fliegt. Er kann in sie eindringen. Er wird nicht verbrennen, sondern sofort zerstört. Schauen Sie! Er hatte es kaum ausgesprochen, als der Falter die Flamme berührte und, ohne eine Spur zu hinterlassen, verschwand. Die Flamme war nicht heiß, noch nicht einmal warm.
„Ich werde sie nun löschen."
Nach diesen Worten machte er eine Bewegung und streifte mit einem Stab unter den Staub, wo der Kreis gezeichnet war. Im gleichen Augenblick verschwand das Licht. Er zeichnete einen

neuen Kreis, und der enthielt nur einen Strich von Nord nach Süd. Er ging einen Schritt vor und stellte seine beiden Füße in die beiden Hälften des Kreises. Sofort war sein ganzer Körper von einer leuchtenden Flamme umgeben, und er schien zu brennen. Ich war schockiert.

„Machen Sie sich keine Sorgen um mich. Alles ist in Ordnung. Die andere odische Flamme war negativ, aber die hier ist positiv und kommt aus der Kraft der Natur. Vis Natura, sie schützt das Leben. Ich kann hier jahrzehntelang stehen bleiben, ohne Müdigkeit, Hunger oder Durst zu spüren, ohne jemals krank zu werden und doch am Leben zu bleiben. Die Flamme erhält das Leben von allem und jedem, der sie berührt. Sie glauben, dass es keinen Unterschied gibt zwischen den beiden Symbolen, die ich hier gezeichnet habe? Das Gegenteil ist der Fall, denn in der zweiten Flamme entwickelt sich meine Seele nicht weiter. Ich sehe sie nicht als Hilfe an. Und doch, wenn ich müde bin, gibt sie mir Ruhe, und wenn ich krank bin, stellt sie meine Gesundheit wieder her.

Mit dem Fuß wischte er einen Teil des Kreises weg und verließ ihn. Er zog erneut an der Steintür und betrat einen Tunnel.

Ich folgte ihm. Die Tür glitt zurück an ihre Stelle, und ich sah, dass der Weg ins Innere des Berges führte. Ich erinnerte mich an die biblische Legende, nach der ein Stein das Grab von Jesus Christus verschloss und später zur Seite rollte, so wie es auch bei dem Chinesen der Fall war. Ich wusste nun, dass die beiden Geschehnisse nichts mit einem Wunder zu tun hatten, sondern Erscheinungen waren, die von den höheren natürlichen Gesetzen abhingen.

Wir befanden uns nun in einem etwas breiteren Teil des Tunnels. Ich heftete mich an die Fersen meines Führers, den ich zwar hören, aber nicht sehen konnte, denn seit die Steintür zugefallen war, herrschte absolute Finsternis. Plötzlich sah ich ein wunderschönes weißes Licht, das alles um mich herum erhellte. Es kam von keiner bestimmten Stelle, und trotzdem war alles hell erleuchtet. Kein Gegenstand warf einen Schatten. Es war dasselbe Licht wie damals in der Höhle mit Quong. Nach 60 Metern kamen wir zu einer Tür, die aus Bronze war. Die künstlerischen Camaais und Gravuren zeigten Menschen und Tiere. Die Zeichnung formte ein doppeltes Dreieck im Inneren eines Kreises. Als diese Tür sich öffnete, gab sie den Blick auf einen runden Raum frei, der einen Durchmesser von zwanzig Metern und eine Decke in der Form eines Helmdaches hatte. Die Mitte des Daches erhob sich sieben Meter, und sein Schwingbogen traf eine vertikale Mauer in der Mitte. Wie im Tunnel, war auch hier dieses Licht. Ich vermutete, dass es besser war, nur zu beobachten und stellte keine Fragen. Beim Eintreten verließ Quong für einige Momente die Halle und betrat durch eine gerade Öffnung, die mit einer Tür versehen war, einen anderen Raum. Die Halle und alles, was angrenzte, war aus dem Fels gehauen. Aber während der Eingang des Tunnels aus dem Basaltstein war, so befand die Halle sich jedoch in einer geologischen Schicht aus Mineralstein. Ein Teil der zentralen Mauer und der Decke schnitt eine graue Quarzader die acht Meter dick und sehr hart war. Sie schloss zwei andere Steine mit ein, der eine war aus Granit und der andere aus analogischem, rotem Phorphyre, mit dem im alten Ägypten sehr viel gebaut wurde. Über dem Granit sah man eine andere Metallader die bis zum äußersten Ende der Halle reichte. Auf der phorphyrischen Seite wandte sich eine zweite Metallader, die aber nur bis zur Mitte verlief. Lieber Leser, versuche, Dir die extreme Schönheit dieser Mauern vorzustellen, die wie Glas poliert waren, welche die Ader des Felsens in Gold und Silber glänzen ließ, sehr gediegen und mit vielen anderen Variationen aus Mineralien und Metallen. Die Architekten dieser unbeschreiblichen Halle hatten Juwelierarbeit in einer riesigen Struktur hinterlassen. Wann und wie hatten sie diese Tat vollbracht? Eine Stadt lag einige Kilometer von hier entfernt, und ihre Einwohner hatten nicht die leiseste Ahnung von all dem hier. Ich hatte nicht daran gedacht, dass die Erbauer zu der Bruderschaft gehörten und sie, um den Tempel aus dem Stein zu hauen, die Kräfte von Vis Mortis, der Flamme, die alles verschwinden ließ, benutzt hatten. Erst viel später, als ich meine Erinnerungen durchwühlte, glaubte ich, die Frage beantwortet zu haben, die sich durch die Existenz der Weisen stellte. Und so wusste ich, dass meine Schlussfolgerung die richtige war. Von dem Werk, von dem

ich zuerst glaubte, dass es durch Schwerstarbeit entstanden war, wusste ich nun, dass kein Pickel oder sonstiges Gerät von den Erbauern benötigt worden war.
Ein grauer Teppich, der einen orientalischen Look hatte, bedeckte den Boden. Er war aus langen Fäden geknüpft, die einerseits fest und doch weich wie wehendes Haar waren. Die Schritte hörten sich an, als würde man auf Daunen laufen. Ein langer Diwan stand die ganze Wand entlang. Ein seidiger Stoff, ähnlich dem des Teppichs, lag darauf und fiel vorne herab. Das einzige Möbelstück, das man sah, war ein Gegenstand aus Messing. Seine Oberfläche glich dem eines Kohlengrills. Ich hätte gerne gewusst, wozu er diente, aber um nicht zu neugierig zu erscheinen, schwieg ich.
„Stellen Sie alle Fragen, die Sie möchten, sagte Quong beim zurückkommen. Haben Sie keine Angst, dass Sie indiskret erscheinen. Dies ist ein Weihrauchgefäß, und zu was es dient, werden Sie später sehen." Er hatte wieder einmal meine Gedanken gelesen.
Eine unüberwindliche Müdigkeit beziehungsweise ein dringendes Bedürfnis nach Ruhe überkam mich. Ohne eine Wort zu sagen, setzte ich mich auf den Diwan und streckte mich der Länge nach aus. Die Höflichkeit hätte verlangt, dass ich um Erlaubnis bat, aber die Müdigkeit verdunkelte meine Sinne. Doch als ich mich hingelegt hatte, war ich so nervös, dass ich nicht schlafen konnte. So sehr ich mich auch bemühte zu schlafen, ich schaffte es nicht.
„Können Sie nicht schlafen? Ich werde Ihnen helfen!"
Irgendwie hatte ich gehofft, dass Quong auch diesmal meine Gedanken lesen und mir helfen würde. Er beugte sich über mich und berührte einen Knopf in der Wand. Eine kleine Tür öffnete sich, und ein Fach kam zum Vorschein. Quong entnahm ihm eine Flöte. Er legte sie an seine Lippen und begann ein Lied zu spielen, das mir vertraut schien. Es war wie eine halb vergessene Erinnerung und weckte in mir ein Gefühl von Freude und Traurigkeit. Die Töne lebten in meinem Geist wieder auf, leicht und unklar. Ich versuchte, mich zu erinnern, wo, wann und wie... doch der Schlaf überfiel meine Sinne.

Es war nicht wichtig zu wissen, ob es nun Minuten oder Stunden gewesen waren, die ich geschlafen hatte. Ich glaube, es waren Stunden.

*Notiz vom Autor
Das Steingebirge sind die Flanken vom Mount Shasta

KAPITEL 3

Kümmere Dich nicht um morgen

Als ich erwachte begrüßten meine immer noch schläfrigen Sinne einen reichen, delikaten Duft und leise Stimmen. Beim Öffnen meiner Augen fand ich Quong an meiner Seite. Entweder war er geblieben, während ich schlief, oder er kam zurück, als ich aufwachte. Im Zentrum des Raumes saßen etwa ein Dutzend Leute auf dem Boden, jeder bekleidet mit einem langen grauen Kleid. Auch Quong trug solch eine Robe und – zu meinem Erstaunen – auch ich.

Die einzigen Fremdländer unter den Brüdern waren ein hochkastiger Tibeter, zwei Hindus Pandits, ein Ägypter und Quong. Die anderen waren Engländer oder Amerikaner. Der Ägypter war für die Sakaza, was der Großmeister für die Freimaurer-Bruderschaft ist. Wohl verstanden war er kein Lehrer in dem Sinne wie ein Professor in einem College. Er war den anderen weit voraus auf dem Weg, war mehr von der Wahrheit und mehr von dem Leben Gottes. Da er die höchste Ebene einnahm, stand er vor den Brüdern wie ein Höhepunkt, den jeder studieren und dem jeder gleichkommen sollte. Er stand alleine.

Als Quong merkte, dass ich aufgewacht war, sagte er: „Bruder, lass uns in den Kreis setzen, so dass die Abendzeremonie beginnen kann."

In die Kette von zehn Leuten eingegliedert, nahmen wir uns bei den Händen und bildeten einen Kreis. In der Mitte, neben dem Räucherwerk, stand der große Meister. Er nahm das Wort an sich und fing an, in einem perfekten Englisch, in einer klaren und kurz gefassten Rede, über die weise Religion der Lothiener zu sprechen. Er leugnete die Idee, dass alles, was mit Hilfe okkulter Gesetze getan wird, ein Wunder sei. Er deklarierte, dass es niemals Wunder auf dieser Erde gab, denn ein Wunder wäre ein Verstoß gegen die Gesetze; und was wäre ein Gesetzesbruch anderes als eine böse Tat? Wenn es böse wäre, wäre Jesus Christus der Letzte gewesen, so etwas zu tun. Der große Meister bestätigte, und das ist die Wahrheit, dass niemand, ob Mann oder Frau, der nicht in das geheime Wissen eingedrungen ist, die Gesetze der Natur und ihre Anwendung beherrschen könne. Die mysteriösen Kräfte der Natur – die wissenschaftliche Welt ist noch unwissender als manch spirituelle Sekte, denn diese hat wenigstens eine vage Vorstellung, jedoch so schwach, dass sie eine schreckliche Gefahr für sie darstellt. Tatsache ist, dass die Nichteingeweihten riskieren, einen Missbrauch zu begehen, wenn sie solche Kräfte bewegen, denn sie sind so schrecklich, dass selbst ein großer Weiser sich nicht in ihr Feld begeben würde. Die Wissenschaft wird es bald wissen, wenn sie dem Kreuzträger folgt.

Mir wurde keinerlei Notiz gezollt, außer einer freundlichen Begrüßungsformel und Einladung, allem zuzuhören, was gesprochen und getan wurde. Mir wurde kein Rang verliehen – Titel können nicht verliehen werden, denn jeder ist sein Titel in sich selbst.

Aber der Oberste, wie ich deutlich bemerkte, sprach so persönlich und direkt, dass ich wusste, dass ich gemeint war.

Hier ist, was er sagte:

„Es gibt an diesem heiligen Ort einen Bruder, der tiefe Lehren erhielt. Er studierte das Leben nach den modernen wissenschaftlichen Prinzipien, und seine Ergebnisse erfüllten ihn immer mehr mit Melancholie, ja sogar mit Verzweiflung. Er fragte die Sterne: Wer seid ihr? Und erhielt keine bessere Antwort als die der klassischen Astronomie: die Welten, die Sonnen, die entflammten Kugeln, ein Gebiet, bei dem die Vorstellungskraft nicht ausreicht.

Das Gras sagte zu ihm: Ich bin eine Anhäufung von vitalen Zellen und belebt durch den Geist der Natur. Das Tier antwortete ihm durch die Terminologie von Darwin: Ich bin eine entwickelte Form, die aus Photoplasmen besteht. Er sah den Mensch als Gipfel des tierischen Lebens. Zu sich selbst sagte er dann: An dem einen Ende der Kette gibt es nichts als eine einfache Zelle und am anderen Ende eine komplexe zellulare Anhäufung. Die Welt und alle ihre Formen sprechen von Wirkung und Ewigkeit, aber erwähnen kein Wort über die Unsterblichkeit des Menschen, einer Seele, eines Geistes oder von Gott. Nichts. Der Tod beendet alles.

Oh, mein Bruder! Glück und Traurigkeit sind für Dich nichts weiter als magnetische Schwingung? Bist Du blind gegenüber der Botschaft Gottes? Glaubst Du, dass die unbewusste zellebrale Handlung, wodurch Du zu diesem Ergebnis kommst, lediglich die Methode darstellt, durch die Du lebst? Sagt das Tier nicht: ‚Ich bin eine Seele, und mein Körper dient als Werkzeug für diese Seele.' Wenn das Wachstum der Seele diesem Körper nicht mehr entspricht, wäre ich (das Selbst) gezwungen, den alten Körper abzulegen und einen Körper zu wählen, der meinem Wachstum entspricht. Sagt der Mensch nicht: ‚Oh Bruder in der Finsternis, ich bin der Gipfel des tierischen Lebens, so ist es. In meinem wunderbar angepassten physischen Körper gibt es geeignete Werkzeuge, um alle materiellen Prozesse bis zum äußersten Punkt zu verfolgen.' Es bringt mich zum Ende allen physikalischen Lebens, und merke, es befähigt Dich, das Selbst, das Ende der Mauer zu erreichen und zu finden, dass ich ein Geist bin und kein vitaler Stein. Und weil ich gesehen habe, werfe ich alles Materielle ab, um meinem spirituellen Weg zu folgen. Ich werde in das Haus meines Vaters eindringen, wo es zahlreiche Herrenhäuser des Geistes gibt, in welche die Materie nicht eindringen kann, um ihre Schätze zu verderben oder zu stehlen. Dass derjenige mich höre, der fragte! Ich habe gesprochen. Friede sei mit Euch!"

Als Quong mir sagte, dass der Meister, dessen Name Mendocus war, nicht einmal seine Lippen bewegt hatte und sich auch nicht seiner Stimme bediente, glaubte ich an einen schlechten Scherz. Aber er sprach die Wahrheit, denn er las meine Gedanken und sagte: „Nein, mein Bruder, ich scherze nicht. Jeder von uns konnte Mendocus hören, und jeder vernahm ihn in seiner Muttersprache. Denn Mendocus spricht mit seiner Seele zu der Euren."

Ich musste plötzlich an die Bibel denken, die für mich der höchste Schatz unter allen Büchern war, und an die Passage, wo geschrieben steht: „Da die Nachricht sich verbreitete, kam

die Menge zusammen, und alle waren verwirrt, denn sie hörten ihn sprechen, ein jeder in seiner Sprache."(Akt II-6)
Mendocus beantwortete meine unausgesprochenen Gedanken: „Die Apostel sprachen zu den Seelen der Menschen. Es war kein Wunder, sondern Gesetz. Die Bibel ist eine gesunde okkulte Lehre, insoweit ihre wahre Botschaft den Revisoren entgangen ist. Und schlimmer als Revisoren, haben die römisch-katholischen Bibelausleger die Wahrheit verdreht. Trotzdem solltest Du sie lesen. Ich habe sie 87-mal gelesen."
Ein anderer Bruder intervenierte die Unterhaltung, indem er bemerkte, dass Zuhörer und Redner übereinstimmten wie eine perfekt auf ihren Bogen abgestimmte Violine, jede Saite bereit, auf die leiseste Berührung des Meisters zu reagieren. Mendocus fügte hinzu: „Die Menge hörte die Apostel auf die gleiche Weise wie Du mich hörtest, nicht mit den Ohren, weil keine Luftübertragung nötig ist zwischen Seelen, die sich verstehen. Sie waren sich einfach dessen bewusst, was gesagt wurde, so wie Du Dir Deiner Gedanken bewusst bist, ohne dass Deine Ohren die Laute zum Gehirn führen. Na gut! Deine Ohren sind nicht von Vorteil, um mich zu hören. Meine Gedanken gehen nicht zu Deinem Gehirn. Sie befinden sich außerhalb Deines Bewusstseins. Deswegen glaubtest Du, mich mit Deinen Ohren zu hören, wohingegen es Deine Seele war, die mich verstand." Jetzt verstand ich, warum mir keine Fragen gestellt wurden in bezug auf mein Leben, meine Gedanken oder warum ich dieser Bruderschaft beitreten wollte. Sie wussten all diese Dinge durch ihre Fähigkeit, Gedanken zu lesen.

Mendocus bat um die Aufmerksamkeit aller Anwesenden und machte einen Appell an Gott und an alle okkulten Eingeweihten dieser Welt sowie an die Heiligen des Universums. Am Ende dieser Aufforderung hob er langsam seine rechte Hand, die er nach einer halben Minute wieder sinken ließ, und senkte seinen Kopf. Das wunderbare Licht begann zu schwinden, und als es komplett erloschen war, kam parallel ein blendender Strahl aus der Decke und schlug in das Räuchergefäß ein, das neben Mendocus stand. Dann folgte diese Tintenschwärze, die auch den Mitternachtsblitzen des

Himmels folgt, aber diese Dunkelheit war nicht von langer Dauer. Bald erschien in der tiefen Dunkelheit ein immer stärker werdendes Licht, bis das gesamte Innere des Sargum durch einen grellen Strahl erleuchtet war, der jeden Gegenstand klar und deutlich sichtbar machte. Wie der andere schien er nicht von einem speziellen Punkt auszugehen, aber, als sei die gesamte Atmosphäre aus rotglühendem Eisen, leuchtete er aus sich selbst. Im nächsten Moment beobachtete ich, wie die Gesichter der Priester eine immer grässlichere Farbe annahmen, blutlos wie die Antlitze von Toten. Ihre Blässe war bald erklärbar, als meine Augen auf das Räuchergefäß blickten, dass in unserer Mitte stand. Der Blick der Brüder war starr auf eine kleine blaue Kugel gerichtet, die auf der Feuerschale ruhte. Ich bemerkte, dass das selbstleuchtende (phosphoreszierende) Licht verschwunden war und das Licht der blauen Kugel Schatten warf. Obwohl sie nur die Größe einer Haselnuss hatte, neutralisierte sie die grelle Atmosphäre in der Luft. Der Gegensatz war schön und nicht blendend. Im Gegenteil – es war kühl und ruhig und erfrischte die Augen. Es gab keinen Zweifel, dass dieses Licht der Vis Natura angehörte, mit der sich der Tchin einst eingehüllt hatte. Es zitterte und bebte wie ein Kügelchen aus kochendem Metall.

Jeder hielt den Atem an, und die Stille war so vollkommen, dass ich mich umsah, um einen Blick auf meine Freunde zu werfen. Jeder einzelne schien ein perfektes, aber nicht lebendiges Abbild eines Menschen zu sein, wenn man das Glänzen in ihren Augen, als sie in das blaue Licht starrten, außer Acht ließ. Dann klebte mein Blick wieder an dem Gegenstand, der das Zentrum der Aufmerksamkeit bildete. Die Kugel war dabei zu wachsen und hatte nun die Größe einer Melone, wunderschön und großartig. Da ich keine menschliche Hilfe bei ihrer Entstehung wahrnahm, fühlte ich, dass sie durch das geheime Wissen entstanden war – die Macht der Gedanken über die Materie, ganz und gar wunderbar und neu für mich, magisch, ohne wunderlich zu sein.

Was ist Magie, fragst Du Dich?

Magie ist die Summe von Gesetzen, die man normalerweise nicht durch physikalische Experimente erfassen kann, weil ihre Phänomene über dem physikalischen Reich liegen, jedoch ein wenig unter den mentalen oder psychischen Vorgängen, die einen großen Teil des letzteren bilden.

Als ich die blaue Kugel betrachtete, wurde mir mehr und mehr klar, wie die Lothiener mich wahrnahmen. Anstatt mich zu fragen, was das Ziel dieses glühenden Balles war, genügte es mir, ihn einfach zu betrachten, und ich hatte dabei das perfekte Wissen seiner endgültigen Größe und seines Nutzens. Aber diese Intuition rief in mir keine störende Mutmaßung hervor. Ich dachte an nichts, an absolut nichts, ich hatte keinen Gedanken an morgen oder an den nächsten Moment. Der intelligente Leser möge folgendes Experiment versuchen:

Versuche, an nichts zu denken, keinen einzigen Gedanken in Dir zu haben, nicht einmal den, dass Du an nichts denkst. Ich bezweifele, dass Du diesen Geisteszustand erreichen kannst. Aber wenn Du es schaffst, wirst Du Dich bis ans Ende der Dir zugeteilten Jahre auf Erden erinnern an das Gefühl der Ruhe, des Friedens und der perfekten Freude; wohlgemerkt gefühlt und nicht gedacht in diesem Moment. Jene, die einen solchen Geisteszustand erreichen und für eine halbe Stunde aufrechterhalten, werden in dieser Zeit hellsichtig und hellhörig. Du wirst hören und sehen bis in die tiefsten Zeitalter der Erde und Dir der Zukunft bewusst werden. Ja, eine Vorhersehung von Euch in diesem Moment wird bis ins kleinste Detail eintreffen, selbst wenn der Spielraum über Jahrhunderte währt. Jetzt begreift Ihr den fantastischen Vorteil, den die Lothiener besitzen. Die ganze Gegenwart und jeder Weg von heute bis in alle Ewigkeit ist ihnen bekannt. Denn bei ihnen hält dieser Geisteszustand an, und in dieser Seelenruhe, die sie in solchen Momenten besitzen, sind sie in Kontakt mit dem Architekten des Universums und kennen seine Wege.

Sie sind wie Job, ihre Ohren hören Ihn und ihre Augen, betrachten Ihn. (Job XIII-6)

Sie können die Werke von Gott verbreiten, weil sie vieles verstehen, die Entstehung der Erde wahrnehmen, in die Quellen des Meeres eindringen, die Wege des Lichts sehen, den Platz der Dunkelheit und seine Grenzen wahrnehmen. Ja, während ihre Seele nur noch Ruhe ist, öffnet Gott selbst die Türen des Todes für sie, die sie auf beiden Seiten durchschreiten können. Aber all dies wissen sie, und ich wünsche dem Leser, dass auch er es lernt, denn der Schöpfer zeigt ihm den Weg, um dort hinzugelangen. Er zeigt den wenigen, die durch die okkulte Tür gehen, durch die Jesus zu seinem Vater gegangen ist, den Weg. Folge Ihm, und Du wirst noch größere Dinge tun als jene hier. Mendocus sah, dass der grelle Schein der Atmosphäre durch das blaue Licht der Kugel neutralisiert wurde, die nun einen Durchmesser von 30 Zentimetern erreicht hatte und bewegungslos in Vollendung schwebte. Er hob langsam seine Hand, um einen stummen Befehl zu geben, woraufhin die Kugel von hellem Rosa sich 2,50 Meter über den Boden erhob, wo sie ohne sichtbaren Halt hängen blieb. Wieder gab die Hand einen Befehl, und die Kugel bewegte sich horizontal über unsere Köpfe hinweg bis zu einem Punkt in fünf Metern Höhe. Hier sollte sie stehenbleiben. Obwohl sich jeder der Anwesenden intuitiv bewusst war, was hier geschah, werde ich jenen Vorfall zum Nutzen meiner Leser hier beschreiben. Auf das pure blaue Licht folgte eine indigofarbene Kugel, welche die gleiche Größe und Form hatte wie die davor. Einmal vollendet, wurde sie in vier Metern Entfernung von der ersten auf 2,50 Meter Höhe plaziert. Dann folgte eine violette Kugel, die sich nur durch ihre Farbe von den anderen unterschied. Es folgte eine rote Kugel, eine orangenfarbene, eine gelbe und zum Schluss eine atemberaubende grüne Kugel. Alle diese Kugeln befanden sich auf gleicher Höhe und im gleichen Abstand zum Zentrum. Es wäre vergeblich zu versuchen, diese außergewöhnliche Schönheit der irisierenden Sphäre zu beschreiben und wie diese Kugeln bewegungslos über unseren Köpfen schwebten. Noch ein weiteres Mal gab der Meister einen stillen Befehl, woraufhin die Kugeln anfingen, sich zu drehen – zuerst langsam, dann mit steigender Geschwindigkeit, bis man glaubte, nur noch einen großen

Lichtkreis von 30 Metern Umfang zu sehen. Trotz der großen Geschwindigkeit vermischten sich ihre Farben nicht zu weißem Licht. Jetzt kam ein anderer Aspekt ihrer Schönheit zum Vorschein:

Als der Ring kreiste, wurde von jeder einzelnen Kugel ein Strahl ihrer Farbe horizontal zum Zentrum projiziert. Hier entstand durch die Fusion eine rechteckige Säule aus reinstem weißen Licht, die auf und nieder stieg – hinauf zu den großen Quarzkristallen in der Decke, hinunter zu dem grauen Teppich (das Räuchergefäß war entfernt worden). So stellte sich das Schauspiel eines riesigen, lediglich aus Licht bestehenden, rotierenden Rades dar. Obwohl es auf dem Teppich ruhte, blendete es nicht, denn es bestand aus lebhaftem positivem Feuer, nicht aus negativem Vis Mortis. Im Buddhismus kennt man das letztere Element als „Shiva", den Zerstörer; das Todesfeuer, in dem ich die Motte sterben und den Stein verschwinden sah. Es gibt einen esoterischen (innerlich) und einen exoterischen (äußerlich) Buddhismus. Die Namen Shiva und Vishnu, die für die Exoteriker Namen von personifizierten Göttern sind, nämlich Zerstörer und Erhalter, sind für die Esoteriker lediglich Begriffe, welche die Aspekte der Vorderseite und der Rückseite der Natur unterscheiden – nämlich Wachstum und Sattsein, Wechsel und Zerstörung.

Werde ich jemals diese Kraft der Lothiener besitzen? War Mendocus nicht trotz alledem ein Mensch? Waren unsere beiden Seelen nicht von gleicher Natur? Konnte ich hoffen, die gleiche Weisheit zu erlangen wie Mendocus? Der wunderliche Tempel im Herzen des Berges, das Blitzen in der Dunkelheit, das Heben des großen Steines am Eingang, die Lebenskraft und die Todeskraft – dies alles, was ich gesehen hatte, war nur das Werk von Menschen, die in ihrem Seelenfrieden und in der Reinheit ihres Herzens und ihres Körpers diese Dinge getan hatten, weil der Heilige Geist in ihren Herzen völlig menschlich war und sich bis zum Gottvater ausdehnte.

All dies ging mir durch den Kopf. Ich wusste, dass es mir im Moment möglich war, diese Dinge zu verstehen, denn ich befand mich im Friedenszustand des Hellsehens. Ich sah jedoch nicht alles, was kommen würde, nicht alle Ereignisse der näheren Zukunft, nichts von ihnen wirklich, sondern nur die entferntere Perspektive des Schicksals meiner Seele.

„Tatsächlich“, sagte Mendocus, „wirst Du diese Macht erreichen, aber nicht jetzt. Es muss eine Probezeit vergehen. Wie alle Neugelehrten im Geheimwissen wirst Du durch Abschnitte des Zweifels gehen, und in der Tiefe Deiner Seele wirst Du aus Angst und Hoffnungslosigkeit weinen. In keinem dieser Momente wirst Du an der Wahrhaftigkeit der magischen Weisheit zweifeln, sondern nur an Deiner Fähigkeit, sie zu erreichen. Lerne also den Ursprung der Wahrheit und nicht nur die Phänomene, die sich hier ereigneten. Die Wahrheit ist wichtiger als ihre Werke, aber im allgemeinen weniger anziehend für einen Neugelehrten. Deine Zweifel werden geboren aus der unvollständigen Fassungskraft Deines wahren Ichs, ein Wunsch nach Harmonie; sie legen ungebührliches Gewicht auf bestimmte Tatsachen. Und weil sie diese weniger wichtig finden als Deine Auffassung sie ursprünglich dargestellt hat, wird Dein Herz versagen, denn sie sind nur groß in sich selbst, und wenn der Vergleich sie für klein erklärt, welche Kraft soll die größere erfassen? In diesem Moment wirst Du fürchten, dass Du nur endlich bist und diese Dinge unendlich sind, und Du wirst zu Deiner Seele sagen: ‚Meine Schwäche gegenüber diesen Dingen ist wie Packgarn, mit dem man einen Riesen fesselt.’

Aber dies ist nicht so, denn kein Geschöpf ist mehr als der Schöpfer, und Du bist Vater und Schöpfer mit Ihm gemeinsam. Was soll siegen? Einzig der Glaube, ähnlich dem des Geistes, der über Jesus und den anderen, die über die Zeit triumphieren, leuchtet. Unheil über Dich, wenn Du schwach wirst, während die Wolken des Zweifels Dich schütteln. In der Tat ist das Los desjenigen miserabel, denn ausgesperrt von der Gesellschaft der Brüder wegen seines schwachen Herzens, ist er trotzdem besessen von dem Wissen von etwas Reinem, Besserem und Höherem als die normalen Ambitionen der Menschen. Nach seinem Einblick in die größeren Möglichkeiten seines Daseins verachtet er es, seine früheren

Sinnbeziehungen mit der Welt wiederaufzunehmen. Weder kann er auf das Niveau der Welt hinabsteigen, noch seine Mitmenschen auf sein eigenes hochheben. So ist er für den Rest seines Lebens alleine. Mein Freund, es ist keine Einsamkeit so trostlos wie die desjenigen, der in der Welt lebt, aber nicht mit ihr. Willst Du vorwärts stürmen und die Gefahr aushalten? An diesem Punkt gibt es noch eine Chance der Umkehr, ohne der Gefahr zu begegnen, die später kommen wird. Lege niemals deine Hand an den Pflug, wenn Du nicht bis zum Ende der Furche gehen kannst. Der Weg ist lang und schwer durchzustehen. Die Welt kennt keine Aufgabe, die so groß ist wie diese. Ich lasse Dir die Wahl."

Mendocus beobachtete mich, während ich über sein Angebot nachdachte. Ich fühlte, dass ich unter keinen Umständen meine alten Gewohnheiten und mein altes Leben wiederaufnehmen wollte. Das Feuer war in mir entfacht. Das Schwert Gottes hatte das Gestern vom Heute getrennt, und ich spürte es zwischen mir und meiner Vergangenheit. Nein! Voran, der Soldat Christi, der mich zum Sieg geleitete. In Gedanken war meine Entscheidung schon getroffen, aber ich hatte sie noch nicht formuliert. Ich brauchte keine Worte. Vergessen, dass sie meine Gedanken lasen, wollte ich meinen Entschluss laut aussprechen, als Mendocus sagte:

„Du hast Dich also entschieden, nach vorne zu schreiten. Das bedaure ich, denn die Prüfungen, die Dich erwarten, sind sehr gefürchtet. Du wirst sie verlassen wie geschmolzenes Gold nach einer Feuerprobe. Aber ich werde nicht erlauben, dass Du das Feld alleine durchwühlst. Das wäre nicht weise. Ich werde Dir auch ermöglichen, wieder zurückzukehren, für den Fall, dass meine Vorhersagen Wirklichkeit werden. Oh Bruder! Ich befürchte, das Unheil ist Dein Schicksal."

Meine Entscheidung getroffen, verlangte man von mir, einen Schwur der Verschwiegenheit zu leisten, durch den ich verpflichtet war, nichts von dem preiszugeben, was ich in irgendeiner Art hörte und was dem Hörer meiner Worte eine praktische Anweisung sein konnte. Ich könnte einen Tip geben, der zu der Ewigen Stille führen könnte, wo die Blume des Lebens blüht, aber mehr als einen Tip, mein Freund, kann ich nicht geben. Tatsächlich habe ich schon viele Tips gegeben. Noch durfte ich mein Wort missachten und Geheimnisse von direktem Nutzen enthüllen. Nein, eher soll ich verflucht sein. Warum? Angenommen, ich würde das Geheimnis von Vis Mortis enthüllen, wärst Du mir dankbar? Erinnere Dich, dass dies die Kraft ist, die mit ihrer gesamten tödlichen Macht über jede Entfernung wirkt und die in dem berühmten Gedicht „Die Zerstörung von Senne Cherib" in der Zeile beschrieben ist:

„Der Engel des Todes breitete seine Schwingen über die Verwüstung." (2 Könige XXIX-35)

Angenommen, ich enthüllte dieses Geheimnis? Wie lange würde es dauern, bevor der skrupelloseste unter den Menschen es benutzen würde, um unerkannt zu morden? Und gebrauchen kann man es oft, denn dies ist das Naturprinzip, das die Verwandlungen, Auflösungen, den Verfall, die Zerstörung und den Tod beherrscht. All dies beherrscht diese Kraft, aber niemals baut sie auf. Sie ist Shiva, der Zerstörer. Wenn man sie richtig nutzt, ist sie eine wohltuende Kraft, denn ohne sie gäbe es keinen Fortschritt in der Natur und keinen Wandel, sondern nur Stagnation. Das Shiva-Zeichen ist der durchkreuzte Kreis. Für mich sagt es viel, für Dich ist es nur ein kleiner Tip. Studiere es, wenn Du möchtest, und eines Tages wirst Du seinen Sinn erfassen. Diese gute Erde würde durch die Skrupellosen in eine wahre Hölle von Elend und Verbrechen verwandelt werden, gäbe es nicht dieses Geheimnis. Eine Zeitlang würden die Zerstörer dieses Wissens gedeihen, obwohl die Welt um sie herum leiden würde. Aber Zerstörung des Gesetzes ist ein Verbrechen, und die Strafe, die letztlich über uns kommt, hat zehnfache Stärke und kommt über die Irregeleiteten in ihrer Blindheit und Sünde. Es würde sie veranlassen, den Spender dieses Wissens zu verfluchen. Neunzig Prozent der Menschen auf dieser Erde sind nicht in der Lage, sich selbst richtig zu regieren; sie könnten guten Gewissens nicht erwarten, dieses schreckliche Geheimnis Shivas zu teilen. Männer und Frauen folgen Christus so lange nicht, bis jedes Teil ihrer eigenen Natur in einem Eisenkäfig von gnadenloser Unterwerfung unter höhere Prinzipien gefangengehalten wird. Studiere es, mein Freund, studiere es! Christianisiere die Macht des Geldes auf dieser Welt, so dass das Kapital nicht mehr Weh, sondern den Menschen nur Gutes tut. Und aus dem Guten, das daraus entstanden ist, wird Karma Herzensgüte schaffen, welche die Seelenruhe hervorbringt; in dieser Ruhe werden Deine Studien Früchte tragen, und ich werde nicht über Deine Hoffnungen spotten, wenn ich Dir empfehle zu studieren. Ich werde mich über jeden ernsthaften Arbeiter freuen, dessen Motto ist: Schaue nach oben und nicht nach unten, schaue nach vorne und nicht zurück, und reiche deine Hand zur Hilfe. Dies noch: Egal wer sich in die okkulte Wissenschaft stürzt, sollte immer nach innen schauen und nie nach außen. Damit meine ich nicht nur die Esoteriker. Ihr Name wird eines Tages eine große Bedeutung in der Welt haben. Auch Du, der Du studieren möchtest, musst wissen, dass Deine Hoffnungen in der gegenwärtigen Inkarnation vielleicht keine Früchte tragen, dass jedoch im kommenden Leben diese Wahrheiten, die sich Dir heute noch entziehen, dann Dein Eigen sind. Folge Christus! Der Meister Mendocus hatte mir eine Lebensperspektive eröffnet, die sich radikal von der alten unterschied und die mein Herz erwärmte. Und das ungeachtet seiner Prophezeiung, dass bitteres Unheil mich ereilen würde, bevor ich die Zuflucht meiner Wünsche erreichen würde. Tatsache war, dass meine optimistische Natur mich mit einer Hoffnung trug, dass ich es irgendwie schaffen würde, dieser bedrohlichen Sorge zu entkommen und fröhlich vorwärts zu gehen.

Armseliges Ich! Zu dieser Zeit wusste ich nichts von Karma, auch nichts von Zailm, dem Atlanter. Wäre ich besser informiert gewesen, hätte ich gezittert, als der Meister seine Zweifel hegte, was mich betraf. Ich sah wenig, während ein großes Meer der Weisheit im Licht der Wahrheit leuchtete. Einzig die Unfähigkeit des Reisenden verkleinerte seinen Horizont und machte ihn mutig. Seine Tiefe war das einzige, was dem Universum glich – frei von enormen Glaubenssätzen und dem Unglauben, dieser Ozean erstrecke sich bis zur Unendlichkeit, die das Geheimnis der Sterne sowie auch den Staub des Geheimen verschleiert. Dieses Geheimnis, das der

Schöpfer vor seiner Kreatur versteckt, versteckt er auch vor seinem Mitschöpfer, dem Menschen. Doch nur so lange, bis seine Seele von kreierten Dingen weicht und stattdessen den Weg zum Vater einschlägt. Es bleibt solange versteckt, bis die Äonen der Zeit von der Ewigkeit verschlungen werden – jenseits der Sterne, der Erde, Venus und Mars, wenn der Mensch aufhört, Mensch zu sein, und mehr wird als Mensch, und das Leben ins Nirvana übergeht, die Summe aller Teile.

Die Summe von allem, ich wiederhole es, denn das Wort Nirvana hat keinesfalls den Sinn vom Ende aller Existenz, den die Gelehrten vom Sanskrit ihm gaben. Sie haben die Sache falsch interpretiert. Das Nirvana bedeutet nicht das Ende vom Leben, sondern nur das des untergeordneten Lebens. Selbst die Formel „Gott ist das Nichts“ bedeutet, dass Er keine Sache ist, sondern die Summe aller Dinge. Es ist nicht richtig, wenn man diese wenigen Worte als eine Verneinung der Existenz Gottes, dem ewigen Vater des Lebens, versteht.

Der Meister hatte sein Verhalten geändert. Bis jetzt galt seine ganze Aufmerksamkeit dem von ihm kontrollierten Vorgang. Er stand dicht neben dem Räucherwerk, den Rücken der Achse des Lichtkreises zugewandt, und schaute nun nach oben. Sein Blick schien ein angenehmes, aber einnehmendes Schauspiel zu spiegeln. Zuletzt senkte er den Kopf und sagte:

„Ich begrüße Dich, Mol Lang, Freund und Bruder!“

Ich war sicher, dass derjenige, den er ansprach, ein Bruder der Weisen war, und doch sah ich niemanden. Mendocus drehte sich zum Weihrauchgefäß, das sich auf der Höhe seines Ellbogens befand, und schlug zart mit seinen gespreizten Fingern darauf, woraufhin das Räucherwerk von einem lebendigen Rot getragen wurde.

Mendocus steckte seine Hand in einen Beutel, der an seinem Gürtel hing. Als er sie hinauszog, war sie gefüllt mit einem weißen Puder, das er über die Plattform streute. Ein weißer, dichter Rauch entwickelte sich. Diese Zeremonie hatte den Anschein einer einfachen Aschengabe und einen Beigeschmack von Aberglauben, denn ich hatte meine Fähigkeit der intuitiven Sichtweise verloren und konnte nur

Vermutungen anstellen. Dieser Vorbehalt von mir verschwand schnell wieder, denn der rauchige Nebel nahm eine menschliche Form an. Während die Asche verqualmte, entstieg ein echter Mensch dem Rauch. Es war ein Wesen mit außergewöhnlicher Ausstrahlung, das hier auf der roten Plattform stand.

Er war einer jener Menschen, die man keiner Nationalität zuordnen konnte; er war sozusagen ein Weltenbürger. Genausogut hätte er aber auch von einem anderen Planeten stammen können. Dies war der Eindruck von dem Menschen, der vor uns stand. Mendocus nannte ihn Mol Lang von Pertoz. Ich kannte kein Land mit diesem Namen, doch ich akzeptierte es, ohne weiter darüber nachzudenken.

Seine Augen waren von dichten Wimpern umgeben, sein Profil erinnerte an jenes von Sokrates. Haare weiß wie Schnee und der lange, weiße Bart von Mol Lang machten, dass er gerade wie ein Soldat dastand. Wie ein Chamäleon wechselte sein Turban, der in Wirklichkeit blau war, seine Farbe jedes Mal, wenn ein bunter Lichtstrahl des Kreises ihn traf. Er trug eine lange graue Robe mit einem Gürtel um die eingeschnürte Taille. Seine schönen, wohlgeformten Füße waren mit Sandalen bekleidet. Der Pertoziener beugte sich, legte seine Hand auf die Schulter des Meisters und machte zu ihm eine Bemerkung, dessen Bedeutung ich nicht erfasste. Dann, mit einem leichten Sprung, sprang er auf den Boden und begleitete Mendocus zum Diwan. Beide nahmen Platz und führten ein sehr intensives Gespräch, das für unsere Ohren geheim blieb.

Vielleicht fragst Du Dich, was mit der Fähigkeit, Gedanken zu lesen, geschehen war? Keiner kann die Gedanken eines Menschen lesen, der von Deiner Gegenwart gewarnt ist und sich deswegen verschließt. Er konserviert unbewusst seine Gedanken, um sie uneindringbar zu halten, so dass keine menschliche Kraft diese Barriere durchdringen kann, die durch diese Abwehrhaltung aufgebaut wurde.

Nach einiger Zeit kamen sie zurück und setzten sich zu uns.

Mol Lang sagte:

„Auch wenn die Männer von Lothus einige Pertoziener kennen, so kennt doch niemand außer dem Meister mich. Ich bin gekommen, um einen von Euch in das Reich der Verstorbenen zu bringen und einen anderen mit zu mir. Euch anderen brauche ich nicht zu sagen, dass unser Körper einem Mantel gleicht, den man an- und ausziehen kann, wann und wo man will, wenn man weiß, wie es geht. Ich sage all dies für jenen, den die Welt als Walter Pierson kennt, aber den ich als Phylos kenne. Die Welt wird eines Tages von ihm sprechen als Phylos der Tibeter, denn er wird einmal als okkulter tibetanischer Lehrer gelten, ohne je auf dem asiatischen Kontinent gelebt zu haben.

Zu Dir, Phylos, sage ich nur, dass, wenn Du Dich von Deinem irdischen Körper befreist, Du Dich auf jeden Planeten oder Stern wünschen kannst. Es reicht, wenn Du es Dir durch Dich selbst wünschst. Möchtest Du mich begleiten?

Ich wusste nicht genau, ob es sich um ein Seelenreich handelte oder ob es sich, um eine echte Reise zu einem der Orte, die er genannt hatte, handelte. Aber mein Wille war stark und ich antwortete:

„Wo immer ich hingehen soll, ich werde gehen, denn ich glaube an Dich, und ich weiß, dass Du mir nicht wehtun wirst."

Während der Jahre, die folgten, habe ich niemals bereut, mich ihm in dieser Stunde anvertraut zu haben. Seine wunderschönen Augen strahlten Würde und Liebe aus. Und bei den Aufgaben, die ich bewältigte, bleibe ich in Ewigkeit dem Geist Christi dankbar, der mir in diesem Moment den Glauben in mein Herz pflanzte.

Mit dem wenigen, was ich wusste, hätte eine solche Reise ins Unbekannte meinen körperlichen Tod bedeutet. Ich kann mir vorstellen, dass einige Leser – eingeschüchtert von dieser Vorstellung – mich fragen: „Wie konntest Du sicher sein, was Mol Lang betrifft? Hattest Du keine Angst, dass er ein Dämon ist?"

Nein, ich fürchtete ihn nicht, denn ich stand unter dem Schutz eines Gottessohnes, in den kein Dämon hatte eindringen können, genau so wenig wie die Nacht über die Mittagssonne herrschen kann. Zumindest einer meiner Beschützer (Mendocus) war am Endpunkt dessen angelangt, was das gegenwärtige zyklische Zeitalter uns auf Erden lehren kann. Die physische Natur verbarg keine Geheimnisse mehr vor ihm. Aber das unbegrenzte Reich Gottes beinhaltet noch viele Häuser außer dem materiellen Universum, außerhalb der Quellen des Lichtes oder den Anfängen der Dunkelheit. Im irdischen Haus des materiellen Universums gab es für Mendocus nichts mehr zu gewinnen. Er blieb nur, um zu geben. Der Tod hatte keinen Einfluss auf ihn. Er stand über der Erde und musste dort leben, so lange bis er sich anders entschied. Einzig die Worte Gottes, die wahre Schrift, angerufen durch ihn, konnten ihn von der Silberschnur befreien. Geschützt von einem solchen Mann, wie sollte man sich da vor dem Teuflischen fürchten?

Eine andere Frage könnte Euch auch noch in den Sinn kommen: Wie konnten solche Menschen, die Gott so hervorhebt, sicher sein, dass ihre intuitive Wahrnehmung der Wahrheit entsprach?

Ich werde Euch antworten:

Der Mensch, der in seiner spirituellen Natur lebt, hat aufgehört zu glauben, denn der Glaube wird durch Wissen ersetzt. Sein Wesen weiß, es ist eins mit Gott. Der Geist eines solchen Menschen vermengt sich mit **der Stimme der Intuition**. Blitzschnell lernt jener Dinge, für die man normalerweise Jahre braucht und welche die äußere Welt nicht in der Lage gewesen wäre zu lehren. Sein Geist, verbunden mit dem Vater, seine eigene Quelle, liefert ihm ohne Anstrengung durch eine spontane Wahrnehmung Ereignisse, Prinzipien und Taten. Hier noch einige Worte von Mol Lang, die er mir zu diesem Thema sagte:

„Phylos, Du wirst eines Tages folgendes verstehen: Die Erde ist nur ein Buchstabe vom siebenfachen Alphabet. Das Sternenuniversum macht nur ein Buch aus. Es hat sicher unzählige Seiten und Kapitel, aber neben diesem Buch existieren, unzählige andere in der Bibliothek des Schöpfers."

Als Mol Lang geendet hatte, kam mir in den Sinn, mich bei ihm zu bedanken, so sehr traf mich seine Aussage. Einige Minuten später drehte er sich zu mir um und fragte: „Phylos, bist Du bereit, mich zu begleiten?" Ich war bereit!

Quong, den unser Besucher Semla nannte, bejahte ebenfalls, als ihm die Frage gestellt wurde.

Die Brüder erhoben sich, und einer nach dem anderen legte seine Hand in die des Tchin. Er war der Reisende, der in ein weites Land gehen würde, von dem er vielleicht nie mehr zurückkehren würde.

„Semla, der Friede Gottes soll Dich auf ewig begleiten. Gute Reise." Mendocus fügte hinzu: „Semla, ich gebe Dir meinen Frieden!"

Den Unterschied der beiden Verabschiedungen fühlte ich merklich. Mol Lang erklärte mir später: „Die Brüder können keinen Frieden schenken, denn sie besitzen ihn noch nicht ganz. Aber Mendocus besitzt ihn und kann ihn geben, vor allem an Semla, der nahe, ist ihn zu erreichen."

Semla antwortete friedvoll jedem seiner Brüder: „Ich wünsche Dir Frieden!"

Zu mir sagten die Brüder: „Wir werden uns hier wiedersehen." In meinem Seelenzustand erschien mir dies unangenehm, aber ich ließ mir meine Gefühle so weit es ging nicht anmerken. Dann sagte Mol Lang zu mir: „Komm!"

Er ging zu der Tür der Weisen, und ich wäre ihm gefolgt, ohne mich umzudrehen, wenn mich nicht etwas berührt hätte. Ich dachte, einer der Brüder wollte noch mit mir sprechen, und so drehte ich mich um und sah etwas, das ich nie wieder vergessen werde. Eine menschliche Gestalt lag der Länge nach auf dem Seidenteppich. Als ich näher hinschaute sah ich, dass es mein Körper war, der materielle Teil von mir Selbst.

Vier Brüder, zwei auf jeder Seite, waren dabei, ihn hochzuheben. Die anderen machten das gleiche mit dem

Körper von Semla. Ich hatte die Trennung von meinem Körper nicht bemerkt. Als ich darüber nachdachte, sagte Mol Lang: „Für jeden, der lange leidend war, ist der Tod nach langen Qualen durch Krankheit eine einfache Erfahrung und sehr angenehm. Falls Du nicht mehr in Deinen Körper zurückkehren solltest, hast Du nun Deinen Tod gesehen."

Ich war überrascht, dass ich ruhig blieb und die Körper betrachtete, die man, in ein Tuch gebunden, aus dem Hauptsaal in einen kleinen Raum brachte. Mol Lang sagte: „Das ist die Essenz des Todes. Der körperliche Tod, den Du hier siehst, ist nur das Zurückweichen der Lebensform, nachdem ihre Aufgabe erfüllt ist. Und weil Du in Deinen Körper zurückkehren wirst, ist dies nicht der endgültige Tod für Dich. Wenn der wahre Tod kommt, wird der plumpe Körper abgelegt, und das Schwert Gottes trennt ihn. Shiva nimmt Besitz von ihm und verteilt ihn wieder an die Elemente, so dass Vishnu ihn wieder zurechtmachen kann für eine neue Nutzung durch Brahma, den Schöpfer. Die Seele ist also frei für lange Zeit, im Vergleich zum irdischen Aufenthalt. Der Astralkörper kann in geistige Kreise zurückkehren und sich durch ein Medium manifestieren. Aber das Selbst, das ICH BIN, nimmt keine irdische Form mehr an, bevor es wieder inkarniert. Wenn es dann zurückkehrt, um Fehler auszugleichen, wird dies immer auf einer höheren Ebene sein, niemals tiefer. Anders gesagt: Die Seele hat sich nie vollständig von den irdischen Wünschen befreit. Wirst Du das Leben auf der Erde bevorzugen? Wir werden nicht sofort zu mir gehen, sondern in ein Reich, wo diejenigen hingehen, welche die Erde verlassen, den Devachan. Dieses Wort bedeutet Himmel, die Sommererde der Geister, das Land des Flusses Obb oder anders gesagt: von wo niemand wiederkehrt. Phylos, die geistigen Sekten irren, wenn sie von der Vereinigung der Geister, wie sie es sehen, sprechen. Kein Selbst kehrt aus dem Devachan zurück, es sei denn sie sind gezwungen, was jedoch dem Selbst schadet. (I Samuel XXVIII-7 bis 15)

Die Astralseele, der tierische Ursprung, kann zurückkommen, aber niemals das Selbst, das ICH BIN. Im Hinblick auf letzteres gibt es keinen irdischen Zustand. Ich habe nicht gesagt: letztlich, sondern: im Hinblick auf letzteres. Das Selbst ist sich keiner irdischen Dinge bewusst. Wir können zu solchen Geistern hinaufsteigen, aber sie können nicht zu uns. Also lass uns gehen."

Meine Gedanken arbeiteten schnell. Bevor wir die Bronzetür erreicht hatten, besaß mein Bewusstsein schon einige Wahrheiten über den Tod. Der Tod ist keine Veränderung und versorgt die Seele im Devachan nicht mit wundervollen Kräften der Vorsehung. Es gibt nur die Freiheit von dem irdischen Körper und ein paar dazugehörende Kräfte; nichts Bemerkenswertes, wenn man bedenkt, dass die Erde nicht mehr im Besitz der Seele ist. Ich spreche von denen, die im Moment des Todes Loslösung von der Erde suchen, jedoch wenig Liebe für ihre Zustände und doch viel Liebe für ihre Kinder empfinden. Sie haben für ihre Brüder gearbeitet und sich damit ein gutes Karma geschaffen, das sie von der Gefangennahme auf Erden befreit. Mol Lang unterbrach meine Gedanken und sagte: „Gehen wir einen Schritt weiter, verlassen wir unseren zweiten Körper, diesen Teil, der die Dinge der Erde empfängt und in seiner Erinnerung behält. Keine störenden Vergleiche werden angestellt zwischen dem Zustand, in den Du hineingehst, und der Erde hinter Dir, Du wirst nicht mehr sehen als die wirklichen Toten. Dennoch wird eine Verbindung zwischen Dir und der Erde bestehen, so dass die Erfahrung, die Du jetzt machen wirst, nicht tödlich für Dich ist. Was mich betrifft, diese Übergangsform benötige ich nicht mehr."

Ein nicht eingeweihter Beobachter, der hier gewesen wäre, hätte ein wunderliches Ereignis erlebt, wenn nicht sogar ein schreckliches, denn ein Mann löste sich in Rauch auf. Als der Rauch verschwunden war, legte Mol Lang seine Hand auf meinen Kopf, und daraufhin hatte ich keine Erinnerung mehr an diese Welt. Verschwommen sah ich vor mir die Bronzetür der Weisen. Ich wusste, dass Mol Lang sie öffnen würde, und nachdem wir drei sie durchschritten hatten, befanden wir uns in einem langen Saal eines Tempels, der mitten im Freien auf einer großen sonnenüberfluteten Wiese stand. Ich war kein bisschen überrascht, denn ich hatte keinerlei Erinnerung an das irdische Leben. Ich wusste nur, dass ich ich war und mich an einem angenehmen Ort befand. Es war wie in einem lebhaften Traum. Die Bilder eines Traumes wirken natürlich, nicht neu und nicht fremd. Man kann sie nicht mit der Wirklichkeit vergleichen, denn das Wissen um die Wirklichkeit ist im Traum erloschen. Mol Lang sagte:

„Du hast die Tür durchschritten und bist nun hier! Die Gesetze der Natur gelten hier nicht; sie gelten nur in der objektiven Welt, aber nicht hier, denn wir befinden uns nun in der subjektiven Welt, die nichts Physisches hat – sie ist existent, aber nicht greifbar im materiellen Sinne. Und doch ist sie reell, denn der Geist ist reell, und beide Zustände sind aus dem Geist des Vaters geboren.

Wir befinden uns in einem anderen Haus des Vaters. Dieses Haus ist weiter entfernt von der Erde als jeder Stern des Himmels, denn es besteht aus nichts Materiellem. Die Dinge auf der Erde sind nur Träume für die Bewohner der subjektiven Welt und umgekehrt. Die Welt, in der wir uns befinden, ist das weit entfernte Haus der Seele."

Ich hörte Mol Lang zu und hatte Ohren, um zu hören und um zu verstehen. Die Erde, von der er sprach, war vage und das Wissen von ihr wie ein fast vergessener Traum. Woher kam diese vage Vorstellung?

Sie kam von dem Teil von mir, der auf der Erde geblieben war. Dieser Teil ist der Sitz meiner Sinne und meiner wahrgenommenen Erinnerungen. Wenn dieser Teil mit einem Medium Kontakt hätte, würde man glauben, dass ich es sei. Doch ich bin es nicht, es ist meine Hülle, und der Geist ist immer mit dem Körper verbunden. Lieber Leser, Du musst zugeben, dass eine Autobiographie immer ein Spiegel des Autors ist, aber das Buch ist nicht der Autor. Der Mensch ist mehr als der Körper, den man sieht. Dieses Buch kann lebendig erscheinen und Menschen zum Handeln bewegen. Die Astralhülle eines Mannes oder einer verstorbenen Frau kann es ebenso. Das lebendige Medium kann ihn so lange verspüren, wie die astrale Form noch Einfluss hat. Deswegen sehen wir Phänomene im „Kreis“, bei denen wir glauben, mit Geistern in Kontakt zu sein. Ein Selbst (ICH BIN) unternimmt nie ein Abenteuer dieser Art, doch wir können zu ihm hinauf.

Doch Ihr, meine spirituellen Freunde, glaubt, dass ich mich irre. Ihr glaubt, dass die Geister, mit denen Ihr sprecht, mehr als nur die Hüllen sind, weil sie von zukünftigen Ereignissen sprechen. Ich gebe zu, sie tun es. Wie kann das sein? Weil die Hüllen nur Erinnerungen vom Selbst sind und im Moment des Todes für einen kurzen Augenblick mit dem Selbst in Kontakt stehen. Sie bekommen kurze Einblicke in die Zukunft, die sehr genau sind und über Jahrhunderte voraussehen. Es passiert auch manchmal, dass der Astralleib einen Einblick in die Seele, die sich im Devachan befindet, erhält und er diesen Eindruck einem Medium übermitteln kann. Selbst ernsthaften Sehern passiert es, dass sie absurde Beschreibungen aus dem Jenseits erhalten, allerdings kommen sie dann nicht von einer christlichen Seele.

Das Wahrsagen existiert, doch seine gewöhnliche Erklärung ist falsch. Das Medium fällt in Trance, und seine vitale Kraft geht über in den Geist, der es kontrolliert. Aber dieser Geist ist nur die Hülle, nicht der wahre Geist oder das Selbst. Dann freuen sich die Zuhörer über eine Kommunikation. Als ob das Medium aus einem Buch voller Aufzeichnungen liest; Ereignisse der Vergangenheit werden wiedergegeben und mehr oder weniger zutreffende Prophezeiungen gemacht. Die Hülle lebt übergangsweise in einer Art künstlicher Wiederbelebung, so wie Poe neu auflebt in der Person „Der Rabe“. Genauso lange wie die Kommentare von Caesar die Menschheit beeinflussen, genauso lange wird sein Geist ein Medium beherrschen. Und während das Buch der Mormonen die Massen von Utah beherrscht, genauso lange wird auch der Prophet Josef Schmith die Überempfänglichen beeinflussen.

Aber ich schweife aus! Wenden wir uns deshalb der Welt von Ursache und Wirkung zu und sehen uns an, was sie für unsere physischen Wahrnehmungen bedeutet. Ich lade Dich ein zu sehen, was wir drei sahen, als wir durch die Tür der Weisen schritten und eine andere Ebene betraten.

KAPITEL 4

Der Lohn des Lebens

„Phylos", sagte Mol Lang, „Du wirst nachher einen Mann kennenlernen, der total in seiner eigenen Welt lebt. Es ist ihm nicht erlaubt, zu uns zu kommen, doch wir können zu ihm. Und weil wir zu seiner Wahrnehmung gehören, werden wir für ihn Seelenfreunde sein und keine einfachen Bilder seiner Vorstellung. Seine Umgebung erscheint für uns ganz genauso reell wie für ihn, obwohl es eine Welt ist, die von ihm gestaltet wurde. Seine Welt, die wir sehen werden, existiert nicht für seine Nachbarn, wenn sie sich auf einer anderen psychischen Ebene befinden. Aber manche treffen sich wieder im Haus des Vaters, in dem sie Liebe und Frieden finden.

Begeben wir uns nun in den Seelenzustand dieses Mannes. In der Welt der Ursache war er ein Erfinder. Überall um ihn herum werden wir die Zeugnisse seiner erträumten Erfindungen sehen, die hier für ihn Realität geworden sind. Auf der Erde stellte er sich vor, dass viele seiner Landsleute von seinen mechanischen Systemen profitieren würden. Er hatte eine Vorstellung von einer Eisenbahnstrecke, die dem Volke frei zur Verfügung stehen sollte. Während er noch auf der Erde weilte, wünschte er sich, eine Münzprägeanstalt zu besitzen, um die Ungerechtigkeit auszugleichen. Hier besitzt er eine, und die Münzen stehen den Menschen kostenlos zur Verfügung. Mit allen anderen Sachen, die er hoffte auf der Erde realisieren zu können, ist es genauso. Er starb, ohne etwas von all dem realisiert zu haben. Als er in die Folgewelt kam, waren seine Ideen real geworden, doch sie existierten nur für ihn.

Lass uns über die Ebene laufen bis zu dem Wäldchen, das sich in zwei Kilometern Entfernung befindet. Wir gingen schweigend und genossen die Schönheit der Landschaft. Plätschernde Bäche schlängelten sich durch das Tal. Der Horizont schloss auf einer Linie von blauen Bergen.

Als wir zu dem Wäldchen kamen, sah ich, dass wir an einem Bahnhof angelangt waren, in dem seltsam anmutende Wagen auf einem Netz von Schienen standen. Leute liefen in alle Richtungen. Die Wagen hatten riesige Räder, viele Meter groß. Eine leichte Metalltreppe führte zu der Spitze eines Turmes, der zugleich ein Aufzug war. Einige gingen zu Fuß hinauf, andere nutzten den Aufzug, um von dort aus in die Wagen zu steigen. Dann setzte ein Maschinist die Maschinen in Bewegung, und die riesigen Räder begannen sich zu drehen, schneller, immer schneller, bis man das riesige Fahrzeug mit großer Geschwindigkeit übers Land fahren sah; rauf und runter und durch Kurven mit immer gleicher Leichtigkeit.

„Lasst uns mitfahren", sagte Semla. So gingen wir die Wendeltreppe hinauf, wo ein freundlicher Mann uns fragte, ob wir zahlen könnten oder nicht. „Ja", sagte Mol Lang, „ich möchte, aber meine Freunde nicht." Daraufhin prägte er eine Goldmünze, und während der Mann einen Eintrag in sein Buch machte, reichte mir Mol Lang eine Münze, und ich sah darauf das Gesicht eines Mannes, und auf dem Rand befand sich eine Inschrift: „Morton Fowler, der Freund des Volkes." Wie eingebildet, dachte ich, während Mol Lang lächelte, die Münze nahm und bezahlte. Der Angestellte fragte, wohin es gehen sollte. „Zu den Wasserfällen", sagte Mol Lang. Der Angestellte kannte diesen Platz nicht, ließ uns aber trotzdem einsteigen, denn er war sich sicher, dass der Lokführer mehr wusste. Er führte uns zu einem Wagen, und nachdem wir eingestiegen waren, schossen wir sogleich los wie ein Pfeil. Wir hielten oft an, weil M. Fowler verlangte, dass alle, die den Zug nutzten, seine zahlreichen Erfindungen ansehen mussten. Die Fülle von Erfindungen erstaunte mich, und viele von ihnen schienen allein den Zweck zu haben, besondere mechanische Prinzipien zu demonstrieren, deren Schilderung ich mir hier ersparen will. Zuletzt, nachdem wir – wie es mir schien – in kurzer Zeit die halbe Welt durchquert hatten, kamen wir bei einer wunderbaren Gruppe von Gebäuden an. Hier gab auch der Lokführer zu, dass er nichts von irgendwelchen Wasserfällen wusste, aber seinen Meister schon davon sprechen gehört hatte. Er würde uns zu ihm bringen. Der Zug fuhr an einem Gebäude vor, das aussah wie ein Büro. Hier übergab er uns der Obhut einer anderen Person mit dem Auftrag, uns zu M. Fowler zu bringen. Wir trafen ihn

in einer palastartigen Umgebung, wo alles schön, aber voller mechanischer Vorrichtungen war und nur dem großen Zweck des Erfinders diente, sein Wissen zu systematisieren und es mehr oder weniger nützlichen Zwecken zu überlassen. Es war ein wahres Paradies für einen Maschinisten, aber ich war keiner, und es ermüdete mich.
Es befanden sich eine Unmenge von Menschen hier.
„Nicht alle", sagte Mol Lang, „sind aus dem produktiven Geist von Fowler hervorgegangen, im Gegenteil, viele von ihnen waren wirkliche Personen, ein paar waren sogar Medien wie wir, aber die meisten sind tot, das heißt entkörperte Seelen, die sich auf der gleichen Ebene und Realisierung von dem beherrschenden Geist Fowlers befinden."
Ich fragte nach den Wasserfällen, und Fowler antwortete, dass ein Autor, den er kannte, dort lebte und das Vergnügen hatte, einer Mammut-Pfeifen-Orgel zu lauschen, die von dem Erfinder für ihn gebaut worden war. „Durch mich! Alle Menschen – wie auch immer – sind Nutznießer meiner Erfindungen und erkennen mich als den wichtigsten und größten aller lebenden Menschen an!"
Ich wandte mich mit Verachtung der schrecklichen Eitelkeit gegenüber ab. Als wir gingen, sagte Mol Lang:
„Dieser Mann hat auf Erden sein Konzept eines unchristlichen Lebens entwickelt. Wenn er alles vollendet hat, wird er wiedergeboren werden, und von seiner frühesten Kindheit an werden Selbstüberschätzung und Selbstbewunderung seine herrschenden Charakterzüge sein. In seinem letzten Leben auf Erden legte er die Saat für sein nächstes Leben. Jetzt erfreut er sich an der aufgehenden Saat, wird die Früchte ernten, sie wieder mit auf die Erde bringen und erneut säen. Du fragst Dich, was aus dieser wiederholten Eitelkeit Gutes hervorgeht. Ich würde antworten, es ist zuallererst das Gesetz Gottes, und aus seinem zukünftigen Egoismus wächst Selbstvertrauen. Die Spiritualität seines Temperaments ist groß. Seine tierischen Qualitäten sind ausgewogen und stark. Und das beste von allem ist, dass sein Konzept sich als Beherrschen jener Kräfte durchsetzt und die Menschheit vorwärtsbringen wird. Bevor er starb, war er ein schüchterner Eremit und fühlte sich verkannt. In seinem nächsten Leben wird er eine starke Seele

besitzen und ein Führer der Menschheit zu höheren Ebenen des Lebens sein. Ja, alle, die sich im Haus des Vaters befinden, werden zusammenarbeiten für das Gute."

Die Wasserfälle gehörten zum Himmelreich eines Schriftstellers, der auf Erden ein sehr unterhaltsamer Schreiber war, ein sehr extravaganter Optimist in seinen Vorstellungen und Gedankenspielen. Dies war auch zweifellos der Grund für seine Popularität als Autor. Sein Geist lebte für die Schönheit der Natur und für das Gute, das Wahre und das Schöne. Hier in seinem Himmel lebte er seine Bücher und fand um sich herum die Charaktere, die Gefühle, die feinsinnige Bilderwelt und die reine Schönheit wieder, die seine Bücher für die Leser wirklich erscheinen ließen und um die Tränen der Sympathie vergossen wurden. Zu welchem Zweck, wenn alles nur ein Traum war? Die ruhmreichen Schöpfungen der Erfindungskraft sind alle ein Teil einer hohen Spiritualität, und die Seele wird schon bald die universelle Bruderschaft der Menschheit hervorbringen. Die Bruderschaft erblickt das Licht der Welt mit dem Kommen eines neuen Jahrhunderts, ohne Glauben, grenzenlos, und sie verlangt nichts außer unbeirrbares Streben und Tatenkraft. Und dieser Autor, der so viele Jahrhunderte in seinem Seelenreich lebte, wird in seinem nächsten Leben zu den Propheten gehören.

Wir fanden die Wasserfälle in einer großen Schlucht, so tief wie die Königsschlucht des Arkansas Flusses Nyanza. Sie verband zwei große Seen. Die schottischen Seen oder die Champlain Seen sind nicht schöner, obwohl beide ebenso groß sind. Über einen 900 Meter hohen Felsvorsprung teilte sich der Fluss in zwei wunderbare Wasserfälle. In der Mitte wurden sie getrennt durch eine Insel. Drei große felsige Spitzen erhoben sich über dem Berg. Sie ragten 300 Meter in die Luft. Um jede herum war eine spiralförmige Treppe in den harten Granit gemeißelt. Diese Spitzen dominierten die Wasserfälle. Zwei Hängebrücken überquerten diagonal die beiden Flüsse. Sie hingen an großen, kilometerlangen Kabeln; ich war sicher, dass der Erfinder M. Fowler niemals eine solche Brücke entworfen hätte, weil sein Sinn für Mechanik ihm gesagt hätte, dass solch lange Brückenkabel schon durch ihr eigenes Gewicht gerissen wären. Aber dieser Autor war kein

Ingenieur, sah keine Schwierigkeit, und folglich hatte sein Konzept keine Probleme mit der Ausführung. Da sie nicht objektiv sondern subjektiv war, hat sie für ihn existiert. Weil wir uns zeitweise auf seiner Ebene befanden und mit seinen Sinnen wahrnahmen, sahen wir sie auch und empfanden

sie als wirklich. Irdische Augen konnten sie nicht sehen, denn sie sehen nichts außer objektiven Realitäten. Beide Wahrheiten sind richtig, aber nur auf der jeweiligen Ebene. Wenn die Dinge des Spirituellen für den natürlichen Menschen verrückt

erscheinen, so erscheinen für den im Himmel lebenden die anderen Dinge verrückt, aber ich schweife ab. Eine Unzahl von Leuten, Kreaturen aus dem Geist des Autors, benutzten seine Brücke; sie lebten im Utopia seiner Schöpfung. Das Ganze war ein wirklicher Himmel, nährte seine Spiritualität, seinen Respekt für Gott und auch seinen konstruktiven und erhabenen Geist. Seine Seele hat die Stufen zu Gott hin fast alle genommen und ist jetzt bereit, wieder als Künstlerseele auf Erden geboren zu werden, um den Menschen ein edler und schöner, zu Gott gewandter Führer der Rasse zu sein.
Arbeitet er nicht für den Vater? An ihren Taten werdet Ihr sie erkennen! Und weil er führt, wird er mit jeder Stunde näher zu Gott gelangen, näher zum Himmel, dieser großartigen Ruhezeit allen Lebens, aus dem der Geist des Menschen erwachen wird, um zu entdecken, dass er mehr als nur ein Mensch ist, sondern eine Seele des Universums, deren glitzernde Form den nächtlichen Himmel füllt. Vielleicht wird er auch ein Diener Gottes in einem unsäglichen Reich sein.
Für Dich muss offensichtlich sein, dass das Leben zwischen dem Grab und der Wiege ein Leben der Wirkung ist und man die dementsprechenden Früchte erntet und dies das Resultat von Handlungen auf Erden ist. Der Himmel ist ein Reich, in dem sich der Charakter formt und die Wirkung so gestaltet ist, dass sie sich als Ursache für das darauffolgende Erdenleben präsentiert – nicht in Form von einzelnen Einflüssen, sondern als Charakterzüge, die dem einzelnen wohldefinierte Lebensstrategien mitgeben. Gleiches zieht gleiches an. Wenn zum Beispiel Eltern ihr Leben in kritischen Zeiten von bestimmten Einflüssen regieren lassen, so werden ihre Seelen im Himmel, die gezwungenermaßen nach Wiedergeburt suchen, die sich bietende Gelegenheit, Gleichgesinnte zu finden, verpassen, obwohl es vielleicht die einzige war und sie nie wiederkommen wird. Es reicht aus, wenn in einem bestimmten Moment die Dreifaltigkeit übereinstimmt. Im Universum gibt es keine Unfälle und auch keine „Zufälle". Alles folgt dem unveränderlichen Gesetz von Ursache und Wirkung.
Zerah Colburn, dessen Frühreife in Mathematik die Welt begeisterte, als er noch ein kleiner Junge war, hatte seine

Rechenfähigkeit nicht geerbt. Mozart hat auch nicht geerbt, was keiner seiner Eltern besaß. Obwohl es stimmt, dass der mütterliche Geist durch ihre Liebe zur Musik, die sie allerdings schon vor seiner Geburt hatte, eine mentale Anziehung darstellte.
Man hat es mit Atavismus erklärt, da wohl bekannt war, dass keiner der beiden Eltern die Anlagen hatte, die sie ihren Nachkommen vererben konnten. Aber Atavismus erklärt nicht alles. Die Frage der Vererbung ist eine sehr tiefgehende; Eltern unterliegen gewissen Einflüssen, und Kinder, die bi ihren geboren werden, sind Seelen, die sich über den Himmel zu ihren mental Gleichgesinnten hingezogen fühlen. So war es bei dem jungen Zerah Colburn und auch bei Mozart – beides Wunderkinder.
Wenn Zailm Numinos es nicht vergessen hätte, ihn in der Geschichte von Atlantis zu erwähnen, wüsstest Du, dass Colburn ein angesehener Mathematiker aus Atlantis war. Und Mozart war Alcman, ein Poet und Lyriker aus dem Spartanischen Griechenland.

Die Nacht brach herein, und die Luft war angenehm frisch. Nachdem wir lange Zeit über glattes Wasser gesegelt waren, kamen wir zu einem Ufer, dessen Sand und Kieselsteine aus Achat bestanden. Bambus säumte die Ufer, und viele hübsche Häuser in ruhigen Buchten markierten verschiedene Landschaften. Es hatte Ähnlichkeit mit Japan, und tatsächlich fühlten wir uns wie Amerikaner, die lange Zeit in Japan gelebt hatten.
Wir traten auf eine große Veranda eines gut proportionierten Hauses, dessen architektonischer Stil viele komfortable Elemente vereinte. Im Gegensatz zu der japanischen Sitte, gab es leichte Stühle anstatt Matten oder Teppiche. Auf diesen Stühlen nahmen wir Platz, nachdem Mol Lang uns sagte, dass wir willkommen seien. Ein Bediensteter in japanischer Tracht erschien und stellte einen Tisch mit fünf Gedecken vor uns auf. Ein gutaussehender, älterer Mann kam mit einem jungen Mädchen, das wohl seine Tochter war, aus dem Haus und begrüßte uns mit echter Noblesse. Er war, wie uns Mol Lang später erklärte, die zentrale Figur, um die herum alles an

diesem Ort konzentriert war. Der See; die tropische Vegetation; die Pseudojapaner, die wir trafen – kurz gesagt: Alle Erscheinungen hier waren nach den Idealen dieses Mannes geschaffen. In ihnen sah er seine Träume von einem ruhigen, sorglosen und gastfreundlichen Leben. Und weil er sie sah, sahen wir sie auch, denn Mol Lang hatte uns auf seine Ebene gebracht.

Wir teilten ein großzügiges Mahl. Es gab keine alkoholischen Getränke, weder auf dem Tisch noch sonstwo in diesem Seelenland, denn dieser Mann lebte in totaler Abstinenz. Und für die Leute, die er zu sehen glaubte, galt das gleiche.

Dieser Mann mit all seiner Extravaganz; seinen schönen Häusern, die er baute; dem Reichtum der Gewänder des Volkes, den er sich erschuf; den Statuen; den Brunnen; den Büschen und so weiter -- all dass stillte nur seine in der Vorstellung existierende Freude. Er war sich nicht dessen bewusst, dass alles nur subjektive Kreationen waren.

Sie waren alle nur zu einem einzigen Zweck gedacht, der seiner Hauptfreude diente, nämlich für das Glück seiner Tochter zu sorgen. Sie war sein Idol, seine Freude, der Grund für seine Existenz, sagte er. Sie war ein hübsches Mädchen, aber meiner Meinung nach nicht sehr schön. Ansprechend, intelligent, gut erzogen und perfekt, für mich war sie jedoch nur eine von Hunderten.

Man lud uns ein, unbegrenzte Zeit in diesem Haus zu verbringen, und auf den Rat von Mol Lang hin, nahmen wir das Angebot an. In diesem Paradies, in dem das Haus des Gastgebers die Hauptattraktion war, vergingen die Tage wie im Flug. In dem großen Park wurden berauschende Feste mit vielen glücklichen Menschen gefeiert. Sein Haus war ein Palast für sich. Die Bibliotheken, die Kunstgalerie mit tausenden schönen Gemälden, all dies und noch mehr, machte das Leben so angenehm, dass einige Monate vergangen waren, bevor wir drei Lebewohl sagten.

In all dem sahen wir, dass das lustige Leben der Tochter galt, aber für den Vater wenig Vergnügen bot. Die Kunstgalerie wurde ebenfalls wegen ihr an sein Haus angegliedert. Die Bibliothek war für beide, und wie er sagte, fand er mehr Gefallen an Büchern als sie, für ihn waren Bücher heilige

Schätze. Doch nur in der Musik fand seine Seele ekstatische Ruhe. Von solch göttlichen Melodien und solch ausgefeilten Techniken und Gefühlen, wie er sie bei der Wiedergabe von Musik freilegte, habe ich niemals wieder erfahren, auch nicht in meinen Träumen. Es war als ob die Fabel von Orpheus wahr würde. Stunde um Stunde spielte er für mich, während Semla mit Mol Lang unterwegs war, und meine Seele antwortete mit einer Verzückung bis es schien als sei ich eine personenlose, klopfende Kette von Harmonien geworden die auf Winden segeln konnte und die Seele von Menschen unisono pulsieren lassen konnte. Ich wusste, dass der Spieler ein Gefährte von mir war. Wir waren zwei Seelen auf der gleichen Ebene, welche die gleiche Erfahrung teilten.

Der Tag kam, als Mol Lang sagte: „Meine Freunde, lasst uns gehen, denn andere Dinge erfordern unsere Aufmerksamkeit. Die paar Stunden hier sollten ausreichend sein. Wir gehen dorthin, wo die Tochter dieses Mannes tatsächlich ist."

Als er „ein paar Stunden" sagte, glaubte ich, dass mein Freund damit im übertragenen Sinne ein paar Monate meinte. Aber dies war nicht so. Es waren tatsächlich nur ein paar Stunden, wie die Bewohner der Erde diesen Zeitabschnitt nennen würden. Zeit ist nur ein Maß. Für eine Unmenge von Menschen ist ein ganzes Jahrhundert genauso viel wie zehn Minuten in einem Leben eines anderen Menschen.

Die Idee von Mol Lang, dorthin zu gehen, wo die reelle Tochter unseres Gastgebers sich befand, verstand ich in diesem Moment und auch Jahre danach noch nicht. In der Tat hatte ich nicht die Möglichkeit zu vergleichen, denn mein Astralkörper war auf der Erde bei den Weisen geblieben. Der Ort, an dem ich mich befand, war der einzige, der für mich existierte. Mol Lang gab sich Mühe, mir zu erklären, dass jene Tochter nicht wirklich mit ihrem Vater lebte, sondern nur die Vorstellung, die er von ihr hatte, ständig bei ihm war.

Wir gingen hinunter zum See und stiegen in ein Boot. Während unserer Reise, ohne genau zu wissen, wann und wo, hatten wir das Boot verlassen und spazierten nun in einem wunderschönen Blumengarten. Obwohl ich es nicht erklären konnte, war ich in keiner Weise überrascht und dachte auch nicht lange darüber nach. Es war ein städtischer Garten, und

das Haus der Besitzerin lag auf einer Anhöhe, von wo aus man einen Blick auf die ganze Stadt hatte, die sich nach allen Richtungen erstreckte. Das Haus gehörte offensichtlich einer sehr ausgefallenen Person. Zahlreiche Anzeichen von Reichtum unterstrichen den Komfort, ohne jedoch protzig zu wirken. Mol Lang führte uns in das Haus. Man konnte nicht lange darin verweilen, ohne das Gefühl zu bekommen, dass die Besitzerin eine geheime und heilige Mission verfolgte.
„Hier siehst Du die Tochter unseres letzten Gastgebers", sagte Mol Lang. „Das Mädchen, das wir in seinem Haus gesehen haben, ist seine Tochter, wie er sie kannte bevor er starb. Hier kannst Du sehen, wie unterschiedlich diese Frau gegenüber der Vorstellung ihres Vaters von ihr ist. Ich nahm Dich hierher mit, damit Du sehen kannst, wie unterschiedlich das Himmelskonzept gegenüber der Wirklichkeit ist. Der Himmel ist das, was wir daraus machen."
In diesem Moment betrat eine Dame das Zimmer. Ihre Art war sehr autoritär und es schien, als würde sie uns nicht sehen können. Nach einer Weile hustete ich leise, um auf uns aufmerksam zu machen. Mol Lang lächelte amüsiert und sagte: „Phylos, Du kannst so lange husten, wie Du willst, sie wird Dich nicht bemerken."
„Warum?", fragte ich.
„Wir befinden uns zur Zeit auf der Erde, und ich gab Dir die Gabe, für eine gewisse Zeit irdische Dinge wahrzunehmen. Diese Dame hat den Wechsel, den man Tod nennt, noch nicht vollzogen. Sie gehört zu jenen Menschen, die Frauen eine stolze Unabhängigkeit geben. Aber die Frauen müssen aus freier Entscheidung und aus eigener Kraft zu ihr kommen. Nichts, was man gewinnt, ist es wert, besessen zu werden, wenn man es nicht aus eigener Kraft geschaffen hat. Wenn die Frau ihre Unabhängigkeit gewonnen hat, befindet sie sich an der Seite des Mannes, nicht über ihm, denn die Frau ist dem Mann nicht überlegen und auch nicht unterlegen. Sie steht neben ihm, denn Frau und Mann sind gleich in allen Dingen. Der Tag, an dem dies so sein wird, ist ein gesegnetes Datum für die Menschheit.
Diese Frau und ihre Arbeiter sind dabei, die Erdbevölkerung, die noch nicht wirklich die Notwendigkeit dieser Epoche

sieht, zu führen. Sie werden einige Jahrzehnte ein wenig Erfolg haben, aber der Ertrag wird nicht sehr hoch sein, denn keine große Reform noch irgendwas wirklich Gutes kann das Ziel in einem Jahrhundert, Jahrzehnt oder Jahr erreichen, wenn es die Zahl 9 trägt. Die Jahre, die der Morgenröte vorangehen, sind die dunkelsten von allen. Die mutige Leiterin, die wir hier sehen, wird in den letzten Jahren ihres Lebens sehen, dass die Hoffnung sich schlafen legt wie ein Stern im Westen. Sie stirbt in der Hoffnungslosigkeit, aber bewahrt den Glauben in sich, dass die Wahrheit immer siegen und das Recht ihnen eines Tages zuteil wird."
Eine Zeitlang blieben wir still, dann fragte ich:
„Zu was dient eine solche Niederlage? Wie kann ein solches Leid dem Guten dienen?"
Mol Lang sah immer das Gute in allem und so sprach er auch wahre Worte:
„Der Mensch ist niemals wirklich glücklich, sollte es aber immer sein. Der Devachan, unser Himmel, besteht nicht aus Dingen, die wir auf Erden verwirklicht haben, sondern aus Hoffnungen irrender Wünsche, Inspirationen und der Entschlossenheit, diese Wünsche zu verwirklichen – jene Wünsche, die uns am wichtigsten waren und die niemals erfüllt wurden. Den glücklichsten Himmel haben die, deren Seelen in die Höhe schwingen und dadurch durch die Kraft ein Anrecht haben, mit Vergnügen Kanaan, das versprochene Land, zu betrachten. Der Himmel lässt keine arme, enttäuschte Seele leiden, nur weil ihre Wünsche unerfüllt blieben, denn wir wissen heute noch nicht, ob wir aktiv oder nicht. Wir stellten fest, dass alles seinen Anfang in uns hat, obwohl wir uns dessen nicht bewusst sind. Diese Anfänge sind in Wahrheit lohnend, denn sie wollen im Himmel unsere teuersten Wünsche realisieren, im Sinne Seines Weges, vorausgesetzt wir wollen es."
Während Mol Lang sprach, bekam ich einen kurzen Einblick in die Gesamtheit zwischen Himmel und Erde. Eine Sache traf mich und erzeugte ein Gefühl von Angst in mir. Es war die Tatsache, dass unser liebenswürdiger Gastgeber glaubte, für seine Tochter zu leben, die aber in Wirklichkeit gar nicht bei ihm war. Ich hatte keinen Zweifel daran, dass wir selbst auf

der Erde Freunde um uns haben, die gar nicht wirklich existieren oder in Wirklichkeit unsere Feinde sind, doch da wir es nicht wissen, bleiben wir glücklich in unserer Unwissenheit.
Mol Lang bemerkte dieses Gefühl in mir, drehte sich um, legte beim Hinausgehen den Arm um mich und sagte:
„Phylos, geliebter Sohn, empfinde nicht solche Gefühle. Der Tag wird kommen, an dem diese Frau in den Devachan eintreten wird. Und wenn sie in diesem Moment die gleichen Ideale und Pläne hat wie ihr Vater oder umgekehrt, werden sie wirklich zusammen sein – zwei Seelen mit den gleichen Gedanken. So ist es auch auf der Erde. Einzig die Gedankengleichheit produziert eine Annäherung der Seelen – im gleichen Maße, wie die große Seelenarmee Jesus folgt und Gott näherkommt. Am glorreichen Ende der Welt wird keine Seele mehr von der anderen oder von Gott getrennt sein."
Der Raum und die Dame waren verschwunden und waren ersetzt worden durch ein Kloster, das auf einem Fels stand, der umgeben war von einem See. Weit entfernt sah man kaum wahrnehmbar den Horizont. Auf dem großen Turm des Klosters leuchtete ein weißes Kreuz.
Ich fragte Mol Lang, wo wir uns nun befanden, und er sagte:
„Das ist der Mondtempel, der zum Himmel gehört, aber nichts mit dem Mond zu tun hat. Es ist ein heiliger Ruheplatz, an dem viele okkulte Schüler nach dem Tod ihre Ruhe finden. Hier trifft man auf viele Weise und Theosophen. Sie besaßen schon auf der Erde das geistige Auge und befanden sich schon auf gleicher Ebene wie hier. Objektiv gesehen lebten sie nicht auf der gleichen Ebene wie andere Sterbliche. Hier wird Semla seine Ruhezeit verbringen, um erst in fünftausend Jahren auf die Erde zurückzukehren. Er wird aber nicht in dem Körper eines Chinesen geboren werden, sondern als Amerikaner in einer weit entfernten Zeit, denn er verbrachte den Hauptteil seines letzten Lebens auf amerikanischem Boden. Im Moment beginnt er seine Ruhezeit, die er sich verdient hat. Hier ist sein Himmel."
Unter dem weißen Licht, das den Turm umgab, nahm Semla Abschied von uns und wünschte uns Frieden im Namen des Vaters.

Dank der Lehren von Mol Lang verstand ich nun die Natur des Lebens nach dem Tod. Für einige Augenblicke war meine Seele in der Lage, mein neues Wissen mit den alten Ideen zu vergleichen. Ich dachte: Wenn alles hier nur ein Traum ist, was ist dann ein Traum? Und wenn die Materie, die reell wirkt, keine ist…

„Nein, mein Sohn", unterbrach Mol Lang meine Gedanken, „das hier ist wirklich die Materie. Du fragst Dich: Na gut, aber was ist Materie? Die Materie ist im Wesen einzig und besitzt keine Eigenschaft, die den Sinnen der Menschen bekannt ist. Aber die Kraft ist auch eine Schöpfung des Vaters. Sie besitzt zwei entgegengesetzte Polaritäten, negativ und positiv. Der Mensch auf Erden besitzt sieben Sinne – den Blick, das Gehör, das Gefühl, den Geruch und den Geschmack. Die Intuition und ein nicht benannter Sinn sind noch nicht entwickelt. Der fünfte Tag existiert, aber der sechste und siebte noch nicht. Mit den letzten zwei Sinnen wird der Mensch größer werden als er jemals war. Einzig die, die Ohren haben zu hören, werden dieses Rätsel lösen. Fünf Sinne kennen die positive dynamische Kraft, und durch sie ist der Mensch in Kontakt mit der Erde und einigen anderen Sternen. Die fünf Sinne sind positiv und gehören zu dem Haus der Ursache. Sie formen das, was der Apostel Paulus den natürlichen Geist nannte. Aber es gibt viele Wohnungen in dem Haus des Vaters. Hier, wo wir uns im Moment befinden, ist das verkürzte Leben nach dem Tod – das Haus der Wirkung. Es ist das Ergebnis der Handlungen von negativen Kräften über die Materie. Auf der Erde sind die ersten fünf Sinne als einfache Träume zu betrachten. Selbst der weise Hamlet fragte, welche Träume sich realisieren können. Zu Dir sage ich, dass die Erde (Ursache) und das Devachan (Wirkung) beide materiell sind, und ihre Erscheinungen kommen aus der Kraft. Jeder dieser Zustände ist jedoch nur eine Erkenntnis für bestimmte Sinne. Der Mensch besitzt fünf Sinne, die Kenntnis von der Erde haben, aber den Himmel als Traum einstufen. Im Devachan besitzt der Mensch sieben Sinne, die den Himmel kennen und die Erde als Traum sehen. Nichtsdestotrotz sind die beiden Zustände wirklich materiell. Und so hört der Mensch nicht auf zu sterben und woanders geboren zu werden und umgekehrt.

Für jeden ist nur der Zustand wirklich, im dem er sich gerade befindet. Mit jeder Neugeburt auf Erden befindet er sich auf einer höheren Ebene, bis der Zustand, den man fälschlicherweise Leben nennt, vorbei ist und das Nirvana erreicht ist. Dann werden der Mensch und der Vater in Einheit zusammen leben. Der Mensch kommt von Ihm und muss zu Ihm zurück, doch bisher waren es nur wenige, die es geschafft haben. Und unter ihnen ist Jesus Christus von Bethlehem, der einzige der sagen kann: „Mein Vater und ich sind eins!"

Mol Lang wollte nicht, dass ich ständig Erinnerungen an das bisher Erlebte hatte. Er wollte, dass alles, was wir jetzt durchlebt hatten, für mich so unbekannt blieb, als ob ich niemals Zeuge davon gewesen wäre. Das Ganze war einzig dazu bestimmt, meine Seele mit Einflüssen zu umgeben, um mich höher zu heben als das irdische Leben und meine Sehnsucht nach ihm. Ich verstand nun, dass ich etwas kennengelernt hatte, was höher war. Ich musste jedoch auf meine natürliche spirituelle Ebene zurückkehren. Ja, ich sagte: ich *musste*!

Nachdem wir Semla und sein neues Leben verlassen hatten, ging Mol Lang mit mir in Richtung See. Wir setzten uns an dass Ufer. Ich fragte nach der Ebene des Schöpfers und wie seine okkulten Sinne Ihn wahrnahmen. Für Mol Lang bedeutete das Leben doch sicherlich mehr als für mich.

„Das ist richtig, Phylos. Der normale Mensch glaubt, dass das Leben aus wenigen Jahren auf der Erde besteht und aus der Ewigkeit im Himmel. So großartig diese Vorstellung auch ist, so ist die Existenz für mich viel göttlicher!

Die Menschen haben eine verkehrte oder kindliche Vorstellung von all dem. Sie wissen zum Beispiel, dass ihr Haus auf Erden nur ein Provisorium ist und das Leben sehr kurz. Indessen glauben sie, dass sie in dieser kurzen Zeit die unendliche Ursache in Bewegung bringen, die sich durch die ewige physische Wirkung überträgt. Nur durch den großen Meister sind einige dazu in der Lage. Mein Sohn, ich möchte dass die Bilder von Deinem Besuch im Devachan aus Deiner Erinnerung verschwinden. Du wirst Dich an sie wie an einen zarten Traum, der Dich im Sinne des Vaters leiten wird, erinnern. Es ist leicht für mich, Deine Erinnerung zu löschen.

Deine Erfahrungen hier haben einen Astralkörper. Ich muss ihn nur von Dir trennen.
Nun aber werde ich Dich in mein Haus auf Hesper bringen. Du wirst meinen Sohn Sohma und meine Tochter Phyris kennenlernen. Danach werde ich Deine Erinnerung daran löschen, und Du wirst alles vergessen, auch mich. Du musst noch viele Jahre auf der Erde verbringen, denn Dein Karma verlangt, dass Du für Deine Fehler büßt. Christus sagt: Kein Iota entzieht sich den Gesetzen, bevor nicht alles vollendet ist!
Aber Du hast eine Frage gestellt. Höre die Antwort!
Ich pflanze ein Samenkorn. Es wird wachsen, blühen und Früchte tragen. Der, der die Pflanze säte, wird vergessen sein, nicht aber die Pflanze. Du wirst Dich ewig an meine Worte erinnern, das ist mein Wunsch. Indessen wirst Du mich komplett vergessen.
Außer der menschlichen Welt gibt es viele andere, die der Mensch nicht wahrnehmen kann. Und doch bestehen diese Welten aus Materie und Energie. Viele von ihnen sind Welten der Ursache und werden nur von Menschen bewohnt. Manche von ihnen sind gut, andere böse – relativ gut und relativ böse in den Augen der ewigen Ursache. Was außerhalb der freundlichen Gesetze liegt, ist böse für den Menschen, ohne jedoch an sich wirklich böse zu sein. Das, was sich vom guten Weg entfernt, ist in sich nicht schlecht. Es gibt nichts, was auf ewig schlecht ist in der Schöpfung, denn Gott ist perfekt!
Von den menschlichen Welten gibt es sieben, von denen vier unsichtbar sind, nicht wahrnehmbar durch irdische Sinne, nicht weil sie weit entfernt sind, sondern weil sie einer anderen Schwingung angehören. Die Menschheit bewohnt immer nur einen Planeten, und die Erde, ihr jetziges Zuhause, ist nur ein Buchstabe in der göttlichen Bibliothek der Existenz. Um genauer zu sein: Die okkulten und vorangeschrittenen Seelen bewohnen die Venus, die sie Hesper benannten. Die einstigen Bewohner der Erde nannten sie den Garten von Hesperides. Ja, Phylos, das Leben hat mehr Bedeutung für mich als für Dich. Ich schaue auf die höchste Stufe. Ich sehe das Bataillon von Wesen, und ich bin nur ein einfacher Gefreiter, gewachsen in den sieben Sphären, die mir zugeteilt sind, in denen einzig der Mars, die Venus und die Erde aus

der Materie bestehen, welche die physischen Sinne erfassen können. Ich sehe die menschliche Rasse, wie sie sich nach und nach von einem auf den anderen Planeten entwickelt. Jedes individuelle Selbst inkarniert zirka 800-mal auf einem Planeten. Jeder dieser Planeten durchlebt wiederum sieben Epochen, was 49 Weltepochen entspricht. Es inkarniert und reinkarniert also zirka 40.000-mal. Die ersten Inkarnationen sind die eines unverantwortlichen Geschöpfes, das weit davon entfernt ist, im wahrsten Sinne des Wortes ein Mensch zu sein und das sein Ende als perfekter Mensch im Nirvana findet. Dann ist der Kreislauf geschlossen.

Ja, in Wahrheit lässt das Leben einem die Zeit, seine Sünden zu zahlen, doch es wäre besser, keine zu begehen. Ein Selbst, das von Gott kommt, besitzt kein Geschlecht. Wenn es in das Leben eintritt, teilt es sich in Mann und Frau. Auch wenn der Körper, die tierische Seele und die menschliche Seele verschieden sind bei beiden, so hat das Paar jedoch ein und dasselbe Risiko. Es kommt manchmal vor, dass die beiden, Frau und Mann, vom gleichen Geist sind. Doch in der Regel sind sie es nicht, denn die Zeit der Harmonie ist noch nicht gekommen. Von dieser geistigen Einheit wird in der Bibel folgendes gesagt:

„Was Gott vereint hat, das kann der Mensch nicht trennen."

Keinem Menschen würde eine solche Trennung gelingen. Doch diese Formel betrifft nur die himmlische Ehe, die keine Lüsternheit kennt. Dann, wenn die beiden nach Millionen von Jahren, die zwischen dem nicht esoterischen Christentum und dem Nirvana liegen, alle Gesetze des Lebens kennengelernt haben, werden sie wieder vereint sein.

Zur Zeit bist Du nicht wirklich in der Lage, diese Wahrheit zu verstehen, aber wenn Dein irdisches Leben zu Ende ist, wirst Du Dich erinnern und es wissen. Und wenn Du es weißt, wirst Du es der Welt verkünden. Doch das ist für später – und für heute folgendes:

Die Paare werden sich erst dann erkennen, wenn sie den Willen haben, nach den Regeln Seines großen Weges zu leben. Schmal ist die Tür, beengt der Weg, der zur Existenz führt, und wenige sind die, die ihn finden. Doch bevor sie ihn nicht

gefunden haben, können sie sich nicht finden und auch nicht von der Inkarnation befreit sein."
Nach dieser langen Rede, in der Mol Lang die Schöpfung Gottes beschrieb, erhob er sich und sagte:
„Ich habe Dir geantwortet. Komm jetzt, Du sollst nun meinen Sohn, meine Tochter und mein Haus kennenlernen."
Er legte seine Hand auf meine Stirn, und ich hatte das Gefühl einzuschlafen. Als ich mein Bewusstsein wiedererlangte, standen wir in einem riesigen Garten, und ich sah vor uns ein Haus, dessen Anblick mir das vertraute Gefühl von einem wirklichen Zuhause gab. Ich sage dies, weil die okkulten Lehren für mich nichts vom normalen oder familiären Leben darstellten. Aber am Ende der Geschichte wirst Du noch sehen, wie sehr beide miteinander verbunden sind.
Als ich mich ein wenig mit der Umgebung vertraut gemacht hatte, bemerkte ich, dass sie genau meiner ersten Vorstellung von ihr entsprach. Dieses Haus konnte nicht wirklicher sein. Es repräsentierte das menschliche Leben auf Hesper (Venus), die Welt der Ursache. Es war ein Ort, an dem sich die herrlichsten Menschen versammelten – Schüler des Okkulten, inkarniert in ein erhabenes Leben. Du fragst mich, wie es dazu kam, dass ein Teil der menschlichen Rasse so weit fortgeschritten war wie die Hesperiden? Ich würde sagen, dass ihre siebenfache Natur durch die Proben der Meister der okkulten Lehren so perfektioniert wurde, dass sie erleuchtete und verantwortungsbewusste Menschen wurden. Sie haben aus dem Kelch getrunken, den Jesus den Kindern von Zebedee anbot, um dadurch den Schlüssel zum geistigen Reich zu erhalten, das nicht mit ordinären Gedanken betreten werden kann. Ich begriff ihre sieben Sinne. Sie wussten, dass der Mensch ein komplexes Wesen ist, das aus sieben Prinzipien besteht.
7. das Selbst – ICH BIN
6. Geistkörper oder spiritueller Körper
5. menschliche Seele
4. tierische Seele
3. und 2. die vitale Kraft, die aus dem Astralschein der menschlichen Seele und dem Astralschein der tierischen Seele besteht

1. der physische Körper, der durch die vitale Kraft bewegt wird.
Ich bedaure, das sagen zu müssen, aber die Menschheit ist kaum höher entwickelt als ihre tierische Seele. Bei einer kleinen Anzahl sieht man die menschliche Seele leuchten, und allein bei den Eingeweihten des Okkulten ist der spirituelle Körper (6. Prinzip) entwickelt. Was das 7. Prinzip betrifft, so kennt es die Welt nicht, und niemand außer Jesus und Buddha hat diesen Geisteszustand je erreicht.
Ich stand neben Mol Lang und betrachtete das Haus auf der Venus, die Welt, wo die Kinder der Erde hinkommen, wenn sie ihren Planeten verlassen. Wenn ein anderer Entwicklungskreis sie auf die Erde zurückbringen würde, wäre dies auf einer höheren Ebene, jener der perfekten Liebe, „der größten Sache der Welt". Aber zum jetzigen Zeitpunkt ist Hesper der Planet der christlichen Liebe. Nicht alle werden es erreichen, so ist es!
„Phylos", sagte Mol Lang, „mein Sohn ist fast so alt wie Du, aber meine Tochter Phyris ist genauso alt wie Du. Sie werden beide über okkulte Wahrheiten sprechen, so wie ich es tat. Und doch, weder sie noch ich können Dich belehren. Du musst es in Deinem eigenen Geist spüren, der Dir von Gott gegeben wurde. Wenn eine Seele Gott und seine Schöpfung nicht wahrnimmt, kann niemand sie belehren. Bevor man keine Ohren hat, um zu hören, und keine Augen, um zu sehen, wird man sehen und hören, aber nicht verstehen. Gott gab mir dieses Wissen, um es Dir geben zu können und Dir Dinge zu zeigen, die Propheten und Gerechte gerne gehört und gesehen hätten, doch nie erreicht haben. Geheiligt sind Deine Ohren, denn sie haben verstanden, und geheiligt sind Deine Augen, denn sie haben gesehen. Doch Du wirst auf die Erde zurückkehren, Du wirst alles vergessen, und Du wirst immerwährend durch Deinen intensiven Wunsch nach einem besseren Leben handeln. All dies kannst Du jetzt noch nicht sehen. Aber Dein Karma verfolgt Dich und möchte getilgt werden. Es bekommt das, was ihm zusteht, und danach wirst Du frei sein. Beten wir nun zu Gott, denn meine Rede ist beendet. Ich habe gesagt, was ich sagen wollte. Nach mir wird

Phyris Dir Auskunft geben und Dir alles an meiner Stelle zeigen."
Wir knieten uns gemeinsam nieder, und Mol Lang sprach ein Gebet zu unserem Herrn – diese ausdrucksvolle Stimme der Zeiten, so alt und ach, immer noch neu! Ich glaube, wir hatten Tränen in den Augen, als wir uns erhoben. Ich drehte mich um und sah eine auserlesene Frau.
„Phyris, mein Kind, er ist gekommen!"
„Phylos, ich stelle Dir meine Tochter vor."
Ich war sehr überrascht, Mol Lang, einen Mann, der Kräfte besaß, die man als göttlich bezeichnen konnte, über seine Kinder sprechen zu hören.
Mol Lang gab folgenden Kommentar:
„Phylos, glaubst Du, dass ich nicht menschlich sein kann, nur weil ich über eine Weisheit verfüge, die mich zum Leibeigenen Gottes macht? Im Gegenteil, mein Sohn, die Nähe zu Gott macht aus mir einen ganzheitlichen und wirklicheren Menschen. Aber die Leute, die auf der Erde wohnen, sind bis jetzt noch nicht einmal im menschlichen Prinzip entwickelt. Ihr Leben, ihre Gebärden und ihre Leidenschaft sind auf dem 4. Prinzip zentriert, der tierischen Seele. Einzig die, welche sich weiterentwickelt haben, besitzen die menschliche Seele in sich. Wenn die Menschen ihre Menschlichkeit erreicht haben, wird die Erde nicht mehr ihr Planet sein. Sie werden dann hierher kommen. Sei Dir immer bewusst, dass alles, was Du auf der Venus siehst, menschlich ist. Das erlaubt Dir, den Menschen besser zu kennen und zu wissen, was für ein glorreiches Wesen er ist. Auf der Erde sind die Menschen nur zum Teil Mensch und nicht erfüllt vom Geist des Vaters. Jedes Selbst muss für seine Fehler zahlen, aber viele sterben verschuldet Ihm gegenüber."
Das Haus von Mol Lang glich dem Pantheon und hatte große Hallen. Er, seine Tochter und ich nahmen in einer von ihnen Platz, von wo aus wir einen Blick auf den blumenüberdeckten Garten hatten. Die Bilder unterschieden sich von denen der Erde. Alles war weiträumiger, viel perfekter und viel anmutiger als auf Erden. Das einfache Leben auf der Venus übersteigt jedes höhere Niveau, das auf der Erde existiert. Es beinhaltet jede wunderbare Entwicklung, die man von der

okkulten Bruderschaft auf Erden kennt. Es gibt keine Worte, welche die Perfektion des physischen Lebens auf Hesper beschreiben könnten. Es bereitet die tierische Seele vor, für die menschliche Seele zu arbeiten, und die letztere für den spirituellen Menschen und das ICH BIN, das Selbst. So entwickelt sich das Selbst mit Hilfe der Materie.

Ist es nicht göttlich, davon zu träumen, dass die Reinkarnation nicht die Auswanderung der Seele bedeutet? Die Reinkarnation führt den Menschen immer zum Höheren. Die Theorie der Auswanderung der Seele ist falsch. Sie repräsentiert eine verderbliche Erkenntnis der Reinkarnation. Sie könnte den Fortschritt meinen, aber bedeutet oft den Rückschritt. Aber in unserem ganzen Universum gibt es keinen Rückschritt. Die Reinkarnation ist eine Chance, ein Leben aufzugeben, dessen Hauptfehler es ist, nicht über sich selbst zu herrschen und sich nicht zu enthalten. Weigerst Du Dich, Deine Schulden zu zahlen? Folge also Deinem Schicksal!

KAPITEL 5

Das menschliche Leben auf der Venus

„Es ist schön, wieder bei sich zu sein", sagte Mol Lang. „Ich liebe mein Haus, denn hier finde ich meine Freunde wieder und eine wahre spirituelle Atmosphäre. Ich sehe um mich herum die Umgebung meiner objektiven Inkarnation, mein jetziges Leben. Für mich gibt es keine Geburt und auch keinen Tod mehr. Hier überstand ich die Probe des Entscheidungspunktes und bin androgyn geworden, denn das Männliche und das Weibliche sind nun in mir vereint. Ich bin ein Ganzes und nicht nur eine Hälfte. Mein Selbst und ich sind ein und dasselbe. Der Wissende würde sagen: Seid perfekt so wie der Himmlische Vater es ist! Du, mein Sohn, Phylos, wirst den gleichen Ruhm erreichen, denn es steht geschrieben in Deinem Karma.

Ja", sagte Mol Lang, „es ist schön, wieder zuhause zu sein."

Der alte Mann erhob sich von seinem Stuhl und verließ gerade und majestätisch die Veranda. War er alt? Sicherlich im menschlichen Sinne. Für Pertoz befand er sich in seiner ersten Jugend. In 48 Monaten würde er 200 Jahre erreicht haben. Das Alter konnte ihn nicht mehr berühren, denn er triumphierte über den Tod und besaß die körperliche Unsterblichkeit. Für ihn und viele andere gelten die Worte des Apostels Johannes:

„Endlich ist alles eins wie Du, Vater, Du bist in mir und ich in Dir." (Johannes XVII 21 bis 26)

Mol Lang befand sich im Moment noch in seinem Astralkörper, den er benutzte, um den interplanetaren Raum zu durchqueren. Seinen physischen Körper ließ er in dem Fall in seinem Zimmer ruhen. Komische Vorstellung! Es gab also Bewohner der Venus, denen es möglich war, auf ihre Art die Erde zu besuchen. Die Wahrheit ist, es ist gar nicht schwierig. Es reicht, dass man seinen Körper ablegt und sich auf die Astral- oder psychische Ebene begibt. Von dort aus kehrt man in den Zustand der Ursache zurück und begibt sich dorthin, wo immer man es auch möchte, selbst zum Alcycon, Chef der Pleiaden, oder noch weiter, weiter als es jedem Teleskop möglich ist. Die einzige Schwierigkeit besteht darin, seine physische Ebene zu verlassen. Für einen fortgeschrittenen Esoteriker ist es ein leichtes, denn seine Seele befindet sich im Astralleib und nicht im physischen. Ein Neugelehrter hat Schwierigkeiten, seinen Widerwillen zu beherrschen und in seinen ursprünglichen Zustand zurückzufinden. Aber das Leben der Liebe sagt: „Ich diene!" Also werden wir zurückkehren.

Wir befanden uns auf der Astralebene außerhalb unserer Körper, aber das hinderte Phyris nicht daran, uns wahrzunehmen. Wie alle anderen Hesperiden, hatte sie das Talent, mit der Seele zu sehen. Es war für sie eine banale Sache.

Auf der Erde, vor langer Zeit, hatte sie die gleichen Augen wie heute, ruhig und grau, wie die von Jesus von Nazareth. Sie waren die Fenster ihrer reinen Seele, die sich direkt dahinter verbarg und nach draußen schaute.

Dieses schlanke und graziöse junge Mädchen war ein himmlisches Ideal, selbst wenn die Beschaffenheit ihres Körpers nicht groß genug war in irdischen Augen, die es gewohnt waren, nur objektive Zustände der Materie wahrzunehmen. Ihre zarten Gesten, ihr leichtes Lächeln auf eine Bemerkung von Mol Lang hin, die Perfektion des physischen Lebens, all dies atmete das objektive Leben ein und war Zeugnis, dass sie wirklich die Gesetze des Lebens angenommen hatte.

Liebe Leser, ich glaube nicht, dass Ihr sie hättet sehen können. Kein menschliches Teleskop wird jemals Leben auf der Venus entdecken, nicht weil es nicht da ist, sondern weil die Ur-Substanz, beeinflusst durch gewisse Kraftfelder, Formen annimmt, die das menschliche Auge nicht wahrnehmen kann. Ihr haltet die Luft auch nicht für nicht Materiell, noch seht Ihr die Elektrizität als irreal an, nur weil Ihr sie nicht sehen könnt. Die Sehkraft ist in vielerlei Hinsicht nicht sehr weit entwickelt. Wenn die Ur-Substanz schneller oder langsamer schwingt als die Wellen, einschließlich der kleinsten Intervalle wie die Farben der Oktave, so können Eure Augen sie nicht mehr wahrnehmen. So ist es auch mit dem Gehör. Wenn Eure Augen und Eure Ohren bis zum Limit funktionieren würden

und nicht eingeschränkt wären, so könntet Ihr den Ton sehen und die Lichtstrahlen hören. Jeder Regenbogen wäre hörbar. Doch Eure Sinne sind wenig entwickelt, und so könnt Ihr die Bewohner der Venus weder hören noch sehen.
Ihr glaubt, alles zu sehen und alles hören zu können. Solange Ihr auf dieser Illusion beharrt, bleibt Ihr abhängig von Euren Augen und Ohren und macht Euch ein falsches Bild vom Universum. Folglich seid Ihr total unwissend, was das Universum betrifft. Um die Wahrheit über die anderen Welten zu entdecken, müsst Ihr Euch eines Teleskops bedienen. Ihr sucht nach Beweisen für menschliches Leben auf anderen Planeten, doch Ihr werdet enttäuscht zurückkehren, wenn Ihr nur auf die Materie achtet, um eine Seele zu entdecken. Niemals kann das Endliche das Unendliche entdecken. Kehrt um! Bittet die Seele, sich zu offenbaren und Euch von der Materie zu befreien. Alle Welten werden sich Euch nähern und Euch ihre strotzende Vitalität zeigen. Die Natur wird Euch ihre Schätze zeigen – Schätze, von denen die verhungerte wissenschaftliche Seele nicht einmal zu träumen vermag.
Phyris konnte meine gesamte Vergangenheit sehen. Sie kannte jede meiner Taten und Gedanken und die Gründe dafür. Wieso war sie so sehr an meiner Geschichte interessiert? Ich konnte nichts dazu sagen, denn ich wusste nichts von mir und meiner Vergangenheit. Diese Unwissenheit bewahrte meinen Seelenfrieden. Ich versuchte nicht, den Grund für mein intensives Verlangen, ihre Gnade zu bekommen, herauszufinden. Folglich, und weil ich es aus reiner Absicht tat, war ich einfach nur glücklich. Gut, dass meine Seele vom irdischen Leben getrennt war. Phyris erschien mir wie eine Göttin. Wegen ihrer okkulten Fähigkeiten konnte ich sie nicht einfach als perfekten Menschen sehen. Wenn ich bemerkt hätte, dass ich verliebt in sie war, hätte ich es mit der Angst zu tun bekommen, aber so war ich glücklich, da dieser Gedanke nicht in mir aufgeblüht war. Dennoch – in der Tiefe meiner Seele war das Gefühl da und begann aufzugehen. Dieses verborgene Wissen diente allerdings nicht dazu, sie von ihrer erhöhten Position herabzusetzen; eher dazu, mich zu erheben und mich zu lehren, dass okkulte Kräfte Eigenschaften der

menschlichen Natur sind, da die menschliche Natur im wesentlichen göttlich ist.
Betrachten wir einmal die Vorstellung, die wir von Gott haben. Ihr sagt, Gott ist allmächtig, allgegenwärtig und ewig. Sehr gut! Doch die Vorstellung, die wir von der Erde und ihren Qualitäten haben, ist sehr beschränkt. Die Geistesschöpfung kann niemals höher sein als die Quelle. Gott ist also ein nobles Ideal, aber weit entfernt davon, für die Erde so grandios zu sein wie für die Venus. Wenn Ihr sagt, ich sei unbeständig, da ich meine hohen Absichten für den Menschen verleugne und in Gedanken meiner Aussage, dass die Schöpfung nicht über der Quelle steht, widerspreche, antworte ich, dass der Vater die Grenze der Quelle ist.
Was will ich damit sagen? Ich will damit sagen, dass die menschlichen Seelen auf der irdischen Ebene nur teilweise entwickelt sind und folglich Gott nur auf dem Niveau des menschlichen Prinzips aus Sich zu ihnen spricht und nicht der einer höheren Ebene aus. Die Erdenmenschen halten Ihn also für eine perfekte Person, allmächtig, allgegenwärtig und ewig. Doch Er ist mehr, Er ist unsterblich. Zu dem Bewohner von Venus spricht Gott von sich, vom geistigen Niveau aus, das über der Seele liegt. Es ist das Niveau der Super-Seele von Emerson. Ich hoffe, dass Ihr ausführlich über das Gesagte nachdenkt, denn nichts in diesem Buch ist wichtiger und bedeutungsvoller als das eben Gesagte.
Ich sagte, dass die allmächtigen irdischen Schöpfungen, Allgegenwärtigkeiten und die Ewigkeit eingeschränkt sind. Das ist wahr. Unter Allmächtigkeit versteht man normalerweise das Aufheben der bekannten Gesetze oder ihrer Anwendung. Doch man verstößt mit Verachtung die Idee, dass andere schreckliche, wunderbare oder unbekannte Gesetze existieren könnten. Die Allmächtigkeit ist für Eure auf Äußerlichkeiten beschränkten Gedanken nur eine vage Vorstellung und nicht praktikabel. Nur eine kleine Minderheit erkennt sie als das, was sie ist, nämlich eine immense und ständige Vermittlung; eine anhaltende Schöpfung. Was die Ewigkeit betrifft, so akzeptiert das Gehirn leicht die Idee einer unbeschränkten Zeit ohne Anfang und Ende. Aber wenn man über Zeitverschiebung spricht, verhalten sich die Leute

bestürzt und weigern sich, daran zu glauben, obwohl dies nichts ist im Vergleich zur Ewigkeit, die alles ist.
Bei meiner ersten Begegnung mit Phyris war meine Vorstellung von Gott noch begrenzt. Ich war starr vor Staunen zu sehen, wie groß ihre Macht gegenüber den Erdenmenschen war. Liebte ich sie? Ich verehrte sie, so wie ein Hindu eine Gottesstatue verehrt, das ja. Der Samen der Liebe war gesät und sein Wachsen unaufhaltbar. Mol Lang hatte mich in der großen Halle seines Hauses zurückgelassen, und während ich mich dort alleine mit Phyris befand, fühlte ich mich augenblicklich gezügelt von der Furcht, dass meine liebenswürdige Gastgeberin mich nicht mögen könnte. Sie gab dieser Furcht keinen Halt, aber ich fühlte mich trotzdem erleichtert, als ein junger Mann die Halle betrat.
„Mein Bruder Sohma."
Ich betrachtete die beiden Wesen und dachte: Wie berauschend ihre körperliche Erscheinung doch ist. Jeder ihrer Züge ist graziös und vollendet, so als ob der Körper ein Abguss der Seele wäre und perfekt in jeder Hinsicht.
„Ja, Du hast recht", sagte Sohma. Er antwortete auf meine Gedanken, wie es zuvor Mol Lang und Phyris getan hatten.
„Du hast recht. Unsere physischen Leben sind vereint mit den Gesetzen. Diese Vereinigung ist unsere zweite Natur. Sie richtet uns nicht, und wir sind uns nicht dessen bewusst, dass wir sie praktizieren. Die Unmäßigkeit, das Übermaß, der Wohlgefallen im tierischen Sinn – dazu sind wir nicht geneigt. Im Gegenteil, es ist uns zuwider. Wir sind absolute Vegetarier und nehmen kein Leben aus egoistischen Gründen. Ist es verwunderlich, dass unser materieller Schrein aus der Form unserer Seele gebildet ist?"
„Sicherlich nicht", antwortete ich, „aber nehmt meinen Fall. Wie kann ich den Aspekt einer verdorbenen Reife ändern? Indem ich mich den Gesetzen anpasse? Mein Körper ist schon erwachsen und entstand unter einem Regime, das den Gesetzen gegenüber wenig klösterlich war. Ich sehe, dass Ihr eine okkulte Weisheit besitzt und ich nicht. Ich finde es sogar schwer, mich an alles Gesagte zu erinnern. Aber das Gesagte auch noch anzuwenden, ist unmöglich!"

„Phylos, mein Bruder, die okkulten Weisen werden als Weise geboren, wir fabrizieren sie nicht. Ihr Wissen kommt von innen und nicht von außen. Der Schlüssel zum Geist wurde Dir gegeben und siehe, das Allmächtige dringt in Deine Seele. Kein Mensch kann Dir Weisheit vermitteln, noch kannst Du sie aus einem Buch lernen. Du bist Dir vieler Dinge einfach so bewusst, denn sie kommen vom Vater, dem Geist der Wahrheit. (Johannes XV 1-13) Doch bevor der Geist eintritt, muss das Haus vorbereitet sein. Mein Bruder, ich hoffe nicht, dass es Deine Bestimmung ist, diese Prüfung zu durchlaufen. Bis der Geist die Wahrheit aus vielen Leben erhält, wird ihm viel Böses widerfahren. So sind wir geboren; das ist Karma."

Mol Lang war nun zurückgekehrt, in seinen physischen Körper gekleidet, und ich war allein in meinem Astralkörper. Nicht alleine im Sinne von einsam, da meine Freunde nicht getrennt von mir waren, obwohl wir uns in unterschiedlichen körperlichen Zuständen befanden. Ich konnte mich nicht mit meinem materiellen Körper kleiden, da ich mich auf der Venus befand und mein Körper auf einem weit entfernten Planeten lag. Dieser Zustand war die Kehrseite der Medaille, aber er war notwendig, um sich von einem Ort zum anderen zu begeben. Nur auf Venus besaß ich die Macht dieser Freiheit, und folglich verhöhnte mich das Gefühl der Einschränkung. Die Unzufriedenheit in meiner Seele wuchs, und ich fühlte mich fremd auf dem höheren Niveau meiner Seele, auf der meine Freunde geboren waren. Ich wusste nichts von der Erde, denn mein Körper war bei den Weisen geblieben, unter der Obhut von Mendocus. Doch ich hatte das Gefühl, nicht an meinem Platz zu sein. Ich spürte, dass es eine andere Umgebung gab, die mir nicht fremd war, und hatte den innigsten Wunsch, dorthin zurückzukehren. Armes Ich!

KAPITEL 6

Eine indirekte Antwort

Ein hervorragender Autor hat einmal gesagt, dass die literarischen Themen begrenzt sind und dass jeder Geistesblitz des Schreibers auch eine objektive Seite besitzt. Das ist absolut richtig. Die Literatur beschränkt sich auf die Skala der menschlichen Interessen, die in der Liebe, dem Hass, der Hoffnung und Hoffnungslosigkeit, der Lüsternheit, Gleichgültigkeit und den Vorlieben ihre Grenzen finden. Wenn diese Themen unter ihren drei Aspekten (tragisch, tragisch-komisch, komisch) stehen, ist die Skala vollständig. Es bleiben als mögliche Varianten nur das Licht und der Schatten, die Nuancen der Schwachstelle oder die Stärke der Gefühle.

Der Leser glaubt vielleicht, dass noch ein wesentlicher Bestandteil in dieser Geschichte auftauchen wird, weil die göttliche Christenheit etwas Neues dazu bringen muss. Wenn er das glaubt, wird er enttäuscht werden. In Wahrheit wird er sehen, dass die Okkultisten viele irdische Faktoren aus ihrem Leben ausschließen, die in der Literatur einen großen Stellenwert haben – speziell jene, welche die tierische Natur betreffen. Diese Faktoren haben keinen Platz im wirklichen menschlichen Leben. Der Neid, die Lüsternheit oder der Hass haben keinen Bestand in der uns verwandten Seele der Liebe von Jesus. Die Gleichgültigkeit und Faulheit können keine Wurzeln schlagen in einem Herz, das die Tiefe sucht, wie das von Mol Lang. Die Seele vom ihm war so liebend wie die von Jesus und Gautama, die gerne akzeptierten, auf die göttliche Belohnung zu verzichten, und sich opferten, um ihre Brüder und Schwestern ins göttliche Reich zu führen.

Wenn ich Dir sage, dass eine solche Liebe nicht menschlich ist, antwortest Du mir, dass sie aber auch nicht tierisch ist. Das ist richtig, denn sie ist geistig. Diese Liebe kennen nur die allein, die angefangen haben, den Pfad zu stampfen und ihre Seele auf die Ankunft des Geistes vorzubereiten. Wenn einer von Euch fühlt, dass er nicht zurückfällt, selbst wenn das Karma von ihm verlangt, dass er aus Liebe für einen Freund sterben muss, dann liebe Brüder und Schwestern, kennt er den Geist und ist gesegnet!

Du kannst nicht ernsthaft glauben, dass ich zum Ziel habe, Dich ein oder zwei Stunden zu unterhalten, indem ich übernatürliche Geschichten erzähle. Das liegt nicht in meiner Absicht. Dieses Buch ist ein Werk der Liebe, entstanden in heiliger Absicht. Die Welt erwartet die zweite Ankunft des Christen, nicht als ein Ereignis für alle, sondern als Einzelerlebnis, das nach und nach in jene eindringt, die Ihm Achtung schenken und nach seiner Schöpfung leben. (Lukas XXI 34-36)

Der Christ ist nahe, hoffend, dass Du Deine Seele öffnest und seinen Geist empfängst. Er befindet sich an der Schwelle, um einzutreten. In Wahrheit kann niemand den Tag oder die Stunde nennen, an dem er Sein Reich empfangen wird. Indessen rate ich Dir, Ihn nicht als Mensch zu erwarten oder als äußeren Geist, sondern als Christusgeist, der in die Intimität Deines Selbst eindringen wird. Und weil der Christ und der Vater eins sind, wirst Du verherrlicht sein. Es wird nicht mehr lange dauern, dann wirst Du Dich erheben, diese Welt verlassen und in Seine Existenz eintreten. Der, der Ohren hat, höre! Der Christ wird, wenn das Ende nahe ist, dann als Mensch wiederkommen. (Markus XIII-26)

Ich berichte sicherlich über merkwürdige Dinge, aber nichts ist von übernatürlicher Art oder irreal und auch nicht sensationell. Das, was ich sage, kommt vom Vater und kann den ernsten Leser auf den Pfad führen, auf den Weg, den Jesus uns zeigte. Das betrifft einen Bereich des Lebens, der größer ist als die Erde und der Venus, der Planet der göttlichen Liebe. Ich hoffe, einige neue Ideen zu erwecken mit dem Gesagten über die Natur und das okkulte Leben. Ich wies nur auf Regeln hin. Jetzt zeige ich das Resultat der Treue zu diesen Regeln. Ich hoffe, zeigen zu können, dass der Mensch von einem glorreichen Wesen abstammt und bereit ist, den okkulten Gesetzen Aufmerksamkeit zu schenken, den Gesetzen der Geister, die ich hier bezeuge.

Mit den Jahren aufsteigend, ohne jemals hinabzusteigen, verfolgt der Mensch den Weg, der zu der Vereinigung mit

dem Vater führt. Dann ist er nicht mehr der endliche Mensch, sondern der unendliche Mensch, das Engelwesen.
Aber meine Feder nimmt Jahre vorweg. Ich komme zurück zu meinem Besuch auf der Venus.
Mein schnell wachsender Wunsch, so zu leben, wie ich es gewohnt war, wendete mich in keiner Weise von den okkulten Wahrheiten ab. Ich überraschte mich einige Male dabei, herausfinden zu wollen, ob nicht die psychische Wahrheit auch in meiner Welt zu finden war – zugegeben, in einer für den tierischen Instinkt, der sich in mir wehrte, weniger strengen Umgebung. Ich fühlte mich klein neben meinen Freunden. Genauso schwer wie es ist, Wasser mit Öl zu vermischen, ist es, die okkulte Wissenschaft mit der geistlosen irdischen Wissenschaft zu vereinen!
In den Aussagen, die ich erhielt, beschränkte Sohma sich darauf, über Prinzipien zu sprechen und nicht über Wunder, weil er fürchtete, dass ich nach Wundern suchte und die Ursache aus den Augen verlor. Die Früchte eines Baumes sind für den Unwissenden immer interessanter als der Baum selbst. Hier eine ursprüngliche Wahrheit, die Dich in den okkulten Lehren leiten wird: Schenke wenig Aufmerksamkeit den Wundern und der Magie, aber all Deine Aufmerksamkeit den Gesetzen, denn sie sind der Baum. Wenn Du das Gesetz kennst, wirst Du auch die Wunder kennenlernen, die daraus resultieren. Wenn Du das Gesetz nicht kennst, sondern nur die Wunder, bist Du nicht dabei, Ihm zu folgen, und verdienst es nicht, sein Reich zu erben, selbst wenn die Wunder noch größer sind als die des Tchin, Mendocus oder selbst die von Mol Lang. Wunder sind Ereignisse, denen sie keine Aufmerksamkeit schenken. Denke wie sie!

Während eines Spazierganges mit Sohma durch den Garten, unterbrach ich ihn, auf die Bemerkung hin, dass ich wohl die Schlüssel zur okkulten Weisheit bekäme, aber er mir keine Auskunft über Details geben würde.
„Sohma, Du sagst, dass nicht über Details und die Wirkung gesprochen wird und dass man mich nur die allgemeinen Gesetze lehren wird. Nun, meiner Natur scheint es unmöglich, viel über solche Dinge lernen zu können. Ich glaube zu fühlen,

dass es nötig ist, bei mir eine andere Methode anzuwenden, eine Methode kommend von… vom…“

Zu meiner Überraschung legte ich meine Hand auf meine Stirn, denn die Erinnerung von der Erde war nicht da, um mich zu unterstützen.

„Na gut, ich weiß nicht genau was. Ich habe eine vage Erinnerung an ein vorheriges Leben, ich weiß nicht wo, aber dort verwendete man eine andere Methode, um zu lehren. Bruder, ich weiß es nicht, ich bin verloren.“

„Nein, Du bist nicht verloren, Phylos, sondern Du stehst nicht genau auf dem Weg, der Dich im normalen Leben voranbringt. Du berufst Dich auf die analytische Philosophie, die erst ab der Wirkung urteilen kann und eine allgemeine Ursache zu finden versucht. Das ist keine sehr wirksame Methode.

Die Chemie ist eine ausgezeichnete Wissenschaft, aber wird behindert durch ungeschickte Analysen. Sie kann nicht sagen, was ein Sandkorn ist.“

Plötzlich, dem Willen von Sohma gehorchend, kamen meine Chemiekenntnisse zurück, aber wo und wann ich sie erworben hatte, blieb verschleiert. In dem Moment, wo meine Kenntnisse wieder da waren, begann ich, mit Sohma zu diskutieren und antwortete:

„Entschuldige, aber die Chemie kann sagen, dass der Sand reine Kieselerde ist, kieselartige Säure, und dass seine Elemente aus Kieselerde und Sauerstoff der Luft bestehen, im Verhältnis eins zu zwei.“

„Ganz genau, aber in Wahrheit bringt es Dich keinen Schritt weiter und Du bist vom Schlusspunkt genauso weit entfernt wie vorher. Sagtest Du nicht, dass der Sand aus zwei primären Elementen besteht?“

„Sicher!“

„Und weil sie primär sind, können sie sich also nicht teilen?“

„Nein, das können sie nicht“, sagte ich, aber mich erinnernd an die wunderbaren Dinge, von denen ich Zeuge war, fing ich an, ein wenig nervös zu werden.

„Wirklich nicht? Bist Du wirklich sicher?“

Seine Art, wie er sich verhielt, erweckte in mir ein Gefühl von Eigensinn, und gleichzeitig war ich, trotz allem Für und Wider, bereit, meiner Wissenschaft treu zu bleiben.
„Ja, sicher!"
„Phylos, wenn Deine Verbohrtheit nicht aus Deiner liebenswerten Treue Deinen Prinzipien gegenüber käme, würde ich sagen, dass die Weisheit mit Dir sterben wird. Aber, mein Freund, überschaue doch noch mal Dein System von Chemie mit seinen 60 einfachen Elementen, seinen Monaden, Dyaden, Triaden und so weiter, seinen einfachen binären und tertiären Körpern und den zahlreichen ähnlichen Verbindungen – die schöne und notwendige Hypothese, die gut angepasst ist an die Resultate, die sie produziert, und doch nicht die Totalität der wahren Chemie beinhaltet. Sie wäre niemals in der Lage, die Vollständigkeit im Resultat so zu verdichten, wie die erhabene Anordnung der Natur es charakterisiert. So weit entfernt von der Wahrheit, haben diese Theorien die gegenteilige Wirkung. Sie lehren, dass die Materie vielgestaltig ist, wo sie doch in Wirklichkeit eine Einheit ist. Folglich, wie ich schon sagte, verfügen die Chemiker auf Erden über eine gute Hypothese. Sie werden sich ihrer bedienen bis zur Entdeckung einer besseren Methode, die zur Wahrheit führen wird."
Sohma machte eine Pause, in der ich ihn fragte, was für eine bessere Methode dies denn sei? Er antwortete mir nicht direkt, sondern plazierte vor meine mentale Sicht ein Büro, in dem es einen Tisch, Bänke, zahlreiche Instrumente und Maschinen gab, die bereit waren, in Betrieb genommen zu werden. Ich sah eine Uhr, daneben ein altes Modell einer Schreibmaschine. Neben dem Wecker und den verschiedensten Gegenständen befanden sich auch zahlreiche komplexere Mechanismen, von denen ich mir nicht vorstellen konnte, wie man sie benutzte, selbst nachdem ich sie mir angeschaut hatte. In kleiner Entfernung stand ein Tisch, auf dem ein Haufen von Einzelteilen, die nicht zusammengehörten, lag. Sohma sagte:
„Phylos, kannst Du diese Teile zusammenfügen? Auf diesem Tisch hier liegen Uhren, eine Schreibmaschine, Schlösser und vieles mehr. Du sagst, dass Du kein Mechaniker bist und darum nicht damit umgehen kannst. Mir, der ich Mechaniker

bin, sind diese Dinge vertraut. Du bist nicht in der Lage, aus all diesen Teilen etwas herzustellen, keine Uhr noch irgendetwas anderes Mechanisches. Aber nehmen wir mal an, Du würdest jede einzelne Verbindung genau studieren, und das nicht nur bei einer Uhr, sondern bei mehreren. Mit der Zeit wäre Dir der Mechanismus vertraut. Dieses Verfahren der Analyse, des Lernens und der Synthese ist praktisch immer dasselbe, sei es in der Physik, der Mechanik oder der Chemie."

„Aber, mein Freund", ich sagte dies mit Bestürzung, „ich kann nichts von all dem tun, denn ich hatte nicht die Gelegenheit, Erfahrungen zu sammeln."

„Ich komme jetzt auf den Punkt. Phylos, ich werde Dir die bessere Methode, von der ich sprach, zeigen. Diese Erfindung ist von mir, ich bin praktisch der Erfinder dieser Maschine. Hier siehst Du eine gleiche Maschine, nur dass sie zerlegt ist. Die zerlegten Teile bilden einen unförmigen Haufen. Du weißt nichts über mechanische Funktionen, aber ich kenne mich aus und werde Dir zeigen, wie die wichtigsten Teile funktionieren. Schau gut zu."

Die Maschine stand in einer rechtwinkligen Kassette aus Glas, die erlaubte, das silberne Räderwerk, poliertes Kupfer, Triebfedern, Spulen, Transmissionsketten und vieles mehr zu sehen. Sohma näherte sich dieser mechanischen Schönheit und sprach in ein Mundstück, während er mir erklärte, wie alles funktionierte. Er sagte, dass er nah an dem Mundstück bliebe, damit seine Worte aufgezeichnet, gedruckt und gebunden in Form einer kleinen Broschüre herauskommen können. Er lockerte eine Schraube und sagte:

„Ein mikroskopisch kleines Membran bringt die starke elektrische Strömung in Gang, die nur etwas ausübt, wenn meine Worte auf das Membran treffen. Wie Du siehst, schließen Kohlenstoffscheiben die anderen Stromkreise und bewegen die Hebel, die an ihren Extremitäten Schriftzeichen tragen. Siehe, dieses Stimm-Membran besteht aus Eisenfäden, ähnlich denen eines Pianos. Die Erfahrung hat gelehrt, dass die menschliche Sprache nur eine beschränkte Anzahl an vokalen Tonalitäten und Oktaven besitzt, und genau so viele Fäden gibt es, die wiederum der Anzahl der Buchstaben des

Alphabetes entsprechen. Unsere geschriebene Sprache ist das Resultat von aneinandergesetzten Buchstaben, die entweder gedruckt oder handschriftlich das Geschriebene aufzeigen. Zur gleichen Zeit, wie wir sprechen, können wir, wenn wir ein solches Gerät zur Verfügung haben, Gedrucktes hervorbringen. Die Toneingebung wird durch das Gerät konzentriert, und jeder Ton wirkt auf seinen Faden. Dieser beginnt zu vibrieren, um wiederum die Kohlenstoffscheiben zusammenzudrücken. Der elektrische Stromkreis fließt sofort, und die Hebel mit den Schriftzeichen tun ihre Arbeit, das Papier bewegt sich vorwärts, die Schriftzeichen treffen darauf und so weiter bis die Stimmeingabe zu Ende ist. Da ich mit meiner Rede fast fertig bin, werde ich den Hebel anheben und lasse die mechanische Kraft sich in ihrer Bewegung abschwächen. Die Maschine wird nicht mehr drucken, hat aber noch genug Energie, um zu falten, zu schneiden und meine Rede nachzulesen. Ist das alles getan, ertönt eine Klingel, die anzeigt, dass die Operation beendet ist."

Sohma hörte auf zu sprechen, und das Gerät arbeitete noch für eine kurze Zeit. Nach kurzer Zeit – weniger als man braucht, um den Satz zu lesen – ertönte die Klingel, und es erschien ein gebundenes Büchlein mit der Rede von Sohma, das in eine äußere Schachtel der Glaskassette fiel. Das Gerät stand still und zum erstenmal war ich von seiner kompakten Größe fasziniert. Es war nur 45cm hoch, 60cm breit und 1m lang und hatte trotzdem eine solch wunderbare Arbeit geleistet.

„Wärst Du in der Lage, es auseinander zu bauen und wieder zusammen?"

Das war die alarmierende Frage von Sohma. Alarmierend, weil ich dachte, dass er mich ernsthaft auf die Probe stellen wollte. Aber er sprach weiter:

„Nein, mein Bruder, aber ich, der ihr Schöpfer bin, kenne ihre geheimsten Winkel ich verstehe diese Maschine, ich verstehe andere und auch Wahrheiten, die nichts mit Mechanik zu tun haben, sondern mit der geistigen Wissenschaft. Ich besitze einen sehr wissenden Geist. Jetzt schau gut zu! Mein Wille wird diesen Geist, der mehr oder weniger die Mechanik betrifft, in Deine Gedanken eindringen lassen. Sehe ihn und kenne ihn."

Es war schon komisch – ich, der vorher nichts von der Mechanik verstand, wusste plötzlich alles über dieses Gerät, so wie ein Uhrmacher die Uhr kennt. Als Sohma dies wahrnahm, sagte er:

„Das, Phylos, ist der Schlüssel aller Weisheit, von der ich sprach. Gott, der Schöpfer aller Dinge, wird eines Tages in Dich eindringen. Durch Taten, die seinen Worten folgten, hat Er alle Dinge geschaffen und jeden Lebenszustand. Er ist innewohnend in allem und weiß alles. Aus diesem Grund wirst Du, wenn Er in Deine Seele dringt, alle Dinge kennen, und Du wirst auch, im kleineren Rahmen, anfangen zu kreieren.

Um von der Chemie zu sprechen, wusstest Du, dass es nur eine Ur-Materie gibt, die von der Ur-Energie geformt wird? Du wirst sehen, dass es keine unterschiedlichen Materialien gibt, sondern nur unterschiedliche Geschwindigkeiten zwischen dem Licht, der Hitze, dem Ton, allen festen Substanzen, Flüssigkeiten oder Gasen. Dieses Wissen ist die Basis für alle Erscheinungsformen des Lebens, der Physik, der Chemie, der Akustik, der Wärmelehre, der Farbenlehre, der Elektrizität und alle anderen mögliche Aspekte der Natur. Das ist das höchste Gesetz von Gott, denn Er ist die Natur. Ein anderes Gesetz spricht von der Kompensation. Willst Du davon hören?

Dieses Gesetz regiert nicht nur die ganze Materie, sondern auch den Geist und das Reich der Seele. Es genügt ein kleines Beispiel, ausgesucht aus der Physik. Nehmen wir einen Schraubengang. Je nachdem, wie lang der Schraubengang ist, ist seine Aktion mehr oder weniger schnell und stark, aber Schnelligkeit und Stärke sind nicht dasselbe. Wenn der Schraubengang eng ist, wird die Schraube nur sehr schwer eindringen können, es geht nur langsam voran, und die Kraftanstrengung ist enorm. Umgekehrt, wenn der Schraubengang der Schraube entspricht, lässt sie sich ohne große Kraftanstrengung eindrehen.

Nun, wenn ein menschliches Wesen damit zufrieden ist, durch eine allmähliche, leichte Steigerung den Weg zu Gott durch ein einfaches Leben mit all seinen Höhen und Tiefen zu

begehen, wird sein Fortschritt nach oben im Reich der Seele zwar langsam, aber sehr sicher sein.
Aber, wenn eine Seele alles auf einmal will, muss sie in ein paar Stunden all die zerstörende Kraft der Verführung über sich ergehen lassen, die ein einfacher Mensch in vielen Inkarnationen, die sich über Jahrtausende erstrecken, erträgt.
Im ersten Fall gibt der Vater den Menschen in Form von Energie das tägliche Brot, das ihnen ermöglicht, in Sicherheit zu wachsen.
Im zweiten Fall ist die ganze Energiereserve eines wahren Gottes nötig, um dieser Kraft standzuhalten. So war es auch mit der mächtigen Kraft von Luzifer, die nicht ausreichte, um zum Sieg zu führen. Als seine Seele in den Schrecken stürzte und fehlgeschlagen war, war der Fall dieses hohen Geistes verantwortlich für die Zerstörung des Planeten, auf dem er inkarniert war. Aus den Trümmern des Planeten wurde ein Asteroidengürtel geboren, der ohne Polarität um die Sonne kreist. Einzig der Christ in Dir kann über den Fall triumphieren.
Es ist wahr, dass kein Lebewesen, solange es Mensch ist, dieser Versuchung widerstehen kann. Du nicht, auch nicht mein Vater, Mol Lang, und sogar Gautama – keiner war je einer solch schweren Prüfung unterzogen wie Luzifer es war, diese prächtige universelle Seele, wenn man über die Verhältnismäßigkeit spricht. Ich spreche von Verhältnismäßigkeit, denn eine Fliege oder Ameise leidet genauso sehr, wenn sie die Grenze der Belastbarkeit überschreitet, wie ein Mensch. Jesus und Gautama wurden aufs Extremste geprüft und haben nicht versagt. Deswegen war ihr Sieg größer als das Fehlschlagen von Luzifer. Wenn dieser Moment für Dich kommt, wirst Du einer ähnlichen Prüfung entgegentreten und mit Sicherheit triumphieren, obwohl ein Fall auch nicht ausgeschlossen ist. Es gibt nur einen Führer. Wenn man Ihm folgt, ist es der Sieg, wenn nicht, der Niedergang.
Lerne, dass sich in jedem Stern ein belebtes Selbst, ein kosmischer Geist befindet, so wie in jedem Körper eine Seele steckt, ob tierischer oder pflanzlicher Natur. Vielleicht ist das eine neue Vorstellung für Dich, aber es ist die Wahrheit. Es ist

ebenfalls wahr, dass der Geist des Menschen fortschreitet und eines Tages mit einer Prüfung konfrontiert wird. Wenn man sie siegreich überstanden hat, tritt man für eine lange Ruhepause in den Himmel ein, in das Devachan, das Nirvana oder wie Du es auch immer nennen willst. Aber dies ist nicht das Endgültige, denn jede Seele hatte einmal einen Anfang und hat auch ein Ende. Das menschlich perfekte Selbst, das letztlich das Nirvana erreicht, das lange Devachan aller Inkarnationen, ist nicht mehr Mensch. Es lebt nicht mehr, sondern existiert. Seine Existenz nach dem Leben ist ein Seinzustand, den kein menschliches Gehirn begreifen kann, vergleichbar mit dem Leben eines Erwachsenen und dem eines Kindes. Doch vor all dem durchschreitet man die Prüfung der Verklärung. Mein Vater durchschritt sie, aber ich noch nicht. Wenn man versagt, ist es der zweite Tod. (Apokalypse XX 13-15) Die Menschheit muss diesen Prüfungen begegnen. Aber sie hat genügend Zeit, sich vorzubereiten, denn die Prüfung kommt nicht, bevor die Seele, die sie bestehen muss, so perfekt ist, dass sie bereit ist, den Kokon des menschlichen Lebens zu verlassen. Sie wird beurteilt nach ihren Taten, durch Ihn, der alles schuf. Langweilst Du Dich, Phylos?"

Ich verneinte, obwohl ich den Sinn seiner Rede nicht wirklich begriff. Es machte mir Angst, weiter zuzuhören, denn ich glaubte zu verstehen, was er sagte, genau wie alle Welt immer glaubt, die Geheimnisse, die sich im Dunkeln befinden, zu verstehen.

Sohma lachte und sagte, dass die einzige Sache, die ich gewonnen hätte, wenn seine Rede beendet wäre, eine psychische Tendenz zur Progression wäre, denn es sei meine Bestimmung, alles Gesagte zu vergessen.

„Ich möchte, dass Du Dir folgendes merkst: Das Jüngste Gericht wird in Deinen Geist, den Gott Dir gab, kommen und Deine Seele nach ihren Taten richten. Wenn Du glaubst, dass man sich dem entziehen und sich hängenlassen kann, bis es soweit ist, so weise ich Dich darauf hin, dass dies ein fataler Fehler wäre. Wenn die Menschen bei der großen Prüfung durchfallen, weil sie im Laufe ihrer Leben ihre Chancen Tag für Tag vernachlässigt haben, sei es durch Unterlassung oder

durch Sündigen, werden jene also den zweiten Tod erfahren und in den Feuersee geworfen. Anders ausgedrückt verlässt ihr Geist ihre Seele und kehrt zurück zum Vater. Aber all dies geschieht nicht, bevor das Wissen über die Fehler von der Seele in den Geist eindringt. Der zweite Tod ist nicht der des Sündigen. Es ist das Nichtannehmen und Zurückwerfen seiner hingesudelten Arbeit und das Versäumen der Gelegenheit, neu anzufangen und es besser zu machen. Unser Vater verflucht seine Kinder nicht, sondern nur die unperfekte Arbeit, die sündige Seele. In unserer Bibliothek kannst Du ein Buch finden, das von der Erde zur Venus gebracht wurde. Es handelt von dem Rosenkreuzer-Orden und von dem höchsten Feuer, das einst als Feuer des Maxin auf Erden bekannt war.
Phylos, Du erduldest die Prüfung Christi noch vor vielen anderen. Niemand kann Dir sagen, ob Du es schaffst oder nicht, außer jene, die sie schon hinter sich haben."
Als Sohma aufhörte zu sprechen, schaute ich mich um und sah, dass die Uhren, die Schreibmaschine, die Schlösser und die anderen Instrumente verschwunden waren, aber die Maschine, die den Ton aufnahm, noch da stand. Sie war Realität, die anderen waren nur durch die Vorstellungskraft von Sohma sichtbar geworden. Ich war nicht trainiert, meine Aufmerksamkeit so lange auf dieses Thema zu zentrieren. Obwohl ich dachte, eine klare Idee von dem zu haben, was Sohma erzählte, versuchte ich mich gleichzeitig zu erinnern, was er damit sagen wollte. Ich war enttäuscht, feststellen zu müssen, dass ich außer ein paar Begriffen nichts eingliedern konnte. Ich fragte, um von meinen Gedanken abzulenken, ob es unter den Mengen von triumphalen Erfindungen auch Luftschiffe gäbe. Er drehte sich um, schaute an mir vorbei, ging hinaus und sagte:
„Ich überlasse es Phyris, davon zu erzählen. Man erwartet mich woanders."
Der Wechsel gefiel mir, doch zugleich wurde ich auch von einer Schüchternheit überfallen. Ich war verärgert, und das zeugte wiederum von meinem Mangel an Selbstvertrauen.
Phyris schenkte dem ganzen keine Aufmerksamkeit und sagte:

„Es ist selten, dass wir verreisen, und wenn dann nur astral. Wir benutzen kaum Luftschiffe, aber wir besitzen welche. Es kann sein, dass Du... oder soll ich Sie sagen, um Ihre Schüchternheit zu verringern?"
Sie drehte sich zu mir um mit lächelnden Augen, was mich sehr erfreute, aber meine Verlegenheit nur steigerte. Sie lachte freundlich über meine Verlegenheit und fuhr fort:
„Wenn Sie glauben, dass wir Hesperiden durch okkulte Prozesse mit unseren physischen Körpern von hier nach dort reisen können, irren Sie sich. Alle materiellen Formen sind nur göttliche Ideen, bekleidet von der Ur-Substanz. Es ist also möglich, die materielle Form nicht mit einzubeziehen und dabei psychische Form zu erhalten und letztere durch die Willenskraft zu transportieren, so wie man es mit Gedanken tut, und dann die Idee wieder in die Materie zu bringen. So ist es möglich, Dinge von der Erde hierher zu bringen. Aber wenn Sie glauben, dass wir dies mit unserem physischen Körper tun, irren Sie sich, denn auch wir sind unverkörperte Ideen.
Alles, was uns umgibt, ist Materie, jeder Windstoß ist Materie und unterscheidet sich von Eisen nur durch die molekulare Geschwindigkeit. Luft ist materiell, Elektrizität ist materiell, und ich werde es Ihnen zeigen. Ich wünsche mir einen Teller, mehrere Teller, Tassen, Löffel, Messer und Gabeln. Ich stelle sie mir vor (Imagio = ich kreiere) in ihrer mentalen oder psychischen Form. Sehen Sie sie? Irdische Augen können es nicht, aber für die Zeit Ihres Aufenthaltes besitzen Sie die hesperide Visionskraft."
Vor mir stand eine Menge feines Geschirr, wobei jeder Gegenstand auf eine andere Art und Weise verziert war.
„Die Gegenstände sind nur gedachte Formen, unsichtbar für die Augen, die keine Gedanken sehen können. Aber jetzt schauen Sie! Ich sammel in mir die höchste Geschwindigkeit der Schwingung, die zusätzliche Kraft, die das Aussehen der Ur-Substanz ausmacht. Die Kraft, die ich hinterlasse, ist genau die von den verschiedenen Mineralien, die ich mir wünsche, aus denen mein Geschirr sein soll. Beobachten Sie diesen Teller. Er ist ein Rubin, ein richtiger Kristall aus Tonerde. Der andere Teller ist aus Perlmutt, andere sind aus verschiedenen

anderen Edelsteinen. Diese Tasse und ihr Unterteller sind beide aus reiner kristallisierter Kohle, aus einem Diamant. Auf der Erde würde dieses Gedeck Millionen kosten. Hier bewundern wir es seiner Schönheit und seines Nutzens wegen.

Sehen Sie, Phylos, ich kenne das Ziel Eurer Sprache, die Ideen, überbracht durch Eure Worte. Jetzt, wie auch Sohma, muss ich woandershin, das Essen vorbereiten, wie jeder andere Sterbliche auch. Sie irren sich, wenn Sie glauben, dass die Okkultisten sich ständig ihrer Gabe bedienen, Sie irren sich.

Sie können, wenn Sie wollen, solange in die Bibliothek gehen, wo Sie mit Sicherheit einige interessante Bücher finden werden."

Ich ging also zur Bibliothek. Wenn der Leser es wünscht, kann er mich mental begleiten und einen Teil davon sehen. Um die 40.000 Bücher standen auf den Regalen, von einfacher bis anspruchsvoller Literatur. Als ich das erste Mal diesen Raum betrat, war mir aufgefallen, dass die Bücher im venusischen Stil gedruckt waren. Aber auf dem Tisch entdeckte ich einen Einband mit goldenem angelsächsischem Schriftzug. Während ich ihn betrachtete, kam die irdische Erinnerung zurück. Der Titel lautete:

Zweitausend Kilometer den Nil aufwärts
Von Miss A. B. Edwards
Longman & Cie, Edition
1876

Dieses Buch war durch den interplanetaren Raum über Millionen Kilometer hindurch hierher gebracht worden. Die Astralaussage des Buches wurde durch das All geschickt und auf der Venus wieder in die Materie gekleidet. Ich schaute nach links und nach rechts und entdeckte einen anderen Band, auf dem stand:

Die Rosenkreuzer
Von Hargrave Jennings

Ich entdeckte Exemplare aus dem Werk von Milton, ein anderes Buch enthielt die ersten Poeme von Tennyson, Bände von Moore und eine Unmenge anderer klassischer Werke.
Ich fand „die Versuche“ von Emerson, die auf weißem Papier geschrieben waren. Als ich sie mir aus der Nähe betrachten wollte, schienen die Wörter sich neu zu formen. Plötzlich stand da:
„Phylos, ich brachte diese Bücher für Sie von der Erde hierher, damit Sie sie mit der Arbeit der Hesperiden vergleichen können. Überdenken Sie folgendes: Die, die illuminiert sind durch den Geist des Schöpfers, benutzen keine Bücher, um zu lernen. Wir interessieren uns nur speziell für die Arbeit gewisser Seelen auf verschiedenen Ebenen. Wir verspüren nicht den Drang, etwas zu brauchen oder lesen zu wollen. Wenn wir etwas lernen möchten, ziehen wir uns in unsere Seele zurück und hören dem allgegenwärtigen Geist zu.“
Die Nachricht war mit „Phyris“ unterzeichnet und in Englisch geschrieben. Geschrieben? Ewas vorschnell gedacht, denn kaum hatte ich sie gelesen, war sie auch schon verschwunden, ohne dass eine Hand sie berührt hätte. Gleichzeitig mit ihrem Verschwinden, versuchte ich einige Erinnerungen an die Welt, aus der ich kam, zu bewahren. Während ich dastand und überlegte, was ich tun sollte, trat Phyris ein.
„Schauen, eine Erfindung von Sohma, die Sie sicher erfreuen wird.“
Sie wählte ein Werk von der Erde – Shakespeare – und stellte es auf einen Ständer, der die Seiten automatisch umblätterte. Der Text wurde beleuchtet von einer starken elektrischen Lampe. Unsichtbare Räder drehten sich in einem Kasten, und eine Stimme kam aus dem Lautsprecher.
Zu meiner großen Freude hörte ich den Text dieses Meisterwerkes, Seite für Seite, und jede Person hatte ihre eigene Stimme.
Während ich in dieses Hörspiel versank, zog sich Phyris zurück, und es verging einige Zeit, bis ich ihre Abwesenheit bemerkte. Ich wollte mich gerade auf die Suche machen und sehen, ob ich Phyris, Sohma oder Mol Lang finden würde. Von Mol Lang wusste ich, dass er unterwegs war, um einige Dinge zu erledigen, und seinen Körper in seinem Zimmer

zurückgelassen hatte. In dem Moment, als ich die Bibliothek verließ, legte sich eine Hand, eine Frauenhand auf meine Schulter, und eine zarte Stimme sagte:
„Setzen Sie das auf Ihre Augen!“
Es war Phyris, und sie überreichte mir eine Brille. Der Wert dieser Brille wäre auf Erden unbezahlbar gewesen, obwohl sie nicht im materiellen Sinne wertvoll war. Was hatte Phyris mit mir vor? Kaum hatte ich die Brille aufgesetzt, verschwanden die Bücherregale, und ich befand mich inmitten einer Szene, die mir sehr vertraut vorkam. Wie ich später erfuhr, hatte man mir einfach nur ein Buch in die Hand gedrückt. Bei dem Buch handelte es sich um das Poem von Scott, die Dame vom See, das sich Szene für Szene mental vor meinen Augen abspielte. Ich sah Personen und hörte ihre Stimme so, als wäre ich dort. Die magischen Gläser brachten mich in die mentale Welt von Walter Scott, die sich wie ein Nebel um ihn herum ausbreitete, eine unsichtbare Welt. Es war die Vision der Vorstellungskraft in dem Moment als er schrieb. Das Ganze lief in wenigen Augenblicken ab, denn Gedanken sind schneller als die Sinne. Als der König seinen goldenen Joch um den Hals von Malcome legte und Ketten um die Hände der schönen Ellen, unterbrach Phyris die Vorstellung, nahm die wundervolle Brille von meinen Augen und sagte:
„Sie löst den materiellen Rahmen auf und erlaubt dem Leser, direkt in das imaginäre Reich des Autors einzudringen, und das bei jedem Buch, aber nicht bei jedem Leser. Nur Menschen mit feinen Sinnen, die sich über ihre tierische Seele hinaus entwickelt haben, können von dieser Brille profitieren, denn sie ist gemacht aus liebevollen Sinnen, verbunden mit dem psychischen Handeln und nicht mit materiellen Dingen. Ich kann nicht mehr über sie sagen, aber wenn sie mehr wissen wollen, fragen Sie meinen Vater.
Ich bin noch ein junges Mädchen, ich muss erst weiterkommen, bevor ich es mir erlauben kann zu lehren. Ich möchte nicht versagen bei dem Versuch, Ihnen eine Erklärung zu geben. Ich will nicht, dass sich Ihre Meinung über mich schmälert, weil ich viel Wert auf sie lege.“
Eine leichte Röte stieg in ihr Gesicht.

„Kommen Sie mit, ich glaube nicht, dass es gut ist, sich diesem Einfluss, den die Literatur ausstrahlt, auszusetzen."
Viele Dinge, die ich auf der Venus sah – die meisten, würde ich sagen – waren mir nicht vertraut. Aber diese zarte Röte erweckte in mir einen gewissen Verdacht, während meine eigenen aufgewirbelten Gedanken mich in eine verlegene Ekstase brachten. Was bedeutete sie für mich?
Deutete sie auf eine nahe Zuneigung hin?
„Sie ist sicher ein Zeichen", sagte Phyris als Antwort auf meine stumme Frage, aber ihre Andeutung überstieg meinen Horizont.
„Du – nein – Sie sehen mich als ein junges Mädchen im Blumenalter. Ihre Liebe sieht mich als Frau. Ist es ein Rätsel? Die Zeit wird es lösen. Sie sind mit mir und ich mit Ihnen. Unser Alter ist nicht sehr unterschiedlich. Sie können es nicht verstehen, in dieser Sache bin ich Ihnen voraus. Wir sind beide nicht perfekt, der Geist gibt uns die Gesamtheit wieder. Wenn ich Sie jetzt fragte: ‚Ist es die Kraft des Willens?', wären Sie nicht in der Lage zu antworten. Folglich werde ich es erklären, und meine Worte dringen in Sie ein und führen Sie zu mir.
Ich sagte unüberlegt, dass Sie mit mir sind. Das ist nur wahr in den Augen des Vaters und nur zu Beginn, jetzt nicht mehr. Doch wird der Tag kommen, wo ich Sie fragen kann: ‚Ist es der Wille?' Und Sie mir aus sich heraus antworten werden: Es ist das Gebot, der Vollstreckungsbefehl des Bewusstseins. Wenn es der Wille der tierischen Seele ist, resultiert daraus ein subjektiver Gedanke, der ein nervöses Muskelzucken hervorruft. Wäre es der Wille der menschlichen Seele, wäre der Gedanke viel edler und von einer viel größeren Intensität. Trotzdem müssen das Gehirn und sein Zwischenvermittler, der Muskel, den Befehl in die materielle Form umsetzen. Aber wenn es sich um den ‚Vollstreckungsbefehl' unseres Geistes handeln würden, könnten wir zu jeder materiellen Kraft sagen:
‚Gehorche mir!' Und sie wird gehorchen. Denn unser Geist kommt vom Vater, und wir sind eins mit Ihm. Der Wille des Geistes braucht kein Gehirn und keine Muskeln als Vermittler. Das ist der Glaube, von dem Jesus sprach. Nun, Phylos, ich habe alles gesagt, und obwohl Sie es gehört haben, haben Sie

es nicht verstanden. Warum nicht? Weil unser Vater sich noch nicht in Ihnen manifestiert hat. Eines Tages werden Sie verstehen und sehen, dass unsere beiden Zwillingsseelen eins sind, denn so steht es geschrieben im Buch des Lebens."
Als sie aufhörte zu sprechen, standen wir auf einem Stück Land, auf dem essbare Früchte wuchsen. Sie pflückte einige, wollte aber noch andere, die hier nicht standen. Sie kniete nieder und malte auf den Boden ein Zeichen, das mir bekannt vorkam, doch ich war nicht in der Lage zu sagen, wann und wo ich es zuvor gesehen hatte. Es handelte sich um einen durchstrichenen Kreis, der einen Diameter Durchmesser hatte. Der Leser erinnert sich bestimmt noch daran, dass der Tchin denselben Kreis gezeichnet hatte, in dessen Innerem die Vita Mundi entflammte. Zwischen den Händen von Phyris befand sich nun auch eine schöpferische Flamme. Sie pflanzte einige Samen in das Innere des Kreises und vervollständigte das Symbol, woraufhin sich die Flammen über das Gesäte erhoben.
„Schauen Sie, Phylos! Es genügt der Samen, und jedes Kraut wächst nach seiner Art. (Genesis 1-12) Aber wenn ich keinen Samen habe, wäre die arme Weisheit meiner Seele nicht mächtig, Kraut wachsen zu lassen. Mol Lang könnte es, denn er ist transfiguriert. Doch kommen wir zum Samen zurück. Ich kann das lebendige Feuer des Vaters rufen, um das Wachstum zu beschleunigen. Sehen Sie, er wächst, beobachten Sie ihn ein wenig, man kann ihn mit bloßem Auge wachsen sehen."
Zu meinem großen Erstaunen und so schnell, wie der Schatten der Nacht sich ausbreitet, sah ich die grünen Sprossen klettern und die Knospen blühen – wie im Frühling. Die Blüten verwelkten, der Kelch wuchs, Früchte wurden sichtbar und wuchsen, hingen reif in der Flamme der Vita Mundi, in der Höhe eines Menschen über der Erde, die zuvor Brach gelegen hatte.
Dieses junge Mädchen, das über sich selbst sagte, noch nicht erwachsen zu sein, machte eine solch magische Macht geltend und empfand es als ganz natürlich. Lieber Leser, es war nur eine Macht, die verbunden ist mit dem menschlichen Prinzip, und auch Du wirst sie kennenlernen, ohne darüber

verwundert zu sein, allerdings erst dann, wenn Du Dich auf der menschlichen Ebene entwickelt hast.
Es gibt einige Ausnahmefälle von Menschen, die sich am Anfang der Menschlichkeit befinden, aber die meisten leben noch voll und ganz in der tierischen Seele.
Der größte Teil dieser Rasse ist einfach noch tierisch und wirkt nur aus Höflichkeit menschlich. Die Aurora der glorreichen neuen Ära ist nah. In der Vollkommenheit dieser Tage kehrt der Christ zurück und tritt in die Herzen jener ein, die zu Ihm gehören. Es ist Gott, der eintreten wird, durch Seinen Sohn, den Messias. Seid vorbereitet auf das Kommen des Geistes, denn niemand kennt den Tag noch die Stunde.

KAPITEL 7

Die Wüste ist vor Deinen Füßen

So vergingen die Tage. Seit zwei Wochen befand ich mich auf Hesper. Während dieser Zeit wuchs das Gefühl in mir, dass ich den Wunsch verspürte, wieder mein vergangenes Leben aufnehmen zu können. Mol Lang, Sohma und Phyris ließen einige Male meine Erinnerung an die Erde wieder aufleben. Mein Astralkörper nutzte jede Gelegenheit, mir die Sicherheit zu geben, dass ich eine Vergangenheit hatte und alles, was mich umgab, mir vertraut war. Phyris tat es leid, sehen zu müssen, dass mein Kopf jedes Mal, wenn man mich allein ließ, diese Vergangenheit suchte. Zeitweilig und mit viel Willenskraft hatte ich eine Eingebung. In der Tat zog es mich zur Erde, zu meinem irdischen Astralkörper, die Summe all meiner Erfahrungen und Erinnerungen. Obwohl sich alles auf der Venus abspielte, wusste ich, dass ich ein Fremder war, ein Erdling, und ich vermisste mehr und mehr Amerika, meine wahre Heimat. Dort war ich zuhause, mehr als ich es hier war, obwohl sich meine irdische Familie schon im Devachan befand. Auch hatte ich dort keine vergleichbaren Freunde wie jene, die ich in den Hesperiden gefunden hatte.

Lieber Leser, es ist die Seele, die angekettet ist, und nicht der menschliche Körper. Befreie Deine Seele, lieber Bruder, und versuche, das Himmelsreich zu verstehen, jenes des göttlichen Lebens mit Gott! Der Rest wird Dir gegeben durch Deinen Glauben, selbst die Fähigkeit, persönlich die Sterne zu erkunden.

Meine Seele war mit der Erde verbunden durch die Liebe zu meinem Land, aber meine Willenskraft reichte nicht aus, um mit meinem irdischen Astralkörper das zu machen, was ich wollte. Dieser kehrte durch die Gravitation auf sein Niveau zurück, und ich war aufs neue völlig unwissend, was die Erde betraf. Ich dachte ständig über dieses Rätsel nach, bis ein Mitglied der Familie Lang diesen Geisteszustand vertrieb. Nein, meine Seele war einzig auf der Erde zuhause. Hier befand ich mich auf einer höheren Ebene. Nach dem

Devachan war es möglich, dass ich auf der Venus wiedergeboren würde, doch ich glaubte nicht wirklich daran.

Es war mir eine Freude, mich mit meinen Freunden an den Tisch zu setzen, während sie ihr Essen, das ausschließlich aus Früchten bestand, zu sich nahmen. Ich konnte nicht essen, und in Wahrheit brauchte ich es auch nicht, doch es war angenehm, ihnen Gesellschaft zu leisten. Einen Tag nachdem Phyris die Früchte wachsen ließ, nahm ich am Abendessen der Familie teil, als Mol Lang zu seinem Sohn sagte:
„Sohma, ist es angemessen, die Erinnerung unseres Gastes mit all der Philosophie, die Deine Schwester und Du ihn lehrten, zu beladen, ohne über das zu sprechen, was Ihr vorhattet, ihn zu lehren?"
„Warum die Wahrheit im geheimen halten, mein Vater?"
„Weil, mein Sohn, Phylos zurück auf die Erde muss, denn das ist sein Schicksal. Er kann die Dinge nicht begreifen. Hören und Sehen bedeutet nicht, sie auch zu verstehen. Die Fähigkeiten, die ihm erlauben zu verstehen, sind noch nicht in ihm entwickelt, und Du und ich können unser Wissen nicht in seine Seele initiieren. Jesus konnte seine Zuhörer nichts lehren, ohne zuvor in ihre Seele einzudringen. Caiphe, der große Priester, und alle Israeliten hörten den Retter mit ihren Ohren und sahen Seine Taten, und doch waren sie blind und taub und verstanden nicht. Aber Er drang in Seine Jünger und jene ein, die Ihm folgten. Sie sahen, hörten und profitierten von Seinen Lektionen. Der Geist des Meisters war in ihnen geweckt und ließ sie den Worten folgen, denen auch Jesus folgte. Die Welt hat jahrtausendelang das Geschriebene gelesen. Viele Leser glauben daran. Keiner jedoch, nein, nicht ein einziger war so erleuchtet durch den Geist wie Paulus. Alles, was Du Phylos erzähltest, kommt ihm in astraler Form wieder, wenn er nach seiner Zeit in Hesper anfängt zu sprechen. So ist es auch, wenn sein irdischer Astralkörper zu ihm kommt und er über die Erde spricht. Er wird Pertoz und auch uns vergessen. Doch er wird auf der Erde Teile unserer okkulten Traditionen wiederholen, und das bringt ihm viel Leid. Er wird leiden, weil manche seiner Zuhörer ihn foppen, andere verächtlich zu ihm sein werden und niemand, nicht

einmal er, ist in der Lage zu erklären noch zu verstehen, was er sagte."
Sohma antwortete:
„Ja, mein Vater, Du redest weise. Aber lass mich Dir sagen, dass er die Wahrheit erzählen wird, die Wahrheit ist mächtig und wird sich durchsetzen. Auch wenn sie im Moment falsch verstanden wird, so hat sie doch eine Wirkung auf den Erzähler und dessen Zuhörer. Ich brauche nicht zu erwähnen, dass Gedanken auch Dinge sind, und dass alle Dinge aus den Gedanken entstehen. Selbst ein Stein kommt aus der Vorstellung eines Gedankens des ewigen Geistes. Wenn Phylos anfängt zu denken und der Zuhörer über das nachdenkt, was er sagte, ist dies eine Handlung, für die der Redner verantwortlich ist. Wenn der Gedanke klein ist, wird auch die Handlung klein sein und vollendet sicher sein Karma in der Zeit, die er braucht, um sich auszudrücken. Aber hier handelt es sich um einen großen Gedanken oder um eine große Handlung. Kommt das Erbe auf den Denker oder Sprecher zurück oder auf wen? Ich spreche auch für Dich, Phylos. Der Erbe der eigenen Taten wird herausfinden, dass die genannte Tat sich in dem Karma der menschlichen Rasse verkörpert. Der Erbe ist für das Gesagte und was daraus hervorging verantwortlich, denn ‚was zwischen Himmel und Erde passiert, nichts, nicht einmal das kleinste Jota noch der kleinste Buchstabe, kann sich den Gesetzen entziehen, bevor alles vollendet ist'. (Matthäus V-18) Nur so wird es Phylos möglich sein, eines Tages zu uns zurückzukehren."
„Schön gesagt, mein Sohn", war der einzige Kommentar von Mol Lang.
Sohma sprach weiter:
„Phylos, mein Bruder, wenn ein Mann oder eine Frau in ihren jetzigen oder vergangenen Leben einen oder mehrere Menschen oder Tiere absichtlich ernsthaft verletzten, müssen sie es wiedergutmachen. Es ist egal, wie die Saat aussieht, die ein Mensch aussät, er muss sie ernten. Unser Vater hat angeordnet, dass ein Sündiger im Laufe des darauffolgenden Lebens mit guten Taten das Schlechte, was er tat, ausgleichen kann. Es ist die einzige Möglichkeit, in Sein Reich einzutreten, das ist karmisches Gesetz."

Ich erhob mich vom Tisch und begleitete Sohma in seine Räume, um mir ein Bild anzuschauen, das die Wand schmückte. Das Bild war 1m mal 1,80m groß, und sein Steinrahmen enthielt Perlen, Rubine, Saphire, Diamanten und andere wertvolle Edelsteine. Das Bild war jedoch wertvoller als der Rahmen, der allein schon auf Erden unbezahlbar gewesen wäre. Es war eine Art magische Kunst und nicht zu vergleichen mit den üblichen Reichtümern der Erde.
Die Landschaft stellte einen Ozean ohne Grenzen dar – einen wilden Sturm, der die Wellen aufbrach, welche die Vögel des Meeres, die über ihren Kronen flogen, leicht berührten. Es schien sich um einen Sonnenuntergang zu handeln, denn rote Strahlen schienen durch die Wolkenlöcher und beleuchteten mit großem Glanz den ganzen Sturmverlauf. Ganz vorne, so nahe, dass man in den Gesichtern die Komplexität der Gefühle sehen konnte, standen zwei Männer und ein Junge am Ufer. Einer der Männer wurde gestützt von seinem Begleiter, während er völlig wahnsinnig seine Arme in Richtung eines Bootes ausstreckte, dessen Umrisse mitten in der großen Scheibe der purpurroten Sonne zu sehen waren.
Glaubst Du mir, dass dieses Bild unbezahlbar war? In Wahrheit ist es unnötig, den Wert eines Bildes zu erraten, das keinen hat. Aber glaube mir, wenn ich Dir sage, dass die Wellen auf dem Bild sich erhoben und sanken, genau wie auf hoher See. Die Windstöße schienen den bedeckten Himmel aufzureißen, Schaumkronen ließen ihre Tränen los und schleuderten ihren Schaum mehrere Meter hoch. Die Sturmvögel und Möwen tauchten ihre Füße ins Wasser und hinterließen feine Linien darauf. Wolken zogen über den Horizont und nahmen das purpurrote Licht der Sonne an. Ich stand da und sah einem wirklichen Sonnenuntergang zu. Das große Boot schwamm am Rand der Sonnenscheibe. Ich sah eine Fahne, die den Männern am Ufer zu antworten schien. Es wurde ein Rettungsboot zu Wasser gelassen, von dem man nur einen kleinen Punkt in der Ferne sah. Aber die Schiffsbrüchigen befanden nur wenig über dem Meeresniveau und konnten dadurch die kommende Hilfe nicht sehen. Als die Sonne hinter dem Horizont verschwunden war, hob einer der Männer in ängstlicher Hoffnungslosigkeit die Arme. Der

Vollmond nahm den Platz der Sonne ein, die Wolken rissen auf, und in dem blassen silbernen Licht sah ich, wie sich das Rettungsboot den Schiffsbrüchigen näherte. Es schwamm bis zum Rand der Leinwand des Bildes, aber die Retter fanden sie nicht sofort. Sie fuhren hin und her, dann entdeckten sie sie. Sie zogen die verängstigten Männer und den Jungen an Bord und dirigierten ihr Boot in Richtung der Lichter des großen Schiffes. Das kleine Boot verschwand in der Dunkelheit und hinterließ eine schwarze Leere. Das große Schiff verschwand an der Seite des Bildes. Man hatte das Gefühl, die ganze Szene an einem offenen Fenster beobachtet zu haben. Langsam wurde das Bild heller und alle Farben und Zeichnungen verschwanden.

Während ich noch schaute, erschien ein schwarzer Punkt auf der rechten Seite des Bildes. Er wanderte über das ganze Bild, das plötzlich mit dunkelgrünen Wellen bedeckt war.

Sohma sagte:

„Wie Du siehst, ist die ganze Szene dabei, sich zu wiederholen. Das Bild stellt eine Rettungsaktion auf dem Atlantischen Ozean dar. Jedes Mal wenn die Szene vollendet ist, wird die Leinwand weiß, und die Szene beginnt wieder von vorne. Es ist ein neues Beispiel der Macht eines Okkultisten über die Materie. Der Wille des Künstlers ändert die Geschwindigkeit der Farben. Er steigert oder mindert sie – wenn die Schwingung des roten Spektrums sich kreuzt und sich über die ganze Farbenkraft erhebt, bleibt sie immer in Harmonie mit dem Astralbild, durch die schöpferische Kraft des okkulten Künstlers." Doch wer war der Künstler dieses Bildes?

„Es ist Phyris. Sie malte das Bild bevor Du auf Venus kamst und eine Frau vor dem Leben in Schande rettetest. Die Szene ist prophetisch. Das Bild zeigt einen Tag, der noch kommen wird und an dem diese von Dir gerettete Frau sich an das Meer verlieren wird. Aber schau Dir das Bild noch mal an.

Ich schaute und sah, dass der Sturm sehr gefährlich war. Er hatte das stolze Schiff, das sich etwa in einem Kilometer Entfernung befand, in seiner vollen Größe ergriffen. Am großen Mast flatterte eine mit Sternen besetzte Flagge, die Fahne von Amerika. Beim Zuschauen kamen meine astralen

Erinnerungen zu mir zurück, und die Erinnerung an die Erde, an mein Heimatland, trieb mir Tränen in die Augen. Sohma ließ diese Traurigkeit verschwinden und gab mir nur einen Teil meines Bewusstseins über die Vergangenheit zurück.
Ein Seemann ging auf die Schiffsglocke zu und schlug sie achtmal. Hören konnte ich natürlich nichts, aber ich sah, dass es vier Uhr am Nachmittag war. Kaum hatte der Seemann aufgehört, die Glocke zu schlagen, erschien ein anderer Mann auf der Brücke und befahl, die Fahne zu senken. Die anderen versammelten sich auf dem Tafelwerk, um den Befehl auszuführen. An ihrer Handlungsweise konnte ich die Natur des Befehls erkennen, den sie erhalten hatten. Die Seeleute stiegen auf die Brücke zurück, befestigten die Luken und trafen alle Vorsichtsmaßnahmen für den Sturm. Es war Zeit, denn eine Wolke verdunkelte die Sonne, und ein schwarzer Schleier legte sich auf die Sicht nach Norden. Ich konnte sehen, dass an Bord des Schiffes einige Objekte vom Wind zerschlagen wurden und dann, unter heftigem Wellenstoß, wurde das Schiff Backbord getroffen. Der große Mast brach, und das Schiff begann, mit dem Heck gegen den Dämon des Sturmes zu kämpfen. Es erhob sich und sank mit dem verrückten Sturm, während seine Geschwindigkeit einen annehmen ließ, dass es dabei war zu fliehen. Eine Gruppe von Seeleuten lief auf die Brücke, um mit letzter Energie die Pumpen zu bedienen. Eine Frau stieg aus einer Luke, die offen geblieben war, um die Passage zur inneren Brücke zu gewährleisten. Um ihre Taille hatte sie eine Kordel gebunden, die an dem großen Mast befestigt war. Sie ermutigte die Männer in ihren hoffnungslosen Bemühungen. Der Mast brach nun vollständig und trieb wahllos umher. Das Wasser wurde schneller an Bord gespült als die Männer es abpumpen konnten. Sie sprangen in die Rettungsboote, doch diese zerbrachen beim ersten Kontakt mit dem Wasser. Nur noch ein Boot war übrig. Der Kapitän befahl seinen Männern einzusteigen. Doch es waren zwei Mann mehr als in das Boot passten; dazu kam der Kapitän, sein erster Offizier und die Frau, die er schützend in seinen Armen hielt, die blieben. Das Rettungsboot war noch keine 30 Meter entfernt, als das tapfere Schiff nach vorne stieß, mit dem Bug voran, und dann

langsam sank. Ein Teil des Mastes schwamm am Rettungsboot vorbei, das einigen Schiffsbrüchigen die Gelegenheit gab, sich daran festzuhalten, als eine riesige Welle das Rettungsboot erfasste. Ich sah ihre leichenblassen Gesichter, denn das Boot befand sich nun im vorderen Bild. Ich sah auch das Gesicht der Frau bevor sie ertrank, denn sie war so nahe, dass ich sogar sehen konnte, dass sie keine Angst hatte, sondern ein zartes Lächeln auf ihrem Gesicht lag. Dann sah ich die zwei Männer und den Jungen am Ufer, und die Szene wiederholte sich, wie ich sie schon gesehen hatte, und zwei Tage schienen vergangen zu sein. Dann begann alles wieder von vorne. Natürlich waren keine zwei Tage vergangen, sondern nur zwei Stunden.

Sohma sprach nicht mehr über okkulte Weisheiten. Er wusste, dass mein Bewusstsein der Philosophie dieses höheren Lebens gegenüber verschlossen war und die Bedeutung nicht verstand. Ich war ermüdet wie ein Student, der sich zur Arbeit zwang und dessen begrenztes Verständnis sich nicht vereinen konnte mit den Ereignissen seiner kleinen Welt.

Mol Lang brachte mir auf der Venus noch eine Sache bei, die mir, wie er sagte, helfen würde und die ich niemals vergessen dürfte. Wir saßen in der Nähe von einem großen Fluss, der einige hundert Meter entfernt entsprang. Ich saß am Ufer und Mol Lang über mir auf einer Böschung, doch noch nahe genug, um mich zu berühren. Er pflanzte einen Samen und legte seine Hand mit den Handflächen nach unten über ihn. Die Pflanze wuchs schnell und erreichte bei ihrer Reife Kopfhöhe. Unter den großen Blättern hingen Früchte, die aussahen wie Bananen. Er erntete einige, aß sie und sagte:

„Sieh, Phylos, so ist das pflanzliche Leben. Du hast Dich gefragt, warum wir kein tierisches Leben nehmen, um unsere Körper zu ernähren. Und auch: Wenn es schlecht ist, ein tierisches Leben zu nehmen, ist es dann nicht auch schlecht, ein pflanzliches zu nehmen?

Mein Sohn, eine mineralische, pflanzliche oder tierische Form wird immer begleitet von einer Einheit, die durch den Geist kreiert wurde. Die materielle Form ist nur eine Hülle für den Astralkörper und dieser ist eine für die Seele. Es gibt pflanzliche Seelen, tierische Seelen und menschliche Seelen, alles Kinder unseres Vaters. Doch es gibt keine Evolution in der gegebenen Zeit der pflanzlichen Aktivität; aber alles steigert sich zum Vater hin, wie die Blume zur Sonne. Kein Mensch kann aus sich heraus eine pflanzliche Seele erschaffen. Aber wenn er das Gesetz kennt, kann er eine pflanzliche Seele finden und ihr einen anderen Pflanzenkörper, der etwas größer ist, geben. Er kann diese pflanzliche Seele dazu bringen zu inkarnieren. Ich selbst kann es tun, und das Experiment ist sehr einfach. Zuerst bringt man den Samen zum keimen, dann sprießt der junge Spross, treibt Knospen, kommt zur Reife, der Blütezeit, trägt Früchte und bringt neuen Samen hervor – sieben einfache Phasen.

Ich kann sie beschleunigen und in weniger als einer Minute ernten. Trotzdem kann die Seele der Pflanze ihre Erfahrung machen. Sich selbst überlassen, hätte sie nur diese und wäre dann gestorben. Na gut, ich esse ihren Körper, aber lösche keinen notwendigen Prozess aus. Ihr Körper ist nun virtuell ein Teil von mir, denn ich schuf sie und lieh ihrer Seele einen Körper. Die notwendige Energie, um ihr diesen Körper zu geben, kam von mir. Wenn ich nun den Prozess umkehre und die Pflanze esse, kehrt die Energie zu mir zurück.

Aber kein Mensch kann die Erfahrung ersetzen, die eine tierische Seele jeden Tag, jede Stunde und jede Minute macht und die notwendig ist, um zur Ewigkeit zu gelangen. Jede ist ein Glied, die das Karma formt und die tierische Seele zu ihrer nächsten Inkarnation führt. Wenn man das Tier tötet, kann man ihm seine verlorene Erfahrung nicht aufwiegen. Bei einer Pflanze ist es nicht dasselbe.

Ausgleichen ist göttliches Gesetz. Wenn Du Dir etwas nimmst und es nicht ausgleichst, begehst Du eine Sünde. Doch wenn du eine Gegenleistung erbringst, ist es keine Sünde. Deshalb machte Jesus von Nazareth auch keinen Fehler, als er die Netze des Fischers füllte, denn er konnte es ausgleichen. Bei Dir wäre es eine Sünde, denn Dein Geist ist nicht eins mit Gott. Wenn Du die tierische Seele für ihren Verlust nicht entschädigen kannst, darfst Du das Tier nicht töten, und sein Fleisch ist verflucht wegen dieser Sünde. Halte ein, denn ich sage die Wahrheit; wenn Du Dich versündigst, musst Du auch die Strafe ernten. Kein Metzger kann Gott in seinem Reich sehen. Er muss aufhören zu töten, um hoffen zu können, das geheime Reich kennenzulernen."

Mol Lang und ich erhoben uns, er legte den Arm um mich und sagte:

„Mein Sohn, die Wüste liegt vor Dir. Der heiße Sand verbrennt die Pflanzen unter Deinen Füßen. Achte trotzdem auf Deine eigene Intuition, die Gott in Deine Seele bringt. (Johannes XVI-13), und Du wirst die Wüste verlassen. Sei ihr treu bis zum Tod, und Du wirst von Gott die Krone des Lebens erhalten! Auch ich werde über Dich wachen."

Liebe Freunde, Jahre vergingen bevor ich Mol Lang wieder sah, lange Jahre voll Leid und Prüfungen. Er verließ mich hier, nahe dem Fluss, wo mich Phyris wenig später fand.

Leute versammelten sich um uns, die meisten waren sehr jung, und auch einige Kinder. Auf Hesper begann das siebte Prinzip zu wachsen, und so hatte jeder Hesperide, was die physische Perfektion betraf, eine gottgleiche Grazie und Schönheit. Um Euch zu zeigen, wie hoch sie über den irdischen Dingen standen und wie wunderbar ihre zahlreichen Fähigkeiten waren, welche die Menschheit charakterisierten, und das bis zu dem Punkt, dass sie ein gemeinsamer Erbteil wurden für alle Selbste, die sich inkarnierten, hier ein Beispiel:

Ein kleines Mädchen im Alter von nur vier Jahren, sehr erwachsen im Verstand und doch kindlich in vielen Dingen, kam und stellte sich zu mir. Sie lachte und redete mit mir. Zuerst dachte ich, sie wäre noch ein Kleinkind, doch ich änderte sehr schnell meine Meinung. Jung wie sie war, kannte sie natürlich nicht die Tiefe der okkulten Gesetze, doch sie war ein Kind aus dem Menschenzweig, der perfekt war auf der spirituellen Ebene, und sie befand sich auf der Schwelle dorthin. Eine Unmenge unberechenbarer Inkarnationen hatte sie auf ein Leben hier vorbereitet. Als Erbin vieler Leben war das Mädchen mit erstaunlichen Kräften gesegnet, die ein Mann oder eine Frau von der Erde nur durch einen langen Prozess von Studien über Jahre hinweg erreicht hätte. Die Erdenmenschen müssen zuerst lernen, über die tierische Natur zu triumphieren und über die Prinzipien, die ich in

diesem Buch vorstellte, zu meditieren. Für den Leser, der es wirklich wissen will: Tu nur das, was diese Prinzipien lehren. Folge dem Weg. Er wird alle, die ernsthaft fragen, führen, selbst bevor der Tag des Menschen gekommen ist.
Erinnere Dich, dass ich für das nicht hellsichtige Auge unsichtbar war, doch das kleine Mädchen hatte das psychische Auge und konnte mich sehen. Anscheinend zufrieden mit meinem äußeren Aspekt, machte sie eine kleine, süße Bemerkung:
„Mein Vater erzählte mir oft von einem Menschenzweig, der sehr zahlreich ist im Vergleich mit uns Pertozianern. Er zeigte mir ihren Planeten, auf dem sie leben, doch Sie sind der erste dieser unteren Menschen, den ich bisher kennengelernt habe. Ist das nicht komisch? Man sagte mir auch, dass weder Sie noch die anderen Menschen dieses Planeten eine Ahnung von Karma oder okkulten Gesetzen hätten. Wahrscheinlich sind sie dumm und machen sich lächerlich. Doch Sie werden mit Ihrem Wissen wachsen und sie auch."
Ich kriegte mich nicht mehr ein, ein kleines Mädchen so sprechen zu hören. Sie meinte, dass ich wachsen würde, na gut, wachsen bis ich graziös sei. Die Sache hatte auch eine gute Seite, denn das Aufzeigen des Verderbens, das die Erdenmenschen von der Spiritualität der Venus trennte, eröffnete den Menschen Möglichkeiten einer reinen Perspektive, wie ich sie zuvor nicht kannte.
Der Mensch braucht Vergleichsmöglichkeiten, um sich eine Vorstellung von relativen Werten zu machen. Die Peterskirche in Rom ist aktuell (1870) das größte Bauwerk auf Erden, aber diese riesige Konstruktion muss sich mit anderen großen Bauten messen, damit der Mensch in der Lage ist, ihre Größe zu schätzen. So ist es auch mit spirituellen Wahrheiten. Bevor dieses Kind diese Aussagen machte, hatte ich nur eine vage Vorstellung von den göttlichen Wahrheiten, die ich gehört hatte. Die Taten von Mol Lang und selbst die von Sohma und Phyris beeindruckten mich zwar, kamen jedoch von mir überlegenen Menschen, mit denen ich nicht gleichziehen konnte. Mol Lang hatte mir zwar erzählt, dass er dieses Niveau durch Lernen und den Glauben an den Vater gewonnen hatte, doch ich war kein Zeuge seines Fortschritts

gewesen, und meine Augen sahen nur das Resultat. Obwohl ich auch an dem Wachstum des Kindes, das sich noch im Anfangsstadium befand, nicht teilgenommen hatte, bekam ich Hoffnung. Mit der Hoffnung kam auch der Glaube, dass ich doch noch wachsen konnte, zurück. Ich versuchte, daran zu glauben, wenn meine Freunde sagten, dass ich es noch erreichen würde. Doch nun ersetzte das Wissen den Glauben. Dank diesem Mädchen erhob sich mein Leben und gliederte sich ein in das höhere Leben von Pertoz, das des perfekten Menschen. Ich war allen Ernstes bereit zu gestehen: Diesen Wesen gehört das Reich der Götter.

Zehn oder mehr Leute waren da und wollten alle etwas über meine Lebensgeschichte wissen. Ich erfüllte ihre Bitte. Meine lebendige Stimme hörend, betrachteten sie mich mit regem Interesse, während ich über meine Hoffnungen im Leben sprach, erhabene und edle Hoffnungen, die sich in meine Brust drängten und die tierische Natur beherrschten. Die enthusiastische Seele tut dies alles nur, um den MEISTER sagen zu hören: Deine Handlungen sind gut, mein braver und guter Diener.

Anschließend sprach Phyris zu mir, langsam und mit auserwählter Zärtlichkeit, die nur zugänglich war für jene, welche die Unreinheit des menschlichen Lebens abwarfen. Es fiel mir auf, dass sie die Förmlichkeit ablegte und mich in diesem letzten Gespräch auf die feine englische Art duzte.

„Phylos, Du hast alles erzählt, was Du über Dein Leben weißt. Ich weiß viel mehr und will es Dir erzählen, denn Du bist an dem Punkt angelangt, auf die Erde zurückzukehren und wo Du uns – mich – vergessen wirst."

Ich unterbrach sie traurig:

„Phyris, sag so was nicht, ich könnte Dich niemals vergessen!"

„Doch, Phylos, Du wirst mich vergessen, denn nur Deine hesperide Erinnerung kennt mich und muss Platz machen für Deinen Astralkörper, der sich auf der Erde befindet. Sie wird nicht verschwinden, aber schlafen. Der Moment wird kommen, wo sie aufs neue Dein Leben regieren wird. Wenn die Jahre des Karmas vergangen sind, wirst Du hierher zurückkommen und Dich nicht mehr nach der Erde sehnen wie bisher. Phylos, meine Zwillingsseele, ich wäre froh, wenn

Du hier bleiben könntest, doch das ist unmöglich, denn das Karma ist dagegen. Karma ist das Gesetz Christi, das anordnet: Was der Mensch sät, muss er auch ernten!
Du wirst Hesper vergessen, doch ab und zu kommt die astrale Erinnerung zu Dir zurück, wie Dich auch hier Deine irdischen Erinnerungen aufsuchten. Es wird eine merkwürdige Sache für Dich sein, denn Du wirst das Gefühl haben, dass dieser Astralkörper Du selbst bist, obwohl Dir die Worte, die Dein eigenes Leben beschreiben, fremd sind, und dann glaubst Du, dass es doch jemand anderes ist.
Du erzähltest von Deinem Leben, soweit Du Dich erinnern kannst, aber man sagte Dir auch, dass Du schon unzählige Male gelebt hast. Ich nahm an diesen Leben teil, was ganz und gar natürlich ist, denn mein Geist ist auch Dein Geist, obwohl unsere Seelen sich nicht mehr so nah sind, wie sie es einmal waren. Ich könnte lange über die vergangene Ewigkeit sprechen, in der Du lebtest und mich kanntest. Sie ist Seite für Seite vergessen, denn der Engel des Todes blätterte die Seiten Deines Lebensbuches um. Obwohl ich durch die Astralarchive, das Buch des Lebens, in dem alles auf ewig aufgezeichnet ist, jede lebende Geschichte aller Ursachen und deren Handlungen, mit den Aktionen und wechselnden Reaktionen der Lebensformen, über die Materie alles weiß, werde ich Dir nicht mehr erzählen. Die Erinnerung ist die Macht, die nur eine hohe Seele besitzt, um aus dem großen Astralarchiv lesen zu können. Ich besitze sie, Du nicht. Darum erzähle ich Dir nicht mehr. Ich bevorzuge es, dass Du sie selbst entdeckst und Deine Vergangenheit kennenlernst mit Hilfe der Weisheit, die zu Dir kommen wird. Dann wirst Du wissen, dass ich aus Dir und mit Dir bin. Die Zeit wird kommen, da werde ich unsere Leben aufschreiben, von den lang zurückliegenden Tagen, die Du und ich im alten Lemurien erlebten, bevor die Erde den Kontinent Atlantis kannte oder die geologische Eiszeit. Es war das Goldene Zeitalter. Aber unsere Geschichte geht noch viel weiter zurück, als die Erde, die Venus, der Mars, die Sonne und die Sterne noch nicht existierten. Alles werde ich der Welt jedoch nicht erzählen, nicht weil ich es nicht könnte, sondern weil kein Leser den Zustand begreifen würde, in dem sich der

derzeitige Menschen befand, als er noch zu der Rasse Menschen gehörte, die dabei war, Mensch zu werden. Wenn ich von Mensch spreche, beziehe ich auch alle Tiere mit ein, denn alle erschaffenen Wesen auf der Erde sind Menschen, aber es gab Menschen und Tiere, die weniger Mensch waren. Nein, ...keiner, der mich reden hört, würde begreifen, um was für eine Kreatur, die weder tierisch noch pflanzlich noch mineralisch war und doch lebte, es sich handelte. Ich kümmere mich nur um die Zeiten, die weniger alt sind, die nach der Eiszeit kamen, und mit der etwas späteren Zeit, in der Zailm lebte. Wenn ich von ihm spreche, so nur, weil Du er bist, Phylos ist die Wiedergeburt von Zailm."
Ich hob den Kopf, den ich die ganze Rede über gesenkt hatte. Wir waren allein, die anderen hatten sich zurückgezogen.
„Ich werde Dir auch von Anzimee erzählen, die folglich ich bin, und von einigen anderen. Aber zuerst rede ich über uns beide. Der Mensch wurde vom Mars auf die Erde geboren. Nach seinem Aufenthalt auf der Erde soll er letztendlich auf der Venus inkarnieren. So will es die Allegorie von Adam und Eva. Nach ihnen kamen auch die unteren Brüder, die Tiere der Erde, des Meeres und der Luft. Doch bevor die Rasse geboren wurde, lebte sie auf dem Mars und davor auf zwei anderen Planeten, die aus unsichtbarer Materie bestehen und somit für irdische Augen unsichtbar sind. Im Moment gibt es dort kein vitales Leben, denn ihre Weltenseele ruht, wie auch die vom Mars.
Ich sprach über fünf von sieben Planeten, denen die menschliche Rasse zyklische Besuche abstattet, von dem ersten (unsichtbar) zum zweiten (unsichtbar) zum dritten (Mars) zum vierten (Erde) zum fünften (Hesper, Venus) und dann zu dem, der nach der Venus kommt, von dort zur siebten Welt, die sich Sabbatik nennt. Wie die ersten beiden, so sind auch die letzten beiden für irdische Augen unsichtbar. Es gibt also sieben Welten, die der Mensch in sieben Zyklen besucht. Du tatest es schon dreimal und bist nun zum vierten Mal auf der Erde, dem vierten Planeten. Phylos, ich spreche im vereinfachten Sinne über die zahlreichen Leben der Rasse auf Erden, Venus, Mars und allen anderen menschlichen Planeten. Wer möchte, kann sich jedoch diesen Zyklen

entziehen und den großen Meister in eine Existenz begleiten, die mit Worten nicht zu beschreiben ist. Es gibt nur wenige, die einen solchen Willen besitzen und den Weg finden. Höre auf sie, schenke ihnen Achtung, und sie erlauben Dir… Phyris zu finden."

Gebrauche alles ohne Missbrauch,
Bediene dich der Droge als Droge,
Esse ohne gefräßig zu sein,
Trinke, aber nicht im Übermaß,
Betrachte die Gesellschaft als Gelegenheit zum Lernen.
Und die Ehe als einen Weg, auf dem die Enthaltsamkeit der Leitfaden ist.

„Die Mehrheit Eurer Rasse muss den unteren Pfad nehmen, denn der felsige Weg ist zu schwindelerregend. Niemand kann ihn alleine gehen. Schützend hält Er seine Hand entgegen, und einige, die den Willen besitzen, ergreifen sie. Doch werden jene, die dieses Leben jetzt zurückweisen, den richtigen Weg wieder finden? Nein, werden sie nicht, also werden sie mit der Welt aufhören zu existieren. Dann wird die Wahrheit, die geschrieben steht, kommen: Es wird eine Zeit, Zeiten und die Hälfte einer Zeit geben. (Daniel VII-25, Apokalypse XII-14)
So und nicht anders! An einem nicht weit entfernten Tag wirst Du Zeuge dieses Urteils sein. Sich in der Mitte seines Aufenthaltes auf Erden befindend, hat die Rasse bisher die Hälfte der Lebenserfahrung gemacht. Sie ist jedoch für lange Zeit verpflichtet, eine so lange Zeit, dass sie die Auffassungsgabe überschreitet."
Ich wollte jedoch alles wissen und bat sie, es mir zu erklären.
„Dir erklären? Ja, ich werde es Dir so erklären, dass Du es verstehen wirst. Aber da Du nicht weißt, was in der Hälfte dieser Zeit geschehen ist, werden Dir Zahlen keine genaue Vorstellung geben können. Ich versuche es. Sei jedoch vorsichtig, und erzähle nicht jedem von dieser Information, bevor unsere Erlösung bestätigt ist! Es handelt sich um den vergangenen Zeitraum, als das Universum noch formlos und leer war und die Dunkelheit vorherrschte. Mit Ausnahme der

Transfigurierten sind die Männer und Frauen, die wir sehen, nur halbe Selbste, die zusammen einen Geist bilden. Wenn die Zeit der Perfektion gekommen ist, werden sich die beiden Hälften vereinen, und das ist die Heirat, die vom Himmel beschlossen wurde. Doch zuvor muss man Prüfungen durchlaufen, durch den Entscheidungspunkt der Transfiguration."

„Was passiert, wenn eine Seele die Prüfungen nicht besteht; wie kommt es dazu und was passiert dann? Und muss, wenn die eine versagt, die andere Seele auch fallen?"

„Oh, mein Zwillingsherz! Wenn eine Seele die Prüfungen nicht besteht, dann nur, weil die Auflehnung in ihren zahlreichen Leben ihr die Flügel ihrer Energie stutzten, so dass sie sich nicht mehr über die ständigen Verführungen erheben kann. Dieses Schicksal erfährt jeder, der versagt. Du willst wissen, was Dir persönlich widerfährt, wenn Du versagst? Deine Seele wird den zweiten Tod erfahren und die meine in das gleiche Schicksal ziehen, denn ein Selbst-Paar begegnet diesem Kampf mit gemeinsamer Energie. Von mir hängt Dein Leben in der Ewigkeit ab. Auf Dir ruhen meine Hoffnungen. Aber es ist der Geist, auf dem unsere Hoffnung gegründet ist; wir müssen ihn finden und seinem Weg folgen, wie es der Christ uns zeigte. Wenn wir ihn nicht suchen, wird er uns nicht suchen! Wenn der Christ nicht mit uns und in uns ist, werden wir versagen. Komm, Phylos, ich werde Dir die Erde zeigen zu der Zeit als Zailm und Anzimee lebten, schaue gut hin."

So gesagt, erhob sie sich und berührte mich. Ich sah zum erstenmal, dass sie die gleiche Astralform besaß wie ich. Mir kam es so vor, als ob ich schlief und doch nahm ich bewusst eine Bewegung wahr, die mich aus dem Schlaf riss. Es war der Übergang von der Venus auf die Erde. Das Gefühl kam daher, dass mein Astralkörper in irgendeiner Weise materiell war. Doch als ich auf die Erde kam, hatte ich nicht einmal mehr diesen Astralkörper und folglich nichts Materielles mehr. Ich war mir des Überganges nicht bewusst. Mein schlafendes Bewusstsein verdankte ich Phyris, die meine ganze Aufmerksamkeit auf ihre Worte und sich selbst richtete.

Einmal mehr sah ich die Erde. Ich sah den Atlantischen Ozean und die Stelle, an der sich einst der Kontinent Atlantis befand.
„Wir werden in seine Tiefen hinabsteigen."
Über uns und um uns herum erstreckte sich das Wasser, doch wegen unserer geistigen Form, konnte es uns nichts anhaben.
„Schauen wir in die geistigen Jahrbücher der Vergangenheit, der wirklichen Geschichte der Erde, unvergänglich bis die Zeit aufhört zu existieren. Willst Du zuerst etwas über die Zerstörung von Atlantis lesen? Suche in der Bibel, und Du wirst sie in der Geschichte von Noah finden. Dies geschah jedoch Tausende von Jahren nach Zailm. Und möchtest Du etwas über die Zerstörung von Lemurien lesen, dem Kontinent eines großen Volkes, das auf der Erde lebte, lange vor der Eiszeit, als die Welt keine Kälte, Schnee und Frost kannte, lange Zeit vor Atlantis? Konsultiere das Buch von Job, und lese, wie die tiefen Gewässer der Meere brodelten wie ein Hexenkessel. Du wirst erfahren, dass Lemurien von einem Feuer zerstört wurde, das aus dem interplanetaren Raum kam. Der Zeitkreis der Menschheit wird wechselweise durch Feuer oder Wasser zerstört. Wenn der Tag auch noch weit entfernt liegt – die heutige irdische Rasse wird durch Feuer untergehen. Die Erde wird von Blitzen erschlagen und sich drehen und wenden wie eine Rolle. Lese zu diesem Thema den zweiten Brief von Peter, Kapitel III, Vers 10, Dich erinnernd, dass all dieses Wissen nicht von mir kommt. Ich habe gesprochen. Nun, Phylos, mein anderes ich, ich zähle auf Dich, das Gesetz, die Vorhersagen und Dein Karma zu vollenden. Ich werde auf Dich warten.
Wir werden uns nun trennen, schau die Weisen und Mendocus. Ja, mein Liebster, wir werden uns trennen, aber nicht für lange, danach werden wir in alle Ewigkeit vereint sein. Lass eine zarte Erinnerung von mir in Deinen Gedanken, damit sie Dein Leben erleichtern und Dich nach oben führen.
Mein Friede soll mit Dir sein und Dich beschützen!"
Sie nahm mich in ihre Arme, drückte mich lange gegen sich. Unsere Blicke tauchten von der einen Seele in die andere ein. Mit einem tiefen Seufzer berührten ihre Lippen die meinen. Dann war sie verschwunden.

KAPITEL 8

Alte Meister sprechen über Gott

Ich erwachte in einem der kleinen Räume des Tempels. Er war mir nicht unbekannt, obwohl ich noch niemals dort gewesen war. Mendocus saß am Kopfende. Ich hatte das Gefühl, etwas verloren zu haben, ohne genau zu wissen was. Aber dieser Verlust löste eine unerklärbare Traurigkeit in mir aus. Ich fühlte mich so, als ob man mir einen Teil meiner Freiheit genommen hätte, und war so schwach wie nach langer Krankheit. Mendocus legte seine Hände auf meine Augen, und ich schlief wieder ein.

Als ich zu mir kam, war meine Mattheit verschwunden, doch das Gefühl von Leere und eingeschränkter Freiheit blieb. Es kam daher, weil meine Erfahrungen und Erinnerungen an die Venus, Phyris, Mol Lang und Sohma komplett verschwunden waren. Aber es gab noch einen ganz anderen Grund, warum ich nicht vergessen konnte, nämlich das Wachstum meiner Seele, das sie erfuhr während ihrer Abwesenheit von der Erde. Ja, nur fünf Wochen irdischer Zeit waren auf der Venus vergangen, obwohl der Aufenthalt im Devachan mir viel länger erschien.

Es wäre für mich unmöglich gewesen, auf Pertoz zu bleiben und glücklich zu sein. Für Dich wäre es auch unmöglich gewesen, lieber Leser. Warum? Weil das Niveau des Lebens dort dem unseren sehr weit voraus ist. Die Seele kann es nur durch Wachstum erreichen, ein langsames und langes Wachstum, das auch oft sehr schmerzvoll ist. Für mich zu jener Zeit und für Dich heute hätte ein Übergang auf ein solch hohes Niveau eine fürchterliche Strafe bedeutet. All unsere einfachen lebendigen Neigungen unseres individuellen Daseins und die Eigenschaft unserer Sensibilität sind völlig unterschiedlich. Die alte würde durch eine fremde Persönlichkeit ersetzt werden, die es nicht gewohnt wäre, mit den unbekannten Gesetzen und deren neuer Erscheinung zurechtzukommen. Die fehlplazierte Seele wäre gezwungen, lange, unglückliche Jahre zu überwinden. Es ist eine göttliche

Gnade für die Menschheit, dass der abrupte Übergang von einem Planeten auf einen höheren genauso unmöglich ist wie eine Regression.

Ich setzte mich auf meine Liege, und mit Hilfe von Mendocus stand ich auf. Ich war noch sehr schwach und vom Schwindel ergriffen. Ich blieb einige Tage im Tempel, hörte von verschiedenen Ereignissen und versuchte, Schlüsse daraus zu ziehen. Als ich nach Quong fragte, sagte man mir, dass er tot sei. Weil ich nicht mehr wusste, was in den vergangenen fünf Wochen geschehen war, traf mich diese Aussage wie ein Schlag.

Mendocus sagte mir, dass ich ein Mensch sei und die irdischen Gefühle mich noch dominierten. In die menschliche Gesellschaft, von der ich gerade kam, konnten sinnliche Genüsse nicht eindringen. Sie war ein himmlischer Orden, und die Menschen darin kannten die Freude und waren auch nicht Sittenstreng. Ich hörte ihm aus Neugierde zu, obwohl ich nicht die leiseste Ahnung hatte, von was oder wem er sprach. Er bemerkte meine Ignoranz und hörte auf zu sprechen. Ich hatte das Gefühl, dass seine Bemerkung über die Sünde der Gesellschaft nicht mich betraf. Natürlich stand ich in Kontakt mit den Menschen dieser Welt, doch ich hatte keine Sünde, in dem Sinn, wie er es meinte, begangen. Ich war vielleicht nicht unabhängig von meiner Umgebung, aber doch frei von ihren Fehlern und der pharisäischen Eigenliebe.

Apropos Fehler – was war aus dem süßen, auserlesenen Mädchen geworden, dem ich geholfen hatte und das nach Melbourne wollte? Irdische Interessen waren wieder da, die tierische Seele machte sich bemerkbar und setzte ihre ganze Energie ein, um gegen die menschliche und geistige Seele anzugehen. Letztere kann niemals sündigen oder sich irren, denn sie ist mit der Überseele verbunden, die folglich versucht, die menschliche Seele nach oben zu ziehen, während die tierische Seele uns nach unten zieht. Mendocus ergriff erneut das Wort und sagte:

„Pierson, die Sünden, die Du bei anderen verurteilst, waren einmal Deine eigenen. Wenn Du sie verurteilst, kommen sie vielleicht zu Dir zurück. Du bist niemals davor geschützt, das,

was Du verurteilst, selbst zu tun. Richte nicht, auf dass Du nicht gerichtet werdest. Die letzten fünf Wochen haben ein Licht in Dir angezündet, ein Licht Gottes. Verstecke es nicht, sondern lass es leuchten, so dass es den Sündigen, die es nicht besitzen, Licht gibt. Hab Gnade mit ihnen, bedaure ihre Fehler, denn wenn Du sie verurteilst, folgst Du nicht den Spuren von JENEM, der sagte: Ich verurteile Dich nicht. Geh und sündige nicht mehr.“ (Johannes VIII-II)
Mol Lang hatte meine Fähigkeiten richtig eingeschätzt und es abgelehnt, dass mein Aufstieg auf die Ebene der Hesperiden unabdinglich sei. Mit der Fackel der Leidenschaft in der Hand hätte ich mein irdisches Gefährt verbrannt. Wenn ich gewusst hätte, wovor er mich bewahrte, wäre ich voller Dankbarkeit gewesen. Und so war Venus nur ein bedeutungsloser Name für mich und mein Gefährt nicht verbrannt. Kindlich bittend hatte ich die himmlische Ebene betreten, auf der sich alle Kindheitsträume zu realisieren schienen. Nun war das Kind mit der brutalen Tatsache konfrontiert, dass die unabdingbaren Gesetze das ganze menschliche Reich regieren. Seine Niederlage hatte es gelähmt und ihm das Herz gebrochen. Es war wieder auf seine eigene Ebene zurückgekehrt, und Gott sei Dank war es ihm möglich, alles Erlebte zu vergessen. So wurde seine Rückkehr möglich, und es erhielt das zurück, was ihm gehörte.
Liebe Leser, gibt Euch vor Gott nicht als Kind aus. Ihr entkommt vielleicht nicht so leicht wie ich. Zählt das zusammen, was Ihr zu zahlen habt, oder folgt mit schweren Schritten der Masse von gewöhnlichen Leuten! Der eine Weg ist kurz und zuchtlos streng, der andere lang, aber leider auch nicht weniger streng. Es ist nicht paradox zu sagen, dass der kurze Weg der längste ist, denn ein Leben muss sich nicht nur nach der Anzahl der Jahre richten. Manche Leben sind nicht von langer Dauer, aber die Leiden und vielleicht auch die Süße, die sich in Massen aufdrängen, benötigen Tausende von Jahren, um sich in anderen, weniger charaktervollen Leben auszudrücken.
Vor meiner Abreise von den Weisen gab mir Mendocus esoterische Regeln mit auf den Weg, die mich in den

kommenden Tagen führen sollten und auf die ich mich stützen könnte. Der große und alte Weise sagte zu mir:
„Pierson, ich habe hier eine Bibel. Ich habe das Alte Testament schon 87-mal gelesen, das Neue noch viel öfter. Und doch entdeckte ich immer wieder neue Schönheiten in dem Buch. Ich habe auch die Bücher von Manu und den Veden gelesen. Sie sind alle inspiriert – zwar unter anderen Namen und zu anderen Epochen – von dem Geist Christus. Sie sind alle mehr oder weniger allegorisch und benötigen Sein Licht, um sich auszudrücken. Ohne das Licht wären ernsthafte Fehler zu befürchten, die sich in kläglicher Häufigkeit erst kürzlich in dieser Welt ereigneten und von erschreckender Hartnäckigkeit sind. Ich werde für Dich aus diesen Büchern Wissen ziehen, dass Dich leiten wird:
Klopfe, und man wird Dir öffnen! Aber achte darauf, es mit dem Willen des Geistes zu tun, denn selbst wenn die Gedanken ewig anklopfen, wäre der Weg nicht offen.
Frage, und man wird Dir antworten! Aber der animalische Mensch kann bis zur Ewigkeit fragen und wird keine Antwort erhalten. Das Zitat meint, dass die Bitte aus Deinem Geist kommen muss, um die Wahrheiten von Gott zu bekommen, und nicht der irdischen Dinge wegen. Letztere folgen der Sonne wie ein Schatten.
Alles, worum wir im Namen Christi den Vater bitten, wird er uns geben! Aber erinnere Dich, dass die Bitten im Namen Christi sich auf sein Reich beziehen. Wenn Du diese Gabe erlangst, wird alles andere folgen: Essen, Kleider und alles das, was ein Körper braucht. Der gewöhnliche Verstand wird Schwierigkeiten haben, dies zu verstehen, lass ihn Dich nicht verderben, selbst wenn Du vor Hunger stirbst.
Alles, was der Mensch sät, muss er auch ernten! Das ist Karma und Gesetz, und jedes Komma dieser Gesetze muss vollendet werden. Der Mensch ist das Produkt vieler Inkarnationen. Jedes irdische Leben beinhaltet eine neue Persönlichkeit, jedes individuelle Selbst ist aufgereiht auf einem unzerstörbaren Faden, welcher sich von der ewigen Vergangenheit bis zur ewigen Zukunft zieht.
Wir können keine Forderung des Karmas ignorieren. Man muss im Laufe vieler Leben allen Forderungen nachkommen.

Tue jedem anderen das, was Du willst, das man Dir tut! Merke Dir dies. Alles, was Du auch dem kleinsten Geschöpf antust, tust Du auch Gott an und jemand anderes wird dasselbe mit Dir tun.
Beachte die Gebote, denn durch sie wirst Du die ewige Existenz erreichen, wo alle Weisheit ist."

An diesem Abend verließ ich die heilige Stätte und kehrte in die Stadt zurück. Mir kamen einige Neuigkeiten zu Ohren. Meine Partner der Mine waren ohne Diskussion bereit, mir meinen Anteil abzukaufen. Man gab mir 300.000 Dollar, die in sieben Raten gezahlt wurden. Nachdem ich sie gebeten hatte, mir das Geld auf mein Bankkonto in Washington zu überweisen, bekam ich Lust zu reisen. Ich hatte die Mittel und bereiste letztendlich jedes zivilisierte Land. Einzig die Unruhe erklärte mein Nomadenleben.
Zwei Jahre waren vergangen seit meiner Abreise aus X-City, dem Ort meiner esoterischen Erfahrungen. Ich befand mich in Norwegen, weit entfernt von den großen Städten, in einem kleinen Ort, in der Nähe eines bekannten Fjords lag und in dem ich am Tag zuvor angekommen war. Mein Führer und Mädchen für alles sprach gut genug Englisch, und so gab es keine Verständigungsschwierigkeiten. Es stellte sich heraus, dass er Seemann auf dem Boot meiner ersten Seereise gewesen war. Er war in sein Land zurückgekehrt, um Reiseführer zu werden, und die Sprachkenntnisse waren ihm eine große Hilfe. Wir freuten uns sehr, uns wiederzusehen. Wusste ich seinen Namen noch? Sicher, Hans Christison. Hans erzählte, dass sich fünf Reisende im Dorf befanden. Einer von ihnen war ein sehr schönes Fräulein, das verrückt war nach Pinsel und Farben. Sie war mit Sicherheit eine Künstlerin.
Eine Woche verging bevor ich das „schöne Fräulein" kennenlernte. Zwischenzeitlich unternahm ich mit Hans, der mit Gewehr und Angelrute bewaffnet war, Ausflüge zu Land und zu Wasser. An einem Nachmittag nahm ich mir ein Kanu und fuhr alleine hinaus auf einen Felsen zu, der am Ausgang des Fjordes stand und auf dem prächtige Birken wuchsen. Ich befestigte mein Kanu, setzte mich auf den Felsen und las die Post, die mir aus New York nachgesandt wurde. Während ich

las, vernahm ich ein leises Geräusch hinter mir. Ich drehte meinen Kopf und sah eine Frau, bei deren Anblick ich mich schlagartig erhob und meine Briefe fallen ließ. Ich war zu überrascht, um etwas zu sagen. Auch sie schien sehr überrascht zu sein, mich zu sehen. Ich brachte nur ein Wort heraus: „Lizzie."
Sie antwortete: „Mister Pierson!"
Und dann beide gemeinsam: „Was machen Sie denn hier?"
Ich erzählte von meinen Reisen ohne Ziel und sie von ihrem Leben, seit sie X-City verlassen hatte. Von Melborne war sie nach New York gegangen und von dort nach Washington, wo sie sich ein Haus gekauft hatte, in dem sie ein Atelier hatte. Ihre Nachbarn wussten nur wenig über ihre Vergangenheit und waren der Annahme, dass sie eine vermögende Witwe aus Australien sei. Sie verbrachte den Sommer immer am Meer, und dies war ihr dritter Sommer hier in Norwegen. Ihre Bilder verkauften sich gut, und sie hatte ihr ganzes Vermögen auf meine Leihgabe aufgebaut. Sie bestand darauf, mir das Geld zurückzugeben, aber ich lachte nur.
„Vor meiner Abreise, wenn Sie unbedingt darauf bestehen."
Ich blieb noch vier Wochen, bis zu dem Tag, an dem ich hörte, dass sie in einigen Tagen abreisen würde, um der schottischen Region einen kurzen Besuch abzustatten. Ohne Miss Harland etwas zu sagen, bat ich Hans, mich bei Nacht zu der Fähre zu bringen, die nur alle vierzehn Tage den Hafen verließ. Ich bezahlte Hans, gab ihm ein gutes Trinkgeld und stieg an Bord. Während das Schiff ablegte, rief ich ihm zu:
„Sagen Sie dem hübschen Fräulein, dass ich abgereist bin. Wenn sie fragt wohin, sagen Sie ihr, dass ich auf dem Weg nach St. Petersburg bin."
Ich reiste tatsächlich in die Hauptstadt der Tchars und blieb dort eine Woche. Von dort aus reiste ich nach Paris, von da nach London und eine Woche später war ich wieder in New York, von wo aus ich den Zug nach Washington nahm.
Ein Jahr war vergangen als eines Nachmittags – ich ging gerade die Pennsylvania Avenue hinunter – Elisabeth vor mir stand. Wir unterhielten uns ein wenig, während ich sie ein Stück ihres Weges begleitete. Alte Erinnerungen kamen in mein Gedächtnis zurück. Ich erinnerte mich an unseren

Aufenthalt in Kalifornien und mit viel Zärtlichkeit an den Urlaub in Norwegen, in dem ich mir bewusst wurde, dass ich diese junge Frau liebte. Nicht nur wegen ihrer Schönheit, sondern auch, weil sie über das Elend ihres Lebens triumphiert hatte.
Bevor wir uns trennten, notierte ich mir ihre Adresse, mit dem festen Entschluss, ihr bei der ersten Gelegenheit einen Besuch abzustatten. Am darauffolgenden Abend brachte mir ein Bote von der Bank ein Paket und einen Brief. Das Päckchen enthielt zweihundert 100-Dollar-Scheine. Den Brief öffnete ich sofort und las:

Mr. Walter Pierson 3. September 1869

Anbei finden Sie die Summe, die Sie mir geliehen hatten. Aus der Tiefe meines Herzens danke ich Ihnen für diese Leihgabe. Sie sind immer herzlich Willkommen in meinem Haus.

Ihre treue Freundin
Elisabeth Harland

Ich dachte über die Situation nach und kam schnell zu einem Entschluss. Ich steckte das Geld in meinen Geldbeutel, nahm meinen Hut, warf einen letzten Blick in den Spiegel und ging die Straße hinunter, um mir dort ein Taxi zu rufen. Ich stieg ein, und der Fahrer brachte mich zu der ihm genannten Adresse. Das Haus lag in einer sehr schönen Gegend. Miss Harland selbst öffnete mir die Tür. Ihr Verhalten war freundlich, und sie bat mich ein wenig reserviert herein.
An der Wand des Salons hing ein außergewöhnlich qualitatives Bild. Ein Mann, dessen Gesicht und Ausstrahlung göttlich wirkten, war mit Pinsel und Farbe perfekt festgehalten. Er stand aufrecht und betrachtete eine Frau, die ihr Gesicht in ihren Händen versteckte. Im Staub zu ihren Füßen stand etwas geschrieben. Die Landschaft erinnerte an die heilige Erde. Unter dem Bild standen folgende Worte: Und Jesus sagte: Auch ich verurteile dich nicht, geh und sündige nicht mehr! St. Johannes VIII-11 *

Ich nahm Platz auf dem Stuhl, den Sie mir angeboten hatte. Stille! Dann sagte meine Gastgeberin:
„Haben Sie das Geld bekommen, Mr. Pierson?“
„Ja.“
Meinem Entschluss folgend, zog ich das Geld aus der Tasche und sagte zur Einleitung:
„Wenn das Geld nicht Sie beinhaltet, werde ich es nicht wieder mit nach Hause nehmen. Möchten Sie meine Frau werden, Elisabeth?“, fragte ich sie und kniete vor ihr nieder.
Ihr Blick tauchte für einige Sekunden in den meinen und dann – mit Tränen in den Augen und Tränen in der Stimme – sagte sie:
„Wenn es meiner selbst wegen ist, weil Sie mich lieben und mein Erfolg das Vergangene löscht, ja, mein Liebster!“
Sie vergrub sich in meine Arme, zitternd und weinend, so als ob ihr jemand das Herz gebrochen hätte.
Am Schluss sagte sie mit zitternder Stimme:
„Die ganze Welt ist nicht so wertvoll wie eine aufrechte Liebe!“
Wir heirateten in aller Stille und machten eine kurze Reise über das Meer nach England.

KAPITEL 9

Friede dem, der sich der Warnung bewusst ist

Während der Reisen vor meiner Ehe kam ich nach Hindustan. Ich lernte einen Alten mit wenig anziehendem Äußeren kennen. Kaum hatten seine müden Augen mich entdeckt, sagte er:
„Sie sind derjenige, von dem Mendocus sprach, der mich bat, Ihnen eine Botschaft zu überbringen. Junger Mann, Ihr Leben wird traurig und bitter sein auf Erden, aber sanft anschließend. Es wird geschehen, dass ihre tierische Seele in Ihnen ausbricht und sagt: Hier ist Freude. Aber Ihre menschliche Seele wird direkt erwidern: Diese Freude ist nur die Frucht von Sodom. Und Sie werden wissen, dass es so ist. Ab dem Moment wird Ihre tierische Seele, die vom Verdorbenen erfüllt ist, Krieg führen gegen Ihren Geist, der von Gott, Brahma, dem Einzigen kommt. Sehen Sie in die Allegorie von Adam und der wahren Sünde, die Ihre menschliche Seele nach unten zieht auf die Erde, während der Geist sie nach oben zieht. Achten Sie auf die Worte des Geistes. Ich werde sie für Sie interpretieren. Bevor Ihre Augen Gott sehen können, dürfen Sie keine Tränen mehr über Ihr eigenes Leid vergießen. Bevor Ihre Ohren hören können, müssen Sie jede Sensibilität verloren haben. Ihre Stimme kann keine Weisheit aussprechen, bevor sie niemand mehr damit verletzen kann. Bevor Ihre Person sich der Ewigkeit präsentieren kann, müssen Ihre Füße im Blut des Schmerzes, der Strafe und der Wiedergutmachung gebadet haben. Töten Sie den Ehrgeiz, auf dem Pfad des Ruhmes voranzukommen zu wollen, in Ihnen. Hören Sie auf, dieses Leben als das wertvollste anzusehen. Arbeiten sie aufrichtig für Gott, wie es andere für Amon tun. Respektieren Sie das Leben wie jene, die das Leben als das wertvollste ansehen und die so glücklich sind wie die, die für das Glück leben. Die Quelle der Fehler befindet sich in den Herzen all jener, die mit ihren Aussagen nur ihre Begierden befriedigen. Studieren sie einen Senfsamen, sein Wachstum und seine Blüte. Wenn Sie sie so

abschlagen, dass sie niemals mehr Samen tragen wird, werden Sie etwas Merkwürdiges feststellen. Sie wird aufs neue treiben und im Laufe des Jahres wieder wachsen, selbst wenn sie keinen Samen produzierte, und dies obwohl sie nur eine materielle Form ist. Wenn nun meine menschliche Seele, die nicht von der Erde getrennt ist, trotzdem freiwillig ein bescheidenes Leben lebt, es ablehnt eine Schöpferrolle zu spielen, wird der Geist des ewigen Lebens in sie eindringen. Studieren Sie sie, die Wahrheit, die das Leben der Senfpflanze hervorbringt. Einzig die Kräfte in Gott können nach diesen Lehren handeln und die frühzeitige Reife der unteren Natur beherrschen. Die Schwachen müssen ihre Reife abwarten, und dann wird ihr Kampf kommen. Die untere Natur wird versuchen, ihre Füße vom Pfad fernzuhalten und wird es vielleicht auch schaffen. Aber wenn die tierische Macht einmal in Ihnen vernichtet wird, wenn Sie nur einmal den Willen Gottes ausgeübt haben wie ein Kind, das gehorcht, wird dies die Erlösung sein, denn es wird Ihnen die Kraft geben, alle Werke des Lebensschöpfers zu vollenden. Es wird Ihnen so vorkommen, als nehme man Ihnen das Leben. Das kommt daher, weil Ihre tierische Seele beschlagnahmt wurde und erstickt ist. Aber die menschliche Seele wird sich erholen, und der Geist wird in sie eindringen. Dies ist die Stunde der Ruhe für die Seele. Ihnen wird klar sein, wie dunkel die Leben jener sind, die sie umgeben und die nicht die Vereinigung mit Gott zum Ziel haben. Und Sie werden sehen und das Karma erkennen. Auch werden Sie sehen, dass wegen Ihrer vergangenen Inkarnationen Ihr Karma unentwirrbar mit der Erde verbunden ist.

Walter Pierson, wenn Sie es erreichen, nur einmal den Frieden der Stille zu kennen, werden Sie alles lernen, was die Welt, die Sie umgibt, betrifft. Denn die Erde gehört zu Brahma, und alles, was sie beinhaltet, lehrt seine Schöpfung."

Ich war überrascht, dass er mich mit meinem Namen ansprach und von Mendocus wusste. Der alte Mann fuhr fort:

„Wenn Ihre Seele nur einmal diesen Frieden erfuhr, wird keine Sünde und auch kein Kummer Sie jemals wieder vom Weg abbringen, denn mit diesem Wissen ist die Weisheit erwacht. Denken Sie auch an die Worte von Mendocus, lesen

Sie die Bibel, lesen Sie die Veden, lesen Sie Manu, und er wird Ihre Schritte erleuchten. Friede sei mit Ihnen!"

„Friede sei auch mit Ihnen", antwortete ich, während er in der Menge von Menschen verschwand, die um den öffentlichen Brunnen standen.

Jetzt, wo ich Elisabeth wiedergefunden hatte und sie meine Frau geworden war, meditierte ich tief über die Lehren der okkulten Tradition. Nicht, dass es einen Zusammenhang zwischen ihnen und Elisabeth gab, aber mir fiel im Laufe der Jahre auf, dass sie nichts über diese Dinge wusste und sich auch nicht dafür interessierte. Unsere Leben orientierten sich in verschiedene Richtungen. Dieser Unterschied machte ihr nichts aus, und ich war glücklich, dass sie nicht darüber grübelte. Zwei charmante kleine Mädchen wurden uns gegeben und waren der größte Schatz unseres Lebens. Wir taten alles zu ihrem Besten und beschützten sie vor allen Gefahren. Solange die Mädchen bei uns lebten, war ich glücklich, und trotzdem ließ mich eine unerklärbare Traurigkeit fühlen, dass die Erfahrungen auf Erden nur die Äpfel von Sodom waren.

In meinen einsamsten Stunden wurde ich manchmal von einer merkwürdigen Stimme gestört, die meinem intimsten Inneren Dinge zuflüsterte. Die Zeit verging, und die Stimme wurde immer stärker. Eines schönen Tages erschien eine spektrale Form vor meinen Augen. Das Gespenst sprach. Das, was es zu mir sagte, erweckte in mir den Wunsch, mehr zu erfahren. Ich pflegte die Bekanntschaft, und schon bald wurden seine Besuche in den Stunden meiner Einsamkeit regelmäßig. Es sprach von einem Aufenthalt auf einem weit entfernten Planeten, den es manchmal Pertoz, dann Hesperus oder Venus nannte. Es sprach von Menschen, deren Namen mir fremd waren, einer hieß Mol Lang, der andere Sohma und eine dritte Phyris. Es beschrieb diese Menschen, und ich hörte ihm zu. Wer waren sie, und um was für eine menschliche Seele handelte es sich, die auf der Venus war? Die Tatsache, dass die spektrale Form aussah wie ich, störte nicht meinen nächtlichen Schlaf, und ich schlief genauso friedlich wie bisher. Ich nannte sie mein Phantom. Wie richtig lag ich damit!

Es sprach von Mol Lang und von allem, was meinen Aufenthalt auf der Venus betraf. Es zog meine psychische Sicht auf das Panorama der Tiefen des Atlantiks. Es sprach auch von einem Besuch auf der Sonne mit Sohma, von dem ich seinerzeit nichts erwähnte, was ich aber nun kurz tun werde.
Sohma hatte mich mit auf die Sonne genommen und mir gezeigt, dass der vibrierende Körper kleiner ist als die Astronomen annehmen, aber von einer enormen Dichte. Ich sah ihre Ozeane; sie sind schwerer als der Merkur. Aber es existierte meiner Meinung nach dort keine lebende Form. Trotzdem existiert Leben überall, in einer Form oder einer anderen, die nicht unbedingt tierisch oder pflanzlich ist. Von dem Standpunkt der Wesen aus, die uns sehr weit voraus sind im Wissen um die Schöpfung des universellen Vaters, sind manche Formen, die irdische Menschen als nicht lebendig qualifizieren würden, durchaus mit Leben erfüllt. Die Schwingung der Sonne strahlte eine so fantastische Vibrationsenergie aus, dass mein feiner Astralkörper kaum eine Wirkung spürte. Sohma sagte damals:
„Hier siehst Du das unmittelbare Zentrum unseres Sonnensystems. Du kannst es einen Dynamo nennen, den großen Dynamo des Systems. Damit hast Du recht, aber auch unrecht. Man versucht, die Sonne mit einem elektrischen Dynamo zu vergleichen. Es gibt fragwürdige Argumente, die für diese These sprechen, aber es ist falsch, die Sonne mit solch einer Maschine zu vergleichen. Die Schwierigkeit, der diese Theorie begegnet, schwächt auch die Basis all jener, die versuchen, sich dem Ursprung der Hitze und des Sonnenlichtes bewusst zu werden. Die Probleme kommen daher, weil die Wissenschaft der Sonne keinen qualitativ hohen Wert zuspricht. Die These der Verbrennung hat keinen Wert. Das Zusammenziehen der solaren Masse unterstützt sie nur teilweise und der Meteoritenregen genauso und die elektro-dynamische Theorie ebenfalls nicht. Letztere jedoch erklärt, wieso das Licht und die Sonnenwärme koexistieren und harmonisieren mit der extremen Kälte, die im All zwischen der Erde, den Planeten und der Sonne herrscht. Es erklärt, dass die einfache Verbrennungstheorie vollkommen

falsch ist, denn wie wir wissen, wird die Atmosphäre immer kälter und dunkler, je weiter wir uns von der Erde entfernen. Die Temperatur im interplanetaren Raum liegt bei 260° Celsius unter Null. Es ist so dunkel wie bei Mitternacht, und die Sonne sieht aus wie eine Scheibe ohne Strahlen. Die Theorie des Dynamos erklärt weder das Sonnenspektrum noch die Sonnenflecken noch die Sonnen- und Mondeklipsen."

Wie der Leser weiß, erzählte mir Sohma all dies während ich mich im hesperiden Astralkörper befand und kein Bewusstsein einer irdischen Existenz hatte. Ich hatte keine Erinnerung, was die Welt betraf, und meine Meinung über das Gesagte war frei von Vorurteilen. Nach der Erwähnung der Eklipsen, hörte er auf zu sprechen. Ich wartete darauf, dass er fortfuhr, doch weil er es nicht tat, fragte ich:

„Na gut! Was für eine Erklärung gibt es? Was ist die Wahrheit?"

Auf diese Frage antwortete er folgendes:

„Ich sagte, dass die Astronomen die Sonne unterschätzen. Das Feuer auf der Erde sehend, übertragen sie diese Kenntnisse auf die Sonne. Sie sehen, dass ihre Erklärung nicht standhält, und wissend, dass eine Masse Wärme ausstrahlt, wenn sie sich ausdehnt, machen sie einen Versuch in diese Richtung. Aber ihre neue Hypothese ist nicht befriedigender als die des Meteoritenregens. Ihre Sichtweise ist zu beschränkt. Das Unendliche erklärt sich nicht durch das Endliche. Das Feuer ist Energie, Elektrizität ist Energie und Gott ist Energie. Aber das Feuer stellt nicht die Frage: Was ist Elektrizität? Und die Elektrizität antwortet nicht darauf mit der Frage: Was ist Gott? Doch Gott erklärt beide, denn die Summe der Teile ist überall gleich. Aber der Mensch kennt nicht die wahre Anzahl der Teile, und der Teil, den er kennt, erklärt nicht Gott."

Sohma stoppte aufs neue. Ich war erfüllt von einer schleichenden Erinnerung an die Erde und zu neugierig, um zu warten. Ich ließ ihn kaum ausatmen und sagte:

„Das alles erklärt aber nicht das Rätsel der Sonne!"

„Du bist ungeduldig, mein Bruder. Wisse, die Erde kannte das Geheimnis, aber es ist seit sehr langer Zeit vergessen. Die Natur hat einen dualen Aspekt, sie ist doppelt, positiv und negativ. Die große, positive Seite ist die der Wissenschaft, während der negative Aspekt ihr völlig fremd ist. Es ist die Nachtseite der Natur, jene, welche die Atlanter einst unter dem Namen Navaz kannten. Sie wird geheimgehalten von einer kleinen Gruppe von Menschen, die jedoch nicht wissen, dass sie einen Engel unterstützen. In einem Jahrhundert, ja vielleicht sogar vorher, wird dieses himmlische Geheimnis auf die Oberfläche zu den irdischen Dingen zurückkehren. Es wird die Welt mit Luftschiffen und allen Systemen, die den Atlantern bekannt waren, ausstatten. Beginnst Du zu verstehen?"

„Nein, Du erzählst von nicht entdeckten Bereichen und physischen Kräften. Aber welchen Zusammenhang hat dies mit der Sonne?"

„Siehe: Die Sonnen sind Kraftzentren der Nachtseite der Natur. Ihre Energie und ihre Materie sind ein Grad höher als die der Planeten und Satelliten. Wasser vor dem Wasserfall ist sicherlich Wasser, aber weil es beweglich ist und von oben kommt, kann es hinunterfließen und Strom erzeugen. Mit anderen Worten: Ein Energiefluss taucht in die Kälte, Dunkelheit, die negativen Seiten oder Nachtseiten ein und wird von der positiven Seite angezogen. Sein Lauf ist das, was man Natur nennt. Während seinem Lauf produziert er im Hinabfallen Magnetismus, Strom, Licht, Farbe und Klang, denn letztendlich ist die feste Materie das Kind der Energie und nicht der Schöpfer der Energie. Wenn die Kräfte des Navaz auf das Licht fallen und die Lichtwellen in ein Spektroskop eindringen, werden sie als Farben wieder hinauskommen. Sie stimmen überein mit den verschiedenen Spektren, und wenn der Fall stärker wird, ergibt dies die markante Linie des Sonnenspektrums, wie die große Linie B, die Linie des Sauerstoffs, die bemerkenswerte Linie 1474 und die brillanten Linien H und K (die violetten Bänder)."

Ich glaubte nun, die Wahrheit zu erkennen, doch es war nur ein Einblick. Riesige Horizonte waren noch zu öffnen, und dies begriff ich als Sohma fortfuhr:

„Die Anwesenheit des Feuers, des geschmolzenen Metalls und verschiedene andere Phänomene führen die Astronomen zu der Annahme, die Sonne und die Sterne als eine

Flammenhölle zu sehen. Das Feuer dieser Sterne wird nicht abnehmen, denn der Vater ist innewohnend und unterhält fortwährend die Kräfte des Navaz. Die graphischen Bilder, die das Auslöschen einer Sonne beschreiben, sind Träume, die sich nie realisieren werden.
Der Tag wird kommen, an dem die Menschen der Erde aufs neue die Instrumente herstellen werden, die den Atlantern sehr vertraut waren. Dann wird man sehen, dass die Prismastrahlen eines Spektroskops die Quelle von Hitze und Ton sind und die angeblichen ‚Flammen' der Sonne und der Sterne Musik produzieren, die himmlische Harmonie. (Job XXXVIII-7)
Aber da gibt es noch mehr!
Wenn man die Energie in ihrem Fall verfolgt, wird man mit dem dunkelgrünen Sonnenspektrum Eisen entdecken und dass man metallisches Eisen herstellen kann. So ist es auch mit den anderen Bändern; die intensiven grünen, blauen und blaugrünen liefern Kupfer, Blei, Antimon und so weiter. Durch die Strömung des Navaz wird die Zirkulation des Universums unterstützt, so wie die des Blutes in den Arterien des Menschen. Die Sonne ist das Herzsystem.
Bist Du müde, mein Bruder, oder soll ich Dir noch erklären, dass es die Planeten sind, die all diese Strömung aufrechterhalten und dadurch das Gleichgewicht herstellen.
Diese Notwendigkeit öffnet Dir ein breites Lernfeld, und du wirst die Erklärung eines Phänomens finden, das die moderne Wissenschaft verwirrt, weil sie annimmt, dass das Innere der Erde fusioniert. Aber das ist nicht ganz richtig. Alle Phänomene, die diesen Zustand der Verschmelzung andeuten, beweisen nicht, dass es wirklich so ist. Aber alle beweisen die Existenz positiv zurückkehrender Strömung; alle zeigen, dass die venominöse Strömung die Energie zum Herzzentrum unseres Universums zurückführt."
Sohma beendete seine Rede mit folgendem Verweis:
„Oh, Wissenschaft der Erde, in Dir steckt die Hoffnung der Welt, wenn Du ein Diener Gottes geworden bist. Schau nach oben, achte Seine Schöpfung, und Du wirst viele Dinge klar erkennen, die Dich bis jetzt zutiefst verwirrten. Du bist Josef,

die Religion ist Maria, und das Licht des Lebens wird aus Euch beiden hervorsprudeln. Gesegnet seid Ihr!"
Als mir mein Phantom diese Unterhaltung wiederholte, nahm ich meinen Hut, ging nach draußen, um die Sonne zu betrachten, und fragte mich mit Verwunderung, ob dies alles so stimmte. Verwundert fragte ich mich auch: Wer mag wohl dieser Sohma sein?
Das Rätsel wurde größer, und ich wurde mehr und mehr unzufrieden mit dem Leben. Je mehr ich die Wahrheit der Senfpflanze studierte, desto klarer wurde meine Wahrnehmung. Ich begriff, dass ich in meinem jetzigen Körper keine großen Fortschritte machen konnte, denn Elisabeth und ich waren an der Senfpflanze vorbeigegangen, ohne ihr Aufmerksamkeit zu schenken, und unsere Vereinigung schrieb ein neues Kapitel des Karmas.
Mit der Zeit passte sich mein Phantom mit seinem Kommen und Gehen meinem Willen an. Dann, eines Tages, trat es in mich ein und verschmolz mit mir. Ich konnte es nicht mehr sehen, dafür wurde ich eins mit ihm. Ich nahm seine Gedanken wahr, so als wären es die meinen. Und in Wahrheit, wie Ihr wisst, war dies auch so. In Wirklichkeit war es nur eine Wiedergabe von meinem Besuch auf Pertoz. Meine Seele war oft zerrissen von Verpflichtungen, die Mendocus mir signalisiert hatte und aus den täglichen Pflichten des Lebens bestanden. Ich hatte keine andere Möglichkeit, meinem Problem zu entkommen, als die, mir selbst zu erlauben, mich in meinem hesperiden Astralkörper auszuruhen und den der Erde auszuschließen. In diesen Momenten lebte ich erneut mit Phyris und all meinen Lieben auf Pertoz. Elisabeth war traurig über diesen Geisteszustand und zog sich zurück.
Meine kleinen Mädchen hielten ihren Papa für verrückt und bekamen Angst vor mir.
Lieber Leser, dies war keine sehr angenehme Erfahrung. Meine Frau betrachtete mich oft traurig und weinte, wenn sie alleine war, weil ich sie oft gedankenabwesend Phyris nannte. Elisabeth war für mich die Vision von Phyris, die es auf der Erde nicht gab. Unter all dieser Last wurde ich immer dünner und blasser. Ich hatte kein Ziel mehr vor Augen, und die Interessen der anderen stießen mich ab. Die Traurigkeit kam

auch von all dem Leid, das ich um mich herum sah. Ich gierte nach der höheren Ebene, die ich kennengelernt hatte und auf der Phyris, Sohma und Mol Lang sich aufhielten. Aber ich konnte mich nicht zu ihnen erheben, und sie konnten nicht zu mir. Also fing ich an, die Regeln des Weges zu befolgen, denn ich war voller Reue, dass meine untere Natur triumphiert hatte und ich zurück in die Sünde gefallen war. Doch ich erhob mich wieder. Mir wurde klar, dass mein Verhalten meiner charmanten Frau gegenüber unfair war. Würde ich wollen, dass das, was ich tat, mir jemand antun würde? Nein! Ich nahm einen festen Entschluss, vertrieb meinen Kummer und machte aus der tierischen Natur ein Werkzeug, das meiner Seele diente und nicht länger über mich regierte.
Ich fing wieder an zu lachen, die Farben und Blitze kamen zu mir zurück, und Elisabeth war wieder glücklich. Was mich betraf, so hatte ich den wahren Weg entdeckt, den des Dienens. Ich weinte nicht mehr über mich selbst, meine Zunge verletzte mit ihren Worten keinen mehr, und der höchste Triumph war: Ich badete meine Füße im lebendigen Blut der tierischen Natur. Ich lebte frei von Egoismus, mein ganzes Wesen gab sein Bestes, ich war so glücklich, als ob ich ausschließlich das Glück suchte, und so ernsthaft, als ob ich von der Vernunft geführt wurde. So kam der Friede der Stille in mich. Ich wartete, dass der Erlöser kam, um mich zu holen, in mir kämpfte und sein Werk mit Hilfe meiner Hände vollendete. Der Heilige Geist war in mich gekehrt. Im Laufe des Jahres 1878 starben meine beiden kleinen Mädchen, Dora und Maydie, bei einer Scharlach-Epidemie. Von da an verbrachte ich mein Leben damit, meine liebe Frau zu unterstützen, deren Lebensatem an diesem harten Los beinahe erstickt wäre. Elisabeth interessierte nichts mehr, außer liebevoll für mich da zu sein. Ich gab ihr all meine Liebe, denn ich wusste, Phyris hätte es so gewollt, und so war mein Aufenthalt auf der Erde dazu bestimmt, das Leben der Frau, der ich geschworen hatte, sie zu lieben, so angenehm wie möglich zu gestalten. Sie wartete nur noch darauf, die Erde zu verlassen und ihre beiden Töchter im Himmel wiederzusehen. In der Zwischenzeit verspürte sie den Wunsch, mit fieberhaftem Fleiß und all ihrer Energie Gutes zu tun, und

verwendete dafür unser, Gott sei Dank, unerschöpfliches Vermögen. Der Gedanke beruhigte mich, dass das Geld aus der Mine kam und ich keine Schulden machen musste.
Weniger als zwei Jahre nachdem Dora und Maydie in das Paradies gegangen waren, folgte Elisabeth ihnen. Doch zuvor änderte ich meine Lebensweise und tat alles, um meine Gesundheit wiederzuerlangen. Unter anderem Namen ging ich als zweiter Offizier an Bord eines amerikanischen Segelschiffes – ein wunderschönes Boot – mit der Absicht, für eine Saison das harte Leben eines Seefahrers zu führen. Ich dachte, dass eine aktive Arbeit mir meine Kräfte wiederbringen würde. Elisabeth wollte unbedingt bei mir sein, und so kam sie als Passagier mit. Sie weigerte sich, sich nicht um mich kümmern zu können. Der Kapitän wusste von ihrer engen Bindung zu mir und war einverstanden. In der Nähe der Bermudas kam ein heftiger Sturm auf. Ich gab den Befehl, die Segel einzuholen. Der Zyklon erreichte uns bald, und der große Mast brach. Wasser spülte an Bord, die Pumpen waren unzureichend, und mit Ausnahme von einem, zerbrach jedes Rettungsboot beim ersten Kontakt mit dem Wasser. Die Überlebenden der Besatzung zwängten sich in das einzige Rettungsboot, und weil kein Platz mehr war, überließen sie den Kapitän, Elisabeth und mich unserem Schicksal.
Kaum fünf Minuten waren vergangen als unser nobles Schiff unter eine riesige Welle kam und sank. Ich hatte mich an der Reling festgehalten, um zu verhindern, von Bord gespült zu werden. Mein Schicksal war das zu sterben, und ich war glücklich darüber. Das Wasser stieg über meinen Kopf, und es schrie in meiner Seele: Phyris, endlich, endlich, ich komme!
Ich verlor mein Bewusstsein. Dann sah ich Mendocus. Und als ich wieder zu mir kam, befand ich mich mit ihm, Phyris und Mol Lang bei den Weisen in Kalifornien. Doch mein physischer Körper lag in den Tiefen des Meeres bei den Bermudas.
Ich blieb nicht lange dort und verabschiedete mich von Mendocus, um Phyris und Mol Lang nach Pertoz zu begleiten, wo ich endlich mein Zuhause auf höherer Ebene gefunden hatte. Ich ließ endgültig die „Erde" mit ihrer Dunkelheit und dem Elend hinter mir, aber nicht die Erde mit ihren

mächtigen, vitalen Geheimnissen. Ja, die Erde ist nicht nur ein namenloser Fleck im Universum, von ihr aus wird die menschliche Seele verflochten mit der unbegrenzten Sternzeit des Universums, die Formel der Gesetze, die es verwaltet und anerkennt, als etwas, das größer ist als alles, was man sich vorstellen kann.
Ich verließ die Erde, auf der ich so viele Inkarnationen durchlebt hatte.
Oh, Erde, Du bist nur ein Punkt im Himmel, doch Du charakterisierst das Sternenuniversum. Soll ich einen Moment bei den Zahlen verweilen?
Soll ich Dir zeigen, wie unfassbar Zahlen sind?
Ich werde es versuchen. Denke einen Moment über das nach, was wir in den Schulen gelernt haben, und denke an die menschliche Zivilisation, die uns neue Verständnisbereiche öffnet! Ziehe Parallelen zwischen Deiner Zeitmessung und jener der Indianer. Sie messen die Zeit mit Monden und die Distanz mit „Blicken", das heißt, sie messen die Entfernung an der Größe eines Menschen oder Gegenstandes, den sie in der Ferne sehen. Die Zivilisierten messen in Jahren und Kilometern und Astronomen in Lichtjahren. In einer Sekunde legt das Licht 300.000 Kilometer zurück. Ein Jahr sind also 31.556.929 Sekunden. Die Zahl mal zwei ergibt den Weg des Lichtes innerhalb eines Jahres, das heißt, es hat einen Weg von unfassbaren 9 Trillionen 467 Milliarden Kilometern hinter sich.
Oder nehme einen Stern, den Du in der nördlichen Hemisphäre sehen kannst. Er scheint nicht so weit entfernt zu sein und doch beträgt seine Entfernung zu unserer Sonne 420 Lichtjahre. Die Erde ist nur ein Satellit, welcher die Sonne umkreist, wie der Mond. Das materielle Universum ist unendlich, eine Schöpfung von Gott, deren Mechanismus verständlich ist. Aber von der materiellen Sichtweise aus, ist der Wert des Universums nichts im Vergleich mit der Seele eines Menschen. Warum diese Abweichung? Um Dir zu zeigen, war für einen noblen Platz der Mensch belegt. Denke einen Moment über die unendliche Entfernung nach, die uns von Arcturus trennt, und überdenke anschließend, dass dieser Stern aus dem Sternbild des Ochsen nicht wirklich weit weg

ist im Vergleich mit dem unendlichen Universum! Seine große Anhäufung von Materie ist sichtbar aus einer Entfernung, die 120-mal größer ist als die Entfernung zwischen der Sonne und der Erde. Wie groß ist die Dimension dieser Masse? Gemäß der Annahme durch Vergleiche ist sie 500 Millionen mal größer als die vereinten Massen von Erde, Venus, Mars, Saturn, Neptun und Merkur zusammen. Doch die menschlichen Gedanken suchen in dieser Unendlichkeit des Universums und kämpfen verständlicherweise mit den Problemen, die sich in bezug auf Materie, Energie, Zeit, Raum, Ewigkeit und Unendlichkeit stellen. Gott sei es gedankt! Arcturus kann uns als Maßstab im Sternenuniversum dienen, denn er selbst ist eine der zahlreichen Wohnungen in dem Haus des Vaters.

Lieber Freund, unter den zahlreichen Wohnungen gibt es eine, auf die ich Deine Aufmerksamkeit lenken möchte; die der Seele. Die Seele ist nicht materiell. Wenn einer von Deinen Lieben hinüberscheidet und Dein Heim verlässt, um ins Unbekannte überzugehen, ist er weiter von Dir entfernt als Arcturus, denn er befindet sich dann in einer anderen Form von Existenz. Du erfreust Dich an einem wunderbaren Privileg. Du befindest Dich auf der Schwelle von zwei Welten, denn Du bist ein inkarniertes Kind des Schöpfers. Du kannst seine Wege kennenlernen und Deine Lieben besuchen, die vor Dir gegangen sind. Wenn Du Deinen physischen Körper ablegst, kannst Du in das psychische Reich eintreten und an einem Ort Deiner Wahl wieder in die materielle Welt zurückkehren. Du kannst Dich in diesem Moment auf der Erde befinden, dann einen Augenblick später in der Astralwelt und noch einen Augenblick später auf Arcturus. Ich erzähle Dir keine Märchen. Dass der, der Ohren hat, um zu hören, es höre!

Ich hatte die Erde also verlassen für ein anderes Leben, das mir als neues Sprungbrett diente. Bisher hatte ich ein Opferleben für Elisabeth gelebt, durch meinen Astralkörper wissend, dass die Erde nur eine von vielen Wohnungen in dem Haus des Vaters war, weit weg von meinem Zuhause, von Phyris und dem wahren Wissen. Nun war meine Freiheit

gekommen, mein Opfer für Elisabeth vollendet, meine Güte hatte viele Sünden getilgt, ja, mehr als ich es im Moment meiner Opferbereitschaft annahm, trotzdem waren nicht alle Fehler der vorherigen Inkarnationen gelöscht, doch ich war fast frei, fast frei!
Mol Lang und Mendocus hatten mir Verhaltensregeln mitgegeben, von denen ich einen Teil erwähnte, und andere, die ich nicht aufführte.
Während meines Lebens mit Elisabeth hatte ich mich den Regeln angepasst, und dadurch erhielt ich einen Einblick in die Vergangenheit. Ich wusste von einer Persönlichkeit, die der Leser unter dem Namen Zailm von Atlantis kennt. Ich wusste, dass der Geist von Zailm, seine menschliche Seele und seine Individualität auch die meine war, dass ich, Walter Pierson, Zailm gewesen bin. Ich konnte mir ein recht gutes Bild von dem Leben von Zailm machen, von seinen Freunden und seinen Abenteuern. Ich wusste, dass ich seine Sünden ausgleichen musste und für sie verantwortlich war, denn er war ich, obwohl wir verschiedene Persönlichkeiten hatten.
Ich wusste jedoch nicht, wer Lolix in diesem Leben war und ob sie überhaupt lebte, aber ich wusste, dass ich ihren Tod wiedergutmachen musste. Wer war sie?
Im Grunde genommen war es egal, denn wie sagt der Christ? Was Ihr getan habt einem unter diesen meinen geringsten Brüdern, das habt Ihr auch mir getan. (Matthäus XXXV-40)
Ich hatte mit viel Aufopferung dem Guten gedient, indem ich mit Elisabeth ein Bündnis schloss und für sie lebte. Ich hatte sie von ihrem miserablen, sündigen Leben in X-City befreit und zu einem Glaubensmitglied von Jesus Christus gemacht. Ich hatte die Sünde von Zailm, meine Sünde, an einer anderen Frau wiedergutgemacht. Das Karma ist das Schicksal, das man sich selbst auferlegt. Es verpflichtet die Seele, die vergangenen Sünden im Laufe eines oder mehrerer Leben auszugleichen. Ich hatte meiner Schuld zugestimmt. Ihr seid mit den Fehlern, die Ihr irgendwann begangen habt, verbunden. Wollt Ihr nicht Euren Sünden zustimmen, dem Weg folgen und anschließend mit den Befreiten leben?

Die Güte ist eine große Sache, und ihr zweiter Aspekt besteht darin, Almosen zu geben. Wenn ich alles gebe, um die Armen zu nähren, nützt es nichts, wenn ich es nicht in Liebe tue.
Ich erwähnte, dass meine Frau Elisabeth sich in keiner Weise für meine esoterischen Studien interessierte. Doch das sollte nichts heißen. Eines Tages fand sie mich in der Bibliothek, als ich gerade eine okkulte Nadel benutzte. Dieses kleine silberne Teil, das 18cm lang und 8mm dick war, hatte an einer seiner Enden eine goldene Spitze in Form einer Pyramide. Es hing an einem Haar über einem Symbol in einer Glasschachtel. Wenn Ihr anwesend gewesen wärt, hättet Ihr in diesem Moment, als Elisabeth mich fand, sehen können, dass die unbewegliche Nadel von einem goldenen Licht (Aura) umgeben war. Aus jedem Ende der Nadel kamen Strahlen dieses odischen Lichtes, einer zu mir und der andere in die Ferne. Wenn man den zweiten Strahl mit dem Blick verfolgt hätte, hätte man einen Mann, der an der Bar in einem Salon stand und ein Glas Brandy in der Hand hielt, sehen können. Er war ein guter Freund von mir, der nur einen Fehler hatte: die Trinksucht. Als er sein Glas zu den Lippen führte, sagte ich mit ernster Stimme:
„Nein! Rühre es nicht an, trinke nicht, und tue es niemals wieder! Beachte meine Worte, sonst wirst Du nicht in das Himmelsreich eintreten."
Willie Murchison ließ sein Glas fallen, das in tausend Stück zerbrach.
Ich traf ihn zwei Tage später. Er erzählte mir von einer Vision und dass er die Stimme Gottes gehört hatte, die in anwies, nicht mehr zu trinken, sonst würde er seine Chance verlieren, in den Himmel zu kommen. Murchison trank nie wieder einen Tropfen Alkohol. Er hatte eine mysteriöse Stimme gehört und sie befolgt, doch auf seine Freunde hatte er nie gehört. Durch das okkulte Geheimnis dieser Nadel mit den goldenen Spitzen, deren Macht von einem menschlichen Geist kam, besaß ich eine faszinierende Macht. Gefährlich wird es dann, wenn die Masse von diesen Ding weiß. Wäre ich ein skrupelloser Zauberer gewesen, ohne Glauben und ohne Gesetz, wäre es ein leichtes für mich gewesen, Murchison zu einer Straftat zu bewegen.

Elisabeth fragte mich, was ich hier im Dunkeln tun würde. Ich beendete die Sache, was meinen Freund betraf, und sagte zu ihr:
„Ich möchte Dir gerne einiges erzählen."
Ich sprach über die karmischen Gesetze und vieles mehr. Gegen Ende befahl ich der Nadel, eine Verbindung zwischen meinem Geist und dem von Elisabeth herzustellen.
„Schau! Schaue auf Dein vorheriges Leben auf Erden und erkenne es! Dann erzähle es mir, und vergiss nicht, was es Dich lehrt!"
Nach einer Zeit voller Stille – es schien so als würde sie schlafen – fing sie an zu sprechen:
„Ein edler, wundervoller Mann führt mich. Ich kann sehen, wie er mich in eine vergangene Zeit führt. Die Bewohner dieser mächtigen Nation bewegen sich durch die Lüfte mit Hilfe von Maschinen, die sie Vailx nennen. Eine wunderschöne Stadt umgibt mich. Ich befinde mich nun in einem großen Tempel, dessen Inneres wie eine Tropfsteinhöhle aussieht. Ich stehe neben einer Kristallsäule, über der eine Flamme ohne Hitze brennt. Ich sehe ein junges Paar, das von einem Priester getraut wird. Ah! Es kommt mir so vor, als ob ich den Bräutigam mehr liebe als mein Leben. Ich flehe jemanden an, es scheint der Chef dieser Nation zu sein, die Hochzeit zu verhindern. Dann dreht sich der Priester zu mir um, oh, mein Gott, sein Blick gefriert mich zu Tode. Es kommt mir so vor, als würde ich mich über die Szene erheben, während mein Körper versteinert scheint… Dann, nach kurzer Zeit, sehe ich den jungen Bräutigam und den Monarchen, beide im Tempel. Der junge Mann hebt den Körper, meinen Körper, und wirft ihn in die Flamme, woraufhin er augenblicklich verschwindet. Aber ein Fuß ist abgefallen. Der junge Mann versteckt ihn unter seinem Mantel und nimmt ihn mit. Es scheint, als wäre all dies geschehen wegen seinem Fehlverhalten und auch durch meine Liebe zu ihm. Ich… ah! ah!"
Elisabeth lächelte, kam wieder zu Bewusstsein und schaute mich neugierig an, während ich eine Lampe auf dem Tisch anzündete. Plötzlich sagte sie:

„Walter, Du warst der junge Mann, den ich gesehen habe. Nun glaube ich an alles, was Du mir erzählt hast. Das, was ich gesehen habe, gab mir den Glauben, den ich zuvor nicht hatte."
Diese Erfahrung hatte eine große Wirkung auf sie. Sie interessierte sich mehr und mehr für die fremden Lehren, was sie veranlasste, immer mehr Gutes tun zu wollen. Sie hielt sich an das Geschriebene: „Genügt Euch nicht mit Zuhören, setzt es in die Tat um." Die Lehren sind nur fremd für jene, die nur zuhören. Sie sind weniger fremd für die, die christliche Dienste tun, und ganz und gar nicht fremd für esoterische Christen.
Ich hatte es geschafft, Elisabeth auf den richtigen Weg zu bringen. Bei Lolix hatte ich seinerzeit versagt. Doch ich musste zuerst mich kennenlernen, bevor ich sie führen konnte. Dies alles geschah nur wenige Monate vor unserer Reise zu den Bermudas. Sie hatte genug gelernt, um zu wissen, dass unser Schicksal dieser Schiffbruch sein würde, und als ich sie in das Rettungsboot setzen wollte, sagte sie: „Walter, mein Mann, ich werde nicht in dieses Boot einsteigen, denn ich weiß nun, dass unsere Zeit gekommen ist. Man muss die Worte in die Tat umsetzen. Das ist der einzige Weg, das Leben wiederzufinden. Ich hatte eine Vision von uns beiden in der Vergangenheit. Wir standen vor einem kleinen Kind, das von uns kam. Es blutete, Du hattest alle Schuld auf Dich genommen, obwohl auch ich das Gesetz gebrochen hatte und es nur gerecht gewesen wäre, wenn wir die Schuld geteilt hätten. Du folgtest einem Wesen, das in Wirklichkeit der Christ war, was wir jedoch nicht wussten, und der sagte: ‚In einer fernen Zukunft wirst Du viel Kummer ernten und für Deine Schuld büßen. Wenn Du mit Deiner Begleiterin auf die Erde zurückkehrst und Du kurz davor bist, ins Jenseits zu gehen, werdet Ihr beide für immer von der Erde befreit sein.'
Mein teurer, lieber Freund, wir müssen nun beide sterben. Ich habe keine Angst, denn wir werden uns wiedersehen. Leb wohl, mein Liebster. Umarme mich!"
Mein Karma – war es nun, nachdem ich meinen Fehler an Lolix wiedergutgemacht hatte, vollendet? Ich hatte nicht mehr

bezahlt als ich musste. „Wird der Christ mich nun empfangen?“, fragte Elisabeth.
Ich antwortete ihr:
„Ja, meine liebe Frau, so wird es sein. Leb wohl, und das Gott Dich segnet. Wir werden uns sicher wiedersehen, und dann wird Er bei uns sein.“
Und so hielt ich sie, dem Tode nah, fest an mich gedrückt. Lieber Leser, nun überrascht Dich das Lächeln von Elisabeth nicht mehr, das Du auf dem Bild von Phyris sehen konntest und das die letzte Szene vor unserem Tod zeigte. Was mich betraf -- hatte ich das Verbrechen von Zailm getilgt, indem ich Lizzie die Gesetze Gottes nahelegte, das Karma und indem ich mein Leben für sie opferte? Ich hatte meine Fehler gebüßt, meine Schuld gezahlt, Jesus gehorcht und war gestorben, um das Glück von Lizzie zu erhalten, ihre spirituelle Erleuchtung. Die Sünde, die schlechten Taten, die Lügen, die Trauer, das Ehebrechen und selbst Morde sind Schatten eines Menschenlebens, das sich von Gott abgewandt hat, um in die äußere Dunkelheit zu tauchen. Manche Glieder einer Charakterkette sind weniger solide als andere. Manche harmonisieren nicht mit dem Ganzen, das Gott gerne perfekt sehen würde, so perfekt wie Er ist. Denn in Ihm, dem Perfekten, existieren all diese Dinge nicht, es gibt keine Schatten und keine Umwege. Er beschwört uns, perfekt zu sein, indem Er sagt:
„Kommt zu mir, alle, die Ihr müde und überladen seid. Ich gebe Euch Ruhe.“
In seiner göttlichen Liebe bietet Er sich selbst an, unsere Schatten, die so schrecklich reell sind, zu tragen. Wir selbst können es nicht. Ohne Zweifel begleichen wir unsere Fehler im Laufe der Zeit, doch wir begehen auch neue. Er ist das Licht der Welt. Die Dunkelheit, die wir in uns wahrnehmen und die uns von Seinem Weg abbringt, hört auf zu existieren an dem Tag, an dem wir Ihm folgen. Wenn Ihr seit Eurer Kindheit die Gesetze kennt, seid Ihr von den Sünden abgegrenzt. Der Christ übernimmt diese Sünden. Wenn Ihr aus dem Keller eine Kiste voll Schatten nehmt und sie in der Mittagssonne öffnet, gibt es keine Schatten mehr! Doch während der Christ alle Sünden aufkauft, die sich im Laufe

der Jahre angesammelt haben, verleugnet Ihn der Mensch. Jesus Christus nimmt alles auf sich, wenn wir Ihn darum bitten. Aber wenn wir eine Straftat begehen, wandeln wir in der Finsternis, und in dieser Dunkelheit der Seele kann unser Baum des Lebens nur kranke Blätter hervorbringen, blasse Blätter, schwache Knospen und fleckige Früchte. Vielleicht wirken wir auf andere gerecht und liebevoll, und ihre Lippen schreien: „Oh Herr, oh Herr!"

Doch wenn unsere Taten nichts von Ihm haben, hat der Baum vielleicht eine schöne Rinde, ist aber in seinem Inneren verdorben. Wollt Ihr, dass Euer Baum grüne Blätter und reife Früchte trägt? Ja, tragt Euer Kreuz und folgt dem guten Hirten! Er wird Euch zum Haus führen, in die unsterblichen Höhen, wo der Tod, die Sünde, das Leid und die Trennung nicht mehr existieren. In Ihm finden wir die Zeit, die Kraft und die Gelegenheit, alles wiedergutzumachen. Er ist der Weg, und wenn wir Ihn in uns tragen, beschreiten wir mit Ihm unseren Lebensweg. Es ist unmöglich, in sein Haus einzutreten, bevor Er nicht unser Weg ist. Wenn es einen anderen Weg gäbe, würde ich es Euch sagen, denn ich bin wiedergekommen vor Seiner Rückkehr, die so nahe ist. Achtet darauf, dass Er Euch nicht unreif antrifft. Ihr könnt nicht sagen, Ihr hättet von nichts gewusst. Ihn vom Hörensagen zu kennen, ist eine Sache; Ihn zu kennen durch ein gerechtes Leben, um das Er uns bat, eine andere. Begnügt Euch nicht damit zuzuhören, setzt es in die Tat um!

KAPITEL 10

Nach Jahren die Rückkehr

Ihr seid sicherlich gespannt, wie Phyris nach all den Jahren wohl aussah. Damals verließ ich ein wunderschönes Mädchen, das dabei war, eine Frau zu werden. Sie besaß den himmlischen Glanz, der die höhere Rasse eines perfekten Menschen ausmachte. Wie war sie jetzt anzusehen?
Sie unterschied sich in ihrem Äußeren nur durch ihre Reife, durch die entfaltete Weiblichkeit, die auf der Venus mit dem Alter nicht verwelkte, weil die tierische Seele sie nicht mehr beherrschte. Man begegnet dort nicht den fieberhaften Versuchen, die unfassbaren Dinge zu erreichen, noch dem Übermaß und der Schwäche, die den Erdenmenschen repräsentieren, diese großen Kinder, die auch heute noch auf der menschlich-tierischen Ebene leben.
Das dunkelhaarige Mädchen mit Sternenaugen war kein Mädchen mehr, sondern eine Frau von himmlischer Schönheit, und sie stand erneut vor mir! Ich sah ihre süße und zugleich würdevolle Natur, diese ruhige und kraftvolle Ausstrahlung, die mich an Mol Lang erinnerte. Ihre Persönlichkeit strahlte wie ein wertvoll eingefasster Stein. Phyris besaß einen bezaubernden Charme durch den ihr innewohnenden himmlischen Geist. Der Geist war da, die menschliche Perfektion auch, und das Tier, die jetzige Natur des Menschen auf der Erde, war da, um ihr zu dienen. Die Begegnung mit dieser wundervollen Frau verwirrte mich. Die Ebbe und die Flut all der Jahre überschwemmten meine Seele und machten mir Angst. Manchmal war mir Phyris begegnet, wenn mein hesperidischer Astralkörper mich beherrschte. Aber die meiste Zeit im Laufe der vergangenen Jahre blieb mein Astralkörper abwesend. Ich kannte Phyris nur als ein Ideal und versuchte, Elisabeth mit ihr und ihren Qualitäten zu vergleichen. Aber diese misslungenen Versuche versetzten mich nur in Angst. Verwundert und in vollkommener Freude sah ich Phyris nun an. Es war ganz natürlich, sie zu sehen und zu umarmen. Ich flüsterte ihr zu: „Endlich bist Du da“,

während ihre leuchtenden Augen den meinen in voller Freude begegneten. Ich empfand kein Verlangen, keinen Wunsch nach Sentimentalem. Nein, all dies verschwand wie ein fieberhafter Traum gleichzeitig mit dem Leben auf der Erde.
Alles schien mir so vertraut, als ich nach Hause kam. Die kommenden sechs Monate auf der Venus (120 Erdentage) wandelte ich in meinem psychischen Körper in diesem Paradies, dem Sternengarten der Hesperiden. Bei meinem letzten Besuch hatte ich die meiste Zeit mit Sohma und Mol Lang verbracht. Nun hatten Sohma und Mol Lang aber andere Dinge zu tun. Sie führten und lehrten noch andere Menschen auf der Erde.
Nichts wissend von ihren Aktivitäten und der Art und Weise, wie Mol Lang die eine oder andere höhere Seele beeinflusst, gehen die Erdenmenschen ihren Gewohnheiten nach und freuen sich, weil sie glauben, alles alleine getan zu haben. Sehr wenige Menschen auf Erden wissen, dass sie auf diese Art geführt werden! Unser Vater beauftragt seine okkulten Kinder, die unteren Brüder zu führen, so wie Er Jesus beauftragte – der eine Inkarnation des Christen ist, ein Sohn des Lichtes, höhergestellt als alle anderen –, die Menschen zu führen.
Die Taten jedes einzelnen der Masse werden unbewusst geleitet durch Bahnen, die man Zufall, Schicksal oder Charakterzüge nennt. Man kann auch sagen, dass die Menschheit zu ihren Taten gezwungen wird, und es universelles Karma nennen. Solange der Mensch im Dunkeln wandelt und die okkulten Gesetze ignoriert, produziert er dadurch ein unabwendbares Karma. Das ist ein unausweichliches Schicksal, das sie selbst produzieren und das die Menschen von Leben zu Leben verfolgt, von Inkarnation zu Inkarnation, denn das Schicksal wurde durch eine Übertretung der Gesetze des Schöpfers geboren.
Bevor er die Prüfung durchschritt und bestand, befand sich Mol Lang unter der Kontrolle des großen universellen Karmas. Aber nach dem Überstehen der Probe wurde sein endliches Leben zu einer ewigen Existenz, und er war das Gesetz für sich selbst. Befreit vom Karma kam er zurück, um den Menschen, die noch in die Gegebenheiten eingegliedert

waren, zu helfen. Mol Lang ist mehr als nur ein Mensch. Er aß von der Frucht des Baumes des Wissens. (Apokalypse XXII-14) Er und seinesgleichen benutzten die Elemente, die Kräfte der Luft, die weder menschlich noch fleischlich sind. Sie fanden in der Menschheit die Neigung zur Sünde und bedienten sich ihr, bei dem Aufstieg des Sündigen zu helfen, der dieselben Fehler beging, über die sie triumphierten. Die großen religiösen Bewegungen, die Kriege und der Geschäftshandel liefern unserer Rasse die Gelegenheit für Erfahrungen. Einige erscheinen uns schlecht und grausam. Sie sind alle ein Teil des Planes von Gott, dienen als Werkzeug den Händen seiner Beauftragten und lehren, dass der Mensch ein Teil vom ewigen Ganzen ist. Wenn man für das Ganze arbeitet, muss man das egoistische Tier in sich selbst dominieren, sonst hat man keinen Zutritt ins Reich des Vaters, sagte der Erlöser.

Wenn Sohma und Mol Lang sich nicht mehr um mich kümmerten, wer dann? Phyris! Sie wurde mein Lehrer und mein Führer und begleitete mich vorwärts bis zu dem Punkt, an dem ich bald den Schlüssel nehmen musste, um die unausweichliche Prüfung alleine zu bewältigen, bei der mir nur die Hilfe meines Glaubens an Gott beistand.

Eines Tages bat Mol Lang mich, ihn in seine persönlichen Räume zu begleiten. Dort sagte er zu mir:

„Phylos, bis jetzt verfügst Du nur über einen Astralkörper, aber Du brauchst wieder einen physischen Körper als Lebensbasis, denn Du musst lernen, Dich selbst zu kennen. Schlafe, um es mir zu ermöglichen, die materiellen Atome um Deinen Astralkörper zu vereinigen."

Ausgestreckt auf dem Bett, auf dem zu liegen er mich gebeten hatte, schlief ich sofort ein. Beim Aufwachen, schaute er mich an. Im ersten Moment erinnerte ich mich an nichts und setzte mich auf.

„Steh auf", sagte Mol Lang.

Ich gehorchte und stellte fest, dass ich mit Haut bekleidet war. So wurde ich zu einem Hesperiden.

Ich hatte nun ein ähnliches Alter wie Phyris. Die spirituelle Natur fing an, in mir zu leuchten, dasselbe Selbst, das auch in

Phyris leuchtete, unsere Ähnlichkeit wuchs. Wegen des Geistes, der sich nun in mir befand, wurde die Natur ein offenes Buch für mich, und die okkulte Weisheit drang von allen Seiten in mich ein. Bald konnte ich meinen Körper verlassen, wann immer ich wollte. Andere Etappen folgten, und ich erreichte in wunderbarer Geschwindigkeit eine Vielzahl von kleinen Kenntnissen, die Gott seinen Kindern, die an Ihn glauben, zur Verfügung stellt. Eine innere Stimme wohnte nun in mir, und wenn sie mir eine Frage stellte, wusste ich die Antwort und antwortete. Sie fragte mich:
Was ist die Erbschaft?
Ich zog die Antwort aus meinem Geist und wusste sie. Die Erbschaft ist die Summe der Erfahrungen, welche die Seele eines Menschen mit sich trägt durch den Devachan, in einem Leben und der folgenden Inkarnation. Sie wird in keiner Form von den Eltern übertragen. Aber die dominierenden Charaktereigenschaften des Kindes werden angezogen durch einen ähnlichen Charakter der Eltern. Gemäß der Umgebung, in der das Kind lebt, bleiben die unteren Charakterzüge schlafend und bilden sich erst aus in der Praxis.
Die Stimme sagte auch noch zu mir: „Nicht alles ist gut. Du hast geerntet, jetzt musst Du wieder säen. Ich bin der ewige Geist in Dir, gehorche mir! Es wurde Dir möglich, meine Präsenz zu spüren, zu hören, zu sehen und auszusprechen. Siegst Du über Dein Verlangen, hast Du Dich selbst erreicht. Du sahst Deine Seele aufblühen und hast die Stimme des Friedens gehört. Geh und lese, was in der Halle der Erkenntnis geschrieben steht, die aus meiner Schöpfung gemacht ist!" Ich las:

Sich aufrecht halten = Vertrauen haben
Hören = die Tür zur Seele öffnen
Sehen = anderen helfen
Sieg über das Verlangen = die Selbstkontrolle über sich erreicht haben
Sich selbst erkennen = sich erreicht haben und von wo aus Du die Teile Deiner Persönlichkeit erkennst

Das Aufblühen Deiner Seele sehen = die zeitweilige Verwandlung sehen, die letztendlich mehr aus Dir macht als nur einen Menschen

„Halte Abstand zu dem Kampf, der bald kommen wird, und sei kein Krieger, auch wenn Du kämpfst. Schau zu mir, und lass mich für Dich kämpfen. Gehorche meinen Kampfregeln, gehorche mir so, als wäre ich Du, dass meine Befehle Deine Wünsche sind, denn ich bin Du und folglich unendlich viel mehr als Du. Halte Ausschau nach mir, und pass auf, dass Du im fieberhaften Kampf nicht an mir vorbeiläufst, ohne mich zu sehen! Wenn Du mich nicht mehr erkennst, werde auch ich Dich nicht mehr erkennen, aber wenn Dein Schrei bis zu mir dringt, dann kämpfe ich in Dir und fülle Deine Leere aus. Du wirst dann unermüdlich sein. Ohne mich wirst Du fallen, mit mir nicht, denn ich bin der Geist. Höre nur dem Lied des Lebens in Deinem Herzen zu! Sag nicht: Dort ist keines. Höre tief in Dein Inneres! Das Lied existiert in jedem Herzen. Es kann in aller Stille da sein, aber es ist da, selbst bei einem schlechten Vagabunden, denn auch er ist ein Kind des Vaters, des ICH BIN. Höre mein Lied, denn in der Zeit, in der Du Mensch bist, spreche ich nicht immer zu Dir. Manchmal musst auch Du die Energie des Schmerzes von mir beziehen. Erforsche die Materie der Erde, der Lüfte, des Wasser und der Winde, und suche die Hüter des Schneeschatzes! Ich gebe Dir Frieden!"
Endlich sah ich und hörte ich, und für Euch, meine Freunde, die dies lesen, spreche ich. Ich multiplizierte meine Rede, indem ich sie druckte, wodurch sie zu jenen kommt, die hören, sehen und verstehen. Jedes Exemplar dieses Buches ist begleitet von meiner Liebe. Besser noch: Mein Auge nimmt jeden Suchenden wahr, der nach der Wahrheit sucht, ob er in einem Palast lebt oder in einer Hütte; ich bin bei ihm, nicht als Person, sondern als Geist.
Ich hatte mich in die Einsamkeit der Berge zurückgezogen, um die Stimme zu hören, und als ich zurückkam wurde ich von einem Wesen begleitet, das kein Mensch war. Seine Gegenwart glänzte voll Licht und Güte. Mol Lang sagte, es sei ein gutes Wesen.

„ Schau, Phylos, es gibt viele Wohnungen im Haus des Vaters, und in einigen befinden sich Wesen, die von Ihm geschaffen wurden. Sie besitzen die Gabe des Willens wie die Menschen, obwohl sie keine sind. Sie waren es nie und werden es niemals sein. Wenn der Geist des Vaters in ihn eindringt, wird der Mensch perfekt und weiß alles. Ist das die Perfektion? Es ist die absolute Harmonie mit der unendlichen Schöpfung Gottes. Es gibt also perfekte Menschen und auch perfekte Wesen, die keine Menschen sind, wie jenes, das hier anwesend ist. Aber alle Dinge in der Schöpfung haben einen Gegensatz. Es gibt auch schlechte perfekte Wesen, die auch keine Menschen sind und es niemals werden. Wer sind sie? Sie sind in perfekter Harmonie mit den Gesetzen ihrer Existenz, aber die Gesetze und das, was sie umgibt, sind gegensätzlich zu den unseren und dem Guten. Die Wesen haben kein freundliches Verhalten gegenüber unserem Leben und sind folglich unserer Meinung nach schlecht. Sie suchen nicht nach uns und wir nicht nach ihnen. Auf der Ebene der Schöpfung ist das Gute und das Böse genau ausgeglichen. Wenn die Harmonie bei uns gestört ist, ist auch ihr Gleichgewicht gestört. Sie suchen nicht danach, uns zu schaden.

Was den Satan betrifft, kennst Du ihn? Er war ein Engel des Lichtes, aber er ist gefallen, und sein Fall war tiefer als die himmlische Höhe, auf der er sich befand. Er ist rebellisch und nicht in Harmonie. Phylos, das Leben ist begrenzt, denn es beschränkt sich nur auf die menschliche Umgebung. Aber die Existenz ist unbegrenzt. Das gute Wesen, das hier anwesend ist, gehört nicht dem Leben an, sondern der Existenz. Schau, es verlässt uns! Dieses Symbol Δ ist der Name seiner Wohnung. In den gefährlichsten Stunden Deiner Probe, male dieses Symbol auf den Boden um Dich herum und bleibe darin stehen! Verlasse es nicht, sondern rufe nach Deinem Vater! Er wird Dir seine Wesen Δ senden, um Dir zu helfen. Friede soll Dich begleiten!"

Mol Lang verschwand und ließ mich alleine.

Die Menschen fürchten alle hinterlistigen Krankheiten, die sie nicht direkt betreffen, aber einen wunden Punkt in ihnen berühren. So war es auch mit der letzten und endgültigen Entscheidungsprobe, bei der ich hinterlistig mit teuflischen

Waffen angegriffen wurde. Die Erde hatte mich in vielen Leben geprüft, aber die Prüfung, die jetzt kommen sollte, war größer als alle vorherigen auf der Erde. In der Tat – die einfachen Angriffe der menschlichen Fehler waren nicht zu vergleichen mit den intelligenten Attacken, die von Luzifer und seinen revoltierenden Begleitern gut geplant waren. Von welcher Natur war diese Prüfung?
Sie entscheidet, ob im Laufe der vielen Inkarnationen eine Seele ihre Chance nutzte, um sich zu bessern und Gutes zu tun und ob sie der großen Linie des Weges gefolgt war. Wenn ja, ist sie stark genug oder wird es werden, um dem großen satanischen Feind zu widerstehen. Wenn nicht, ist ihr Fall unabdingbar, und sie muss den zweiten Tod sterben.
Hat das Leben eine Seele darauf vorbereitet, alle Fehler zu verzeihen, alle egoistischen Interessen zu vergessen und jenen zu helfen, die weniger Licht in sich tragen, sich einem traurigen und armseligen Schicksal zu stellen und sich den Fehlern zu unterwerfen?
Haben wir aus uns eine Natur gemacht, die sich beherrschen kann? Ist die Seele erfüllt vom Glauben, der Hoffnung und der Nächstenliebe gegenüber anderen Menschen? Wenn ja, hat sie die Stimme gehört und wird nicht fallen. Aber wenn eine Seele all diese Qualitäten nicht besitzt, auch wenn sie die Sehergabe hat, über alle Dinge Bescheid weiß und einen Glauben besitzt, der Berge versetzt, wird all dies ihr nichts nützen am Tag ihrer Prüfung. Sie wird dadurch dem Satan nur ähnlicher und ihr Los wird noch schlimmer sein.
„Gehe zum heiligen Ort“, sagte die Stimme zu mir.
Und ich, der gehorchen konnte, ging in ein Zimmer, gebaut aus Steinen, das neben unserem Haus stand. Ich begegnete dem, dem auch Zailm begegnete, als er mit Mainin eingesperrt war.
Es war die Erscheinung des lebendigen Christen. Ein Mensch, der jedoch mehr war, denn er war der Geist, den man nicht mehr mit dem Mensch vergleichen kann. Eine wunderbare Stimme sprach zu mir:
„Hab keine Angst, ich bin es!“

Die Tinte und das Papier können nur eine vage Idee von dem vermitteln, was sich ereignete. Versucht, Euch ein Bild zu machen, und betrachtet es mit meiner Hilfe!
Der Blitz leuchtete wie Feuer, wie ein großer Stern, umgeben von kleinen Sternen. Das Kreuz formte einen Weg, der offen war dem Leben gegenüber, während der Ring das Ewige ohne Anfang und Ende symbolisierte. Das Buch war das Wort und leuchtete in einem glänzenden Scharlachrot. Über all dem das Ewige, Allmächtige und Allwissende, der Wächter, der niemals schläft und die persönliche Erscheinung durch das Auge manifestiert.
Ich befand mich in Anwesenheit des Erlösers, der für mich sichtbar gemacht wurde. Durch Seine Anwesenheit kannte ich alles, was die Schöpfung betraf, denn der Geist war in mich gekehrt, aber nicht, um dort zu bleiben, denn die Prüfung hatte noch nicht stattgefunden. Ich blieb einige Wochen in dieser heiligen Stätte, ohne zu essen und zu trinken, was ich auch nicht brauchte, denn ich war ganz und gar vom Heiligen Geist erfüllt. Am Tag des großen Friedens würde dieser Geist in mir sein und ich in Ihm – für immer. Aber bis dahin besaß ich keinen Führer und keine Regeln. Ich musste der Prüfung mit den Kräften, die ich aus meinen vergangenen Leben zog, begegnen. Selbst der Christ sollte während dieser Prüfung verschleiert sein.

KAPITEL 11

Sein oder nicht sein, das ist hier die Frage (Hamlet)

Das 4. Kapitel des Heiligen Matthäus

Als ich eines Morgens wach wurde und wusste, dass der Tag der Prüfung gekommen war, stellte sich mir die Frage, ob ich die ewige Existenz erhalten würde oder nicht; ob ich auserwählt war für das geistige Leben oder den zweiten Tod. Ich stand auf und begab mich in die Einsamkeit der Berge, begleitet von einem mir vertrauten Tier, das aussah wie ein Hirsch und das mir überallhin folgte. Auf einer Lichtung zeichnete ich mit meinem Stab das Symbol Δ, das sofort zu einem roten Feuer wurde und ohne Unterbrechung an- und abschwoll. Ich stand im Inneren, während der Hirsch auf der Wiese graste. Ab dem Moment, in dem ich das Symbol gezeichnet hatte, war das gute Wesen da, und wir hatten eine lange Unterhaltung. Es sagte zu mir:
„Siehe, Deine Stunde ist gekommen, und es wird Zeit, dass ich Δ Dich verlasse, obwohl ich gerne Deinen Platz eingenommen hätte. Aber niemand kann es für Dich tun oder Dir dabei helfen. Trotzdem sage ich Δ Dir, dass ich Δ glaube, dass Du siegen wirst, denn ich Δ kenne Dich schon sehr lange. Nun ist für Dich die Stunde der Prüfung gekommen, in der Deine Vergangenheit, die alle Tage und Leben, die Du gelebt hast, beinhaltet, sich erhebt und Dich richtet. Sie entscheidet, ob Du perfekt sein und den Namen Phylos tragen wirst oder ob Du fällst, was bedeutet, dass Du alle Qualen des Lebens aufs neue durchschreiten musst in den kommenden unzähligen Jahren. Der Vater sagte durch den Geist, dass alle Menschen sich der Worte, die sie aussprechen, bewusst sein sollen und viel mehr noch ihrer Taten!“
Ich hörte zu, ohne ein Wort zu sagen, und fragte mich, welche Aussage wohl gegen mich stand. Sie konnte gut oder schlecht sein, schlimmer noch, begleitet von einem unausstehlichen, lästigen Charakter.

„Hab keine Angst, sagte Ovias Δ, denn Du hast nicht eigennützig gelebt. Es steht auch nichts Schlechtes über Dich geschrieben. Wisse nur, dass der Geist Christi den Buddha überschattet und die Mächtigsten der Erde, denen er seine Prinzipien eingeschärft hat, um sich in ihnen zu inkarnieren; dass er Gottes Sohn ist, doch sie waren nie Gottes Söhne bevor sie sich mit Ihm vereinten. Wisse jedoch, wenn Du aus diesen Prinzipien Deine Kette machst und den Lebensfaden Deines Charakters, dann hast Du nichts zu befürchten, denn der Stoff dieser Art ist solide. Es ist jener, von dem Jesus sprach, wenn er sagte: Seht, ich bin immer bei Euch, selbst beim Ende der Welt. Er sagt es auch noch heute, denn Er ist unabhängig von der Zeit. Nicht eine einzige Tat ist hier, um Dich zu beschuldigen, aber jeder Deiner Gedanken, jedes Deiner Werke, jede Deiner Handlungen, die großen, wie die kleinen, tragen im Laufe Deiner vielen Wiedergeburten zu der Formung Deines Charakters bei. Dieser Charakter – ist er bezogen aus dem Stoff den Christus Dir gab, jener, der erschien als himmlische Persönlichkeit, Jesus, der Buddha erleuchtete, Zoroasta, Moses, Manu und andere Erlöser? Wenn Du aus diesem Stoff geformt bist, wirst Du siegen, auch ohne jede Unterstützung. Doch wenn nicht, wirst Du fallen und selbst ich Δ könnte Dich nicht retten.
Ich Δ gehe jetzt. Sei tapfer, und dass immer ein Berater bei Dir ist! Bestehe in Frieden!"
Ich blieb den ganzen Tag dort, ohne müde zu werden. Es wurde Nacht. Gegen Mitternacht fing mein Hirsch an, fürchterlich zu schreien und suchte Schutz in meiner Nähe. Als er auf mich zukam, schützte ich ihn vor der Flamme Δ. Er blieb zitternd draußen stehen, aber ich konnte keinen Grund für seine Angst erkennen, außer Mol Lang, der sich der flachen Seite des Platzes näherte. Ohne zu zögern, ging er auf die Feuerlinie zu, so als könnte er sie durchschreiten. Aber ich war mir der Gefahr meiner Situation bewusst und sagte:
„Stop! Wenn Du Mol Lang bist, darfst Du kommen. Aber wenn Du eine Form der Versuchung bist, wird Unheil über Dich kommen, sobald Du diese Linie überschreitest, denn er Δ wird Dich strafen, wie es nur ein Unsterblicher kann."

Anstatt zu kommen, verlor die Gestalt die Erscheinungsform von Mol Lang und nahm eine andere an. Der Verführer sagte: „Ich sah Deinem geliebten Lehrer so ähnlich, dass Du uns unmöglich hättest auseinanderhalten können. Ab dem Moment, wo Du diese Probe der Verwirrung überstanden hast, wirst Du siegen über den Tod und die Sünden. Ich habe keine Macht über Dich, und Du bist frei, in Dein ewiges Leben einzutreten, in dem es keine Inkarnation mehr gibt."
Die Form zog sich zurück, aber meine innere Stimme flüsterte meiner Seele zu:
Sei noch eine Weile vorsichtig!

So blieb ich eine Weile stehen, ohne belästigt zu werden, bis ich merkte, dass ich schläfrig wurde. Ich wusste, dass dies eine körperliche Müdigkeit war, und bedauerte, dass ich diese

Prüfung nicht in meinem Astralkörper bestehen konnte. Ich riss mich zusammen und erhob mich schnell, denn die Umgebung hatte sich verändert. Die Wiese auf dem Berg war verschwunden, und statt der Nacht, schien es taghell zu sein. Ich nahm eine Szene wahr, in der sich allem Anschein nach alle Menschenrassen und Unsterbliche versammelten. Wie mir schien, wurde ich bei meinem Besuch in diesem Reich von jemandem geführt, der gut war wie ein Gott.
Aus Vorsicht umgab ich mich von Kopf bis Fuß mit der Flamme Δ, die für mich wie eine Rüstung war. Mein Führer lächelte, ohne etwas zu sagen. In Gedankengeschwindigkeit nahm er mich mit von einem Stern zum anderen, durch den großen interstellaren Raum, um in einem neuen Reich anzukommen. Alle diese Reiche waren bewohnt von Geschöpfen mit menschlicher Form, oder sie besaßen zumindest menschliche Eigenschaften. Sie verneigten sich vor mir und schienen mich zu mögen, weil mein Führer zu ihnen sagte: „Schaut, das ist Euer Meister."
Einst waren sie alle ihren Vergnügungen nachgegangen und passten sich ohne Sorge den vielen Eigenschaften der Erdenmenschen an.
Mein Führer sagte:
„Das sind Seelen, in denen ich gewisse Neigungen wachsen ließ. Warum sollte ich sie für das bestrafen, was ich in ihnen schuf? Meine Geschöpfe machen es gut. Ich belege sie mit keiner Grenze, sie haben freien Lauf in ihren Dingen, der Lüsternheit und den fleischlichen Begierden. Schau, sie sind glücklich. Ich werde sie unter Deinen Befehl stellen, für eine gewisse Zeit. Während sie ihren Vergnügungen nachgehen, strahlen sie eine gewisse Art von vitalem Magnetismus aus, und weil Du nun ihr Chef bist, wird er Dir zu Kopfe steigen wie ein junger Rotwein."
Während mein Führer sprach, veränderte sich mein Blick und mein Gefühl dieser Gemeinschaft gegenüber, und ich tauchte wirklich in eine Ekstase ein und eignete mir eine wahnsinnige körperliche Freude an. Ich entfernte sie jedoch, indem ich die Gefühle ablehnte, woraufhin mein Führer sagte:
„Oh, Du bist blind! Du hattest dieses Reich für Dich und eine absolute Macht über es, Dein Wort wurde über Leben und

Tod gestellt. Du kannst auch Phyris mit hierher bringen und mit ihr auf ewig machen, was Du willst, ohne dafür bestraft zu werden. Willst Du diese Gabe der Obergewalt akzeptieren? Sie kostet nichts, Du brauchst sie nur zu akzeptieren."
Oh, wo war mein erlerntes Wissen meiner vielen Leben und das meiner inneren Stimme geblieben? Weggeflogen! Vollkommen verschwunden, doch wusste ich sofort, dass ich dieses Angebot nicht annehmen durfte. Man bot es mir kostenlos an, was gegen die himmlischen Gesetze verstieß, denn man bekommt niemals etwas umsonst. Ich umgab mich mit meiner Rüstung Δ aus Angst, dass dieses Wesen, das so wunderbar schien, in Wirklichkeit gar nicht gut war. Wenn es böse war, konnte dieser Kontakt für mich fatal sein. Also sagte ich:
„Ich glaube, dass Du ein Gewand des Himmels trägst, um Satan besser dienen zu können. Dämon, Du ermöglichst mir, mir all diese Bewohner hörig zu machen. Die Welt, die Du mir zeigst, wird beherrscht vom Vergnügen, der Lüsternheit und dem Egoismus. Diese zügellose Gemeinschaft besitzt nichts Heiliges. Du würdest Dich meiner bemächtigen, wenn ich Dein Angebot annehmen würde. Ich, der ich gerade dabei bin, unsterblich zu werden, mehr als ein Mensch und befreit sein werde von Karma. Das gewonnene Vergnügen, wie Du es nennst, formt den Hauptbestandteil des Egoismus. Als der Schöpfer dieses Reiches bist auch Du egoistisch. Es gehört Dir. Warum willst Du es mir geben? Ja, Du würdest dann über mich herrschen. Ich werde Dein Angebot nicht annehmen und es auch niemals tun. Einzig Gott ist mein Meister. Geh und stelle Dich hinter mich!"
Die Szene verschwand langsam wie der Nebel bei Sonnenschein. Ich hoffte, dass der Kampf zu Ende war, denn ich war müde. Ich befand mich aber wieder auf der Wiese bei dem Feuer Δ, das die Linien entlang flackerte und loderte. Nichts konnte den Schutz dieser Flamme durchbrechen, denn es symbolisierte den perfekten Zustand eines Wesens von einer anderen Rasse, die nicht menschlich ist. Einzig die Perfektion konnte sich gegen das Feuer behaupten, die Perfektion des Guten. Die Perfektion des Bösen hatte der Flamme noch nicht die Stirn geboten und ich bezweifelte

sogar ihre Existenz. War alles, was man mir angeboten hatte, nicht sowieso mir, durch meine himmlische Abstammung? Durch mentalen Einfluss erlaubt Gott seinen Kindern, sich zu kontrollieren, einmal im guten Sinne, aber auch im bösen. Existiert eine bedingungslose Oberherrschaft außer der Liebe, die nach den Geboten handelt? Es gibt keine! Während ich so nachdachte, kam mir eine charmante und zarte Vision in den Sinn und siehe, plötzlich stand Phyris vor mir.
Bist Du Phyris? fragte ich.
„Könnte eine andere als Phyris sich der Flamme Δ stellen?", antwortete sie, durchschritt die Barriere und legte sich neben mich. Es schien wahr zu sein, denn Ovias Δ war ein perfektes Wesen und nur die Perfektion war der Perfektion ebenbürtig."
Ich hörte einen leisen, traurigen Seufzer. Tränen kullerten aus ihren Augen.
„Warum hast Du Kummer, Phyris?"
„Du fragst mich das, Phylos?" Ich werde Dir antworten. Es ist wegen einem Bekenntnis. Auch ich werde einer Prüfung unterzogen. Ich muss Dir eine beklagenswerte Geschichte der Sünde beichten, und das Unheil wird mich treffen, wenn Du mich ihretwegen zurückweist."
Weil sie zögerte, sagte ich verständnisvoll zu ihr: „Sprich!"
„Na gut! Sie passierte vor langer Zeit auf Atlantis, als ich noch Anzimee war und Du Zailm. Erinnerst Du Dich noch? Sicherlich ja, und es macht Dich auch heute noch traurig. Du warst mit Deinem Vailx geflohen, um Lolix zu vergessen. Weil Du nicht zurückkamst, war ich verrückt vor Schmerz und ging zu Mainin in den Tempel. Er war überrascht über meine Verzweiflung und fragte: ‚Liebst Du Zailm immer noch, Prinzessin?' ‚Wie meine eigene Seele, Priester.' ‚Das überrascht mich, aber egal. Du fragst mich, ob ich Dir helfen kann beim Suchen? Nehmen wir einmal an, ich liebte Dich, ich, der ein Zölibat leistet. Was würde ich bekommen, wenn ich meine Macht benutzte und Dir sagen würde, dass Zailm niemals zurückkehren wird.' Ich betete ihn an, für Deines und mein Leben. Ich flehte um Erbarmen. Endlich verschwanden die ernsten Züge auf seinem Gesicht, und er sagte freundlich:
‚Ich möchte Euch nicht trennen. Ich prüfe nur Deine Liebe zu ihm. Trotzdem möchte ich eine Gegenleistung für meine Hilfe.

Es geht nicht um Geld noch um Schmuck oder Macht, davon habe ich im Überfluss. Es gibt nur eine Sache, die Du mir geben kannst. Hör zu! Als ich anfing, die Geheimnisse der Natur tiefer zu ergründen, war ich neugierig und sammelte Erfahrungen. Ich suchte Unterstützung bei einem Dämon der Armee des Satans, um aus ihm meinen Diener zu machen. Aber ich hatte seine Macht unterschätzt. Ich wurde von ihm dominiert und sein Opfer. Eines Tages wird meine Seele von Luzifer konfisziert, um meine Sünden zu zahlen. Ich kann der Sache nur auf eine Art und Weise entkommen, nämlich, indem ich ihm an meiner Stelle eine weniger erfahrene Seele liefere. Vor der Nacht, zur Kultstunde, werden ein junges Mädchen und sein Geliebter mich aufsuchen und mich bitten, ihre Verbindung zu trauen. Ich werde zeitweilig abwesend sein, doch Du wirst da sein bei dem Paar. Sie sind schwach, haben aber niemals gesündigt. Aber sie neigen dazu, Fehler zu machen. Ich bitte Dich nur um eins! Wenn sie nach mir fragen, sage ihnen, dass ich fort bin und füge hinzu:
‚Seid Ihr gekommen, um Euch hier trauen zu lassen?' Dann lächele und sage: ‚Nur die einfachen Leute machen ihre Paarungszeit öffentlich. Bedachte Menschen heiraten niemals und sind doch auf ewig miteinander verbunden.'
Sag nicht mehr! Wenn sie sich der Bemerkung bewusst sind und nicht heiraten, werden sie in die Sünde fallen und ihre Seelen verlieren. Ich aber, der große Priester, werde gerettet sein. Auch wenn sie nicht auf Dich hören und heiraten, werde ich trotzdem Zailm retten.'
Mainin unterbrach seine Rede. Ich hatte große Angst, und als ich gerade ablehnen wollte, sagte er: ‚Erinnere Dich, dass Du die einzige bist, die Zailm retten kann.'
Ich hielt ihn zuerst für einen Dämon. Dann sagte ich zu mir, dass es ganz normal sei, dass er versuchte, seine Seele zu retten, auch wenn eine andere dadurch zerstört wurde. Oh, ich wünschte so sehr, dass Du zurückkehrst, Zailm.
Ich stimmte weinend zu. Meine Seele flüsterte, dass diese Tat schlecht sei, aber mein Herz bat mich, für einmal blind zu sein gegenüber dem Guten und dem Schlechten.
‚Priester, ich werde Deiner Bitte nachkommen.'

Ich tat es, aber Mainin – untreu gegenüber Incal – betrog auch mich und brachte Dich nicht zurück. Als der Kaiser Gwauxln Deinen Tod verkündete, starb auch ich voller Schande an gebrochenem Herzen.
Der Mann und die Frau unterlagen meiner Versuchung und starben, nachdem sie jahrelang in Sünde gelebt hatten, unglückselig, aber verbunden.
Was mich betrifft, lieber Phylos, indem ich dem Willen von Mainin nachgab, verkaufte ich meine Seele an den Erzpriester der Dämonen, den Satan, den Meister von Mainin. Mein Leben ist also verloren, außer wenn mir jemand zur Hilfe kommt – verloren trotz der Summe meiner Erfahrungen und meinem starken Versuch, alles gut zu machen und zu reparieren. Alles, was ich versucht habe, war umsonst! Aber Du, meine Zwillingsseele, Du kannst mich retten. Wenn Du es nicht tust, bin ich von den ewigen Gesetzen zum zweiten Tod verurteilt. Meine Seele wäre vernichtet. Mein Geist, der es nicht schaffte, sich mit meiner Seele zu vereinen, wird zu seiner Quelle zurückkehren, zu unserem Vater. Dann, weil ich eine Seele bin und Dein Geist auch meiner ist, wirst auch Du umkommen. Rette Dich, um auch mich zu retten!"
„Und wie?", fragte ich.
Ich war krank vor Kummer bis in die Tiefe meiner Seele und litt unter Ängsten, die so intensiv waren, dass ich mich an einem Punkt befand, mich vom Leben lösen zu wollen. Ich fühlte mich so krank, weil Phyris sich in Todesgefahr befand. Mein anderes Ich, mein reiner Engel, befand sich in einem fatalen Sumpf, und ihre Seele wurde bedroht vom Tod. Und weil sie sich in Gefahr befand, war auch ich es, denn unser Geist war eins.
„Aber wie?", murmelte ich vor mich hin.
„Siehe, der Mann, den ich damals, als ich noch Anzimee war, vom rechten Weg abbrachte, hat seitdem schon einige Male inkarniert und wurde von Mal zu Mal schlechter. Er befindet sich zur Zeit auf der Erde und wird konfrontiert mit einer Versuchung, die, wenn er unterliegt, sein Leben für immer ins Böse stürzen wird, wodurch er den zweiten Tod erfährt. Wenn er dieser Versuchung jetzt nicht unterliegt, weiß ich nicht, ob er davonkommt oder den zweiten Tod erfährt, und er wäre

uns nicht mehr nützlich, denn unsere Zeit ist begrenzt. In beiden Fällen würden wir sterben. Ja, wir werden sterben, wenn Du nicht sofort reagierst. Wenn seine Seele jetzt jedoch besteht, haben wir eine Chance zu entkommen. So sagte es Mainin, der sich nun in der Dunkelheit außerhalb befindet, aber immer noch Macht über mich hat. Es ist unsere einzige, wenn auch schwache Hoffnung. Oh, Phylos! Überlege! Auf der einen Seite ist das ewige Leben, die Erleuchtung, die Chance, alle unsere Fehler wiedergutzumachen, und vielleicht schaffen wir es, diesen Mann zu retten. Auf der anderen Seite steht die Vernichtung, der zweite Tod, die Verwerfung in die äußere Dunkelheit und ein Wiederholen des teuflischen Lebens."

In der Stille der Nacht stand Phyris mit gefalteten Händen vor mir, ihr Gesicht mit Tränen bedeckt, man konnte ihre schreckliche Angst sehen, während sie mich bat zu handeln – zu handeln für sie, wie ich es noch nie im Leben zuvor tat, und gleichzeitig auch für mich, unser beider Leben zu retten und alles gut zu machen. Aber wie? Sollte ich meine okkulte Macht benutzen und den Mann, der sich auf einem weit entfernten Planeten befand und bis zum Hals in der Sünde steckte, sich nicht beherrschen konnte, dadurch beeinflussen. In was war er involviert?

Er war Gouverneur eines großen Staates und gerade dabei, die Begnadigung von zwei zum Tode verurteilten Männern abzulehnen. Sie waren unschuldig, das wusste ich und der Gouverneur auch. In der Tat nutzte er seine Situation, sein Geld und seine Macht aus, um ein Netz der Verstrickung gegen die beiden Männer zu weben, denn niemand anderes als er selbst war der Mörder. In einer Stunde würde er unterzeichnen oder auch nicht, aber die Rückgängigmachung machte nur einen verschwindend kleinen Unterschied im Angesicht der großen Sünde. Anzimee bat mich, ihn mit okkulten Mitteln zu ermutigen. Dieser Mann, der so tief schlecht war, würde er eines Tages den schlechten Weg verlassen und den guten Weg einschlagen? Es war kaum vorstellbar! Ich sollte ihn psychologisch antreiben, den Doppelmord zu gestehen, um Phyris, die ich so liebte, zu

retten. Und es wäre mir eine Freude gewesen zu tun, um was man mich bat.
Eine Straftat ist leicht zu begehen. Während die Angst der Hoffungslosigkeit mich lähmte, kam ein Hoffnungsstrahl in Form einer Frage.
Wird diese Tat Euch wirklich retten? Sagte Gott nicht: Du sollst nicht töten! Und würde ich nicht mit dem Gouverneur die Last des Doppelmordes teilen? Ich erhob mich und sagte in einem ruhigen Ton, ja mit einer erschreckenden Ruhe:
„Na gut, auch wenn wir in der äußeren Dunkelheit untergehen, so werde ich es nicht tun. Du, die mir teurer ist als mein eigenes Leben, darfst mich nicht darum bitten. Unser Vater sagte:
‚Jeder, der Schlechtes tut, muss den Preis dafür zahlen.'
Und Du, und wir, wenn wir eine Seele der Finsternis ausliefern, oh, meine Frau im Geiste, glaubst Du nicht, dass auch wir uns selbst damit ausliefern würden?
Also, selbst wenn ich mit meinen Worten Deinen und meinen Tod besiegele, verweigere ich mich, diese Sünde zu begehen. Ich werde nicht das tun, was Du von mir verlangst. Ich bin nicht so tief gefallen. Ich bewahre die Möglichkeit, Dir eine hilfreiche Hand zu reichen, um die Entwicklung Deines Fehlers aufzuhalten. Du kannst in die Zeit zurückkehren und auf der Erde inkarnieren, so oft wie es nötig ist, um die Sünde auszulöschen. Auf der Ebene, auf der meine Seele voranschreitet, werde ich während dieser Zeit, die Du brauchst, um Dich zu reinigen und zu mir zurückzukehren, auf Dich warten, selbst wenn es 10.000 Jahre dauern wird. Ich werde Dich führen, so dass Du während dieser Prüfung nicht sündigst, und wenn meine Führung nicht ausreicht, werde ich zu Dir in das irdische Leben zurückkehren, um Dir zu helfen. Im Moment aber muss ich hier bleiben, damit mein reines Licht seinen Anfang findet. All dies würde ich tun. Wenn es im Universum die Möglichkeit gäbe, jemand anderen zu schicken, um die Sünde auszulöschen, würde ich Dich hier lassen und an Deiner Stelle gehen. Aber den Mann auf der Erde verurteilen und uns mit ihm, nein! Ich kann eine solche Sünde nicht begehen."

Phyris zuckte krampfhaft, und ihre Sternenaugen strahlten Hoffungslosigkeit aus, die eine solche Angst in mir auslöste, dass ich mit lauter Stimme nach Gott schrie. Mit einem traurigen Seufzer und wie eine verlorene Seele, sagte sie:
„Oh, Phylos, überlege gut, Dein Gerechtigkeitssinn lässt die Engel weinen und den Priester lachen."
„Phyris, meine Liebste, ich habe alles gesagt. Ich werde meine Meinung nicht ändern."
Sie machte Anstalten zu gehen, mit den Händen bedeckte sie ihr ängstliches Gesicht und brach in Tränen aus.
Als sie sich dem Feuer Δ näherte, sagte sie:
„Phylos, ich konnte eintreten, aber meine Macht ist verflogen, ich kann nicht mehr hinaus. Senke die Flamme!"
Ich war ausgebrannt, fast tot vor Schmerz nach dieser unsterblichen Verletzung und sah, dass auch ich zu schwach war, die Flamme zu senken. Ich schaute in das Innere meines Wesens und sah, dass das Licht des Geistes verschwunden war. Ich verstand in dem Moment die Bedeutung des schrecklichen Hilferufes von Jesus. Auch er, in der schrecklichen Versuchung der menschlichen Prüfung, sah seinen Geist in sich schwinden als er schrie: Eloi, Eloi, lama Sabachthani? (Mein Gott, mein Gott, warum hast Du mich verlassen?)
Wie er schrie auch ich zum Vater, und bald darauf kam das Licht zurück. Die Finsternis verschwand mit großem Donner. Ich sah die Sonne hoch am Himmel stehen und mich in einer lokalen Finsternis. Die Flamme Δ verblasste, Phyris kniete sich vor mir nieder und bat um Verzeihung.
In dem Moment wusste ich, dass es nicht sie war, sondern dass Gott der Vater in mich eingekehrt war, um dort auf immer zu bleiben. Die Vollkommenheit des Bösen mit ihrer List hatte versagt, und die verfänglichen Attacken waren vorbei. Die Kräfte, die ich aus vielen vergangenen Leben besaß, hatten standgehalten, und halb ohnmächtig war ich bei Christus angekommen.
Im Laufe meiner Sühne war ich durch alle Leiden gereist. Nun hatte ich mein Karma ausgelöscht, und die ewige Existenz war mein.

„Gloria in Excelsis! Laus Deo!" Ich hörte die Gesänge der Sternenarmee Gottes.
Die Stimme sprach: „Deine Prüfung ist vorbei. Ich bin sehr glücklich. In der Heiligen Schrift wird gesagt: Du musst geboren werden aufs neue, aus Wasser und Geist. Du bist nun aus Wasser geboren, das die materielle Welt ist und aus dem Geist, der Ich bin, besteht der nun in Dich eingetreten ist. Der körperliche Tod und seine Inkarnationen repräsentieren nur die Nacht, die nach dem Tag kommt, und den Tag, der nach der Nacht kommt. Es ist nicht das Wechselspiel von Tag und Nacht, auf das sich das Geschriebene bezieht. Du wurdest sehr oft auf der Erde geboren, und jedes Mal starb Dein fleischlicher Körper. Aber Deine Wiedergeburten waren nicht die aus dem Wasser und Mir. Deine Inkarnationen bereiteten Dich nur darauf vor, die materiellen Wasser für Mich zu verlassen. Du bist nun ein Sohn des Lichtes und vereint mit dem universellen Vater und ähnlich dem Nazarener. Bringe meine Worte zu allen Menschen, so dass alle, die den Willen besitzen, auch zu Mir kommen, so wie auch Du dem ersten Manne folgtest, der Dich zu mir brachte."
Ich sah Phyris sich nähern, und ich wusste, dass sie es diesmal wirklich war. Auch sie hatte ihre Prüfung bestanden und den Versuchungen widerstanden, aber ihre Prüfung hatte vor neunzig Jahrhunderten stattgefunden.
Vielleicht sagst Du nun zu mir:
Ich dachte, dass Zwillingsseelen dem Karma gemeinsam begegnen, und nun sprichst Du von einem Intervall von neunzig Jahrhunderten?
Siehe, mein Freund, die Zeit misst nur die verwendete Energie. Wir arbeiteten an dem gleichen Werk, also waren wir zusammen. Ist der heilige Paulus mehr gerettet als die letzte wiederhergestellte Seele?
Und doch kannte Paul Jesus schon vor 2.000 Jahren. Für Phyris und mich schien die Prüfung Jahrtausende zu dauern.
Während wir so dastanden, hatten wir eine glorreiche Vision, und die Stimme, die wir hörten, sagte:
Kehrt in Eure große Vergangenheit zurück. Wenn Ihr es getan habt, schaut auf die Erde, und sucht nach Möglichkeiten, den Bewohnern Eure Lebensgeschichte zu erzählen. Es wird Euch

nur einen Augenblick kosten, aber der ausführenden Person auf Erden wie Jahre erscheinen.
Anschließend siehe: Ich bin deine Stimme und dein Geist. Eure Seelen werden sich vereinen. Du wirst ab dem Moment keine zwei Körper mehr besitzen, sondern nur noch einen Geistkörper, den Meinigen, denn ohne Mich seid Ihr nichts. Friede sei mit Euch auf ewig!“
Liebe Leser, Ihr werdet sicherlich Schwierigkeiten haben, eine solche Vereinigung zu verstehen. Meditiert tief über dieses Thema, denn eines Tages, wenn Ihr Eurem Erlöser treu seid und Ihm folgt, Ihr aus dem Krug trinkt, aus dem auch Er trank, und Ihr die Prüfung besteht, werdet auch Ihr damit konfrontiert.

Buch 3

Die Wege des Himmels

Und solange Du das nicht hast,
dieses: stirb und werde,
bist Du nur ein trüber Gast
auf dieser dunklen Erde ***(Goethe)***

KAPITEL 1

Ihr erntet, was Ihr sät

Nehmen wir einmal an, ich hätte den Kampf verloren und das Urteil hätte geheißen:
Mané, Thecel, Pharès.
(Im hebräischen Text liest man: Mené, Mené, Tekkel, Tekkel, Ourpharsim, was übersetzt heißt: Zählt, zählt, wiegt, wiegt, nehmt Maß.)
Also, mein Schicksal, unser Schicksal, wäre dem von Mainin aus Caiphul gleichgekommen. Für mich, der zweifelsohne die Bedeutung kennt, ist dieses Schicksal viel erschreckender, als für den unwissenden Leser.
Ich wäre ein Bruder des Teufels geworden, ein Untertan des Satans, dem es möglich ist, uns mit schrecklicher List zu verführen. Wenn er siegt, macht er aus uns, seinem Opfer, einen Sklaven, der sich fortwährend neue Schuld auf sein Karma lädt. Denn ein Diener des Satans riskiert in kurzer Zeit ein Karma, das schlimmer ist als alles, was man in einer langen Existenz eines schlechten Menschen erfahren kann. Dieses Karma bedeutet, ein Sklave zu sein – aber für wie lange? Bis zum Ende der materiellen Welt!
Wenn die Himmel eingerollt werden wie eine Rolle und in der Hitze verschmelzen, werden Satan (Luzifer) und seine Diener sich im Fegefeuer des zweiten Todes versammeln. Das soll heißen, dass die Kraft der Rebellen, diese Energie, welche die Seele trennte und kraftvoll durch die Vergangenheit brachte, unpersönlich und nicht mehr individuell gewesen wäre – zusammengeworfen in dem elementaren Feuer der Kräfte der

Natur, jene wie der Wind, die odischen Kräfte, Strom und Magnetismus.
Aber die Vernichtung existiert nicht und der Tod auch nicht, denn der Geist kommt von Ihm, der das Leben schuf. Später, nach Millionen von Jahren, wird der Vater aufs neue seine verirrten Elemente einsammeln in Form eines Nebels, kosmischen Staubes, in Form von Welten, Sonnen und Systemen, und damit einen neuen Himmel und eine neue Welt schaffen.
Dann wird die unpersönliche, rebellische Masse sich wieder in dem protoplasmischen Leben inkarnieren, aus dem sie sich entwickelt und aufsteigt in einer unzähligen, langen Inkarnationsreihe. Dann, nach einer Ewigkeit im materiellen Leben, wird sie die Eigenschaften eines Menschen wieder finden und dem Entscheidungspunkt gegenüberstehen. Je nachdem, ob er verliert oder siegt, muss er, wie Sisyphus, den ermüdenden Weg wiederaufnehmen oder kommt nach schwerem Kampf in die ewige Existenz.
Aber es gibt keinen und wird niemals einen Tod für den Geist geben, sondern nur für die Seele. Lerne dies mit Sorgfalt, lieber Leser! Es ist das Los eines jeden Übeltäters, der sich an Satan verkauft, denn das ist der Anteil des Satans. Unser Vater hat den Weg für uns vorbereitet. Es ist ein schwieriger Weg, doch gerade wie die Klinge eines Schwertes, bei dem alles so perfekt ausgeglichen ist, dass es unmöglich ist, nach links oder rechts auszuweichen. Wir sind gezwungen, ihm zu folgen mit Ausdauer und Regelmäßigkeit. Alle, die den Weg beschreiten, müssen enthaltsam sein beim Essen, beim Trinken, beim Schlafen und bei allen Dingen, welche die Probleme dieser Welt ausmachen. Um als würdig anerkannt zu werden, darf man nicht heiraten noch versprochen werden, sondern sollte als Kind in das Reich Gottes eintreten. Wollüstige Dinge setzen den Geist der Sünde aus. Ihre Erfahrung ist wichtig, und das karmische Übel begleitet den Sündigen, bis er den Weg findet und ihm folgt.
Wenn Du in Dir das Gehör und die Intelligenz hast, höre gut zu, denn hier sind die Worte des Meisters.

KAPITEL 2

JOB XXXVIII-7

Betrachtet Ihr den Sieg des Vaters in Euch, singt Ihr ein Loblied als Antwort für die Söhne Gottes, die kamen, um Euch zu begleiten.
Dann habt Ihr die Perfektion erreicht und die Gesetze befolgt. Befreit vom Karma, unsterblich neben Jesus, müsst Ihr nicht mehr inkarnieren, Euer Leben ist beendet, aber Eure Existenz hat gerade erst begonnen.
Ist dies paradox? Im Laufe der immensen Zeit besitzen wir das Leben, aber nicht die Existenz, die keinen Anfang und auch kein Ende kennt und unabhängig von der Zeit ist. Jedes Selbst besitzt sie und hatte sie immer in sich vom Vater. Was das Leben betrifft, so hatte es immer einen Anfang und folglich auch ein Ende. Wenn es unter dem starken Einfluss der Wiederholung verläuft, trennt es sich von seinem Selbst und orientiert sich nach dem Lauf des Lebens, wo es den Tod erbt. Muss eine Seele, um den Tod zu verhindern, wirklich die Kontrolle über ihre Existenz haben und auf das Leben verzichten? Die Sünde ist ein Fehler, wegen dem wir uns von der Existenz zum Leben wenden, wo der Schatten der Tod ist. Die sündige Seele muss sterben, wenn sie sich nicht von dem begrenzten Leben abwendet und von den Konditionen, die es beherrschen. Durch alle Reiche des strahlenden Lichtes hindurch, hört man den Lobgesang: „Am Tag, an dem die Morgensterne im Chor singen und der Sohn Gottes einen Freudenschrei ausstößt."

KAPITEL 3

Das Grab der Vergangenheit

In der Zeit, in der unsere Seelen noch nicht vereint waren, befanden Phyris und ich uns im Stadium der Rückschau. Arm in Arm spazierten wir langsam am Ufer des plätschernden Baches. Wir setzten uns hin, und ich sagte zu ihr:
„Meine liebe Zwillingsseele, lass uns über die Vergangenheit reden, den Vorhang der Vergangenheit zur Seite schieben und in der Zusammenfassung vom Buch des Lebens lesen. Es ist der Spiegel von allem, was wir sahen und hörten, von allen Dingen und allen Formen, die wir einst besaßen.
Wir konnten es tun, weil wir vom Karma und dem Tod befreit sind, mit dem Vater und der Existenz vereint. Und weil Er in uns ist, können wir sehen und verstehen nach Seiner Art.
Wir meditierten über unsere Leben in Atlantis, und ich sah die graziöse und arme Prinzessin Lolix, deren Vorbild ich war. Wir fanden in den Archiven den Ort, an dem ihre Lebenslinie die unsere traf.
Mit der Abschiebung nach Atlantis glaubte sie, ihre Lebensträume realisieren zu können. Dort trafen sich unsere Schicksalslinien, und Lolix war niemand anderes als meine Frau Elisabeth. Ihr Verbrechen zur Zeit von Atlantis musste zur gleichen Zeit gebüßt werden wie das meine, so dass die karmischen Gesetze zufriedengestellt wurden.
Der Mensch ist auf dem Weg zu Gott blind, schlecht geführt und instinktiv wie das Wachstum des Weines, der sich mit der Sonne dreht. Bei den Weisen hatte ich mit vollem Vertrauen einen Entschluss gefasst, den ich nicht hätte ausführen können ohne Mendocus. Danach fiel ich wieder in die Unwissenheit und die Hoffungslosigkeit zurück, doch ich blieb instinktiv den Gesetzen und Elisabeth, Ziel meiner Bemühungen, treu. Dadurch stieg ich auf und erreichte die unsterblichen Höhen. Phyris, mein „altes Selbst", tat es genauso. Weit unter uns breitete sich die Wüste des Lebens mit ihren schönen Früchten aus, den Äpfeln von Sodom.

Atlantis und all unsere Leben besaßen ein gutes Maß dieser bitteren Früchte, aber wir mussten für unsere Fehler bezahlen, und das Karma war hierfür eine gute Führerin. Durch die Sünde entstand das Karma, und Karma muss zurückgezahlt werden. So musste ich mein Glück und meine Hoffnung aufgeben wie ein Mensch, der eine Wasserader in der Wüste sucht, um seine Begleiter zu retten. Durch die Tat verlor ich mein Leben, fand es aber wieder.

Meine lange Geschichte zeigt, dass das Karma nicht immer darauf besteht, zurückgezahlt zu werden. Ich sah tatsächlich, dass ich durch jede gut vollendete Tat von der Natur bis auf den kleinsten Karat entlohnt wurde. Unfälle gibt es nicht. Wenn Ihr eingesteht, dass ein Mensch durch einen „Unfall" sterben kann, kann kein Mensch mehr sicher sein, dass die Nacht dem Tag der Erde weiterhin folgt und jene nicht ihre Bahn verlässt, um sich zu entfernen oder sich der Sonne nähert. Alle Dinge, ob groß oder klein, sind vorgeschrieben, aber kommen nicht unbedingt aus einer vorherigen Inkarnation. Die Früchte können auch aus einer Handlung kommen, die ein Jahr oder einen Tag zuvor begangen wurde. In der Zusammenfassung sah ich, sehen wir, dass das Leben eine Lehre von Ursache und Wirkung ist: Wie Ihr sät, so werdet Ihr ernten!

Einige rechthaberische Wortführer sagen, dass Unfälle existieren und es die Vorhersehung nicht gibt. Ich diskutiere darüber nicht, denn jene, die Ohren haben zu hören, werden verstehen. Wir können nicht über eine Bergkette sehen, ohne dass wir einen höheren Berg besteigen. Wenn unser Horizont weiter wird, kommt uns ein Unfall wie ein gebogener Bogen in einem allgemeinen Plan vor und die Unordnung wie eine Ordnungslinie.

KAPITEL 4

Der Fall von Atlantis

Wir erforschten wieder einmal Atlantis und sahen dieses Mal andere Dinge. Der Zeitraum, in dem Zailm lebte, war interessant, doch nun richte ich meinen Blick auf Atlantis vor und nach den Anfängen der Verdorbenheit des atlantischen Volkes.

Die Atlanter formten die Hauptsumme der prähistorischen Rasse. In Atlantis lebten etwa 300 Millionen Menschen in der Metropole und in den Kolonien in Übersee. Die antike Welt kannten sie als Atlan, die Königin der Meere, und die Bewohner als Incalkinder, die Kinder der Sonne, des Sohnes Gottes.

Der Fall dieser Herrscher war schwindelerregend, und ich sah, wo sich ihr Territorium nun befindet. Es ist ein Teil Eures Meerbettes, das immer in Bewegung ist, bedeckt mit Schlamm und Meeresgeröll. Einzig Augen, denen es möglich ist, in den Astralarchiven zu stöbern, können sehen, dass es einst bewohnt war.

Ich konnte Atlantis wieder sehen, dieses Mal mit den Augen von Zailm, meiner armen, schwachen, sterblichen Persönlichkeit.

Ich sah Caiphul, die königliche Stadt, und das weniger königliche Marzeus, mit seinen Türmen, Schornsteinen und erhöhten Gebäuden – hier befand sich das größte industrielle Zentrum von Atlantis mit seinen Ateliers und Fabriken, in denen die Vailx hergestellt wurden, die Naims und alle Arten von Maschinen und Instrumenten. Die Herstellung von Stoffen, das Mahlen des Getreides und die Herstellung von unzähligen Gebrauchsgegenständen und Kunstwerken wurde hier gewährleistet. Am Tage arbeiteten hier eine Million Arbeiter. Bei Nacht waren es nur knapp 50.000. Die anderen fuhren in nur wenigen Minuten mit dem Auto oder Vailx nach Hause, ob es nun 50, 100 oder 200 km waren.

Einige Jahrtausende später war all dies durch die Sünden der Menschen verschwunden. Hier und dort sah ich noch Spuren der Kanäle, die Atlantis mit Wasser versorgt hatten.
Wir sahen die Welt, wie Zailm sie gesehen hatte: Suernis mit Millionen von Einwohnern, Necropan mit 90 Millionen, Europa, die Barbaren, die 6-mal weniger verbreitet waren als heute, und Asien, das nicht so groß war wie heute, aber trotzdem eine halbe Million Seelen beherbergte. Aber es war das glorreiche Atlantis, das die Sonne unter den Zivilisationen darstellte.
Elfhundert Millionen zivilisierte oder halbwegs zivilisierte Bewohner und noch mal so viel Wilde gab es auf den Kontinenten und den Inseln im Meer.
Die Anzahl der menschlichen Wesen und speziell ihr Wachstum während der letzten Generationen haben die Pessimisten erschreckt. Doch Malthus hätte keinen Grund zur Sorge gehabt, wenn er gewusst hätte, dass

die Welt sich erhebt und die Welt sich senkt
und der Sonnenstrahl nach dem Regen kommt

Die Anzahl der Erdbewohner hat immer variiert. Mal gibt es mehr, mal weniger. Wenn eine Seele vom Devachan auf die Erde kommt, verlässt eine andere die Erde fürs Devachan. Aber im Moment kommen zwei für eine, die geht. Es scheint als würde die aktuelle Erde ihre Reserven anschneiden und das Angebot die Nachfrage übersteigen. Aber die Quantität der menschlichen Strahlen des Vaters ist unbegrenzt.
Die Zahl jener, die das Leben besitzen oder haben werden, ist begrenzt. Sie kommen und gehen wie die Ebbe und Flut des Meeres. Mal sind sie auf der Erde, mal im Himmel. Die Malthusiner brauchen sich nicht zu sorgen.
Zailm war eine meiner Persönlichkeiten zu der Zeit von Atlantis. Sehen wir uns nun die Gegend an, 30 Jahrhunderte später.
Was für eine Veränderung!
Einige Dinge waren aus Caiphul verschwunden. Ich spreche nicht über den physischen Aspekt, jener, der sichtbar ist für die Erdenbewohner, denn die materielle Struktur war intakt.

Die Menschen, die ich sah, waren keine höheren Seelen mehr, nobel und göttlich, wie Anzimee und Zailm sie einst kannten. Wenn die Menschheit durch eine Phase des Verfalls und der Entwürdigung geht, wird auch die Natur, die mit ihnen in Kontakt ist, schlecht.
Marzeus, die Industriestadt, existierte nicht mehr, sie war schon lange vor dem Verderben untergegangen. Die Wissenschaft, die es erlaubt hatte, die mysteriösen Kräfte des Navaz zu nutzen, war verschwunden und die Luftschiffe vergessen oder besser gesagt, nur noch als Mythos bekannt, so wie alle anderen Instrumente, die Zailm noch kannte, auch. Die Naims, die wunderbaren Überträger von Bild und Ton ohne Kabel, waren in der Nacht der Zeit verschwunden, so wie auch die Vokalographen, Wärme- und Wassergeneratoren. Aber die Menschen im zwanzigsten Jahrhundert werden sie wieder entdecken.
28.000 Jahre später, in dem Licht des wahren Tages wird man sagen:
Es gab die Nacht, es gab den Morgen, und es gab den 7. Tag.
Jene, die meine ganze Botschaft verstehen, sind die Männer und Frauen des neuen Tages.
Die Verteidiger jenes Tages, der kommen wird, werden sehen, wie „der Himmel sich erhebt", um dem Ende der materiellen Welt zu entfliehen, wenn die Erde und alles Erschaffene im Feuer verbrennen.
Aber dieses Buch betrifft die Vergangenheit und nicht die Zukunft. Der korrupte Samen ist in den Herzen der schlechten Menschen gesät, wird keimen und gedeihen. Doch nur wenige Jahrhunderte nach der Zeit von Gwauxln und Zailm begann der lange Fall und senkte kontinuierlich den Charakter der Männer und Frauen von Atlantis. Dieser Untergang wurde gebranntmarkt durch unzählbare Symptome und fand den Höhepunkt im Ruin und im nationalen Verderben.
Auf eine dieser Phasen des Ruins richteten wir nun unsere Aufmerksamkeit.
Wir sahen eine Frau, deren Gesicht das Göttliche ausstrahlte. Ihr feines Gesicht schien dem Himmel anzugehören und nicht der Erde. Sie trug ein graues Gewand, das im Wind flatterte. Ihre langen braunen Zöpfe waren nach hinten gesteckt und

brachten ihr schönes Gesicht zur Geltung, auf dem ein Ausdruck von Mitleid und Hoffungslosigkeit lag. Trotzdem ging von ihr ein wunderbares Licht aus.

Es war ein Aufruf, eine Anrufung einer vergeblichen Hoffnung, dass jemand sie hören würde und den Lauf der Ereignisse änderte. Es war ein sehr gewagter Aufruf. Er galt dem grässlichen religiösen System; den Blutopfern, die gegen das Gesetz Gottes verstießen, gegen die Menschheit und die verantwortlich waren für die Korruption des Volkes. Die Priester verteilten sich in der Menge und antworteten mit rauhen Schreien der Wut. Die Frau war auf den Säulenfuß eines Gebäudes gestiegen, der sich in sechs Metern Höhe befand, und alle schauten zu ihr hinauf – eine Stimme, die noch zur heutigen Stunde in den Astralarchiven tönt und die immer zu hören sein wird für alle, welche die Macht besitzen zu hören. Sie schrie:
„Oh, glaubt Ihr, dass Incal das Blut unschuldiger Tiere akzeptiert, um Eure Sünden zu löschen? Jeder, der dies behauptet, ist ein Lügner! Gott akzeptiert kein Blut irgendeines Geschöpfes noch irgendein Symbol jeglicher Art, das zum Ziel hat, einen Unschuldigen für einen Schuldigen zu

opfern. Incalithlon, der heilige Sitz, und das Licht von Maxin werden jedes Mal entehrt, wenn ein Priester ein Tier auf dem Stein des Teo hinrichtet und ihm das Herz ausreisst und in die Flamme wirft. Sicher, die Flamme zerstört es sofort, aber glaubt Ihr, damit die Gnade Incals zu erhalten? Ihr unehrlichen Priester und Hexer, Ihr seid eine Rasse von Lästerern."
Nach diesen Worten bückte sich ein wütender Priester und hob ein Stück Tonscherbe auf. Vor ihm standen Sklaven mit traurigen Gesichtern, die eine Bahre trugen, die mit Seidenstoffen ausgelegt war. Eine Frau mit schmachtender Schönheit lag darin. Sie stellte wirklich ihren Körper zur Schau. In dieser tropisch heißen Atmosphäre trug sie nicht die geringste Kleidung, doch ihre schweren Zöpfe verbargen einen großen Teil ihres Körpers. Ihr schamloser Auftritt zog einige Aufmerksamkeit auf sich, jedoch nicht so viel, wie sie es sich wünschte. Jemand anderes stahl ihr ihren Auftritt. Die Frau sah den Priester die Tonscherbe aufheben und fragte:
„Was willst Du tun?"
„Nichts", antwortete er.
„Nicht doch, ich weiß, Du würdest sie gerne auf die Gotteslästerin werfen, wenn Du den Mut dazu hättest."
„An Mut fehlt es mir nicht", antwortete der Priester mit widerwärtiger Mine.
Dann kam aus der heulenden Menge eine Stimme, die schrie, man solle die Gotteslästerin auf dem Stein von Teo hinrichten und ihr Herz in die Flamme des Maxin werfen.
Die wollüstige Frau sagte:
„Hast Du gehört? Das Volk und die Priester würden es Dir genehmigen. Wirf die Scherbe, und wenn es das Schicksal will, wirst Du die Wilde treffen."
Der Geistliche holte aus und warf die Tonscherbe, während die Menge, die um ihn herumstand, es mit gierigen Augen verfolgte. Das gefährliche Geschoss flog auf die hübsche Rednerin zu, die mit Sicherheit hätte ausweichen können, wenn sie es kommen gesehen hätte. Aber weil sie seitlich stand, traf es sie an der Schläfe. Sie stieß einen schmerzlichen Schrei aus, hob ihre Hände, schwankte, fiel nach vorne und stürzte sechs Meter tief auf den harten Boden. Die Menge

stand für einen Augenblick still da und fing dann an, wie wild zu schreien. Ein Zuschauer, der in direkter Nähe stand, eilte auf das Opfer des ehrlosen Priesters zu. Mehrere Mitglieder der priesterlichen Kaste bemächtigten sich ihres armen Körpers, indem sie ihn an den Füßen, Armen und Haaren zogen, als ob der Angriff vorsätzlich gewesen wäre und nicht das Werk eines einzelnen Dämons. Sie trugen ihn zum Incalithlon, dessen große Pyramide sich in nächster Nähe erhob.

„Schau", sagte Phyris, „das erste Menschenopfer in Caiphul. Ich war es, die umgebracht wurde bei dem Versuch, die Verdorbenheit und das priesterliche Verbrechen einzuschränken. Ich wiederholte ihnen die Prophezeiung des Maxin, aber sie schenkten mir keine Aufmerksamkeit und töteten mich. Nun, ich wurde in der Persönlichkeit dieser Frau inkarniert, 3.000 Jahre nach der Zeit von Zailm, der mich verließ, als ich noch Anzimee war."

Eingetaucht in ihr Verbrechen, legten die Priester, ohne zu zögern, ihr unschuldiges Opfer auf den Stein des Teo. Dann erhob sich der große Priester, der immer noch den Namen Incaliz trug, vom heiligen Stuhl, der in seinem Ursprung wirklich heilig war. Er stoppte kurz vor dem Opfer und sprach ein Gebet für Gott. Es war eine Entweihung durch

einen Menschen und nicht von Gott, denn niemand kann einen Menschen verletzen, ohne dass er auch Gott verletzt.
Er riss ihr ihr graues Gewand vom Leib, um ihre weiße Brust zu entblößen, hob schnell sein scharfes Messer und stieß zu. Ein Zittern durchlief den Körper des Opfers, das gerade dabei war, sein Bewusstsein wiederzuerlangen. Der Mörder riss ihr das Herz heraus und warf es in die Flamme, in der es, ohne eine Spur zu hinterlassen, verschwand. Dann zerteilte er ihren Körper und ihre blutverschmierte Kleidung und warf sie der mörderischen Meute zu.

Das meiste Blut floss in ein Loch im Stein, das für das Blut der Opfer vorgesehen war. Die Priester gaben eine alkoholische

Flüssigkeit hinzu und gossen diese Mixtur in einen goldenen Becher. Die ganze Szene war so widerwärtig, dass ich in meinem tiefsten Inneren dagegen revoltierte. Das arme, junge, ermordete Mädchen, die Jungfrau, die ihr Leben geopfert hatte, um eine sündige Nation zu retten, war 30 Jahrhunderte zuvor Anzimee gewesen. Nun war sie Phyris, ein Teil von mir, so wie ich ein Teil von ihr war, denn unser Geist war eins. Es war mir möglich, dieses Verbrechen zu vergeben, denn die Verbrecher wussten nicht, was sie tun. Sie litten in der Verbannung und tun es auch heute noch, denn das ist ihr Karma. Wenn der Tod über alle Sterblichen triumphiert und sie ihre Ernte von Atlantis einholen, werden diese Seelen geerntet vom großen Herrn. Sie haben die Sünde gesät und dadurch ihr eigenes Leid erzeugt.
Liebe Freunde, Ihr bekommt alle Zeit der Welt und alle Leben, die Ihr braucht, aber verschwendet nichts davon.
Nach diesem Menschenopfer manifestierte das Blut einen unstillbaren Blutdurst. Sie verlangten den Tod des Priesters, der die Frau beworfen hatte, um bei Incal nicht in Ungnade zu fallen. Der Tumult wurde so gewaltsam und die Bedrohungen so ernst, dass die Priester ihren Bruder nach draußen schleppten und ihn auf die gleiche Weise opferten, wie er es mit der Frau getan hatte. So nahm die Entwicklung ihren Lauf. Der große Priester wollte gerade das Herz seines neuen Opfers in die Flamme werfen, als es ihn wie ein Schock durchfuhr. Sein Arm fiel der Länge nach nach unten, das Herz, das er in der Hand hielt, fiel zu Boden und er selbst nach vorne, gelähmt und ohne Bewusstsein. Die Flamme des Maxin war verschwunden und das Buch ebenfalls. An ihrer Stelle stand die menschliche Form eines Sohnes der Einsamkeit, der ein Schwert in der linken Hand hielt und eine Feder in der rechten.
„Seht, der Tag der Zerstörung ist gekommen. Bald wird die Sonne beim Aufgehen Atlantis nicht mehr sehen, denn das Meer wird Euch alle überschwemmen."
Danach verschwand die mysteriöse Erscheinung. Die Bevölkerung floh schreiend und ließ den bewusstlosen Priester auf dem Boden zurück. Aber es war auch nicht mehr wichtig, und einige Tage später, als Neugierige den Tempel

betraten, lag er noch in gleicher Position da. Er war tot. Trotz dem großen Wissen, das er besaß, war er böse geworden. Er hatte als Hexer von der reellen Existenz einer guten Macht gewusst, welche die Korruption in Atlantis vermindert hätte und das sündige Verhalten des Volkes, das es in die Sklaverei trieb, beendet hätte. Mit diesem Wissen verließ die Seele seinen Körper in hoffnungsloser Angst, um nie mehr zurückzukehren.

Aber die dumme, lasterhafte Masse fiel in ein noch größeres Unheil als zuvor, nachdem Jahre vergangen waren und nichts von der Prophezeiung sich erfüllte. Die Menschenopfer wurden zur Gewohnheit, Lust, Fress- und Trinksucht ebenfalls, und die tiefe Dunkelheit der Moral wurde noch schwärzer.

Ein Mann namens Nepth und seine Familie, die isoliert lebten, nahmen nicht an der allgemeinen Verdorbenheit teil. Es ist wahr, dass dieser Mann und seine Frau nicht verheiratet waren, aber wie höhere Tiere in der Monogamie lebten. So war es auch bei ihren Söhnen und deren Frauen. Aber keiner von ihnen akzeptierte Blutopfer. Eines Tages gab der Monarch bekannt, dass alle Welt den neuen Kult verehren sollte, Frauen und Kinder zu opfern. Nepth und seine Familie, die von großer Statur waren und von denen einer es leicht mit zwölf Sklaven des Rai aufnehmen konnte, weigerten sich zu gehorchen.

In einer Stunde der Abgeschiedenheit hatte Nepth eine Offenbarung. Sie kam von dem Sohn der Einsamkeit, der von der hohen, alten Moral nicht abgewichen war. Nepth glaubte jedoch, die Offenbarung käme direkt von Gott. Er wiederholte nur die Prophezeiung vom Jüngsten Gericht, aber weil sie seit Jahrhunderten vernachlässigt wurde, traf sie Nepth mit solch einer Wucht, als wäre sie neu. So erfuhren er und seine Söhne von der baldigen Vernichtung von Atlantis. Sie überlegten, wie sie entkommen könnten. Vailx waren ihnen nicht bekannt. Nepth und seine Söhne waren schlechte Erbauer. Doch sie bekamen Anweisungen vom Sohn der Einsamkeit, der zwischenzeitlich Freundschaft mit ihnen geschlossen hatte und ihnen in seinem Astralkörper erschien. So beschlossen die Männer, mit dem Bau eines großen Schiffes anzufangen. Das

Schiff hatte keinen Stil, war aber solide und verfügte über genügend Platz, um auch mehrere Spezies der einheimischen Tiere unterzubringen. Für den einfachen und unwissenden Nepth repräsentierten sie alle Tiere, die es auf der Erde gab. Er kannte kaum Umaur oder Incalie, denn in den letzten Tagen von Atlantis war die Kommunikation zwischen den Kolonien und der Metropole nicht immer gewährleistet.
Nachbarn und Freunde von Nepth mieden ihn und beschimpften ihn als Gotteslästerer. Man hielt ihn und seine Familie für verrückt. So vergingen viele Jahre, und die große Arche wuchs bis zu dem Tag der Fertigstellung. Sie beluden sie mit Vorräten und nahmen die über Jahre hinweg eingesperrten Tiere aus den Käfigen und brachten sie an Bord. Viele Tiere wurden in der Gefangenschaft geboren und aufgezogen, so lange hatte Nepth gebraucht, um den Bau fertigzustellen, ohne genau zu wissen, wann die Prophezeiung sich erfüllen würde.
Als seine Vorbereitungen beendet waren, war der Tag fast da. Nur wenige Tage danach begann die Erde, auf schreckliche Art und Weise zu zittern und zu beben. Die Flüsse verließen ihr Bett und wurden von riesigen Erdspalten verschluckt. Die Berge stürzten ein, wurden zu Hügeln und

„senkten ihr erhobenes Haupt zum Tal“.

Eine Erdspalte öffnete sich in der Nähe der Arche, und der 1km breite Nachbarfluss, der normalerweise in das 100km entfernte Meer floss, stürzte in die Spalte hinab. Der höllische Wirbelsturm dauerte drei Tage. Ein Mann kam zu Nepth und bat ihn um Zuflucht, aber Nepth sagte:
„Nein, Du wolltest mir einst nicht glauben. Ich sagte Dir, dass dieses Land im Meer untergehen wird, und Du verschmähtest meine Aussage. Geh nun Deines Weges, und sage allen, die Du triffst, dass Nepth die Wahrheit sprach!“
Es waren drei Tage und drei Nächte des Grauens. Der Tod kam über das Land, denn die Berge fielen in die Täler, und die Flüsse überschwemmten alles unaufhörlich. Am Morgen des vierten Tages schien der Regen die Erde überschwemmen zu wollen, und Donner und Sturm nahmen kein Ende. Die

Himmelstore und die großen Tiefen waren noch nicht gebrochen, Atlantis und ein großer Teil der Welt noch nicht überschwemmt. Unzählige Menschen waren noch am Leben und flüchteten auf höhere Ebenen. Plötzlich schien jemand der Erde den Boden wegzuziehen. Eine einzige schreckliche, universelle Bewegung, und das Land begann zu sinken. Ohne Unterbrechung sank die Erde, tiefer, tiefer und tiefer. 30cm, 50cm, 4 Meter, dann gab es eine kurze Unterbrechung. Der Regen, der wie aus Eimern goss, die wilden Stöße des Windes, die Untergangsbewegung, alles stoppte für eine Zeit von 60 Sekunden.

20, 40, 60, aber die Hölle brach nicht los. Die Unglücklichen, die in ihren kleinen Verstecken saßen, begannen aufzuatmen. Vielleicht war dies das Ende des Schreckens? Abér nein, es gab einen leichten Stoß, den man nach drei Tagen voller Schrecken kaum wahrnahm, dann folgte ein Sprung in den Tod. Atlantis ging wie ein Stein im Wasser unter. Dieses Mal waren es keine drei oder vier Meter, sondern 2.000 Meter auf einen Schlag. Und Nepth?

In der Mitte des dritten Tages war seine Arche aufs Meer hinausgeschwommen. Dort befand sich Nepth mit seiner Arche mitten im Sturm, als Atlantis dem Tod begegnete. Einige wenige Überlebende waren ebenfalls aufs Meer geflohen, und getrieben vom Passatwind wurden sie über Wochen hinweg um das Kap der guten Hoffung (Afrika) getrieben, um letztendlich die Küste von Umaur (Südamerika) zu erreichen. Auch dort hatte die Zerstörung gewütet, und es gab nur wenige Überlebende. Aber die wenigen Hundert, die entkommen waren, bevölkerten aufs neue das Land, und ihre Nachkommen wurden später von Pizarro entdeckt.

Sie waren zahlreich und weigerten sich, ihre Blutopfer aufzugeben, und nicht wie Nepth, nur Früchte zu Ehren Incals zu opfern. Aus Incal wurde Inka. Einige Überlebende strandeten mehr nördlich und besiedelten die Gegend, in die der Spanier Cortez einfiel. Aber sie hatten nichts aus der schrecklichen Lektion gelernt. Kaum angekommen, nahmen sie ihren alten Brauch wieder auf und opferten eine Frau als Dank für ihre Rettung. Was Nepth betraf, so schwamm sein Schiff über verlassene Meere, wo die Stille nur durch das

Plätschern des Regens auf das Dach der Arche gestört wurde. Eines schönen Tages strandete die Arche. Nepth wusste nicht, wo sie sich befanden, denn er war nicht eingeweiht. Die Umgebung war vollkommen neu für ihn. Als er endlich an Land stieg und seine lebende Fracht befreite, befand er sich unwissentlich in Asien. Dieses Land hatte nicht so gelitten wie die anderen, obwohl das Meer den ganzen westlichen Teil von Asien überschwemmt hatte. Eine 400 Meter hohe Welle ging von Atlantis aus in alle Richtungen, überflutete Europa und große Teile von Amerika und Afrika. Doch die Überschwemmung ging schnell zurück.

Diese Vision war die Abschlussszene für Phyris und mich. Die große Sintflut war vorüber. Wir wendeten uns anderen Phasen unserer mysteriösen Vergangenheit zu. Sie waren alle sehr interessant, aber ihre Beschreibung findet hier keinen Platz. Nur kurz: Kaiser Gwauxln war Mendocus geworden, während Ernon, einstiger Kaiser von Suernis, in Form von Mol Lang mit uns lebte. Sohma war der Sohn der Einsamkeit, den ich aus Suernis mit dem Vailx mitgenommen hatte.

Wir sahen nun die Verbindung unserer beiden Lebenslinien. Dann sahen wir den Weg der verlorenen Seele von Mainin zu einer Zeit, in der Atlantis nicht bekannt war. Er war ein von der menschlichen Gesellschaft ausgestoßener, sündenbeladener Mann, den wir später dem Satan dienen sahen. Immer noch schauend, sahen wir den ersten Kaiser von Atlantis – ihn, den Stein von Maxin, die spontane Flamme, den Gesetzgeber. Wir kennen ihn als Christ, ein erleuchteter Mann, später als Buddha bekannt und zu guter Letzt als Jesus. Bevor Abraham war, war das „ICH BIN". Wenn der Geist Christi in einen eindringt und seinen Platz findet, wird aus diesem Menschen ebenfalls ein Sohn Gottes wie Gautama. Aber der Geist kommt nur zu jenen, die dem Weg folgen. Ein mächtiges Wesen zerschmetterte Mainin. Nun sahen wir, dass, weil Mainin unser Leben gekreuzt hatte, ich dadurch dem Christ begegnete, der aus mir ein Instrument der Gnade für Mainin machte.

Wir beobachteten eine Szene, die sich lange vor der Zeit von Zailm auf dem großen Kontinent Lemuriens oder Lemorus abspielte. Wir sahen ein großes Haus, das mit Grünflächen umgeben war, und eine Ebene, auf der eine große Viehherde weidete und auch kleine Pferde, die drei Finger an jedem Fuß und hohe Schultern hatten. Weit im Osten sah man eine blaue Bergkette und noch weiter dahinter das große Meer. Zwischen der Farm und den Bergen glitzerte ein silberner See. Im Inneren des Hauses gab es viele Angestellte, die alle nur zwei Menschen dienten: einer Frau und deren Sohn. Sie hatten alle einen finsteren Gesichtsausdruck, der nach Blut gierte. Der Sohn gab einem der obersten Diener – ein hässlicher, boshafter Sklave, eine wahre Inkarnation der Grausamkeit, der meine Aufmerksamkeit durch seine braune Lederhaut auf sich zog und dessen Hände an Schraubstöcke erinnerten – einen Befehl. Seine einzige Bekleidung war ein Lendenschurz. Nachdem er den Befehl erhalten hatte, verschwand er, kam aber bald zurück und stieß zwei fremdländische Gefangene vor sich her. Sie waren an Armen und Beinen gefesselt. Der erste war ein hochgewachsener junger Mann mit braunem Haar und harmonischen Zügen. Die Persönlichkeit vor 22.000 Jahren war kein anderer als Sohma. Der andere Gefangene schien seine Schwester zu sein. Sie war von delikater Schönheit, aber etwas voluminös. Als der Herr des Hauses sie sah, leuchteten seine grausamen Augen wie glühende Kohlen unter seinen dichten Wimpern. Sie hatten einen Ausdruck von Bewunderung. Sein schwerer Körper, sein dickes Genick und Gesicht zeigten, dass er der Chef dieses brutalen Volkes war. Er streckte seine Hand aus, um die junge Gefangene zu berühren. Sie schritt zurück und nahm eine königliche Haltung ein. „Ha, immer noch stur“, warf er ein, „das werden wir ändern.“

Er gab seinem Sklaven ein Zeichen, woraufhin dieser den jungen Mann auf den Altar schmiss.

Der Gefangene jedoch sagte entschlossen:

„Schwester, gib nicht nach, stirb lieber!“

Ihre Augen hatten einen Ausdruck des Horrors.

„Bring ihn zum schweigen!“, schrie der Meister.

Ohne zu zögern, schnitt der Sklave dem armen Jungen die Zunge ab.

„Wilde“, schrie die junge Frau den Herrscher zynisch an.

„Ha, ich werde Dir beweisen, dass Du richtig gesprochen hast", sagte er und stieß seinen eigenen Dolch in die entblößte Brust des jungen Gefangenen. Er riss ihm das Herz heraus und warf es zu Füßen der Schwester. Ein Becher wurde mit Blut gefüllt.
Die Mutter des Herrschers, eine Priesterin, stand dicht neben ihm, betrachtete alles ganz genau und sagte:
„Die Götter möchten, dass das Mädchen ebenfalls stirbt."
Der Herrscher schrie:
„Wollen sie das wirklich? Mit allen Kräften, die mir zur Verfügung stehen, werde ich mich weigern, ihnen zu gehorchen, selbst wenn dadurch meine Kriegstruppen verschwinden und der König fällt."
Die Priesterin antwortete:
„Mein Sohn, die Götter sagen, dass auch Du sterben musst, wenn Du Dich weigerst."
„Gut, dann soll den Göttern gedient werden. Gib mir mein Messer!"
Er befühlte seine spitze Waffe, und ohne den Blick von ihr zu wenden, fragte er:
„Sind die Götter immer noch der gleichen Meinung?"
„Ja, immer noch", antwortete die Priesterin.
„Also dann, bindet das Mädchen fest!"
Dem Befehl wurde Folge geleistet, obwohl die Gefangene bewusstlos war. Der Herrscher legte sein Ohr auf ihre Brust. Ein zartes Lächeln entspannte sein Gesicht, und es sprach in seiner Seele: „Sie ist tot!"
Er legte seine Hand auf die Brust der Gefangenen und sagte:
„Oh, Ihr Götter, akzeptiert dieses Opfer!"
Für einen Moment sah man die Klinge über seinem Kopf aufblitzen und im nächsten stieß er sie in sein eigenes Herz. So wurde das Herz, das kein Erbarmen kannte, von der Liebe besiegt. Der grausame Krieger war tot. Die Götter verlangten nach Blut, und so gab er seines. Wer waren die beiden, er und das junge Mädchen, das vor Angst gestorben war?

Es waren Phyris und ich!

KAPITEL 5

Von der Unmenschlichkeit zur Menschlichkeit

Wieder kam eine neue Szene unserer toten Vergangenheit auf uns zu. Ich sah mich selbst in der Person eines Sklaven, schlecht genährt, schlecht behandelt, immer hungrig, so leidvoll, dass es mir schwer fiel, nicht mitzufühlen. Ich starb den Hungertod und bekam anschließend im Himmel alles, was ich mir wünschte. Dann, wiedergeboren, hatte meine neue Persönlichkeit jeden erdenklichen Komfort und Reichtum. Aber das physische Karma holte mich ein. Trotz allen Überflusses hatte ich immer Hunger und war faul, wenn ich tätig hätte sein müssen. Dieses Verhalten löste eine Krankheit bei mir aus, und als Folge der Unmenschlichkeit den Menschen gegenüber, die ich in meinen letzten Leben erlebt hatte, wurde ich niedergestreckt vom Magenkrebs. Nachdem ich begriff, dass ich sterben würde, suchte ich Halt in der Religion und ging in die Wüste, um ein heiliger Eremit zu werden. Aber das Leben eines Einsiedlers ist nicht von Nutzen für die Menschheit. In diesem einsamen Zustand verlor meine Individualität die Möglichkeit, moralische Hilfe der Welt gegenüber zu kultivieren. Ich starb bald darauf und kam wieder zur Welt als Zailm, der zu schwach war, um die Sünde mit Lolix zu verhindern, und sich damit ein neues Karma auflud. Dieses Karma dauerte an bis vor wenigen Jahren und strafte mich hart, wie Ihr wisst – es war bitterer als der Tod.

Im Leben von Zailm gab es finstere, aber auch sehr glückliche Tage. So besteht jedes Karma des Lebens aus Sonnenschein und Schatten. Zahn um Zahn – ja, aber auch Kuss um Kuss!

KAPITEL 6

Warum Atlantis unterging

Beim genauen Studieren meiner vergangenen Leben konnte ich den Grund dafür sehen, warum der wunderbare Erfolg von Poseid verschwand und keine Spur hinterließ. Bildlich gesprochen erhob Atlantis die Welt zum Licht der Wissenschaft. Ich sah, warum es vom Wasser überflutet wurde und in den mysteriösen Tiefen verschwand in eine Vergessenheit, die viel komplexer ist als jene von Herculaneum und Pompeji. Die Geschichte erklärt sich durch die natürliche Ursache der Dekadenz. 10, 15, 20 oder noch mehr Jahrhunderte nach Gwauxln hatte die Nation den Ruf, den größten Ruhm in der Mechanik, der Wissenschaft und des Wohlbefindens zu besitzen. Ein Wissenschaftler nach dem anderen entdeckte, dass es einfacher war, Dinge mit psychischen Mitteln zu vollbringen als mit der Hilfe der Mechanik. Sie lernten, dass es ihnen möglich war, ihren Körper zu verlassen und ihren Astralkörper zu nutzen, um schneller als der Stromfluss von einem Ort zum anderen zu gelangen. So gerieten die alten, großen Erfindungen wie das Vailx, Naim und andere Dinge in Vergessenheit. Genau wie bei den Suerni, wurde die Masse abhängig von den Priestern. Von jenen war nur ein kleiner Teil erhöhter Geist, dem es möglich war, die Tiefen der Nachtseite der Natur zu erkunden. Die unfähige Mehrheit musste sich mit kleineren Posten zufriedengeben. Eine kleine Anzahl dominierte, und die Masse war ihnen schutzlos ausgeliefert, denn ein Meister im psychischen Bereich ist unverwundbar. Es kam der Tag, an dem das Land und seine Bevölkerung die Reife erlangten. Eine reife Frucht kann nicht perfekt bleiben. Im Kern beginnt eine Verwesung, die sich bis nach außen ausbreitet, und dann ist es das Ende. So war es auch mit Atlantis. Sein Kern war, das Volk zu lehren. Jedes Mal wenn Nationen dieser Welt aufhören, die junge Generation zu unterrichten, beginnt der Verfall des Volkes.

In Atlantis besaß nur ein kleiner Teil des Volkes das hohe Wissen um die Kräfte der Natur. Unzufrieden mit den Lehren, die sie erhielten, ließen die Atlanter alles Wunderbare, das ihnen noch zur Verfügung stand, verschwinden. Weniger als 30 Jahrhunderte nach Gwauxln hatten die Atlanter das Niveau der Suerni erreicht, aber sie waren bestechlicher. Der Luxus, ihr Appetit, ihre Lüste und die Macht hatten das stolzeste Volk, das die Erde jemals getragen hatte, im wahren Zusammenleben eingeengt. Wenn Ihr in den heiligen hebräischen Schriften von der Zerstörung der Städte gelesen habt, ist es Euch sicherlich nicht in den Sinn gekommen, dass es sich um das Jüngste Gericht von Marzeus und Terna handelte, die beiden großen atlantischen Städte, die durch die Kräfte des Navaz zerstört wurden. Die Zerstörung war der Vorbote für den Untergang des ganzen Reiches neun Jahrhunderte später.

Ja, Poseid hatte sich auf eine Höhe erhoben, die man sich in den verrücktesten Träumen nicht vorstellen konnte. Es war gewachsen, gediehen und gefallen in den Überfluss der zyklischen Zeit. Die heutige Zivilisation ist das zurückgekehrte Atlantis und wird sehen, dass ihre Wissenschaftler den höheren Plan des Erfolges von Poseid wiederentdecken. Im Laufe des kommenden Jahrhunderts werden die Menschen wiederkommen, die Atlantis seinen Stolz gaben und werden ihre Welt noch stolzer machen als alles andere. Aber die heutige Zivilisation wird es noch besser tun, denn sie entwickelt die Qualitäten jener Seelen, die auf Atlantis kaum wahrgenommen wurden. Sie werden ihre Taten fortsetzen und es besser machen. Sie werden alle Wunder von Poseid besitzen und mit der glorreichen Seele vereint sein, die für die Menschheit durch den Christ vorgesehen ist. So wird es gedeihen bis mit dem Überfluss die Zeit der Zerstörung beginnt. Aber bis dahin sind es noch 45 Jahrhunderte.

KAPITEL 7

Die Verklärung

Ich könnte noch viele andere erlebte Szenen beschreiben, letztere soll aber genügen. Kehren wir zurück in die Gegenwart. Nach der schweren Prüfung am Entscheidungspunkt bewirkten die beiden Selbste eine Verbindung, durch welche die männliche und weibliche Seele sich nun auf der gleichen Ebene befinden. Beide sind perfekt. Das ist die Heirat, gemacht im Himmel. Jedes der beiden „veränderten Selbste“ denkt, wünscht und drückt sich in allem auf die gleiche Weise aus. Sie sind eins und haben einen weiblichen, negativen Aspekt und einen männlichen, positiven Aspekt. Die beiden Potentiale vereinigen sich und empfangen den Geist oder das „ICH BIN“, das immer eine Einheit ist und beide Seelen erleuchtet. So ist es mit der letzten Vereinigung.

Phyris war ich, lebendig, existierend, innewohnend und sprach die Botschaft mit mir aus:

Sie ist ich und trotzdem – auf mysteriöse Weise – ist sie sie. Genauso bin ich sie und trotzdem immer noch ich, denn wir sind ein Wesen, ein Geist, ein perfekter Androgyne.

Wir sind jedoch nicht so perfekt wie unser Vater, denn für Ihn ist Perfektion bedingungsloses Sein. Unsere Perfektion ist die eines Teiles, denn wir alle kommen von Gott, doch er nicht von uns. Wenn es nicht so wäre, könnte das für uns wie auch für Jesus und alle anderen Kinder unseres Vaters bedeuten, dass wir die Perfektion nur im Angesicht des Untergangs erreichen können.

Doch einzig die sündige Seele eilt in den zweiten Tod, wo sie das Schicksal von Sisyphus erleiden muss, bis sie es schafft, die Perfektion zu erreichen. Diese kann bedingungslos existieren, muss aber nicht die gleiche Perfektion sein wie für andere. Wir werden immer vom Vater angezogen, denn wir sind alle ein Teil von Ihm. Er ist die Summe aller Teile. Die Anziehungskraft treibt uns in eine Existenz der Entwicklung. Wir alle werden angezogen von den Teilen, die auf unserem

Niveau liegen. Diese Teile sind auf ewig ein Teil des Ganzen. Deshalb gibt es keinen Tod, außer man verliert den entscheidenden Kampf und den Kontakt zum Vater. Die Perfektion eines Teiles bringt uns dem Ganzen ein Stück näher, und die Perfektion des Ganzen verpflichtet zu einer Abhängigkeit aller Teile. Es kann Veränderungen geben, aber keinen Tod. Die Seele ist ein Produkt unzähliger Vergangenheiten. Wenn Ihr möchtet, dass Eure Seele das ewige Leben besitzt und sich nicht verliert an den zweiten Tod, müsst Ihr Euch unterwerfen. Erneuert Eure Seele, vereint sie mit Gott durch Jesus, unseren Herrn, und akzeptiert, dass sie Ihm gehört, dass sie Ihm gehört durch Gott.
Wenn Ihr Eure Seele dazu bringt, Euch in Seinem Sinne zu gehorchen, ist sie Euch auf ewig. Aber wenn Ihr Diener Eurer Seele werdet, verliert Ihr sie, und Ihr müsst Euch eine neue erschaffen im Laufe der kommenden Unendlichkeit (Äon).
Seid Ihr bereit, dem Weg zu folgen, den ich Euch gezeigt habe und der Euch zu Ihm führen wird? Seid Euch Eurer Selbst sicher, bevor Ihr an die okkulten Lehren herangeht, so dass sie nicht eine Brücke des Merzah für Euch werden. Es ist besser, auf geheime Weisheiten zu verzichten, als zu versagen, denn schmal ist die Tür und eng der Weg, der Euch zur Existenz führt, und wenige sind die, die ihn finden. Kennt Ihr mich nun? Ein guter Baum bringt keine schlechten Früchte hervor. Werdet Ihr mich fällen und ins Feuer werfen? Jene, die „Herrgott, Herrgott" schreien, werden nicht unbedingt vom Himmel gehört, aber die, die nach dem Willen des Vaters handeln, werden erhört. Die Zeit läuft.
Ich habe gesprochen, Friede sei mit Euch!

- Ende -

NACHWORT DES AUTORS

Hier teilt sich der Weg

Freunde, 13 Jahre sind vergangen seit mir die Worte dieses Buches diktiert worden sind.
Seine Veröffentlichung wurde willentlich verschoben, so dass die Angaben und Vorhersagen dieses Buches eintreffen konnten.
Zu der Zeit, als die Vorhersagen verfasst wurden, waren sie nicht überprüfbar, und die Wissenschaft hielt sie für reine Einbildung. Eine Prophezeiung zu machen in einem gottlosen Universum, ist unmöglich. Wenn die Schwingungen nicht das Gesetz der Gesetze wären, könnte kein Gedanke mit dem Schöpfer oder einem seiner Engel verbunden sein. Jedes lebendige Wesen ist ein Engel für das nächst untere Wesen. Heute können wir sehen, dass der Glaube von jenen, die an meine Worte glaubten, aufgesaugt und in Wissen umgewandelt wurde. Meine Vorhersagen sind in großer Anzahl eingetroffen. Sie werden sich alle verwirklichen. Doch heute, in der Mitte des letzten Jahres des 19. Jahrhunderts, füge ich den letzten großen Stein in die Krone.
Die Teilung des Weges ist gekommen. Es hat Mitternacht geschlagen für den Zeitkreis, der mehr als alle anderen die große Spaltung des Lebens ausmacht. Als ich anfing, das Diktierte aufzuschreiben, fehlten einige Sekunden, um den sechsten Tag abzuschließen. Nun, seit einigen Sekunden beginnt die Verwirklichung der Worte von Jenem, der auf dem Thron sitzt: Haltet ein! Ich werde alles neu machen. Die Stunde hat geschlagen. In diesem Moment wird jener, der triumphiert, alles von mir erben, und Ich werde sein Gott sein und er mein Sohn.
Dies ist für alle, die ihre Hände an den Pflug legten und ihre Füße in die Furche stellten und nicht zurückschauten während der sechste Zeitkreis sich schloss. Aber für die Feiglinge (die zwischen zwei Meinungen stehen), die Ungläubigen (die an nichts glauben, was sie nicht sehen können), die Abscheulichen, die anderen das Leben nehmen, und die Diener der Lüste und Begierden, Hexen, Abgötterei, die

Verdreher von Wahrheiten, auf all die wartet der zweite Tod. (Das große Karma der Welt)
Meine Lieben, erinnert Euch an die Worte der Christusapostel. Sie sagten, dass in der Endzeit Spötter kommen werden und im Hohn ihrer eigenen Lüsternheit wandeln. Sie verleugnen alles, was sie nicht kennen, und lassen sich verführen von allem, was sie natürlich nennen, wie ein vernunftloses Tier. Sie werden sich bei der Gabelung des Weges von uns trennen, die Richtung der endlichen Dinge einschlagen und nicht den Geist erben. Sie werden ein Beispiel sein und die belohnende Gerechtigkeit des Feuers einer Zeit, die endet, erleiden.
Auch Amerika wird zugeschrieben, das wiedergekommene Atlantis zu sein. Über vieles wurde schon gesprochen; über die Erhebung, das Wachstum und die Zerstörung von Atlantis. Ich bemerkte von Zeit zu Zeit, nicht durch Schlussfolgerungen, sondern durch spezifisches Wissen, dass Amerika es Atlantis gleichtun wird und es sogar überholt. Aber um in die Fußstapfen der ruhmreichen Vorgänger zu treten, muss sie auch viel Leid überstehen.
Die Sanktion, die Poseid auferlegt wurde, war die Strafe, die diese Zeit krönte. Jahrhunderte über Jahrhunderte sind vergangen, die Sonne sieht immer noch einen leeren Ozean, wo sich einst die königliche Insel befand. Ein anderer Zeitkreis geht dem Ende zu, und seine letzte Stunde hat geschlagen. In einer vorhergesehenen, königlichen Zeit, die unerbittlich sein wird, wird alles, was nicht perfekt war, am sechsten Tag dem Gericht gegenüberstehen, um nach der Wahrheit gerichtet zu werden. Vor der Wahrheit wird keine Sünde hoffen können zu bestehen. Nichts kann geändert werden, um dadurch der karmischen Strafe zu entgehen. Denn die Sünden sind mit einem Siegel der Fülle ihrer Zeit markiert.
Dass jeder, der ungerecht ist, eine neue Ungerechtigkeit begeht;
dass jeder, der sich beschmutzt, sich weiter beschmutzt;
dass jeder, der gerecht ist, weiter Gerechtigkeit ausübt;
dass jeder, der heilig ist, weiter heilig bleibt.
Seht, ich werde bald kommen, und meine Belohnung ist mit mir, um sie jedem nach seinen Taten zu geben.

Das große Karma bringt alle Sündigen an den Punkt, an dem sie sich befanden, bevor ihre tierischen Kräfte die menschlichen Kräfte überwogen. Darum werden jene, welche die Kontrolle über ihr Inneres im Laufe des sechsten Zeitkreises verloren haben, keinen Platz im siebten erhalten.
Im Laufe der letzten Jahre des vergangenen Zeitkreises wird jeder Mann, der seine Frau mittellos zurückließ, sein Recht auf eine Geburt in der neuen Zeit verlieren. Ein anderer, der seinen Kummer im Wein ersoff, erreicht dadurch nur, dass sein Anspruch auf eine höhere Seele ertränkt wird. Ein Mensch, der untreu seinem Eheversprechen gegenüber ist, verschließt dadurch die Tür zur neuen Zeit. Ein Dieb hat gestohlen, aber was? Die Belohnung seines eigenen Lebens! Der Mann, der das Leben eines anderen nimmt, streicht auch seinen eigenen Namen auf der Liste von heute. Ein Mensch, der beerdigt wird mit großer Ehre, nachdem er ein Leben lang seine Mitarbeiter betrog und sich damit bereicherte, dem wird ein Stein, der genauso wertvoll ist wie sein ganzes Gold, auf seine sterbliche Hülle gepresst. Ja, und unter ihm schwindet seine Hoffnung auf eine Wiedergeburt. Er hat seinen Körper verkauft. Der Käufer und der Verkaufte formen ein gottloses Paar, in dem Grab von gestern, von wo aus sie das Licht von heute nicht sehen, bis viele Jahrhunderte vergangen sind und der Tod und die untere Welt ihre Bewohner freigeben.
Nun, da Ihr einen Blick in das Geheimarchiv geworfen habt, wendet die Seite.
Ein anderer stirbt voller Liebe. Die Liebe und ihr Schöpfer durchqueren die Tage und erhalten das ewige Leben. Ein anderer lachte, obwohl es nichts zu lachen gab, und ermutigte damit die schwachen Seelen. Ein anderer besuchte Kranke und Gefangene. Ein anderer bekleidete einen Fremden, der nackt war. Ein anderer teilte sein letztes Stück Brot mit einem hungrigen Hund. All jene werden ihre Belohnung erhalten in den kommenden Tagen.
Jedoch sind die Schlechten nicht alle schlecht und die Guten nicht alle gut. Sie, die ein Leben in Schande leben und die Hoffnung auf ein besseres Leben in ihren Herzen tragen und warten, dass der Tod sie befreit, weil kein Mensch es tun wollte:

*„Sie schauen über den Schatten hinweg,
der letzten armseligen Tage,
zu den weit, weit entfernten Hochländern,
wo ein leuchtendes Licht ihnen erscheint."*

Jene werden geschliffen und neu in das wunderbare heute geschickt. Aber der Schliff ist eine lange und ermüdende Prüfung. Das große Karma nimmt sie bei der Hand, wie alle anderen, denn es ist die Barmherzigkeit des Christen und heilt alle seelischen Wunden. Über Jahrzehnte und Jahrzehnte hinweg hielten die Propheten die Endzeit für eine Zeit des Übels und des Schreckens und beschrieben schreckliche Szenen des Grauens zum Ende hin.
Bin ich gekommen, um Euch zu sagen, dass all die Vorhersagen nicht eintreffen werden? Ist das Buch der Apokalypse nur eine Allegorie? Ich wünschte, es wäre so! Aber so, wie die Zeit für Atlantis geschlagen hat, so wird auch die Zeit für das zu Ende gehende Zeitalter schlagen.
Muss Amerika das gleiche Unheil wie Atlantis erleiden?
Leider! Die Katastrophe wird schlimmer sein, kommt aber durch das Feuer und nicht durch das Wasser.
Werden alle ihre Existenz verlieren und einen zerstörten Planeten hinterlassen? Blitze werden eingesetzt, um totalen Gehorsam zu erhalten und die Harmonie mit dem Göttlichen wiederherzustellen. Dieses Schauspiel kann man mit Worten nicht beschreiben. Hier folgt die Botschaft von der Endzeit.

Der Tag der Ahndung ist in meinem Herzen, und die Tage der Erlösung sind gekommen. (Jesaja LX III-4) Denn siehe, es kommt der Tag, der brennen soll wie ein Ofen. (Maleachi III-19)
Die Stunde hat geschlagen. Und doch ist in all diesem kein Mysterium, keine übernatürliche oder launische Strafe eines persönlichen Gottes. Alles kommt von den eigensinnigen Taten der Menschen, die sich vom Weg entfernten. Der Mensch hätte seine göttliche Natur in sich verehren und erhalten sollen. Aber er wies die Liebe zurück und ließ sich leiten von Gewalt, Lust, Luxus und allem Tierischen in ihm. Der Charakter es Menschen ist geprägt im Universum. Die

Natur formt sich nach dem Menschen und nicht der Mensch nach der Natur. Mit seinem freien Willen schuf er sich sein eigenes Unheil. Er muss es ertragen und ernten, was er säte. Oh, Mensch, Vergesser der Liebe, des Dankes und der Rechte, Einbringer des Hasses, der Gewalt und der Unmenschlichkeit, die in Millionen von Euch steckt. Ist es möglich, dass Du blind warst gegenüber den Schriften auf der Mauer? Du warst es! Der egoistische Geist, die Lüsternheit, trieb den unaufhaltsamen Prozess an. Er leitet Züge und Schiffe, lässt die Telegraphen klicken, Telefone und Kabel funktionieren, verdreht die Schriften der freien Rede, dass sie sich nicht wagen, die Wahrheit zu schreiben. Alle menschlichen Geschäfte, alle Politik, alle internationalen Konzerne, alle Geschöpfe und selbst die Kirche sind freiwillig abhängig von diesem Dämon, dem ICH.
Also was? Überall sieht man nur Ruin. Die menschliche Rasse und alle unteren Geschöpfe sind Opfer. Wenn ein Stein fällt, schreit der Maurer von oben: Weicht aus, Ihr da unten.
Eine Welt ist dabei einzustürzen. Steigert nicht noch mehr die eigene Missgunst, die darauf wartet, erlöst zu werden. Das große Karma breitet sich vor Euch aus in schrecklicher Dauer, die Euch wie eine Ewigkeit vorkommen wird. Es ist schon schmerzlich genug, ladet nicht noch mehr Schuld darauf!
Millionen von Männern und Frauen, Jungen und Mädchen, für welche die Freiheit nur noch ein Wort ist, sind vom Hungertod bedroht. Sie haben Hunger und frieren, sind nur halb bekleidet und haben kein Zuhause. Man verweigert ihnen die Chance auf Arbeit, wie sehr sie es auch wollen. Sie werden ersetzt durch Maschinen großer Firmen, werden Tag und Nacht bedroht durch Monopole und Vertrauensbrüche. Dieses unmenschliche Bild ist die Regel und keine Ausnahme, und Ihr wisst es! Ich erzähle Euch nichts Neues, und meine schreckliche Beschreibung ist in keiner Weise übertrieben. All dies ereignet sich zum Ende der Zeit. So war es auch auf Atlantis und folglich wiederholt es sich nun. Aber es darf danach nie wieder geschehen, denn HIER TEILT SICH DER WEG.
Atlantis hat überlebt, und so wird es auch sein für die Reinkarnierten des 6. Zeitalters. In der Unendlichkeit der Zeit

erneuert der Herr durch Feuer, und jene, die ihr Herz nicht ändern, werden keinen Platz finden, um ihren physischen Körper zu schützen. Alles wird sehr schnell gehen, und kein Körper wird es überstehen.
Weicht aus, Ihr da unten!
Das murmelt die Menge. Es gibt keine Chance, der Vergeltung zu entkommen, denn die Veranlassung hat sich ihren Weg ausgesucht. Es ist zu spät, das Resultat des schlechten Rates, gegeben durch den Verstand und dessen Hand, die auf dem Kriegshelm liegt, wiedergutmachen zu wollen. Ein kurzer, aber gewaltiger Zusammenstoß, über jede Vorstellung hinaus blutig und grausam, wird den Himmel purpurrot färben.
Die organisierten Hauptstädte – Früchte der egoistischen Natur, ein unaufhaltsames, animalisches Prinzip einer Minderheit – dominieren alle anderen. Sie verleugnen die Aussage Gottes, dass alle Menschen frei kreiert wurden und gleich sind, und verdrehen den Sinn, um es wie eine große Lüge aussehen zu lassen.
Die Armeen mit ihren Millionen aktiven Soldaten und Reservisten haben sich der Eroberung verpflichtet und verursachen Kriege. Bald werden sie es nicht mehr stützen können, ihre Familien werden zerdrückt von eisernen Füßen und erstickt von der Welt, welche die Hauptstädte repräsentieren. Die Soldaten werden sich gegen diese nicht sichtbaren Repräsentanten, die Reichen und Gediehenen dieser Welt, auflehnen. Später werden sich die Krieger aufteilen, in ungezwungene Banden, die damit beschäftigt sind, ihre islamitischen Brüder anzugreifen. Der Hass wird sich steigern, der Egoismus und das Wilde mit der Zeit wachsen und dominiert werden von dem Tierischen, das ungebremst zu einem Sturm wird, wie die Welt ihn noch nicht gesehen hat. Dieser lieblose Kampf wird beendet durch die Natur und hinterlässt wenige Menschen dort, wo einst viele waren. Brutal und schnell, mit dem Konflikt der Menschen, kommt eine Epidemie, wie es keine zuvor in der Geschichte gab, und fegt die Erde leer, denn in diesen Tagen wird kein Mensch anhalten, um seine Toten zu begraben, bevor das Unheil vollendet ist. Selbst danach wäre dies unmöglich, denn auf jeden gewaltsam getöteten Menschen kommen 1.000

Getötete durch die Seuche. All dies geschieht, weil die Liebe, die den Weg des Menschen hätte verschönern und erleichtern können – einer für alle und alle für einen – ausgetrocknet und umgeformt wurde. Die Natur formt sich nach den Menschen, deshalb werden die Wasser der Erde austrocknen, der Regen zurückgehalten und der Sturm aufhören zu wüten, und es wird zu einem nie dagewesenen Erdbeben kommen. All dies sage ich in bezug auf die Erinnerung an Atlantis. Dies alles sind natürliche Ursachen, die in Resonanz stehen mit dem Egoismus, der Lüsternheit, dem Luxus und der Verdorbenheit der menschlichen Rasse. Mit demselben Gefühl, wie es in der Brust des Menschen brennt, wird auch die Luft brennen in der Atmosphäre unter der alles verglühenden Sonne. Eine ausgetrocknete Erde erinnert an einen Ofen, überall Berge von Leichen. Seuchen breiten sich aus ohne Widerstand. Oh, Ihr seid blind gegenüber den Schriften auf den Mauern, die immer noch zittern, auch Jahrzehnte später noch. Dreht um und lest, bevor es Mitternacht schlägt.
Die Jünger fragen den großen Meister: „Herr, wann werden diese Dinge geschehen?"
„Wenn Ihr Jerusalem umzingelt von Armeen seht, wisst Ihr, dass die Zerstörung nahe ist... denn dies sind die Tage der Ahndung, so dass alles, was geschrieben steht, vollendet wird. (Lukas XXI 20-22)
Liebe Leser, wisst Ihr, was der Name Jerusalem bedeutet? Vision des Friedens! Ja, so ist es. Im Laufe der letzten Jahre sind alle Zeichen der Endzeit erschienen außer einem. Aber sie repräsentieren nur den „Anfang der Leiden", denn der Geist der Freiheit existiert noch hier und dort in der Brust der Menschen, die ihre Mitmenschen lieben.
Aber nun ist die „Vision des Friedens" endgültig eingekreist von den Armeen. Die letzten Lücken wurden gefüllt von Soldaten in „blau", welche die Menschen von den tropischen Inseln zur Sklaverei zwangen. Die Vision von spiritueller Freiheit ist vollkommen verdunkelt von dem Staub der Armeen.
Müssen während der Zeit der Zerstörung auch die Menschen leiden, die keine schlechten Gedanken hatten? Ah, es gibt keinen, der keine schlechten Gedanken hatte! In dem Leben

eines Ungläubigen, Gläubigen oder eines einfachen Menschen, dem alle Lehrsätze des Glaubens unbekannt sind, kommt eine Zeit, in welcher der innere Geist die Seele beschwört, sich zu erheben, zu reifen, und die Reife so lange fortwährt, bis die Hoffnung bestehen kann.

Wie können wir entkommen, wenn von uns ein großer Abschied verlangt wird?

Diese Frage wurde von jeher gestellt! Das Feuer verbrennt die Finger eines Babys genauso grausam, wie die eines Erwachsenen. Es gibt Menschen, die nach dem Kreuz lebten und es auch heute noch tun. Jene werden nicht leiden, wenn der körperliche Tod sie überkommt. Sie haben kein Karma auszulöschen.

Was ist das Kreuz? Was ist der Christ? Ich sagte es schon oft, aber ich werde es wiederholen. Das Göttliche durchströmt das Leben, der unendliche Gott ist der lange, vertikale Arm des Kreuzes. Der Willen des Menschen hat immer das Göttliche zum Ziel und stellt den kurzen, horizontalen Arm dar. Diese Macht des Willens ist unser Ausruf in seinem Namen.

Jesus, der Mann aus Nazareth, gab uns das Beispiel. Er hat sich für uns geopfert. Er sagte: „Folgt mir! Will mir jemand nachfolgen, der verleugne sich selbst, nehme sein Kreuz auf sich und folge mir!"

Das Sich selbst, ist das untere Ich, das tierische. Alle Tiere sind im Menschen konkretisiert. Keine Hyäne ist nur falsch und verräterisch, kein Tiger nur wild, kein Schwein nur ein Vieh, kein Wiesel nur räuberisch. Kein Tier, kein anderes Geschöpf ist so perfekt in seiner Art wie der Mensch, der erlaubte, dass sich eine oder mehrere tierische Charaktereigenschaften an ihn heften. So wurde seine menschliche Seele ein Sklave der tierischen Seele. Das Tierische ist die unkontrollierte Kraft, die in einem Körper Ausdruck findet oder auch nicht. Dirigiert und geführt durch den Willen, hört sie auf, tierisch zu sein. Aber um sich dieser Führung anzupassen, muss man sein eigenes Vergnügen aufgeben, was niemals angenehm ist, sondern schmerzhaft. Es ist immer ein Opfer, dessen Symbol das Kreuz ist. Jesus opferte sich an diesem Kreuz. Der himmlische Strom hat keine Ursache und beinhaltet alle Dinge, doch woher er kommt und wohin er geht, weiß man

nicht. Auch die Kreuzigungsstätte hat einen ewigen Wert und ist sehr reell. „Folgt mir“, hat er gesagt. Auf demselben Kreuz, Tag für Tag, wendet seinen Willen an, den Er uns gab, so dass wir wachsen und Ihm ähnlich werden. Dafür müssen wir unser Ich opfern, das Tier in uns, Ihm dienen und niemals die Kontrolle über unsere Kräfte verlieren, die, wenn sie uns entgleiten, die Erde in eine Hölle verwandeln und die Liebe ersetzen durch das „Mich“.
Es steht geschrieben, dass „ein kleines Kind uns führen wird“. In der neuen Zeit wird das kleine Kind des Geistes die Gebote in das Innere des Menschen bringen. Und so wird es diesen Menschen möglich sein, wie Quong einen großen Ausdruck von Macht zu besitzen. Und wegen dieser Macht wird uns in der neuen Zeit kein Tier, sei es in menschlicher Form, tierischer Form, in Form eines Sturmes oder einer Epidemie, schädigen können. Wenn der Geist im Menschen seinen Platz eingenommen hat, wird er nur zum Wohl des Menschen handeln.
Alles muss neu werden im heute, denn die Gegebenheiten werden sich ganz und gar ändern. Jene, die an den alten Konditionen festhalten, werden in der Natur oder anderswo nichts mehr finden, was den alten Gesetzen unterliegt.
Ich möchte nicht unklar sein, was diesen Punkt betrifft, der wichtiger ist als alle anderen. Der 7. Zyklus ist der des Geistes. Das heute wird von den Menschen verlangen, den spirituellen Blick und das Gehör zu besitzen und dass alle Sinne erhaben sind. Unsere groben Körper werden nichts mehr aus der Natur ziehen können. Sie werden so sein wie auf der Venus, lenkbar nur von jenen, die sich in allem dem Kreuz bedienen. Jene werden niemals links oder rechts vom Weg gehen und machen keine Fehler, um das Gute zu erhalten in kleinen oder großen Handlungen. Sie wissen, dass jeder Fehler in das Leid und die Strafe führt.
Was die Schlechten betrifft – auch sie werden nicht verloren sein, denn Gott verschwendet nichts. Er verwandelt alle Dinge von der unteren Ebene auf eine höhere. Der Zorn Gottes ist die Strenge der Liebe. Was denkt Ihr darüber?
Sollen Amerika und der Rest der Welt nicht so glorreich sein wie zuvor? Es werden nur wenige Menschen da sein, wo einst

viele waren. Zehn ersetzen Tausende. Aber das Wunderbare und die Größe sind nicht abhängig von der Anzahl. Erinnert Euch an die Saldeenesen und Kaiser Ernon. Wer war größer? Er oder die traurige Armee, die ihn angriff? Trotzdem wird keine Seele verlorengehen, denn Gott hat Platz für jeden. Es steht geschrieben, dass der Satan nach tausend Jahren für eine kurze Zeit wiederkommen wird. Es ist gut so, denn die Rasse, die solche Kräfte besitzt, obwohl sie wenige sind, ist ein auserwähltes Volk. Doch sie werden ihre Privilegien missbrauchen und sich keine Gedanken machen. Diese Sündigen werden aufgesammelt von jenem, der das perfekte Schlechte darstellt, so dass ihr Karma sie einholt. Sie haben viel erhalten, und so wird viel von ihnen verlangt. Ihre karmische Sühne wird so intensiv sein, dass keine Worte sie beschreiben können.

Der Zorn Gottes ist die Strenge der Liebe. Alles wird gewandelt von der unteren auf die höhere Ebene.

Ruhm glänzt über die kommenden Jahre
Der Ruhm einer großen und frei wachsenden Rasse
Dichter, Weise, Heilige und Seher
Nehmen IHN wahr
Dessen Gesicht die aufsteigende Morgenröte ist
Den See der Zukunft säumt ein glänzender Strand
Wo jedermann unter seinesgleichen steht
Als gleicher und vor niemandem sein Knie beugen muss
Erwache, meine Seele, streife ab deine Zweifel und Ängste
Bewahre die Faszination des Antlitzes des Morgens
Und lausche der süßen und wunderlichen Melodie
Die von weit entlegenen goldenen Tagen zu uns schallt
Es ist der Choral der Freiheit
Es ist die Hymne der kommenden Rasse

Wörterverzeichnis

Leser des Buches „Phylos, der Tibeter sollten darauf hingewiesen werden, dass die Atlanter oder Poseider in der Einzahl das Wort hinten mit „a", in der Mehrzahl mit „i" und in der weiblichen Form mit „u" enden ließen.

Astika	Prinz
Basix	der Name für eine Woche im Jahr
Devachan	Himmel
Espeid	Eden, himmlisch
Incal	die Sonne, der höchste Gott
Incaliz, Incalix	Hohepriester
Inclut	Erste, Sonntag
Inithlon	Universität
Ithlon	Haus, Gebäude
Incalithlon	der große Tempel
Lemurinus, Lemuria, Lemorus	Australien
Karma	wachsende Folge einer Tat
Maxin	das ewige Feuer
Naim	Bildtelefon
Navaz	die Nacht, geheime Kräfte der Natur
Nosses	der Mond
Pitach	Bergspitze
Rai	Kaiser, Herrscher
Rainu, Astiku	Prinzessin
Sattamun	Wüste
Suernota	der asiatische Kontinent
Surata	singen
Teka, Teki	atlantische Goldmünze
Vailx	Flugmaschine
Ven	eine Gerade von einer Meile
Xio, Xioq	Wissenschaft
Xioquene	Student der Wissenschaft
Ystranavu	Abendstern
Zo	mein
Zo Rai	mein Kaiser

Danksagung

Aller Anfang ist schwer, doch wenn man die richtigen Freunde hat, geht vieles leichter von der Hand.
Ich danke Gerd Sahner, Anya Stössel, Jan van Helsing, Xavier Naidoo, Andreas Bayless, Manuela Youssef, Isabelle Mering, Kasper Roestenburg und Stephan Schröder

„Lasset den Worten Taten folgen

Vegetarisch leben
Vorteile einer fleischlosen Ernährung

Vegetarisch leben – dies ist nicht nur eine gesunde, vollwertige Ernährungsweise, sondern auch Ausdruck eines bewußten Lebensstils. Vegetarisch leben ist ein aktiver Schritt, um den destruktiven Tendenzen der modernen Zivilisation entgegenzuwirken. Denn die Nachteile des globalen Fleischkonsums werden immer offensichtlicher.

Dieses Buch aus der neuen Taschenbuchreihe «Grundlagenwissen im Govinda-Verlag» vermittelt die wichtigsten Informationen zur Diskussion über Vegetarismus und Fleischkonsum:

- Gesundheit und Vorbeugung durch vegetarische Ernährung
- Fleischessen und Zivilisationskrankheiten
- Wirtschaftliche und ökologische Problematik der Fleischproduktion
- Ausbeutung der Dritten Welt
- Tiermißhandlung durch die Fleischindustrie
- Ethik und menschliche Verantwortung
- Vegetarismus-Zitate aus 2500 Jahren

Autoren:	Armin Risi / Ronald Zürrer
Verlag:	Govinda-Verlag
ISBN:	3-906347-77-X
Preis:	4,50 Euro

Persönliche Notizen